普通高等学校专升本考试教材

数学分析

主　编　全卫贞　李晓培
副主编　黄臻晓　涂华友　王　丽　董延武

清华大学出版社

北　京

内 容 简 介

本书是面向广大数学专业的专科生进行专升本数学分析考试的复习辅导书,给出了数学分析各个专题的主要考点、主要知识点的解题方法、主要知识点对应的例题,并附有 4 套专升本考试模拟试题.

本书不仅可以作为数学专业专科生进行专升本考试的数学分析复习辅导书,也可以作为讲授数学分析课程的教师的教学参考书,还可以作为理科专业学生的学习辅导书.

图书在版编目(CIP)数据

普通高等学校专升本考试教材.数学分析/全卫贞,李晓培主编. —北京:清华大学出版社,2021.6
(2025.2重印)
ISBN 978-7-302-58144-4

Ⅰ. ①普… Ⅱ. ①全… ②李… Ⅲ. ①数学分析—成人高等教育—升学参考资料 Ⅳ. ①G724.4

中国版本图书馆 CIP 数据核字(2021)第 088700 号

责任编辑:刘翰鹏
封面设计:刘艳芝
责任校对:刘 静
责任印制:杨 艳

出版发行:清华大学出版社
网　　　　址:https://www.tup.com.cn,https://www.wqxuetang.com
地　　　　址:北京清华大学学研大厦 A 座　　邮　编:100084
社　总　机:010-83470000　　邮　购:010-62786544
投稿与读者服务:010-62776969,c-service@tup.tsinghua.edu.cn
质　量　反　馈:010-62772015,zhiliang@tup.tsinghua.edu.cn
课件　下　载:https://www.tup.com.cn,010-83470410
印　装　者:天津鑫丰华印务有限公司
经　　　销:全国新华书店
开　　　本:185mm×260mm　　印　张:13.25　　字　数:325 千字
　　　　　　(附试卷 4 套)
版　　　次:2021 年 7 月第 1 版　　印　次:2025 年 2 月第 3 次印刷
定　　　价:39.00 元

产品编号:092862-01

前 言

在我国，专科生的人数在所有大学生中所占的比例是相当大的，而广大的专科生都有读本科的梦想．但是，对于理科专业的专科生来说，却难以找到一本合适的针对数学专升本考试的复习辅导书，为此，我们根据近几年讲授的专门针对数学分析专升本考试的辅导课程，总结出了各个知识点的解题方法和解题技巧后编写出本书．书中还给出了相应的例题，以便学以致用．

本书的主要特点是对每个知识点的解题方法进行了总结，概括出了多种方法．例如，求函数极限的方法有 10 种，判断函数连续性的方法有 4 种，而这些方法又是平时解题中经常用到的．

本书的另一个特点是，省略了很多抽象的概念和性质而直接给出方法，也省略了很多简单的题目，直接给出一些经典的和容易出错的题目，力争让读者在短时间内提高数学分析成绩．

本书内容按主要考点的类型分为 13 个专题，每个专题先给出该知识点的解题方法，然后给出典型例题．习题与本专题内容相配，使读者通过练习达到举一反三、熟练应用所学内容的目的．

本书附有 4 套专升本考试模拟试题，配套的答案和最近一年的考试大纲可通过扫描前言后的二维码获取．

理科专业专升本考试一共要考四个科目，其中三门为公共科目，即英语、政治理论和高等数学；另外一门为专业综合．高等数学的考试内容都包含在数学分析中．本书中的专题 1、专题 2、专题 4、专题 5、专题 6、专题 7、专题 9、专题 10、专题 11 和专题 13 也是高等数学的考试内容，同学们在复习时要加以重点关注，力争数学分析和高等数学都考出好成绩．注意，专题 13 仅为高等数学的内容，但为了方便学生全面复习，本书一并给出．

本书由全卫贞、李晓培任主编，黄臻晓、涂华友、王丽、董延武任副主编．

本书中有部分例题和练习题是从网络上参考而得，因联系不上其作者，故在此说明并表示感谢．

由于编者水平有限，恳请读者对本书给予指正和建议，以资改进．

编 者

2021 年 4 月

专升本考试数学分析
考试大纲(参考)

专升本考试高等数学
考试大纲(参考)

模拟试题 A 参考答案

模拟试题 B 参考答案

模拟试题 C 参考答案

模拟试题 D 参考答案

目 录

数列极限与函数极限

一、主 要 考 点

1. 基本概念

① 极限的定义：设 $\{a_n\}$ 为数列，a 为定数，若对任意正数 ε，总存在正整数 N，使得当 $n > N$ 时，有

$$|a_n - a| < \varepsilon$$

则称 a 为数列 $\{a_n\}$ 的极限，记作 $\lim\limits_{n \to \infty} a_n = a$.

函数的极限可类似得到.

② 无穷小量的定义：设函数 f 在某空心邻域 $U^\circ(x_0)$ 上有定义，若 $\lim\limits_{x \to x_0} f(x) = 0$，则称 f 为当 $x \to x_0$ 时的无穷小量.

③ 设 $\lim\limits_{x \to x_0} \alpha(x) = 0$，$\lim\limits_{x \to x_0} \beta(x) = 0$，且 $\lim\limits_{x \to x_0} \dfrac{\alpha(x)}{\beta(x)} = l$（$l$ 为常数）.

若 $l = 0$，则称 $\alpha(x)$ 为 $\beta(x)$ 当 $x \to x_0$ 时的高阶无穷小量，记作 $\alpha(x) = o(\beta(x))$，同时也称 $\beta(x)$ 是 $\alpha(x)$ 的低阶无穷小量；

若 $l \neq 0$，则称 $\alpha(x)$ 与 $\beta(x)$ 当 $x \to x_0$ 时是同阶无穷小量，记作 $\alpha(x) = O(\beta(x))$；

特别的，当 $l = 1$ 时，则称 $\alpha(x)$ 与 $\beta(x)$ 当 $x \to x_0$ 时是等价无穷小量，记作 $\alpha(x) \sim \beta(x)$.

注意：一般情况下不需要用极限的定义去证明极限，只要会求极限即可. 但要记住两个知识点：单调有界数列必有极限；有界数列必有收敛子列.

2. 求极限的方法

方法 1 利用极限的四则运算法则直接求极限（也可以是观察法）.

方法 2 应用洛必达法则 $\left(\text{针对的是}\ \dfrac{0}{0}\ \text{和}\ \dfrac{\infty}{\infty}\ \text{型}\right)$.

方法 3 有界函数乘无穷小量，必为无穷小量.

方法 4 利用等价无穷小量替换来求极限.

当 $x \to 0$ 时，$x \sim \sin x \sim \tan x \sim \arcsin x \sim \arctan x \sim e^x - 1 \sim \ln(1+x)$，$1 - \cos x \sim \dfrac{1}{2} x^2$，$(1+x)^\alpha - 1 \sim \alpha x$.

方法 5　应用两个重要的极限：$\lim\limits_{x\to 0}\dfrac{\sin x}{x}=1$，$\lim\limits_{x\to 0}(1+x)^{\frac{1}{x}}=\mathrm{e}$，$\lim\limits_{x\to\infty}\left(1+\dfrac{1}{x}\right)^{x}=\mathrm{e}$.

方法 6　利用夹逼定理：若数列 $\{a_n\}$、$\{b_n\}$、$\{c_n\}$ 满足 $b_n\leqslant a_n\leqslant c_n$，且 $\lim\limits_{n\to\infty}b_n=\lim\limits_{n\to\infty}c_n=a$，则 $\lim\limits_{n\to\infty}a_n=a$.

应用此定理时，如果要求出 $\lim\limits_{n\to\infty}a_n$，则必须对 a_n 进行放缩构造出 b_n 和 c_n.

方法 7　分子或分母有理化(一般是有根号的情况).

方法 8　对于分段函数,可用左、右极限判断极限的存在性(极限存在的充要条件是左、右极限存在且相等).

方法 9　针对 $0\cdot\infty$、$\infty-\infty$、1^{∞}、∞^{0}、0^{0} 型等未定式,一般转化为 $\dfrac{0}{0}$ 或 $\dfrac{\infty}{\infty}$ 型.

方法 10　分子或分母中有积分上限的函数,一般用洛必达法则计算.

3. 极限的其他题型

(1) 求水平渐近线、垂直渐近线和斜渐近线.在历年的考试中,求水平渐近线和垂直渐近线的题型多一些,求斜渐近线的题型较少.

对函数 $y=f(x)$,若存在 $\lim\limits_{x\to-\infty}f(x)=a$ 或 $\lim\limits_{x\to+\infty}f(x)=a$,则称直线 $y=a$ 为函数 $y=f(x)$ 的水平渐近线,如图 1.1 所示;若存在 $\lim\limits_{x\to x_0^-}f(x)=\infty$ 或 $\lim\limits_{x\to x_0^+}f(x)=\infty$,则称直线 $x=x_0$ 为函数 $y=f(x)$ 的垂直渐近线,如图 1.2 所示.

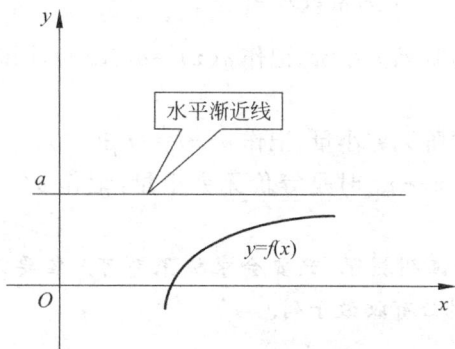

图 1.1

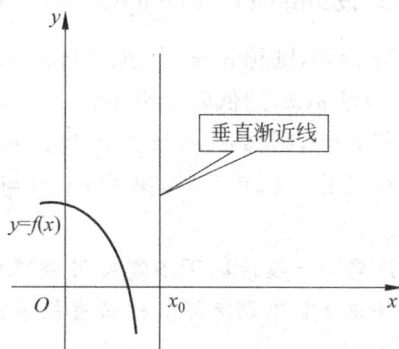

图 1.2

在通常情况下,很多学生在求这些渐近线时都是死记公式,这很容易把水平渐近线和垂直渐近线的公式记错.其实这里有个小捷径,如果 $x\to\infty$ 时 $f(x)$ 有极限,则 $f(x)$ 有水平渐近线;而在求垂直渐近线时,只要看 x 趋向某个固定值时,是否有 $f(x)\to\infty$.

(2) 已知极限求系数.

二、应 用 举 例

1. 求极限应用举例

方法 1 的举例　利用极限的四则运算直接求极限(也可以是观察法).此种类型一般都是直接计算或直接观察得到.

例 1.1　$\lim\limits_{x \to 1}\left(x^3 - \dfrac{1}{2}x\right) = \dfrac{1}{2}$.

例 1.2　$\lim\limits_{n \to \infty}\sqrt[n]{2} = 1$.

例 1.3　$\lim\limits_{n \to \infty}\sqrt[n]{n} = 1$.

例 1.4　$\lim\limits_{n \to \infty}\dfrac{2^n}{n!} = 0$.

例 1.5　$\lim\limits_{n \to \infty}\dfrac{a^n}{n!} = 0 \, (a > 0)$.

例 1.6　$\lim\limits_{n \to \infty}\dfrac{n^k}{a^n} = 0 \, (a > 1)$.

例 1.7　$\lim\limits_{n \to \infty}\dfrac{\log_a n}{a^n} = 0 \, (a > 1)$.

例 1.8　$\lim\limits_{x \to \infty}\dfrac{3x^2 - 2x - 1}{2x^3 - x^2 + 5} = 0$.

例 1.9　$\lim\limits_{x \to +\infty}\dfrac{x^5}{e^x} = 0$.

方法 2 的举例　应用洛必达法则$\left(\text{针对的是} \dfrac{0}{0} \text{和} \dfrac{\infty}{\infty} \text{型}\right)$.在极限的计算中,洛必达法则的应用很广泛,在后面几种类型的举例中,很多也都用到了洛必达法则,所以这里只举两个例子.

例 1.10　$\lim\limits_{x \to 0}\dfrac{e^x - x - 1}{\sin^2 x} = \lim\limits_{x \to 0}\dfrac{e^x - 1}{2\sin x \cos x} = \lim\limits_{x \to 0}\dfrac{e^x - 1}{\sin 2x} = \lim\limits_{x \to 0}\dfrac{e^x}{2\cos 2x} = \dfrac{1}{2}$.

例 1.11　$\lim\limits_{x \to a}\dfrac{\sin^3 x - \sin^3 a}{x - a} = \lim\limits_{x \to a}\dfrac{3\sin^2 x \cos x}{1} = 3\sin^2 a \cos a$.

注意:求极限中,只有 $\dfrac{0}{0}$ 或 $\dfrac{\infty}{\infty}$ 型才能用洛必达法则.例如,$\lim\limits_{x \to -\infty} xe^{-x} = \lim\limits_{x \to -\infty}\dfrac{x}{e^x} = \lim\limits_{x \to -\infty}\dfrac{1}{e^x} = +\infty$ 是错误的,因为 $\lim\limits_{x \to -\infty}\dfrac{x}{e^x}$ 不是 $\dfrac{0}{0}$ 或 $\dfrac{\infty}{\infty}$ 型.事实上,观察计算可得 $\lim\limits_{x \to -\infty} xe^{-x} = -\infty$.

方法 3 的举例　利用定理:有界函数乘无穷小量,必为无穷小量.做此种类型题时,要注意哪个是无穷小量,哪个是有界函数.

例 1.12　$\lim\limits_{x \to 0} x\sin\dfrac{1}{x} = 0$.

例 1.13　$\lim\limits_{x \to 0}\sqrt[3]{x}\cos\dfrac{1}{x} = 0$.

例 1.14　$\lim\limits_{x \to \infty}\dfrac{\sin x}{x} = 0$.

例 1.15　$\lim\limits_{x \to \infty}\dfrac{x^2 \cos x}{x^3 + x - 1} = 0 \left(\text{当} \, x \to \infty \text{时}, \dfrac{x^2}{x^3 + x - 1} \text{为无穷小量}, \cos x \text{为有界函数}\right)$.

例 1.16　$\lim\limits_{x \to \frac{\pi}{2}}(\sin x - 1)\arcsin\dfrac{1}{3}x = 0 \left(\text{当} \, x \to \dfrac{\pi}{2} \text{时}, \sin x - 1 \text{为无穷小量}, \arcsin\dfrac{1}{3}x \right.$ 为有界函数$\Big)$.

方法 4 的举例　利用等价无穷小量替换来求极限,这种方法简便了计算.

注意:什么是等价无穷小量? 当 $x \to 0$ 时,$x \sim \sin x \sim \tan x \sim \arcsin x \sim \arctan x \sim e^x - 1 \sim \ln(1+x)$,$1 - \cos x \sim \frac{1}{2}x^2$.

例 1.17　$\lim\limits_{x \to 0} \dfrac{1 - \cos x}{\frac{3}{2}x^2} = \lim\limits_{x \to 0} \dfrac{\frac{1}{2}x^2}{\frac{3}{2}x^2} = \dfrac{1}{3}$,$\lim\limits_{x \to 0} \dfrac{\tan 2x}{\sin 5x} = \lim\limits_{x \to 0} \dfrac{2x}{5x} = \dfrac{2}{5}$.

例 1.18　$\lim\limits_{x \to 0} \dfrac{1 - \frac{\sin x}{x}}{1 - \cos x} = \lim\limits_{x \to 0} \dfrac{x - \sin x}{x(1 - \cos x)} = \lim\limits_{x \to 0} \dfrac{x - \sin x}{\frac{1}{2}x^3} = \lim\limits_{x \to 0} \dfrac{1 - \cos x}{\frac{3}{2}x^2} = \lim\limits_{x \to 0} \dfrac{\frac{1}{2}x^2}{\frac{3}{2}x^2} = \dfrac{1}{3}$.

例 1.19　$\lim\limits_{x \to 0} \dfrac{\tan x - \sin x}{\sin^3 x} = \lim\limits_{x \to 0} \dfrac{\frac{1}{\cos x} - 1}{\sin^2 x} = \lim\limits_{x \to 0} \dfrac{1 - \cos x}{\cos x \sin^2 x} = \lim\limits_{x \to 0} \dfrac{\frac{1}{2}x^2}{x^2 \cos x} = \dfrac{1}{2}$.

例 1.20　$\lim\limits_{x \to 0} \left[\dfrac{1}{\ln(1+x)} - \dfrac{1}{x} \right] = \lim\limits_{x \to 0} \dfrac{x - \ln(1+x)}{x \ln(1+x)} = \lim\limits_{x \to 0} \dfrac{x - \ln(1+x)}{x^2}$

$= \lim\limits_{x \to 0} \dfrac{1 - \frac{1}{1+x}}{2x} = \lim\limits_{x \to 0} \dfrac{\frac{x}{1+x}}{2x} = \dfrac{1}{2}$.

注意:在利用等价无穷小量替换求极限时,只有对所求极限式中相乘或相除的因式才可以替换,而相加或相减的则不能替换,如 $\lim\limits_{x \to 0} \dfrac{\tan x - \sin x}{\sin^3 x} = \lim\limits_{x \to 0} \dfrac{x - x}{\sin^3 x} = 0$ 是错误的.

方法 5 的举例　应用两个重要的极限。

例 1.21　$\lim\limits_{x \to 0} \dfrac{\tan x}{x} = \lim\limits_{x \to 0} \dfrac{\sin x}{x} \cdot \dfrac{1}{\cos x} = 1$,$\lim\limits_{x \to 0}(1 + 2x)^{\frac{1}{x}} = \lim\limits_{x \to 0}[(1 + 2x)^{\frac{1}{2x}}]^2 = e^2$.

例 1.22　$\lim\limits_{x \to \infty} \left(1 - \dfrac{1}{3x}\right)^{5x-4} = \lim\limits_{x \to \infty} \left[\left(1 - \dfrac{1}{3x}\right)^{-3x} \right]^{\frac{5x-4}{-3x}} = e^{-\frac{5}{3}}$.

例 1.23　$\lim\limits_{x \to 0}(1 + 2x)^{\frac{1}{x}} = \lim\limits_{x \to 0}[(1 + 2x)^{\frac{1}{2x}}]^2 = e^2$.

例 1.24　$\lim\limits_{x \to \infty} \left(\dfrac{x-2}{x}\right)^{3x-2} = \lim\limits_{x \to \infty} \left[\left(1 - \dfrac{2}{x}\right)^{-\frac{x}{2}} \right]^{-\frac{2}{x} \cdot (3x-2)} = e^{-6}$.

例 1.25　$\lim\limits_{x \to \infty} \left(\dfrac{x-1}{x+1}\right)^{\frac{x}{2}+4} = \lim\limits_{x \to \infty} \left[\left(1 - \dfrac{2}{x+1}\right)^{-\frac{x+1}{2}} \right]^{-\frac{2}{x+1} \cdot \left(\frac{x}{2}+4\right)} = e^{-1}$.

方法 6 的举例　利用夹逼定理. 应用此定理时,要求出 $\lim\limits_{n \to \infty} a_n$ 必须对 a_n 进行放缩来构造出 b_n 和 c_n,使得 $b_n \leqslant a_n \leqslant c_n$,且 $\lim\limits_{n \to \infty} b_n = \lim\limits_{n \to \infty} c_n$.

例 1.26　$\lim\limits_{n \to \infty} \left(\dfrac{1}{\sqrt{n^2+1}} + \dfrac{1}{\sqrt{n^2+2}} + \cdots + \dfrac{1}{\sqrt{n^2+n}} \right)$.

因为　　　　$\dfrac{n}{\sqrt{n^2+n}} = \dfrac{1}{\sqrt{n^2+n}} + \dfrac{1}{\sqrt{n^2+n}} + \cdots + \dfrac{1}{\sqrt{n^2+n}}$

$$\leqslant \frac{1}{\sqrt{n^2+1}}+\frac{1}{\sqrt{n^2+2}}+\cdots+\frac{1}{\sqrt{n^2+n}}$$

$$\leqslant \frac{1}{\sqrt{n^2+1}}+\frac{1}{\sqrt{n^2+1}}+\cdots+\frac{1}{\sqrt{n^2+1}}=\frac{n}{\sqrt{n^2+1}}$$

又因为 $\lim\limits_{n\to\infty}\dfrac{n}{\sqrt{n^2+n}}=1=\lim\limits_{n\to\infty}\dfrac{n}{\sqrt{n^2+1}}$，所以

$$\lim_{n\to\infty}\left(\frac{1}{\sqrt{n^2+1}}+\frac{1}{\sqrt{n^2+2}}+\cdots+\frac{1}{\sqrt{n^2+n}}\right)=1$$

例 1.27　$\lim\limits_{n\to\infty}\left(\dfrac{1}{n+\sqrt{1}}+\dfrac{1}{n+\sqrt{2}}+\cdots+\dfrac{1}{n+\sqrt{n}}\right).$

因为　　　　　$\dfrac{n}{n+\sqrt{n}}=\dfrac{1}{n+\sqrt{n}}+\dfrac{1}{n+\sqrt{n}}+\cdots+\dfrac{1}{n+\sqrt{n}}$

$$\leqslant \frac{1}{n+\sqrt{1}}+\frac{1}{n+\sqrt{2}}+\cdots+\frac{1}{n+\sqrt{n}}$$

$$\leqslant \frac{1}{n+\sqrt{1}}+\frac{1}{n+\sqrt{1}}+\cdots+\frac{1}{n+\sqrt{1}}=\frac{n}{n+\sqrt{1}}$$

又因为 $\lim\limits_{n\to\infty}\dfrac{n}{n+\sqrt{n}}=1=\lim\limits_{n\to\infty}\dfrac{n}{n+\sqrt{1}}$，所以

$$\lim_{n\to\infty}\left(\frac{1}{n+\sqrt{1}}+\frac{1}{n+\sqrt{2}}+\cdots+\frac{1}{n+\sqrt{n}}\right)=1$$

例 1.28　$\lim\limits_{n\to\infty}\sqrt[n]{6^n+7^n+8^n+9^n}.$

因为 $\sqrt[n]{9^n}\leqslant\sqrt[n]{6^n+7^n+8^n+9^n}\leqslant\sqrt[n]{4\cdot 9^n}$，又因为 $\lim\limits_{n\to\infty}\sqrt[n]{9^n}=\lim\limits_{n\to\infty}\sqrt[n]{4\cdot 9^n}=9$，所以

$$\lim_{n\to\infty}\sqrt[n]{6^n+7^n+8^n+9^n}=9$$

由此可得结论：$\lim\limits_{n\to\infty}\sqrt[n]{a_1^n+a_2^n+\cdots+a_m^n}=\max\{a_1,a_2,\cdots,a_m\}$，其中 $a_1,a_2,\cdots,a_m\geqslant 0$.

方法 7 的举例　分子或分母有理化(有根号).

例 1.29　$\lim\limits_{x\to 0}\dfrac{\sqrt{x^2+1}-1}{\sin 2x^2}=\lim\limits_{x\to 0}\dfrac{(\sqrt{x^2+1}-1)(\sqrt{x^2+1}+1)}{(\sqrt{x^2+1}+1)\sin 2x^2}$

$$=\lim_{x\to 0}\frac{x^2}{(\sqrt{x^2+1}+1)\sin 2x^2}$$

$$=\lim_{x\to 0}\frac{x^2}{(\sqrt{x^2+1}+1)\cdot 2x^2}$$

$$=\lim_{x\to 0}\frac{1}{2(\sqrt{x^2+1}+1)}=\frac{1}{4}.$$

例 1.30　$\lim\limits_{x\to +\infty}\left(\sqrt{x^2+2x}-\sqrt{x^2-x}\right)=\lim\limits_{x\to +\infty}\dfrac{3x}{\sqrt{x^2+2x}+\sqrt{x^2-x}}$

$$= \lim_{x \to +\infty} \frac{3}{\sqrt{1 + \dfrac{2}{x}} + \sqrt{1 - \dfrac{1}{x}}} = \frac{3}{2}.$$

方法 8 的举例 对于分段函数可利用左、右极限判断极限的存在性(极限存在的充要条件是左、右极限存在且相等).

例 1.31 设 $f(x) = \begin{cases} a(1+x)^{\frac{1}{x}}, & x > 0 \\ x\sin\dfrac{1}{x} - \dfrac{1}{2}, & x < 0 \end{cases}$,若 $\lim\limits_{x \to 0} f(x)$ 存在,则 $a = ($).

A. $\dfrac{3}{2}$ B. $-\dfrac{1}{2}\mathrm{e}^{-1}$ C. $\dfrac{3}{2}\mathrm{e}^{-1}$ D. $\dfrac{1}{2}$

解 因为 $\lim\limits_{x \to 0} f(x)$ 存在,则左极限=右极限,即 $\lim\limits_{x \to 0^-} f(x) = \lim\limits_{x \to 0^+} f(x)$,而 $\lim\limits_{x \to 0^-} f(x) = \lim\limits_{x \to 0^-} \left(x\sin\dfrac{1}{x} - \dfrac{1}{2}\right) = -\dfrac{1}{2}$,$\lim\limits_{x \to 0^+} f(x) = \lim\limits_{x \to 0^+} a(1+x)^{\frac{1}{x}} = a\mathrm{e}$,由 $-\dfrac{1}{2} = a\mathrm{e}$,得 $a = -\dfrac{1}{2}\mathrm{e}^{-1}$,所以选 B.

例 1.32 在下列函数中,当 $x \to 0$ 时,函数 $f(x)$ 极限存在的是( ).

A. $f(x) = \begin{cases} x-2, & x < 0 \\ 0, & x = 0 \\ x+2, & x > 0 \end{cases}$ B. $f(x) = \begin{cases} \dfrac{|x|}{x}, & x \neq 0 \\ 4, & x = 0 \end{cases}$

C. $f(x) = \begin{cases} \dfrac{1}{3-x}, & x < 0 \\ 0, & x = 0 \\ x+\dfrac{1}{3}, & x > 0 \end{cases}$ D. $f(x) = \mathrm{e}^{\frac{1}{x}}$

解 选项 A 中,$\lim\limits_{x \to 0^-} f(x) = -2 \neq \lim\limits_{x \to 0^+} f(x) = 2$,所以函数 $f(x)$ 的极限不存在;选项 B 中,$\lim\limits_{x \to 0^-} f(x) = -1 \neq \lim\limits_{x \to 0^+} f(x) = 1$,所以函数 $f(x)$ 的极限不存在;选项 C 中,$\lim\limits_{x \to 0^-} f(x) = \dfrac{1}{3} = \lim\limits_{x \to 0^+} f(x)$,所以函数 $f(x)$ 的极限存在;选项 D 中,$\lim\limits_{x \to 0^-} f(x) = 0 \neq \lim\limits_{x \to 0^+} f(x) = +\infty$,所以函数 $f(x)$ 的极限不存在. 答案选 C.

方法 9 的举例 针对 $0 \cdot \infty$、$\infty - \infty$、1^{∞}、∞^0、0^0 型等未定式.

① $0 \cdot \infty$ 型——两个因式中,把其中一个因式以倒数的形式放到分母中.

例 1.33 $\lim\limits_{x \to 0} x^4 \mathrm{e}^{\frac{1}{x^4}} = \lim\limits_{x \to 0} \dfrac{\mathrm{e}^{\frac{1}{x^4}}}{\dfrac{1}{x^4}} = \lim\limits_{x \to 0} \dfrac{\mathrm{e}^{\frac{1}{x^4}} \cdot \left(\dfrac{1}{x^4}\right)'}{\left(\dfrac{1}{x^4}\right)'} = \lim\limits_{x \to 0} \mathrm{e}^{\frac{1}{x^4}} = +\infty.$

② $\infty - \infty$ 型——此种类型一般要通分.

例 1.34 $\lim\limits_{x \to 1} \left(\dfrac{1}{x-1} - \dfrac{1}{x^3-1}\right) = \lim\limits_{x \to 1} \dfrac{x^2+x+1-1}{x^3-1} = \lim\limits_{x \to 1} \dfrac{x^2+x}{x^3-1} = \infty.$

例 1.35 $\lim\limits_{x \to \frac{\pi}{2}} (\sec x - \tan x) = \lim\limits_{x \to \frac{\pi}{2}} \dfrac{1-\sin x}{\cos x} = \lim\limits_{x \to \frac{\pi}{2}} \dfrac{-\cos x}{-\sin x} = 0.$

③ 1^∞、∞^0、0^0 型——这几种类型基本上要先取对数，即 $\lim\limits_{x \to x_0} f(x)^{g(x)} = \lim\limits_{x \to x_0} e^{g(x)\ln f(x)}$.

例 1.36 $\lim\limits_{x \to +\infty} \left(\dfrac{3x+2}{3x-1}\right)^{2x-1} = \lim\limits_{x \to +\infty} e^{(2x-1)\ln\frac{3x+2}{3x-1}}$，而 $\lim\limits_{x \to +\infty} (2x-1)\ln\dfrac{3x+2}{3x-1} = \lim\limits_{x \to +\infty} (2x-1) \times$

$\ln\left(1 + \dfrac{3}{3x-1}\right) = \lim\limits_{x \to +\infty} (2x-1)\dfrac{3}{3x-1} = 2$（此处用到了当 $x \to +\infty$ 时，$\ln\left(1 + \dfrac{3}{3x-1}\right) \sim$

$\dfrac{3}{3x-1}$）. 所以 $\lim\limits_{x \to +\infty} \left(\dfrac{3x+2}{3x-1}\right)^{2x-1} = e^2$.

例 1.37 $\lim\limits_{x \to +\infty} x^{\frac{1}{x}} = \lim\limits_{x \to +\infty} e^{\frac{1}{x}\ln x} = e^{\lim\limits_{x \to +\infty} \frac{\ln x}{x}} = e^{\lim\limits_{x \to +\infty} \frac{1}{x}} = e^0 = 1$.

例 1.38 $\lim\limits_{x \to 0} (\tan x)^{\sin x} = \lim\limits_{x \to 0} e^{(\sin x)\ln\tan x}$，而 $\lim\limits_{x \to 0} (\sin x)\ln\tan x = \lim\limits_{x \to 0} \dfrac{\ln\tan x}{\dfrac{1}{\sin x}} =$

$\lim\limits_{x \to 0} \dfrac{\dfrac{1}{\tan x}\sec^2 x}{-\dfrac{1}{\sin^2 x}\cos x} = \lim\limits_{x \to 0} -\dfrac{\sin^2 x}{\cos^2 x} = 0$，所以 $\lim\limits_{x \to 0} (\tan x)^{\sin x} = 1$.

方法 10 的举例   分子或分母中有积分上限的函数.

在一般的高等数学教材中，把 $\Phi(x) = \displaystyle\int_a^x f(t)\mathrm{d}t$ 称为积分上限的函数，而在数学分析

教材中，把 $\Phi(x) = \displaystyle\int_a^x f(t)\mathrm{d}t$ 或 $\Phi(x) = \displaystyle\int_x^b f(t)\mathrm{d}t$ 称为变限积分. 在此类极限的计算中，用

到了知识点 $\Phi'(x) = \left(\displaystyle\int_a^x f(t)\mathrm{d}t\right)' = f(x)$，$\left(\displaystyle\int_a^{g(x)} f(t)\mathrm{d}t\right)' = f(g(x)) \cdot g'(x)$.

例 1.39 $\lim\limits_{x \to 0} \dfrac{\displaystyle\int_0^{\sin x} \sqrt{t}\,\mathrm{d}t}{\displaystyle\int_0^{\tan x} \sqrt{t}\,\mathrm{d}t} = \lim\limits_{x \to 0} \dfrac{\sqrt{\sin x} \cdot \cos x}{\sqrt{\tan x} \cdot \dfrac{1}{\cos^2 x}} = 1$.

例 1.40 $\lim\limits_{x \to 0} \dfrac{\displaystyle\int_x^0 \ln(1+t)\,\mathrm{d}t}{x^2} = \lim\limits_{x \to 0} \dfrac{-\displaystyle\int_0^x \ln(1+t)\,\mathrm{d}t}{x^2} = \lim\limits_{x \to 0} \dfrac{-\ln(1+x)}{2x} = \lim\limits_{x \to 0} \dfrac{-x}{2x} =$

$-\dfrac{1}{2}$（此处用到了当 $x \to 0$ 时，$\ln(1+x) \sim x$）.

例 1.41 $\lim\limits_{x \to 0} \dfrac{\displaystyle\int_{\cos x}^1 e^{-t^2}\,\mathrm{d}t}{x^2} = \lim\limits_{x \to 0} \dfrac{-\displaystyle\int_1^{\cos x} e^{-t^2}\,\mathrm{d}t}{x^2} = \lim\limits_{x \to 0} \dfrac{e^{-\cos^2 x} \cdot \sin x}{2x} = \lim\limits_{x \to 0} \dfrac{e^{-\cos^2 x} \cdot x}{2x} = \dfrac{1}{2e}$.

2. 极限的其他题型

（1）水平渐近线、垂直渐近线和斜渐近线.

例 1.42   设函数 $y = \dfrac{1 - e^{-x^2}}{1 + e^{-x^2}}$，求其函数图像的水平渐近线方程.

解   因为 $\lim\limits_{x \to \infty} \dfrac{1 - e^{-x^2}}{1 + e^{-x^2}} = 1$，所以其函数图像的水平渐近线方程为 $y = 1$.

例 1.43   若直线 $y = 4$ 是曲线 $y = \dfrac{ax+3}{2x-1}$ 的水平渐近线，求 a 的值.

解　由已知得，$\lim\limits_{x\to\infty}\dfrac{ax+3}{2x-1}=4$，观察得 $a=8$.

例 1.44　求曲线 $f(x)=\dfrac{2x}{x^2+x-6}$ 的垂直渐近线.

解　由 $f(x)=\dfrac{2x}{x^2+x-6}=\dfrac{2x}{(x+3)(x-2)}$ 观察可知，当 $x\to-3$ 和 $x\to2$ 时，均有 $f(x)\to\infty$，所以此曲线的垂直渐近线是 $x=-3$ 和 $x=2$.

（2）已知极限求系数.

例 1.45　已知 $\lim\limits_{x\to3}\dfrac{x^2+kx-3}{x-3}=4$，求 k 的值.

分析：这种题型经常会出现，部分学生不知如何做这种题. 注意观察题目，当 $x\to3$ 时，分母是趋向于 0 的，要使得极限等于 4，分子只能也趋向于 0，而不能趋向于另外任何一个数，也不能趋向于 ∞.

解　由已知得，$\lim\limits_{x\to3}(x^2+kx-3)=0$，由此解得 $k=-2$.

例 1.46　已知 $\lim\limits_{x\to2}\dfrac{x^2+ax+b}{x^2-x-2}=2$，求 a 和 b 的值.

分析：当 $x\to2$ 时，分母 x^2-x-2 是趋向于 0 的，要使得极限等于 2，分子 x^2+ax+b 只能也趋向于 0，而不能趋向于另外任何一个数，也不能趋向于 ∞.

解　由已知得，利用洛必达法则，有

$$\lim\limits_{x\to2}\dfrac{x^2+ax+b}{x^2-x-2}=\lim\limits_{x\to2}\dfrac{2x+a}{2x-1}=\dfrac{4+a}{3}=2$$

所以 $a=2$，又因为 $\lim\limits_{x\to2}(x^2+ax+b)=0$，所以 $b=-8$.

例 1.47　若当 $x\to0$ 时，$\sqrt{1-ax^2}-1\sim2x^2$，求常数 a 的值.

解　由 $\sqrt{1-ax^2}-1\sim2x^2$ 知，$\lim\limits_{x\to0}\dfrac{\sqrt{1-ax^2}-1}{2x^2}=1$，所以

$$\lim\limits_{x\to0}\dfrac{\sqrt{1-ax^2}-1}{2x^2}=\lim\limits_{x\to0}\dfrac{-ax^2}{2x^2(\sqrt{1-ax^2}+1)}=\dfrac{-a}{4}=1$$

所以 $a=-4$.

三、往年专升本试题汇总

1. $\lim\limits_{n\to\infty}\sqrt[n]{3^n+5^n+7^n}=(\quad)$.

　　A．0　　　　　　　　B．3　　　　　　　　C．5　　　　　　　　D．7

2. 极限 $\lim\limits_{x\to0}\left(x\sin\dfrac{1}{x}+\dfrac{1}{x}\sin x\right)=(\quad)$.

　　A．0　　　　　　　　B．1　　　　　　　　C．2　　　　　　　　D．不存在

3. 极限 $\lim\limits_{x\to0}\dfrac{1}{x}\sin x+\lim\limits_{x\to\infty}\dfrac{1}{x}\sin x=(\quad)$.

A. 0　　　　　　B. 1　　　　　　C. 2　　　　　　D. 不存在

4. 数列$\{\sin(3n+1)\}$是(　　).

A. 有界的单调增数列　　　　　　B. 数列$\{\sin^2\}$的子列

C. 有收敛子列的数列　　　　　　D. 收敛数列

5. 下列数列$\{a_n\}$中,具有收敛子列的是(　　).

A. $a_n=\arctan 3^n$　　B. $a_n=\tan 3^n$　　C. $a_n=\ln\tan n$　　D. $a_n=\mathrm{e}^{100n}$

6. 当$x\to 0$时,下列无穷小量中,与x等价的是(　　).

A. $1-\cos x$　　　B. $\sqrt{1+x^2}-1$　　C. $\ln(1+x)+x^2$　　D. $\mathrm{e}^{x^2}-1$

7. 在下列极限中,计算正确的是(　　).

A. $\lim\limits_{x\to\infty}\dfrac{\sin 2x}{x}=2$　　　　　　B. $\lim\limits_{x\to+\infty}\dfrac{\arctan x}{x}=1$

C. $\lim\limits_{x\to 2}\dfrac{x^2-4}{x-2}=\infty$　　　　　　D. $\lim\limits_{x\to 0^+}x^x=1$

8. 当$x\to 0$时,$x^2-\sin x$是关于x的(　　).

A. 高阶无穷小量　　　　　　　　B. 同阶但不是等价无穷小量

C. 低阶无穷小量　　　　　　　　D. 等价无穷小量

9. 计算$\lim\limits_{x\to 0}\left(\dfrac{1}{x}-\dfrac{1}{\mathrm{e}^x-1}\right)$.

10. 计算$\lim\limits_{x\to 0}\dfrac{\mathrm{e}^x-\mathrm{e}^{-x}-2x}{x-\sin x}$.

11. 求$\lim\limits_{x\to+\infty}\left(\cos\dfrac{1}{x}\right)^x$.

12. 求$\lim\limits_{x\to 1}\dfrac{\displaystyle\int_1^x(1-t+\ln t)\,\mathrm{d}t}{(x-1)^3}$.

答案

1. D.　2. B.　3. B.　4. C.　5. A.　6. C.　7. D.　8. B.（注:第4、5选择题用到了有界数列必有收敛子列这个知识点.）

9. $\lim\limits_{x\to 0}\left(\dfrac{1}{x}-\dfrac{1}{\mathrm{e}^x-1}\right)=\lim\limits_{x\to 0}\dfrac{\mathrm{e}^x-1-x}{x(\mathrm{e}^x-1)}=\lim\limits_{x\to 0}\dfrac{\mathrm{e}^x-1}{\mathrm{e}^x-1+x\mathrm{e}^x}=\lim\limits_{x\to 0}\dfrac{\mathrm{e}^x}{2\mathrm{e}^x+x\mathrm{e}^x}=\dfrac{1}{2}$.

10. $\lim\limits_{x\to 0}\dfrac{\mathrm{e}^x-\mathrm{e}^{-x}-2x}{x-\sin x}=\lim\limits_{x\to 0}\dfrac{\mathrm{e}^x+\mathrm{e}^{-x}-2}{1-\cos x}=\lim\limits_{x\to 0}\dfrac{\mathrm{e}^x-\mathrm{e}^{-x}}{\sin x}=\lim\limits_{x\to 0}\dfrac{\mathrm{e}^x+\mathrm{e}^{-x}}{\cos x}=2$.

11. $\lim\limits_{x\to+\infty}\left(\cos\dfrac{1}{x}\right)^x=\mathrm{e}^{\lim\limits_{x\to+\infty}x\ln\cos\frac{1}{x}}=\mathrm{e}^{\lim\limits_{x\to+\infty}\frac{\ln\cos\frac{1}{x}}{\frac{1}{x}}}=\mathrm{e}^{\lim\limits_{x\to+\infty}\frac{\frac{1}{\cos\frac{1}{x}}\left(-\sin\frac{1}{x}\right)\left(\frac{1}{x}\right)'}{\left(\frac{1}{x}\right)'}}=\mathrm{e}^0=1$.

12. $\lim\limits_{x\to 1}\dfrac{\displaystyle\int_1^x(1-t+\ln t)\,\mathrm{d}t}{(x-1)^3}=\lim\limits_{x\to 1}\dfrac{1-x+\ln x}{3(x-1)^2}=\lim\limits_{x\to 1}\dfrac{-1+\frac{1}{x}}{6(x-1)}=\lim\limits_{x\to 1}\dfrac{-x+1}{6x(x-1)}=-\dfrac{1}{6}$.

习　题　1

1. $\lim\limits_{x\to\infty}\left(\dfrac{x+a}{x-a}\right)^{x}=4$，则 $a=$ _____．

2. 如果 $f(x)=\begin{cases}x^2, & x\geqslant 0\\ a, & x=0\end{cases}$ 在 $x=0$ 处的极限存在，则 $a=$ _____．

3. $f(x)=1-\cos 3x\,(x\to 0)$ 与 mx^n 是等价无穷小量，则 $m=$ _____，$n=$ _____．

4. $\sqrt{1+\sqrt{x+\sqrt{x}}}-1\ (x\to 0)$ 与 mx^n 是等价无穷小量，则 $m=$ _____，$n=$ _____．

5. 判断 $f(x)=\dfrac{3-x}{(x-1)(x-4)(x-2)}$ 在 _____ 点极限不存在．

6. $\lim\limits_{x\to 1}\dfrac{x^2+ax+b}{x^2-3x+2}=2$，则 $a=$ _____，$b=$ _____．

7. 设 $f(x)=\dfrac{1}{1+x}$，则 $f[f(x)]$ 的定义域为 _____．

8. 已知 $\lim\limits_{x\to 1}\dfrac{x^2+ax+6}{1-x}$ 存在，则 $a=$ _____．

9. 若 $\lim\limits_{x\to 0}\dfrac{x^2\ln(1+x^2)}{\sin^n x}=0$ 且 $\lim\limits_{x\to 0}\dfrac{\sin^n x}{1-\cos x}=0$，则正整数 $n=$ _____．

10. $\lim\limits_{x\to 0^-}\left(\mathrm{e}^{\frac{1}{x}}\sin\dfrac{1}{x^2}+\dfrac{\arcsin x}{x}\right)=$ _____．

11. $\lim\limits_{x\to 1}\left(\dfrac{1}{x-1}-\dfrac{2}{x^2-1}\right)=$ _____．

12. $\lim\limits_{x\to\infty}\left(\dfrac{x}{1+x}\right)^{x}=$ _____．

13. 判断函数 $f(x)=\begin{cases}1+x, & 0<x\leqslant 1\\ 1, & x=0\\ 1-x, & -1\leqslant x<0\end{cases}$ 在 $x=0$ 的极限是否存在？ _____

14. $\lim\limits_{x\to 0}\dfrac{\ln(1+x)}{x}=$ _____．

15. 设 $f(x)$ 在 $(-\infty,+\infty)$ 有定义，则下列函数为奇函数的是（　　）．

　　A. $y=f(x)+f(-x)$ 　　　　　　　B. $y=x[f(x)-f(-x)]$

　　C. $y=x^3 f(x^2)$ 　　　　　　　　D. $y=f(-x)\cdot f(x)$

16. 下列函数在 $(-\infty,+\infty)$ 内无界的是（　　）．

　　A. $y=\dfrac{1}{1+x^2}$ 　　　　　　　　B. $y=\arctan x$

　　C. $y=\sin x+\cos x$ 　　　　　　　　D. $y=x\sin x$

17. 若 $\lim\limits_{x\to 0}\dfrac{f(2x)}{x}=2$，则 $\lim\limits_{x\to 0}\dfrac{x}{f(3x)}=$（　　）．

A. 3　　　　　　 B. $\dfrac{1}{3}$　　　　　 C. 2　　　　　　 D. $\dfrac{1}{2}$

18. 设 $f(x)=\begin{cases}\dfrac{1}{x}\sin x, & x<0 \\ 0, & x=0 \\ x\sin\dfrac{1}{x}+a, & x>0\end{cases}$ 且 $\lim\limits_{x\to 0}f(x)$ 存在，则 $a=($ 　).

A. -1　　　　　　 B. 0　　　　　　 C. 1　　　　　　 D. 2

19. 下列极限正确的是(　).

A. $\lim\limits_{x\to 0^-}e^{\frac{1}{x}}=0$

B. $\lim\limits_{x\to 0^+}e^{\frac{1}{x}}=0$

C. $\lim\limits_{x\to 0}(1+\cos x)^{\sec x}=e$

D. $\lim\limits_{x\to \infty}(1+x)^{\frac{1}{x}}=e$

20. 当 $x\to 0^+$ 时，$f(x)=\sqrt{1+x^a}-1$ 是比 x 高阶无穷小量，则(　).

A. $a>1$　　　　 B. $a>0$　　　　 C. a 为任意实数　　　　 D. $a<1$

21. 在下列极限中，正确的是(　).

A. $\lim\limits_{x\to \infty}x\sin\dfrac{1}{x}=0$

B. $\lim\limits_{x\to 1}\dfrac{x^2-x}{x^2-3x+2}=\infty$

C. $\lim\limits_{x\to 1}\dfrac{\ln(1+2x)}{x-1}=\infty$

D. $\lim\limits_{x\to \infty}\dfrac{x^4}{\ln(x^2+5)}=0$

22. 若 $\lim\limits_{x\to a}|f(x)|=|A|$，那么(　).

A. $\lim\limits_{x\to a}f(x)=A$

B. $\lim\limits_{x\to a}f(x)=-A$

C. $\lim\limits_{x\to a}\sqrt{|f(x)|}=\sqrt{|A|}$

D. 以上都不正确

23. 在下列极限中，不正确的是(　).

A. $\lim\limits_{x\to +\infty}\dfrac{\sqrt{x}}{x+100}\sin(2x+1)=0$

B. $\lim\limits_{x\to 0}\left(\dfrac{2-x}{3-x}\right)^{\frac{1}{x}}=0$

C. $\lim\limits_{x\to 1}x^{\frac{1}{1-x}}=e^{-1}$

D. $\lim\limits_{x\to 0}=\dfrac{\sin 2x}{\tan 3x}=\dfrac{2}{3}$

24. 数列 $\{x_n\}$ 有界是 $\lim\limits_{n\to \infty}x_n$ 存在的(　).

A. 必要条件

B. 充分条件

C. 充分必要条件

D. 无关条件

25. 计算下列极限.

(1) $\lim\limits_{x\to +\infty}(\sqrt{4x^2-2x+1}-2x)$.

(2) $\lim\limits_{x\to +\infty}\dfrac{x^{2003}}{x^{2004}+100!}\cos^2(2004x)$.

(3) $\lim\limits_{x\to \infty}\left(\dfrac{x^2-2x+1}{x^2-x+2}\right)^{2x}$.

(4) $\lim\limits_{x\to 0}(1+2x^2)^{\frac{1}{1-\cos x}}$.

(5) $\lim\limits_{x\to 1}\left(\dfrac{1}{x-1}+\dfrac{1}{x^2-3x+2}\right)$.

(6) $\lim\limits_{x\to 0}\dfrac{\ln^2(1-2x)}{\tan x\sin 2x}$.

(7) $\lim\limits_{x\to 2}\dfrac{\sqrt{2x}-2}{\sqrt[3]{4x}-2}$.

(8) $\lim\limits_{x\to \pi}\dfrac{\sin x}{\pi-x}$.

(9) $\lim\limits_{x\to\frac{\pi}{2}}\dfrac{\sin\left(\frac{2}{\pi}x-1\right)}{\frac{\pi}{2}-x}$.

(10) $\lim\limits_{x\to0}\dfrac{\ln(1+x^2+2x^4)}{\sin^2 x}$.

(11) $\lim\limits_{x\to0}\dfrac{\ln(2+x)-\ln2}{2^{3x}-1}$.

(12) $\lim\limits_{x\to0}\dfrac{\sqrt[3]{(1+2x^2)}-1}{3^{x^2}-1}$.

(13) $\lim\limits_{x\to+\infty}\left[\sqrt{(x+p)(x+q)}-x\right]$.

(14) $\lim\limits_{x\to-8}\dfrac{\sqrt{1-x}-3}{2+\sqrt[3]{x}}$.

(15) $\lim\limits_{x\to4}\dfrac{\sqrt{2x+1}-3}{\sqrt{x-2}-\sqrt{2}}$.

(16) $\lim\limits_{x\to0}\dfrac{\ln(1+3x)}{\tan2x}$.

(17) $\lim\limits_{x\to0}(x+e^x)^{\frac{2}{x}}$.

(18) 已知 $\lim\limits_{x\to\infty}\left(\dfrac{x^2+1}{x+1}-ax-b\right)=0$，求 a,b.

(19) 已知 $1^2+2^2+\cdots+n^2=\dfrac{n(n+1)(2n+1)}{6}$，求 $\lim\limits_{n\to\infty}\left(\dfrac{1^2}{n^3+1}+\dfrac{2^2}{n^3+2}+\cdots+\dfrac{n^2}{n^3+n}\right)$.

(20) 已知 $\lim\limits_{x\to2}\dfrac{x^2-mx+8}{x^2-(2+n)x+2n}=\dfrac{1}{5}$，求常数 m 和 n 的值.

答案

1. $e^{2a}=4,a=\dfrac{1}{2}\ln4=\ln2$.　　2. $a=0$.　　3. $m=\dfrac{9}{2},n=2$.　　4. $m=\dfrac{1}{2},n=\dfrac{1}{4}$.

5. $x=1,x=2,x=4$.　　6. $a=-4,b=3$.　　7. $(-\infty,-2)\bigcup(-2,-1)\bigcup(-1,+\infty)$.

8. $a=-7$.　　9. $n=3$.　　10. 1.　　11. $\dfrac{1}{2}$.

12. e^{-1}.　　13. 存在.　　14. 1.　　15. C.　　16. D.　　17. B.　　18. C.

19. A.　　20. A.　　21. C.　　22. C.　　23. B.　　24. A.

25. (1) 原式 $=\lim\limits_{x\to+\infty}\dfrac{4x^2-2x+1-4x^2}{\sqrt{4x^2-2x+1}+2x}=\lim\limits_{x\to+\infty}\dfrac{-2x+1}{\sqrt{4x^2-2x+1}+2x}=-\dfrac{1}{2}$.

(2) 原式 $=0$.

(3) 原式 $=\lim\limits_{x\to\infty}\left\{\left(1+\dfrac{-x-1}{x^2-x+2}\right)^{\frac{x^2-x+2}{-(x+1)}}\right\}^{\frac{-(x+1)}{x^2-x+2}\cdot2x}=e^{-2}$.

(4) 原式 $=\lim\limits_{x\to0}\left\{(1+2x^2)^{\frac{1}{2x^2}}\right\}^{\frac{2x^2}{1-\cos x}}=e^{\lim\limits_{x\to0}\frac{2x^2}{\frac{1}{2}x^2}}=e^4$.

(5) 原式 $=\lim\limits_{x\to1}\dfrac{x-2+1}{(x-1)(x-2)}=\lim\limits_{x\to1}\dfrac{x-1}{(x-1)(x-2)}=\lim\limits_{x\to1}\dfrac{1}{x-2}=-1$.

(6) 原式 $=\lim\limits_{x\to0}\dfrac{(-2x)^2}{x\cdot2x}=2$.

(7) 令 $u=x-2$，得 $x=u+2$. 原式 $=\lim\limits_{u\to0}\dfrac{\sqrt{2u+4}-2}{\sqrt[3]{4u+8}-2}=\lim\limits_{u\to0}\dfrac{\sqrt{1+\frac{1}{2}u}-1}{\sqrt[3]{1+\frac{1}{2}u}-1}=\lim\limits_{u\to0}\dfrac{\frac{1}{2}\cdot\frac{1}{2}u}{\frac{1}{3}\cdot\frac{1}{2}u}=\dfrac{3}{2}$.

(8) 令 $u=\pi-x,x=\pi-u$，得原式 $=\lim\limits_{u\to0}\dfrac{\sin(\pi-u)}{u}=\lim\limits_{u\to0}\dfrac{\sin u}{u}=1$.

(9) 令 $u=\dfrac{\pi}{2}-x$，得 $x=\dfrac{\pi}{2}-u$，得原式 $=\lim\limits_{u\to0}\dfrac{\sin\left(1-\dfrac{2}{\pi}u-1\right)}{u}\lim\limits_{u\to0}\dfrac{\sin\left(-\dfrac{2}{\pi}u\right)}{u}=-\dfrac{2}{\pi}$.

(10) 原式 $=\lim\limits_{x\to0}\dfrac{x^2+2x^4}{x^2}=1$.

(11) 原式 $=\lim\limits_{x\to0}\dfrac{\ln\left(1+\dfrac{x}{2}\right)}{\mathrm{e}^{3x\ln2}-1}=\lim\limits_{x\to0}\dfrac{\dfrac{x}{2}}{3x\ln2}=\dfrac{1}{6\ln2}$.

(12) 原式 $=\lim\limits_{x\to0}\dfrac{\sqrt[3]{1+2x^2}-1}{\mathrm{e}^{x^2\ln3}-1}=\lim\limits_{x\to0}\dfrac{\dfrac{1}{3}\cdot2x^2}{x^2\ln3}=\dfrac{2}{3\ln3}$.

(13) 原式 $=\lim\limits_{x\to\infty}\dfrac{(p+q)x+pq}{\sqrt{(x+p)(x+q)}+x}=\dfrac{p+q}{2}$.

(14) 原式 $\xlongequal{u=x+8}\lim\limits_{u\to0}\dfrac{\sqrt{1-(u-8)}-3}{2+\sqrt[3]{u-8}}=-\dfrac{3}{2}\lim\limits_{u\to0}\dfrac{\sqrt{1-\dfrac{u}{9}}-1}{\sqrt[3]{1-\dfrac{u}{8}}-1}=-\dfrac{3}{2}\lim\limits_{u\to0}\dfrac{\dfrac{1}{2}\left(-\dfrac{u}{9}\right)}{\dfrac{1}{3}\left(-\dfrac{u}{8}\right)}=-2$.

(15) 原式 $=\lim\limits_{x\to4}\dfrac{\dfrac{1}{2}\cdot\dfrac{2}{\sqrt{2x+1}}}{\dfrac{1}{2}\cdot\dfrac{1}{\sqrt{x-2}}}=\lim\limits_{x\to4}\dfrac{2\sqrt{x-2}}{\sqrt{2x+1}}=\dfrac{2\sqrt2}{3}$.

(16) $\lim\limits_{x\to0}\dfrac{3x}{2x}=\dfrac{3}{2}$.

(17) $\lim\limits_{x\to0}\left[(1+\mathrm{e}^x+x-1)^{\frac{1}{\mathrm{e}^x+x-1}}\right]^{(\mathrm{e}^x+x-1)\cdot\frac{2}{x}}=\mathrm{e}^{\lim\limits_{x\to0}\frac{2(\mathrm{e}^x+x-1)}{x}}=\mathrm{e}^{\lim\limits_{x\to0}\frac{2(\mathrm{e}^x+1)}{1}}=\mathrm{e}^4$.

(18) $\lim\limits_{x\to\infty}\dfrac{x^2+1-(a+b)(x+1)}{x+1}=\lim\limits_{x\to\infty}\dfrac{(a-1)x^2-(a+b)x+1-b}{x+1}=0$，则 $a=1,a+b=0$，即 $a=1$，$b=-1$.

(19) 因为 $\dfrac{1^2+2^2+\cdots+n^2}{n^3+n}\leqslant\dfrac{1^2}{n^3+1}+\cdots+\dfrac{n^2}{n^3+n}\leqslant\dfrac{1^2+2^2+\cdots+n^2}{n^3+1}$，且

$$\lim\limits_{n\to\infty}\dfrac{1^2+2^2+\cdots+n^2}{n^3+n}=\lim\limits_{n\to\infty}\dfrac{n(n+1)(2n+1)}{6(n^3+n)}=\dfrac{1}{3}$$

$$\lim\limits_{n\to\infty}\dfrac{1^2+2^2+\cdots+n^2}{n^3+1}=\lim\limits_{n\to\infty}\dfrac{n(n+1)(2n+1)}{6(n^3+1)}-\dfrac{1}{3}$$

所以由夹逼定理知，原式 $=\dfrac{1}{3}$.

(20) 因为原极限存在且 $\lim\limits_{x\to2}[x^2-(2+n)x+2n]=0$，所以 $\lim\limits_{x\to2}(x^2-mx+8)=0$，$4-2m+8=0$，所以 $2m=12,m=6$.

由 $\lim\limits_{x\to2}\dfrac{x^2-6x+8}{x^2-(2+n)x+2n}\xlongequal{\left(\frac{0}{0}\right)}\lim\limits_{x\to2}\dfrac{2x-6}{2x-(2+n)}=\dfrac{4-6}{4-(2+n)}=\dfrac{-2}{2-n}=\dfrac{1}{5}$，得 $-10=2-n,n=12$，所以 $m=6,n=12$.

函数的连续性

一、主 要 考 点

1. 连续函数的概念

函数 $y = f(x)$ 在点 x_0 处连续 $\Leftrightarrow \lim\limits_{x \to x_0} f(x) = f(x_0)$.

通俗来说,在该点的极限等于该点的函数值时,函数在该点连续.

不连续的点也称为间断点.

2. 判断函数连续性的方法

方法 1 图像法:如图 2.1 所示,图像不断,则连续.

方法 2 利用连续的概念:若 $\lim\limits_{x \to x_0} f(x) = f(x_0)$,

则 $f(x)$ 在点 x_0 处连续. 简记为在该点的极限等于该点的函数值.

方法 3 分段函数: $\lim\limits_{x \to x_0^-} f(x) = f(x_0)$ 且

$\lim\limits_{x \to x_0^+} f(x) = f(x_0)$,即 $f(x)$ 在点 x_0 处既左连续,又

右连续.

方法 4 对于一般的初等函数,通过定义域可

以观察出来. 比如:

图 2.1

$y = \sin(3x^3 + 1)$,定义域为 **R**,此函数在 **R** 上连续.

$y = \dfrac{1}{x+2}$,定义域为 $\{x \mid x \neq -2\}$,此函数在 $x = -2$ 处间断,其余点均为连续点.

$y = \sqrt{1 - \cos x}$,定义域为 **R**,显然,此函数在 **R** 上连续.

当然,在利用方法 4 时,单纯通过求定义域来判断连续性是不行的,如 $y = \sqrt{\cos x - 1}$,其定义域为 $\{x \mid x = 2k\pi, k$ 为整数$\}$,但通过画图可知该函数是由分散的点组成的图像,故该函数在 **R** 上处处不连续.

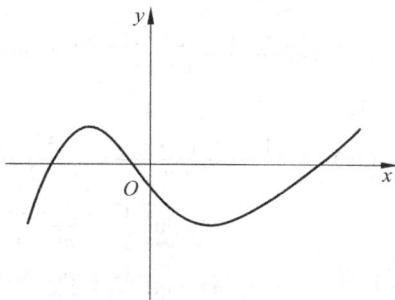

3. 间断点的分类

第一类间断点(左、右极限均存在)分为

$$\begin{cases} \text{可去间断点(左极限} = \text{右极限),如 } y = \begin{cases} x, & x \neq 1 \\ 0, & x = 1 \end{cases} \\ \text{跳跃间断点(左极限} \neq \text{右极限),如 } y = \begin{cases} x+1, & x \geqslant 0 \\ x-1, & x < 0 \end{cases} \end{cases}$$

第二类间断点(左、右极限至少有一个不存在)分为

$$\begin{cases} \text{无穷间断点,如,} y = \dfrac{1}{x}, x = 0 \text{ 为无穷间断点} \\ \text{振荡间断点,如 } y = \sin \dfrac{1}{x}, x = 0 \text{ 为振荡间断点} \end{cases}$$

用图像来说明 $y = f(x)$ 在 **R** 上的连续性,见图 2.2.

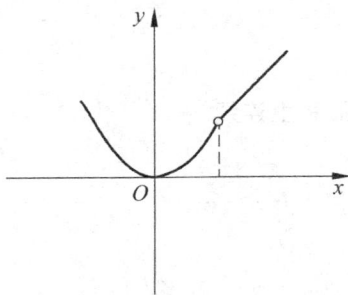

(a) 可去间断点

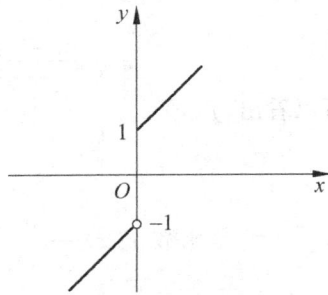

(b) 跳跃间断点

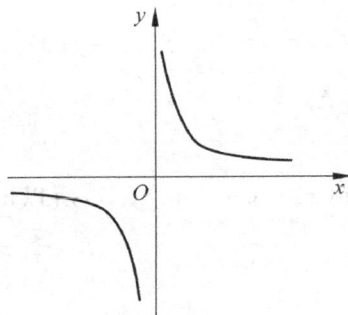

(c) 无穷间断点

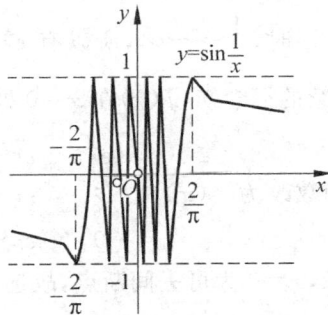

(d) 振荡间断点

图　2.2

4. 闭区间上连续函数的性质

(1) 有界性:闭区间上的连续函数一定有界.

(2) 最值性:闭区间上的连续函数一定能取得最大值和最小值.

(3) 零点定理:若 $f(x)$ 在闭区间 $[a,b]$ 上连续,且 $f(a)f(b) < 0$,则至少存在一点

$\xi \in (a,b)$，使得 $f(\xi)=0$.

提示：零点定理用来判断根的存在性，如果再结合单调性，可判断根的个数.

二、应 用 举 例

例 2.1 设 $y=\dfrac{\sqrt{x+1}-2}{x-3}$，要使 $f(x)$ 在 $x=3$ 处连续，应补充定义，$f(3)=$ _____.

解 要使 $f(x)$ 在 $x=3$ 处连续，由连续的概念知，必须有 $\lim\limits_{x\to 3}f(x)=\lim\limits_{x\to 3}\dfrac{\sqrt{x+1}-2}{x-3}=$

$f(3)$. 又由 $\lim\limits_{x\to 3}\dfrac{\sqrt{x+1}-2}{x-3}=\lim\limits_{x\to 3}\dfrac{x-3}{(x-3)(\sqrt{x+1}+2)}=\dfrac{1}{4}$，知 $f(3)=\dfrac{1}{4}$，所以应补充定义

$f(3)=\dfrac{1}{4}$.

由此可以看出，$f(x)=\begin{cases}\dfrac{\sqrt{x+1}-2}{x-3}, & x\neq 3 \\ \dfrac{1}{4}, & x=3\end{cases}$ 在 **R** 上连续.

例 2.2 $x=0$ 是函数 $f(x)=\begin{cases}\mathrm{e}^{\frac{1}{x}}, & x<0 \\ 0, & x\geqslant 0\end{cases}$ 的（ ）.

A. 连续点   B. 第一类可去间断点

C. 第一类跳跃间断点   D. 第二类间断点

解 观察此题知，应先求 $f(x)$ 在 $x=0$ 处的左极限.

当 $x\to 0^{-}$ 时，$\dfrac{1}{x}\to -\infty$，所以有 $\mathrm{e}^{\frac{1}{x}}\to 0$，$\lim\limits_{x\to 0^{-}}f(x)=0=\lim\limits_{x\to 0^{+}}f(x)=f(0)$，$\lim\limits_{x\to 0}f(x)=$

$f(0)$，由连续的概念知，$f(x)$ 在 $x=0$ 处连续，故选 A.

若把函数改为 $f(x)=\begin{cases}\mathrm{e}^{\frac{1}{x}}, & x<0 \\ 2, & x=0 \\ 0, & x>0\end{cases}$，则 $\lim\limits_{x\to 0^{-}}f(x)=0=\lim\limits_{x\to 0^{+}}f(x)$，所以 $\lim\limits_{x\to 0}f(x)=$

$0\neq f(0)=2$，$x=0$ 为可去间断点，故选 B.

若把函数改为 $f(x)=\begin{cases}\mathrm{e}^{\frac{1}{x}}, & x<0 \\ 3, & x\geqslant 0\end{cases}$，则 $\lim\limits_{x\to 0^{-}}f(x)=0\neq\lim\limits_{x\to 0^{+}}f(x)=3$，所以 $x=0$ 为跳

跃间断点，故选 C.

若把函数改为 $f(x)=\begin{cases}\mathrm{e}^{\frac{1}{x}}, & x\neq 0 \\ 0, & x=0\end{cases}$，则 $\lim\limits_{x\to 0^{-}}f(x)=0$，而 $\lim\limits_{x\to 0^{+}}f(x)=\lim\limits_{x\to 0^{+}}\mathrm{e}^{\frac{1}{x}}=+\infty$，$x=0$

属于第二类间断点，故选 D.

7. 若函数 $f(x) = \dfrac{\mathrm{d}}{\mathrm{d}x}\displaystyle\int_0^x \sin(t-x)\mathrm{d}t$，则 $f(x)$ 等于（　　）．

 A. $-\sin x$ B. $-1+\cos x$ C. $\sin x$ D. 0

8. 方程 $x^3 + x - 1 = 0$ 实根的个数为（　　）．

 A. 0 B. 1 C. 2 D. 3

9. 设 S 是立体 $\sqrt{x^2+y^2} \leqslant z \leqslant 1$ 的边界曲面，则曲面积分 $\displaystyle\iint_S (x^2+y^2)\mathrm{d}S = $（　　）．

 A. $\sqrt{2}$ B. $1+\sqrt{2}$ C. $\dfrac{\pi}{2}(1+\sqrt{2})$ D. $\sqrt{2}\pi$

10. 设当 $x < x_0$ 时，$f'(x) > 0$；当 $x > x_0$ 时，$f'(x) < 0$，则 x_0 必定是 $f(x)$ 的（　　）．

 A. 极小值点   B. 极大值点   C. 稳定点   D. 以上都不对

二、填空题（每小题 3 分，共 21 分）

1. 设 $f(x,y)$ 为连续函数，则 $\displaystyle\lim_{\rho \to 0^+} \frac{1}{\pi\rho^2}\iint_{x^2+y^2 \leqslant \rho^2} e^{x^2-y^2}\cos(x+y)\mathrm{d}x\mathrm{d}y = $ _____．

2. 改变积分 $I = \displaystyle\int_0^1 \mathrm{d}x \int_0^{1-x} f(x,y)\mathrm{d}y$ 的顺序为 _____．

3. 已知 $\displaystyle\int_1^2 x^y\mathrm{d}y = \frac{x^2-x}{\ln x}$，则 $\displaystyle\int_0^1 \frac{x^2-x}{\ln x}\mathrm{d}x = $ _____．

4. 设积分曲线 L 是球面 $x^2+y^2+z^2 = a^2$ 被平面 $x+y+z = 0$ 所截得的圆周，则 $\displaystyle\int_L z^2\mathrm{d}s = $ _____．

5. 设 $z = f(x,y)$ 是由方程 $x^2+z^2-2ye^z = 0$ 所确定的隐函数，则 $\dfrac{\partial z}{\partial x} = $ _____．

6. $\displaystyle\lim_{(x,y)\to(0,0)} \frac{\sin(x^2+y^2)}{x^2+y^2} = $ _____．

7. 曲面 $x^{\frac{2}{3}}+y^{\frac{2}{3}}+z^{\frac{2}{3}} = 3$ 在点 $(1,1,1)$ 处的切平面方程为 _____．

三、简答题（每小题 4 分，共 20 分）

1. 设 $f(x)$ 有连续导数，$f(0) = 0, f'(0) = 2$，求 $\lim\limits_{x \to 0} \dfrac{\int_0^x x f(x-t) \mathrm{d}t}{x^3}$.

2. 设 $f(x) = \begin{cases} b(1 + \sin x) + a + 2, & x \geq 0 \\ \mathrm{e}^{ax} - 1, & x < 0 \end{cases}$ 在 $x = 0$ 可导，求常数 a 和 b.

3. 计算 $\int_{\frac{1}{\sqrt{2}}}^{1} \dfrac{\sqrt{1-x^2}}{x^2} \mathrm{d}x$.

4. 判别级数 $\sum\limits_{n=1}^{\infty} (\sqrt[n]{a} - 1), (a > 1)$ 的敛散性.

5. 利用柱面坐标变换计算 $\int_0^1 \mathrm{d}x \int_0^{\sqrt{1-x^2}} \mathrm{d}y \int_{\sqrt{x^2+y^2}}^{\sqrt{2-x^2-y^2}} z \mathrm{d}z$.

四、解答题（每小题 5 分，共 25 分）

1. 求幂级数 $\sum\limits_{n=1}^{\infty} \dfrac{3n+1}{n!} x^{3n}$ 的和函数.

2. 设 $z = f(x, xy)$，f 有连续的二阶偏导数，求 $\dfrac{\partial^2 z}{\partial x \partial y}$.

B. 对 D 内任一按段光滑曲线 L，积分 $\int_L P\,\mathrm{d}x + Q\,\mathrm{d}y$ 与路线无关，只与 L 的起点及终点有关

C. $P\,\mathrm{d}x + Q\,\mathrm{d}y$ 是 D 内某一函数的全微分

D. 在 D 内处处成立 $\dfrac{\partial P}{\partial x} = \dfrac{\partial Q}{\partial y}$

8. 若 $f(x,y)$ 和 $g(x,y)$ 在区域 D 上可积，则下面结论不正确的是（　　）.

A. $f(x,y) + g(x,y)$ 在区域 D 上可积

B. $kf(x,y)$（其中 k 为常数）在区域 D 上可积

C. $|f(x,y)|$ 在区域 D 上可积

D. $|f(x,y)|$ 在区域 D 上不可积

9. 下列选项正确的是（　　）.

A. 点集 S 的聚点一定属于 S

B. 若 ξ 的任何邻域上都有点集 S 的点，则 ξ 是 S 的聚点

C. 实数轴上的任一有界无限点集 S 至少有一个聚点

D. 若 ξ 是 S 的聚点，则必有 ξ 的某一小邻域 $(\xi-\epsilon,\xi+\epsilon)(\epsilon>0)$ 包含于 S

10. 若幂级数 $\sum a_n x^n$ 的收敛半径为 $R(>0)$，下列说法正确的是（　　）.

A. 收敛区间就是收敛域　　　　　　B. $\sum a_n x^n$ 的收敛区间为 $[-R,R]$

C. $\sum n a_n x^{n-1}$ 的收敛半径是 $R(>0)$　　D. $\sum a_n x^n$ 的收敛域为 $[-R,R]$

二、填空题（每小题 3 分，共 21 分）

1. $\lim\limits_{n\to\infty}\left(\dfrac{1}{1\cdot 2} + \dfrac{1}{2\cdot 3} + \cdots + \dfrac{1}{n\cdot(n+1)}\right) = $ _____.

2. 若 $f(x) = \begin{cases} x^2, & x \geqslant 3 \\ 6x+b, & x < 3 \end{cases}$，且 $f(x)$ 在 $x=3$ 处连续，则 $b = $ _____.

3. 设 $y = x^2 \sin x$，则 $\mathrm{d}y = $ _____.

4. 若 $A = \int_0^1 x\,\mathrm{d}x$，$B = \int_0^1 x^2\,\mathrm{d}x$，则 A、B 的大小关系是 _____.

5. $f_n(x) = \dfrac{x}{n}, n=1,2,\cdots, x \in [0,+\infty)$，则 $\{f_b(x)\}$ 的收敛函数 $f(x) = $ _____.

6. 交换积分顺序：$\int_0^2 \mathrm{d}x \int_0^{2x} f(x,y)\,\mathrm{d}y = $ _____.

7. 已知 L 是 $A(0,0)$ 和 $B(1,0)$ 为端点的线段,则 $\int_L (x+y)\mathrm{d}s = $ _____.

三、简答题(每小题 4 分,共 20 分)

1. 求 $\lim\limits_{n\to\infty} \sqrt{n}\,(\sqrt{n+1}-\sqrt{n})$.

2. 设 $y = \mathrm{e}^x \sin x^2$,求导数 y'.

3. 求由摆线 $x = a(t-\sin t), y = a(1-\cos t)\,(a>0)$ 的一拱与 x 轴所围平面图形的面积.

4. 求函数列 $f_n(x) = x^n, n = 1, 2, \cdots$ 的收敛域及收敛的极限函数.

5. 设 L 为单位圆周 $x^2 + y^2 = 1$,求 $\int_L |y|\,\mathrm{d}s$.

四、解答题(每小题 5 分,共 25 分)

1. 求 $\lim\limits_{n\to+\infty} (x+\sqrt{1+x^2})^{\frac{1}{\ln x}}$.

2. 设 $\begin{cases} x = t-\sin t \\ y = 1-\cos t \end{cases}$,求 $\dfrac{\mathrm{d}^2 y}{\mathrm{d}x^2}$.

3. 求由方程 $2(x^3+y^3)-9xy = 0$ 确定的平面曲线在点 $(2,1)$ 的切线与法线.

9. 下列函数项级数在所给区间不一致收敛的是( ).

   A. $\sum_{n=0}^{\infty} (1-x)x^n, x \in [0,1]$ B. $\sum_{n=1}^{\infty} \frac{1}{2^n n^x}, x \in [0,+\infty)$

   C. $\sum_{n=1}^{\infty} \frac{1}{n^x}, x \in [2,+\infty)$ D. $\sum_{n=1}^{\infty} \frac{1}{(x+n)(x+n+1)}, x \in [0,+\infty)$

10. 设曲线 $L: |x|+|y|=1$, 方向为逆时针方向, 则

$$\oint_L \frac{x\,\mathrm{d}y - y\,\mathrm{d}x}{x^2+y^2} = (\quad).$$

   A. 0   B. 2π C. -2π D. π

二、填空题(每小题 3 分, 共 21 分)

1. 设 $u = x^{\frac{z}{y}}$, 则 $\frac{\partial u}{\partial y} = $ _____.

2. 改变累次积分 $I = \int_0^{2a} \mathrm{d}x \int_0^{\sqrt{2ax-x^2}} f(x,y)\,\mathrm{d}y$ 的顺序为 _____.

3. 设 D 为全平面, 已知 $I = \iint_D \mathrm{e}^{-x^2-y^2}\,\mathrm{d}x\mathrm{d}y$ 收敛, 则 $I = $ _____.

4. 设 S 为立体 $\sqrt{x^2+y^2} \leqslant z \leqslant 1$ 的边界曲面, 则 $\iint_S (x^2+y^2)\mathrm{d}S = $ _____.

5. $z = f(x,y)$ 由方程 $F(x,y,z) = \frac{x}{z} - \ln\frac{z}{y} = 0$ 所确定, 则 $\frac{\partial z}{\partial x} = $ _____.

6. $\lim_{(x,y)\to(3,0)} \frac{\sin(xy)}{y} = $ _____.

7. 曲面 $x^{\frac{2}{3}} + y^{\frac{2}{3}} + z^{\frac{2}{3}} = a^{\frac{2}{3}}$ 在点 $(1,1,1)$ 的切平面方程为 _____.

三、简答题(每小题 4 分, 共 20 分)

1. 计算 $\lim_{x\to 0}\left(\frac{1}{x^2} - \cot^2 x\right)$.

2. 设 $y = \ln \dfrac{1+x}{1-x}$，求 $y^{(n)}$.

3. 计算 $\displaystyle\int \frac{\arctan\sqrt{x}}{\sqrt{x}\,(1+x)}\mathrm{d}x$.

4. 判别级数 $\displaystyle\sum_{n=1}^{\infty} \frac{n^{10}}{(-3)^n}$ 是绝对收敛、条件收敛，还是发散？

5. 计算 $I = \displaystyle\iiint\limits_{\Omega} \sqrt{x^2+y^2+z^2}\,\mathrm{d}x\mathrm{d}y\mathrm{d}z$，其中 Ω 是以平面 $z=1$ 及锥面 $z=\sqrt{x^2+y^2}$ 为边界的区域.

四、解答题（每小题 5 分，共 25 分）

1. 求幂级数 $\displaystyle\sum_{n=0}^{\infty}(n+1)x^{n+1}$ 的和函数.

2. 设 $z = \dfrac{1}{x}f(x^2, xy^2)$，$f$ 有连续的二阶偏导数，求 $\dfrac{\partial^2 z}{\partial x \partial y}$.

3. 从等式 $\displaystyle\int_1^2 x\mathrm{e}^{-yx^2}\mathrm{d}y = \frac{\mathrm{e}^{-x^2}-\mathrm{e}^{-2x^2}}{x}$ 出发，计算 $I = \displaystyle\int_0^{+\infty} \frac{\mathrm{e}^{-x^2}-\mathrm{e}^{-2x^2}}{x}\mathrm{d}x$.

5. D 是以 $O(0,0),A(1,1),B(0,1)$ 为顶点的三角形闭区域，则二重积分 $\iint\limits_{D} e^{-y^2} \mathrm{d}x\mathrm{d}y = \underline{\qquad}$.

三、计算题(本大题共 8 小题,每小题 6 分,共 48 分)

1. 计算极限 $\lim\limits_{x \to 0} \dfrac{x - \sin x}{\tan^2 x}$.

2. 设 $f(x,y) = x + (y-1)\arcsin\sqrt{\dfrac{x}{y}}$,求偏导数 $f'_x(x,1)$.

3. 设函数 $f(x) = x^3 + ax^2 + bx$ 在 $x = -1$ 处取得极小值 -2,则常数 a 和 b 分别是多少?

4. 求不定积分 $\displaystyle\int \dfrac{x^2}{\sqrt{4 - x^2}}\mathrm{d}x$.

5. 计算定积分 $\displaystyle\int_{\sqrt{2}}^{2} \frac{1}{x^2 \sqrt{x^2-1}} \mathrm{d}x$.

6. 求微分方程 $y' - 2y - \mathrm{e}^x = 0$ 的通解.

7. 求由方程 $y^x = xy$ 确定的隐函数的导数 $\dfrac{\mathrm{d}y}{\mathrm{d}x}$.

8. 计算二重积分 $\displaystyle\iint\limits_{D} x^2 y \mathrm{d}\sigma$, 其中 D 是由直线 $x=2$、$y=2x$ 和 $xy=2$ 所围成的区域.

四、综合题(本大题共 2 小题,第 1 小题 10 分,第 2 小题 12 分,共 22 分)

1. 设 $u = xy^2 f\left(\dfrac{x}{y}\right)$,其中 $f(t)$ 可微,证明:$x\dfrac{\partial z}{\partial x} + y\dfrac{\partial z}{\partial y} = 3u$.

2. 设 $f(x)$ 在 $[a,b]$ 上连续,且 $f(x) < 0$,$F(x) = \displaystyle\int_a^x f(t)\,\mathrm{d}t + \int_b^x \dfrac{1}{f(t)}\,\mathrm{d}t\ (a \leqslant x \leqslant b)$,证明:(1) $F'(x) \leqslant -2$;(2) 方程 $F(x) = 0$ 在 (a,b) 内有且仅有一个实根.

普通高校专升本插班生

(高 等

一、**选择题**(本大题共 5 题,每小题 3 分,共 15 分.每小题只有一个选项符合题目要求)

1. 函数 $f(x)=(x^2+1)\cos x$ 是( ).

    A. 偶函数   B. 奇函数   C. 周期函数   D. 有界函数

2. 若函数 $f(x)=\begin{cases} 3e^x, & x\leqslant 0 \\ \dfrac{\sin x}{x}+a, & x>0 \end{cases}$ 在 $x=0$ 处连续,则 $a=($).

    A. 0   B. 1   C. 2   D. 3

3. 设 $f(x)$ 在 $[a,b]$ 上连续,在 (a,b) 内可导,$f(a)=f(b)$,则在 (a,b) 内,曲线 $y=f(x)$ 上平行于 x 轴的切线(   ).

    A. 至少有一条   B. 仅有一条   C. 不一定存在   D. 不存在

4. 设 $\dfrac{1}{x}$ 是 $f(x)$ 的一个原函数,则 $\displaystyle\int x^3 f(x)\mathrm{d}x=($).

    A. $\dfrac{1}{2}x^2+C$ B. $-\dfrac{1}{2}x^2+C$ C. $\dfrac{1}{3}x^3+C$ D. $\dfrac{1}{4}x^4\ln x+C$

5. 交换 $I=\displaystyle\int_0^1 \mathrm{d}y\int_{\frac{1}{2}y}^{\sqrt{y}} f(x,y)\mathrm{d}x+\int_1^2 \mathrm{d}y\int_{\frac{1}{2}y}^{1} f(x,y)\mathrm{d}x$ 的积分顺序,则下列选项正确的是(   ).

    A. $\displaystyle\int_0^1 \mathrm{d}x\int_{2x}^{x^2} f(x,y)\mathrm{d}y$ B. $\displaystyle\int_0^1 \mathrm{d}y\int_{x^2}^{2x} f(x,y)\mathrm{d}y$

    C. $\displaystyle\int_1^2 \mathrm{d}x\int_{2x}^{x^2} f(x,y)\mathrm{d}y$ D. $\displaystyle\int_1^2 \mathrm{d}x\int_{x^2}^{2x} f(x,y)\mathrm{d}y$

二、**填空题**(本大题共 5 小题,每小题 3 分,共 15 分)

1. $\displaystyle\int_0^{+\infty} x e^{-x+1}\mathrm{d}x=$ _____.

2. 设函数 $f(x)$ 在点 $x=1$ 处可导,则 $\displaystyle\lim_{x\to 0}\frac{f(1+2x)-f(1-x)}{x}=$ _____.

3. 抛物线 $y=-x^2+4x-3$ 及其在点 $(0,-3)$ 和 $(3,0)$ 处的切线所围成的平面图形的面积 $=$ _____.

4. 微分方程 $\dfrac{\mathrm{d}x}{\mathrm{d}y}-\dfrac{3}{y}x=-\dfrac{y}{2}$ 的通解是 _____.

4. 求 $(e^{xy}+xye^{xy})dx+x^2e^{xy}dy$ 的原函数.

5. 计算 $I = \iint\limits_{\Sigma} x\,dy\,dz + y\,dz\,dx + z\,dx\,dy$，其中 Σ 是 $z = x^2 + y^2$ 在 $1 \leqslant z \leqslant 4$ 部分的上侧.

五、证明题（每小题 5 分，共 10 分）

1. 证明 $f(x) = \dfrac{\sin x}{x}$ 在 $\left(0, \dfrac{\pi}{2}\right)$ 上一致连续.

2. 设 $f(x)$ 是定义在 $(-\infty, +\infty)$ 内处处可导的奇函数，试证明对任意正数 a，存在 $\xi \in (-a, a)$，使 $f(a) = af'(\xi)$.

六、应用题（共 4 分）

设某制造商的生产函数为 $f(x, y) = 100x^{\frac{3}{4}}y^{\frac{1}{4}}$ 其中 x 表示劳动力的数量，y 表示资本数量，函数值表示生产量，该制造商的总预算是 50000 元. 问该制造商应如何分配这笔钱用于雇佣劳动力与投入资本，以使生产量最高？

一、单项选择题(每小题 2 分,共 20 分)

1. 当 $x \to 0$ 时,$x - x^2$ 是 $x^2 - x^3$ 的( ).

    A. 等价无穷小   B. 低阶无穷小

    C. 高阶无穷小   D. 同阶但非等价无穷小

2. 设函数 $f(x) = \dfrac{x+1}{x^2 - 5x - 6}$,则点 $x = -1$ 是 $f(x)$ 的( ).

    A. 连续点   B. 可去间断点   C. 跳跃间断点   D. 第二类间断点

3. 设 A、B 为非空数集,且 $\forall x \in A$,$\forall y \in B$ 有 $x \leqslant y$,则必有( ).

    A. $\sup A \leqslant \inf B$ B. $\sup B \leqslant \inf A$ C. $\sup A \geqslant \sup B$ D. $\inf A \geqslant \inf B$

4. 设 $x = \dfrac{\pi}{3}$ 是函数 $f(x) = a\sin x + \dfrac{1}{3}\sin 3x$ 的极值点,则常数 a 为( ).

    A. $a = 2$ B. $a = -2$ C. $a = \sqrt{3}$ D. $a = -\sqrt{3}$

5. 区间集合 $H = \left\{ \left[0, \dfrac{1}{2}\right), \left[\dfrac{1}{2}, \dfrac{2}{3}\right), \cdots, \left[\dfrac{n-1}{n}, \dfrac{n}{n+1}\right), \cdots \right\}$( ).

    A. 覆盖了 $[0, 3)$ B. 覆盖了 $[0, 2)$

    C. 覆盖了 $\left(0, \dfrac{1}{2}\right]$ D. 覆盖了 $[0, 1]$

6. 设 $f(x)$ 满足 $f(x) = \dfrac{(x-1)(x-2)\cdots(x-10)}{(x+1)(x+2)\cdots(x+10)}$,则 $f'(1)$( ).

    A. $f(x)$ 在 $x = 1$ 处不可导   B. $f'(1) = 2$

    C. $f'(1) = 10$ D. $f'(1) = -\dfrac{1}{110}$

7. $\displaystyle\int_{-\infty}^{+\infty} \dfrac{\mathrm{d}x}{x^2 + 2x + 2} = ($).

    A. 1   B. 2   C. $\dfrac{\pi}{2}$ D. π

8. $\dfrac{\mathrm{d}}{\mathrm{d}x} \displaystyle\int_0^x \sin(x - t)^2 \, \mathrm{d}t = ($).

    A. $\cos x^2$ B. $\cos^2 x$ C. $\sin x^2$ D. $-\sin^2 x$

4. 计算二重积分 $\iint\limits_{D} d\sigma$,其中 D 为由直线 $y = 2x, x = 2y$ 及 $x + y = 3$ 所围的三角形区域.

5. 求 $I = \iiint\limits_{V} z \, dx \, dy \, dz$,其中 V 是由 $\dfrac{x^2}{a^2} + \dfrac{y^2}{b^2} + \dfrac{z^2}{c^2} \leqslant 1$ 与 $z \geqslant 0$ 所围的区域.

五、证明题(每小题 5 分,共 10 分)

1. 若 $x > 0$,证明不等式:$x - \dfrac{x^2}{2(x+1)} > \ln(x+1)$.

2. 设 f 为 $(-\infty, +\infty)$ 上以 T 为周期的连续周期函数. 证明对任何实数 λ,恒有
$$\int_{\lambda}^{\lambda+T} f(x) \, dx = \int_{0}^{T} f(x) \, dx.$$

六、应用题(共 4 分)

有一等腰梯形闸门,它的上、下两条边长分别为 10m 和 6m,高为 20m. 计算当水面与上底边相齐时闸门一侧所受的静压力.(注:水密度为 ρ,重力加速度为 g)

一、**单项选择题**(每小题 2 分,共 20 分)

1. 下列选项正确的是( ).

 A. 符号函数 $\mathrm{sgn}x$ 是偶函数

 B. 取整函数 $[x]$ 是周期函数

 C. 狄利克雷函数 $D(x)$ 是周期函数

 D. 狄利克雷函数 $D(x)$ 是 R 上的无界函数

2. 设 $\{a_n\}$、$\{b_n\}$ 均为收敛数列,下列选项正确的是( ).

 A. 若 $a_n > b_n (\forall n)$,则 $\lim\limits_{n\to\infty}a_n \geqslant \lim\limits_{n\to\infty}b_n$ B. 若 $a_n > b_n (\forall n)$,则 $\lim\limits_{n\to\infty}a_n > \lim\limits_{n\to\infty}b_n$

 C. 若 $\lim\limits_{n\to\infty}a_n > \lim\limits_{n\to\infty}b_n$,则 $a_n \geqslant b_n (\forall n)$ D. 若 $\lim\limits_{n\to\infty}a_n = \lim\limits_{n\to\infty}b_n$,则 $a_n = b_n (\forall n)$

3. 若 $x \to 0$,下列选项正确的是( ).

 A. $\sin(4x) \sim x$ B. $1 - \cos x \sim \dfrac{x^2}{2}$

 C. $\arctan(1+x) \sim x$ D. $1 - \sin x \sim 1 - x$

4. $f(x)$ 在 $[a,b]$ 连续,下列选项正确的是( ).

 A. $f(x)$ 在 $[a,b]$ 上一致连续   B. $f(x)$ 在 (a,b) 内一定可导

 C. $f(x)$ 在 (a,b) 内一定不可导   D. $f(x)$ 在 $[a,b]$ 上一定不一致连续

5. 若 $\sum u_n$ 和 $\sum v_n$ 都是正项级数,且 $u_n \leqslant v_n, n = 1,2,\cdots$,下列选项正确的是

( ).

 A. $\sum u_n$ 收敛,则 $\sum v_n$ 收敛   B. $\sum v_n$ 收敛,则 $\sum u_n$ 收敛

 C. $\sum u_n$ 和 $\sum v_n$ 同收敛   D. $\sum u_n$ 和 $\sum v_n$ 同发散

6. 在区间 (a,b) 上,若 $\{f_n(x)\}$ 一致收敛于 $f(x)$,下列选项正确的是( ).

 A. $f(x)$ 连续,则 $\{f_n(x)\}$ 各项连续   B. $\{f_n(x)\}$ 各项连续,则 $f(x)$ 连续

 C. $\{f_n(x)\}$ 各项可导,则 $f(x)$ 可导   D. $f(x)$ 可导,则 $\{f_n(x)\}$ 各项可导

7. 设 D 是单连通闭区域,$P(x,y)$、$Q(x,y)$ 在 D 内连续且具有一阶连续偏导数,则下面的哪一个命题与其他命题不等价?( ).

 A. 沿 D 内任一按段光滑封闭曲线 L,有 $\oint_L P\,\mathrm{d}x + Q\,\mathrm{d}y = 0$

3. 已知 $\int_0^{+\infty} e^{-x^2} dx = \dfrac{\sqrt{\pi}}{2}$, 从等式 $\int_1^2 2ye^{-x^2y^2} dy = \dfrac{e^{-x^2} - e^{-4x^2}}{x^2}$ 出发, 计算 $I = \int_0^{+\infty} \dfrac{e^{-x^2} - e^{-4x^2}}{x^2} dx$.

4. 计算 $I = \oint_L \dfrac{x\,dy - y\,dx}{x^2 + (y-1)^2}$, 其中 L 为圆周 $x^2 + (y-1)^2 = 4$, 逆时针方向.

5. 利用高斯公式计算 $\iint\limits_{\Sigma} (x^3 + az^2)dydz + (y^3 + ax^2)dzdx + (z^3 + ay^2)dxdy$, 其中 Σ 是上半球面 $z = \sqrt{a^2 - x^2 - y^2}$ 的上侧.

五、证明题(每小题 5 分,共 10 分)

1. 设 $f(x)$ 在 $[0,1]$ 上连续,在 $(0,1)$ 内可导,且 $f(0) = f(1) = 0$,证明在 $(0,1)$ 内至少存在一点 ξ 使 $\xi f'(\xi) + 2f(\xi) = 0$.

2. 证明 $f(x) = ax + b(a \neq 0)$ 在区间 $(-\infty, +\infty)$ 上一致连续.

六、应用题(共 4 分)

从斜边之长为 L 的一切直角三角形中求有最大周长的直角三角形.

(数 学

一、单项选择题(每小题 2 分,共 20 分)

1. 设 $S=\{x\,|\,x<1\text{ 且 }x\text{ 为无理数}\}$,则 $\sup S=($).

    A. 1   B. -1 C. $+\infty$ D. 不存在

2. 设 $f(x)$ 为可导的奇函数,则 $f'(x)$( ).

    A. 为奇函数   B. 为偶函数

    C. 为非奇非偶函数   D. 奇偶性不能确定

3. 已知 $f(x)$ 在 $x=0$ 的某个邻域内连续,且 $f(0)=0,\lim\limits_{x\to0}\dfrac{f(x)}{1-\cos x}=2$,则在 $x=0$ 处 $f(x)$( ).

    A. 取得极大值   B. 取得极小值   C. 不可导   D. 可导,且 $f'(0)\neq0$

4. 若 $\lim\limits_{x\to x_0^+}f(x)$ 与 $\lim\limits_{x\to x_0^-}f(x)$ 都存在,则( ).

    A. $\lim\limits_{x\to x_0}f(x)$ 存在且 $\lim\limits_{x\to x_0}f(x)=f(x_0)$

    B. $\lim\limits_{x\to x_0}f(x)$ 存在但不一定有 $\lim\limits_{x\to x_0}f(x)=f(x_0)$

    C. $\lim\limits_{x\to x_0}f(x)$ 不一定存在

    D. $\lim\limits_{x\to x_0}f(x)$ 一定不存在

5. 设有函数列 $f_n(x)=\sin\dfrac{x}{n}$,则下列结论正确的是( ).

    A. 该函数列在 $(-\infty,+\infty)$ 上是一致收敛的

    B. 该函数列在 $(-\infty,+\infty)$ 上是非一致收敛的

    C. 该函数列在 $(-\infty,+\infty)$ 上并不是每一点都存在极限函数

    D. 以上都不对

6. 下列反常积分收敛的是( ).

    A. $\displaystyle\int_0^1\frac{1}{x^2}\mathrm{d}x$ B. $\displaystyle\int_2^{+\infty}\frac{1}{x\ln x}\mathrm{d}x$

    C. $\displaystyle\int_0^{+\infty}\frac{x^2}{\sqrt{x^5+1}}\mathrm{d}x$ D. $\displaystyle\int_1^{+\infty}e^{-x^2}\mathrm{d}x$

例 2.3 设 $f(x)=\begin{cases} x+2, & x\leqslant 0 \\ x^2+a, & 0<x<1 \\ bx, & x>1 \end{cases}$ 在 **R** 上连续,则 $a=$ _____ ,$b=$ _____ .

解 根据连续性,左极限必须等于右极限,易知 $a=2,b=3$.

例 2.4 指出下列函数的间断点并说明其类型.

(1) $f(x)=\dfrac{1}{x}+\sin x$;

(2) $f(x)=\dfrac{\sin x}{|x|}$;

(3) $f(x)=|\cos x|,x\in\left[-\dfrac{\pi}{2},\dfrac{\pi}{2}\right]$;

(4) $f(x)=\begin{cases} \dfrac{x-1}{\sin x}, & x<0 \\ 1, & x=0. \\ \mathrm{e}^{\frac{1}{x-2}}, & x>0 \end{cases}$

解 (1) $x=0$ 为无穷间断点.

(2) $x=0$ 为第一类跳跃间断点.

(3) 因为 $f(x)=|\cos x|=\begin{bmatrix} 0, & x\in\left[-\dfrac{\pi}{2},0\right) \\ 1, & x=0 \\ 0, & x\in\left(0,\dfrac{\pi}{2}\right] \end{bmatrix}$,所以 $x=0$ 为可去间断点.

(4) 间断点是:$x=k\pi,k\in\mathbf{Z}^-,x=2,x=0$.

对于 $x=0,f(0+0)=\mathrm{e}^{-\frac{1}{2}},f(0-0)=\infty,x=0$ 为第二类间断点;

对于 $x=k\pi,k\in\mathbf{Z}^-,\lim\limits_{x\to k\pi}f(x)=\infty$,所以 $x=k\pi,k\in\mathbf{Z}^-$ 为第二类无穷间断点;

对于 $x=2,f(2-0)=0,f(2+0)=\infty,x=2$ 为第二类间断点.

注意:要牢记函数连续性的概念和间断点类型.

例 2.5 $f(x)=\begin{cases} \dfrac{\sin x}{\tan(\sin 2x)}, & x\neq 0 \\ a, & x=0 \end{cases}$,若 $f(x)$ 在 $x=0$ 处连续,求 a.

解 $\lim\limits_{x\to 0}f(x)=\lim\limits_{x\to 0}\dfrac{\sin x}{\tan(\sin 2x)}=\dfrac{1}{2}=f(0)=a$,故 $a=\dfrac{1}{2}$.

例 2.6 $f(x)=\begin{cases} ax^2\sin\dfrac{1}{x}+\dfrac{\ln(1-2x)}{\sin 2x}, & x<0 \\ b, & x=0, \\ c\left(\dfrac{1-x}{1+x}\right)^{\frac{2}{x}}, & x>0 \end{cases}$,若 $f(x)$ 在 $x=0$ 处连续,求 a、b、c.

解 $f(0-0)=\lim\limits_{x\to 0^-}\left[ax^2\sin\dfrac{1}{x}+\dfrac{\ln(1-2x)}{\sin 2x}\right]=a\lim\limits_{x\to 0^-}x^2\sin\dfrac{1}{x}+\lim\limits_{x\to 0^-}\dfrac{\ln(1-2x)}{\sin 2x}=-1,$

$$f(0+0)=\lim_{x\to0^+}c\left(\frac{1-x}{1+x}\right)^{\frac{2}{x}}=ce^{-4}.$$

由 $f(0-0)=f(0+0)=f(0)$，得 $-1=b=ce^{-4}$. 故 $b=-1,c=-e^4,a$ 为任意实数.

例 2.7 $f(x)=\begin{cases}g\left(\dfrac{1}{x}\right)\sin x,&x\neq0\\0,&x=0\end{cases}$，其中 $g(x)$ 为有界函数，问 $f(x)$ 在 $x=0$ 是否连续？

解 因为 $\lim\limits_{x\to0}f(x)=\lim\limits_{x\to0}g\left(\dfrac{1}{x}\right)\sin x=0=f(0)$，所以 $f(x)$ 在 $x=0$ 处连续.

例 2.8 $f(x)=\dfrac{\sin|x-1|}{x-1}$ 在 $x=1$ 可能连续吗？

解 $f(1-0)=\lim\limits_{x\to1^-}f(x)=\lim\limits_{x\to1^-}\dfrac{|x-1|}{x-1}=\lim\limits_{x\to1^-}\dfrac{1-x}{x-1}=-1$，$f(1+0)=\lim\limits_{x\to1^+}f(x)=\lim\limits_{x\to1^+}\dfrac{|x-1|}{x-1}=\lim\limits_{x\to1^+}\dfrac{x-1}{x-1}=1$.

故不论 $f(1)$ 取何值，$f(x)$ 均不能连续.

例 2.9 讨论 $f(x)=\begin{cases}e^{\frac{1}{x}},&x<0\\0,&0\leqslant x\leqslant1\\\dfrac{\ln x}{x-1},&x>1\end{cases}$ 在 $x=0,x=1$ 处的连续性.

解 在 $x=0$ 处，因为 $\lim\limits_{x\to0^-}e^{\frac{1}{x}}=0,\lim\limits_{x\to0^+}0=0$，且 $f(0)=0$，所以 $f(x)$ 在 $x=0$ 处连续；在 $x=1$ 处，因为 $\lim\limits_{x\to1^-}0=0,\lim\limits_{x\to1^+}\dfrac{\ln x}{x-1}\xlongequal{x-1=t}\lim\limits_{t\to0^+}\dfrac{\ln(1+t)}{t}=1$，所以 $f(x)$ 在 $x=1$ 不连续.

例 2.10 求 $f(x)=\dfrac{\dfrac{1}{x}-\dfrac{1}{x+1}}{\dfrac{1}{x-1}-\dfrac{1}{x}}$ 的间断点，并判别间断点的类型.

解 间断点为 $x=0,x=-1,x=1$. $f(x)=\dfrac{1}{x(x+1)}\times\dfrac{x(x-1)}{1}=\dfrac{x-1}{x+1}$. 在 $x=0$ 处，因为 $\lim\limits_{x\to0}f(x)=\lim\limits_{x\to0}\dfrac{x-1}{x+1}=-1$，所以 $x=0$ 是 $f(x)$ 的第一类可去间断点；在 $x=1$ 处，因为 $\lim\limits_{x\to1}f(x)=\lim\limits_{x\to1}\dfrac{x-1}{x+1}=0$，所以 $x=1$ 是 $f(x)$ 的第一类可去间断点；在 $x=-1$ 处，因为 $\lim\limits_{x\to-1}\dfrac{x-1}{x+1}=\infty$，所以 $x=-1$ 是 $f(x)$ 的第二类无穷间断点.

例 2.11 证明 $x^4-2x-4=0$ 在区间 $(-2,2)$ 内至少有两个实根.

证 因为 $f(x)$ 在 $[-2,0]$ 连续，且 $f(0)=-4<0,f(-2)=16>0$，所以由零点定理知，$f(x)=0$ 在 $(-2,0)$ 上至少有一个实根.

又因为 $f(x)$ 在 $[0,2]$ 连续，且 $f(0)=-4<0,f(2)=16-8=8>0$，所以由零点定理

知, $f(x) = 0$ 在 $(0,2)$ 上至少有一个实根.

综上所述, $f(x) = 0$ 在 $(-2,2)$ 上至少有两个实根.

例 2.12　方程 $x^5 + x - 1 = 0$ 实根的个数为(　　).

A. 0　　　　　　B. 1　　　　　　C. 2　　　　　　D. 3

解　设 $f(x) = x^5 + x - 1$, 当 $x < 0$ 时, $f(x) < 0$; 当 $x > 1$ 时, $f(x) > 0$. 所以 $f(x)$ 在 $(-\infty, 0) \cup (1, +\infty)$ 上不会产生零点, 所以可以在区间 $[0,1]$ 上找零点.

显然, $f(x)$ 在 $[0,1]$ 上连续, 又因为 $f(0)f(1) < 0$, 由零点定理知, 至少存在一点 $\xi \in (0,1)$, 使得 $f(\xi) = 0$, ξ 即为零点.

又因为 $f'(x) = 5x^4 + 1 > 0$, 所以 $f(x)$ 在 $[0,1]$ 上单调递增. 因此, $f(x)$ 在 $[0,1]$ 上有且仅有一个根, 故选 B.

例 2.13　方程 $x - 2\sin x = 0$ 在 $\left(\dfrac{\pi}{2}, \pi\right)$ 上的实根个数为(　　).

A. 0　　　　　　B. 1　　　　　　C. 2　　　　　　D. 3

解　设 $f(x) = x - 2\sin x$, 显然 $f(x)$ 在 $\left[\dfrac{\pi}{2}, \pi\right]$ 上连续, 且 $f\left(\dfrac{\pi}{2}\right)f(\pi) < 0$, 由零点定理知, 至少存在一点 $\xi \in \left(\dfrac{\pi}{2}, \pi\right)$, 使得 $f(\xi) = 0$, ξ 即为零点. 又由 $f'(x) = 1 - 2\cos x > 0$, $x \in \left(\dfrac{\pi}{2}, \pi\right)$, 所以 $f(x)$ 在 $\left(\dfrac{\pi}{2}, \pi\right)$ 上单调递增. 因此, 原方程仅有一个实根, 故选 B.

例 2.14　设 $f(x)$ 在 $[0,1]$ 上连续, 且 $f(x) > 0$, 则方程 $\displaystyle\int_0^x f(t)\mathrm{d}t + \int_1^x \dfrac{1}{f(t)}\mathrm{d}t = 0$ 在 $[0,1]$ 内实根的个数为(　　).

A. 0　　　　　　B. 3　　　　　　C. 2　　　　　　D. 1

解　设 $F(x) = \displaystyle\int_0^x f(t)\mathrm{d}t + \int_1^x \dfrac{1}{f(t)}\mathrm{d}t$, 显然 $F(x)$ 在 $[0,1]$ 上连续, 因为 $f(x) > 0$,

$$F(0) = \int_0^0 f(t)\mathrm{d}t + \int_1^0 \dfrac{1}{f(t)}\mathrm{d}t = -\int_0^1 \dfrac{1}{f(t)}\mathrm{d}t < 0, \quad F(1) = \int_0^1 f(t)\mathrm{d}t + \int_1^1 \dfrac{1}{f(t)}\mathrm{d}t = \int_0^1 f(t)\mathrm{d}t > 0,$$

由零点定理知, $F(x)$ 在 $[0,1]$ 上至少有一个零点, 又因为 $F'(x) = f(x) + \dfrac{1}{f(x)} > 0$, 所以 $F(x)$ 在 $[0,1]$ 上单调递增. 因此, 原方程有且仅有一个实根, 故选 D.

注意: 此题用到了定积分的性质: 在区间 $[a,b]$ 上, $f(x) > 0$, 则 $\displaystyle\int_a^b f(x)\mathrm{d}x > 0$; 也用到了变限积分的求导.

例 2.15　方程 $1 - x + \dfrac{x^2}{2} - \dfrac{x^3}{3} + \dfrac{x^4}{4} = 0$ 在 $(0, +\infty)$ 内实根的个数为(　　).

A. 0　　　　　　B. 3　　　　　　C. 2　　　　　　D. 1

解　设 $f(x) = 1 - x + \dfrac{x^2}{2} - \dfrac{x^3}{3} + \dfrac{x^4}{4}$, 则 $f'(x) = -1 + x - x^2 + x^3 = (x^2 + 1)(x - 1)$, 在 $(0,1)$ 内 $f'(x) < 0$, $f(x)$ 为单调递减; 在 $(1, +\infty)$ 内 $f'(x) > 0$, $f(x)$ 为单调递增. 所以 $f(x)$ 的最小值在 $x = 1$ 处产生, 即 $f(1)$ 为最小值; 而 $f(1) > 0$, 所以 $f(x)$ 的图像在 x 轴的

上方,与 x 轴无交点. 因此,原方程无实根,故选 A.

以下是每年考试都会出现的题型。

例 2.16 设 $f(x) = \lim\limits_{n \to \infty} \dfrac{1}{1+x^n}(x \geqslant 0)$,则 $x=1$ 是 $f(x)$ 的(　　).

A. 可去间断点　　　B. 跳跃间断点　　　C. 第二类间断点　　　D. 连续点

解　此题可先求 $f(x)$ 在 $x=1$ 处的左、右极限.

左极限:$\lim\limits_{x \to 1^-} f(x) = \lim\limits_{x \to 1^-} \lim\limits_{n \to \infty} \dfrac{1}{1+x^n} = 1$(因为 $\lim\limits_{x \to 1^-} \lim\limits_{n \to \infty} x^n = 0$);

右极限:$\lim\limits_{x \to 1^+} f(x) = \lim\limits_{x \to 1^+} \lim\limits_{n \to \infty} \dfrac{1}{1+x^n} = 0$(因为 $\lim\limits_{x \to 1^+} \lim\limits_{n \to \infty} x^n = +\infty$).

因此 $x=1$ 为 $f(x)$ 的跳跃间断点,故选 B.

例 2.17 设 $f(x) = \lim\limits_{n \to \infty} \dfrac{\ln(e^n + x^n)}{n}$,$x>0$,则 $x=e$ 是 $f(x)$ 的(　　).

A. 可去间断点　　　B. 跳跃间断点　　　C. 第二类间断点　　　D. 连续点

解　此题中,$\lim\limits_{x \to e^-} \lim\limits_{n \to \infty} x^n = \lim\limits_{x \to e^+} \lim\limits_{n \to \infty} x^n = +\infty$,所以没有必要分别计算左右极限.

$$\lim\limits_{x \to e} f(x) = \lim\limits_{x \to e} \lim\limits_{n \to \infty} \dfrac{\ln(e^n + x^n)}{n} = \lim\limits_{x \to e} \lim\limits_{n \to \infty} \ln(e^n + x^n)^{\frac{1}{n}} = \ln e = 1 = f(e)$$

因此 $f(x)$ 在 $x=e$ 处连续,故选 D.

例 2.18 设 $f(x) = \lim\limits_{n \to \infty} \dfrac{x^n}{1+x^n}$,$x \geqslant 0$,则 $x=1$ 是 $f(x)$ 的(　　).

A. 可去间断点　　　B. 跳跃间断点　　　C. 第二类间断点　　　D. 连续点

解　此题与例 2.16 一样,考查 $f(x)$ 在 $x=1$ 处的左右极限.

左极限:$\lim\limits_{x \to 1^-} f(x) = \lim\limits_{x \to 1^-} \lim\limits_{n \to \infty} \dfrac{x^n}{1+x^n} = 0$;

右极限:$\lim\limits_{x \to 1^+} f(x) = \lim\limits_{x \to 1^+} \lim\limits_{n \to \infty} \dfrac{x^n}{1+x^n} = 1$.

因此,$x=1$ 为 $f(x)$ 的跳跃间断点,故选 B.

三、往年专升本试题汇总

1. 若函数 $f(x) = \begin{cases} (1+ax)^{\frac{1}{x}}, & x>0 \\ 2+x, & x \leqslant 0 \end{cases}$ 在点 $x=0$ 处连续,则常数 $a=$(　　).

　　A. $-\ln 2$　　　　B. $\ln 2$　　　　C. 2　　　　D. e^2

2. $x=0$ 是函数 $f(x) = \begin{cases} (1-2x)^{\frac{1}{x}}, & x<0 \\ e^2+x, & x \geqslant 0 \end{cases}$ 的(　　).

　　A. 连续点　　　　B. 可去间断点　　　C. 跳跃间断点　　　D. 第二类间断点

3. 设 $f(x) = \lim\limits_{n \to \infty} \sqrt{x^2 + \dfrac{1}{n^2}}$,则 $x=0$ 是 $f(x)$ 的(　　).

A. 可去间断点　　　　B. 跳跃间断点　　　　C. 第二类间断点　　　　D. 连续点

4. 方程 $x^9+x-1=0$ 实根的个数为(　　).

　　A. 0　　　　　　　　B. 1　　　　　　　　C. 2　　　　　　　　D. 3

5. 设 $f(x)=\lim\limits_{n\to\infty}\sqrt[n]{1+x^n}$ $(0\leqslant x\leqslant 2)$,则 $x=1$ 是 $f(x)$ 的(　　).若把函数改为 $f(x)=\lim\limits_{n\to\infty}\sqrt[n]{3+x^n}$ $(0\leqslant x\leqslant 2)$,则答案为(　　).

　　A. 可去间断点　　　B. 跳跃间断点　　　C. 第二类间断点　　　D. 连续点

6. 设 $f(x)=\lim\limits_{n\to\infty}(1+x^n)^{\frac{1}{n}}$ $(x\geqslant 0)$,则 $x=1$ 是 $f(x)$ 的(　　).

　　A. 可去间断点　　　B. 跳跃间断点　　　C. 第二类间断点　　　D. 连续点

7. 设 $f(x)=\lim\limits_{n\to\infty}\dfrac{1-x^n}{1+x^n}$ $(x\geqslant 0)$,则 $x=1$ 是 $f(x)$ 的(　　).

　　A. 可去间断点　　　B. 跳跃间断点　　　C. 第二类间断点　　　D. 连续点

8. 若 $f(x)$ 在区间 $[0,1]$ 上连续,且 $f(x)<1$,则方程 $2x-\int_0^x f(t)\mathrm{d}t=1$ 在区间 $[0,1]$ 内实根的个数为(　　).

　　A. 0　　　　　　　　B. 1　　　　　　　　C. 2　　　　　　　　D. 3

9. 求下列函数的间断点,并说明其类型:

(1) $f(x)=\begin{cases}\dfrac{1}{x+7}, & x<-7 \\ x, & -7\leqslant x\leqslant 1. \\ (x-1)\sin\dfrac{1}{x-1}, & x>1\end{cases}$

(2) $f(x)=\dfrac{x^2-1}{x^2-3x+2}$.

答案

1. B.　2. C.　3. D.　4. B.　5. D.　D.　6. D.　7. B　8. B.

9. (1) $x=-7$ 为第二类间断点,$x=1$ 为跳跃间断点;(2) $x=1$ 为可去间断点,$x=2$ 为第二类间断点.

习　题　2

1. $f(x)=\dfrac{\sqrt{x-1}}{x^2-2x-3}$ 的连续区间是_____,间断点是_____.

2. $x=0$ 是函数 $f(x)=x\sin\dfrac{1}{x}$ 的(　　).

　　A. 可去间断点　　　　　　　　　　　B. 跳跃间断点

　　C. 第二类间断点　　　　　　　　　　D. 连续点

3. 函数 $y=f(x)$ 在 $x=a$ 点处连续是 $f(x)$ 在 $x=a$ 点有极限的(　　).

　　A. 充要条件　　　　B. 充分条件　　　　C. 必要条件　　　　D. 无关条件

4. 函数 $f(x) = \begin{cases} \dfrac{1}{\ln(x-1)}, & x>1, x \neq 2 \\ 0, & x=1 \\ 1, & x=2 \end{cases}$ 的连续区间是（   ）.

    A. $[1, \infty)$ B. $(1, \infty)$

    C. $[1, 2) \bigcup (2, \infty)$ D. $(1, 2) \bigcup (2, \infty)$

5. 函数 $f(x) = \dfrac{x-3}{x^2-3x+2}$ 的间断点是（   ）.

    A. $x=1, x=2$ B. $x=3$ C. $x=1,2,3$ D. 无间断点

6. 要使 $f(x) = \ln(1+kx)^{\frac{m}{x}}$ 在点 $x=0$ 处连续，应给 $f(0)$ 补充定义的数值是（   ）.

    A. km B. $\dfrac{k}{m}$ C. $\ln km$ D. e^{km}

7. 设 $F(x) = \begin{cases} \dfrac{f(x)}{x}, & x \neq 0 \\ f(0), & x=0 \end{cases}$ ，且 $f(x)$ 在 $x=0$ 处可导，$f'(0) \neq 0$，$f(0)=0$，则 $x=0$ 是 $F(x)$ 的（   ）.

    A. 可去间断点   B. 跳跃间断点   C. 无穷间断点   D. 连续点

8. $f(x) = \begin{cases} x\sin\dfrac{1}{x}, & x \neq 0 \\ 0, & x=0 \end{cases}$ ，在 $x=0$ 处（   ）.

    A. 极限不存在   B. 极限存在但不连续

    C. 连续但不可导   D. 可导但不连续

9. 设 $f(x)$ 在 $(-\infty, +\infty)$ 内有定义，且 $\lim\limits_{x \to \infty} f(x) = a$，$g(x) = \begin{cases} f\left(\dfrac{1}{x}\right), & x \neq 0 \\ 0, & x=0 \end{cases}$，则（   ）.

    A. $x=0$ 必是 $g(x)$ 的第一类间断点

    B. $x=0$ 必是 $g(x)$ 的第二类间断点

    C. $x=0$ 必是 $g(x)$ 的连续点

    D. $g(x)$ 在 $x=0$ 处的连续性与 a 的取值有关

10. 函数 $f(x) = \dfrac{|x|\sin(x-2)}{x(x-1)(x-2)^2}$ 在下列区间（   ）内有界.

    A. $(-1, 0)$ B. $(0, 1)$ C. $(1, 2)$ D. $(2, 3)$

11. 设 $f(x) = \begin{cases} a+x+x^2, & x \leqslant 0 \\ \dfrac{\sin 3x}{x}, & x>0 \end{cases}$ ，求 a 使 $f(x)$ 在 $x=0$ 处连续.

12. 设 $f(x) = \begin{cases} 3x+a, & x \leqslant 0 \\ x^2+1, & 0<x<1 \\ \dfrac{b}{x}, & x \geqslant 1 \end{cases}$ ，若 $f(x)$ 在 $(-\infty, +\infty)$ 内连续，求 a、b 的值.

13. 求下列函数的间断点并判别类型.

(1) $f(x)=\dfrac{2^{\frac{1}{x}}-1}{2^{\frac{1}{x}}+1}$;

(2) $f(x)=\lim\limits_{n\to\infty}\dfrac{1-x^{2n}}{1+x^{2n}}x$;

(3) $f(x)=\begin{cases}\dfrac{x(2x+\pi)}{2\cos x}, & x\leqslant 0 \\ \sin\dfrac{1}{x^2-1}, & x>0\end{cases}$;

(4) $f(x)=\dfrac{1}{\ln|x|}$;

(5) $f(x)=\begin{cases}\mathrm{e}^{\frac{1}{x-1}}, & x>0 \\ \ln(1+x), & -1<x\leqslant 0\end{cases}$.

14. 设 $f(x)$ 在 $[a,b]$ 上连续且 $f(a)<a,f(b)>b$. 证明：在 $[a,b]$ 内至少存在一个 ξ 使 $f(\xi)=\xi$.

15. 设 $f(x)$ 在 $[0,1]$ 上连续，且 $0\leqslant f(x)\leqslant 1$. 证明：在 $[0,1]$ 上至少存在一个 ξ 使 $f(\xi)=\xi$.

16. 证明：$x^5-3x-2=0$ 在 $(1,2)$ 内至少有一个实根.

17. 设 $f(x)$ 在 $(-\infty,+\infty)$ 上连续，且 $f[f(x)]=x$，证明：存在一个 ξ 使得 $f(\xi)=\xi$.

18. 分析函数 $f(x)=\dfrac{\sin(x-1)}{|x-1|}$ 的间断点，并指明其类型.

19. 证明：方程 $x^4-3x^2-x=1$ 至少有一正根，有一负根.

20. 证明：方程 $x\ln(x+1)=3$ 至少有一正根.

21. 设函数 $f(x)$ 在区间 $[0,2a]$ $(a>0)$ 上连续，且 $f(0)=f(2a)$. 证明：在区间 $[0,a]$ 上至少存在某个 c，使 $f(c)=f(c+a)$.

答案

1. $[1,3)\cup(3,+\infty),x=3$. 　2. A. 　3. B. 　4. C. 　5. A. 　6. A. 　7. A. 　8. C. 　9. D. 　10. A.

11. $f_-(0)=\lim\limits_{x\to 0^-}(a+x+x^2)=a,f_+(0)=\lim\limits_{x\to 0^+}\dfrac{\sin 3x}{x}=3,f(0)=a$, 由 $f_-(0)=f_+(0)=f(0)$, 得 $a=3$.

12. $f_-(0)=a,f(0)=a,f_+(0)=1,f_-(1)=2,f_+(1)=b$, 由连续性可知 $f_-(0)=f_+(0)=f(0)=1=a,f_-(1)=f_+(1)=b=2$, 得 $a=1,b=2$.

13. (1) 间断点为 $x=0,f_+(0)=\lim\limits_{x\to 0^+}f(x)=1,f_-(0)=\lim\limits_{x\to 0^-}f(x)=-1,x=0$ 为第一类跳跃间断点.

(2) $f(x)=\begin{cases}-x, & x<-1 \\ 0, & x=-1 \\ x, & -1<x<1 \\ 0, & x=1 \\ -x, & x>1\end{cases}$，间断点为 $x=\pm 1,f(1+0)=-1,f(1-0)=1,f(-1+0)=-1$,

$f(-1-0)=1,x=\pm 1$ 均为第一类跳跃间断点.

(3) 间断点为 $x=1,k\pi+\dfrac{\pi}{2}(k\in\mathbf{Z})$ 和 $x=0$(注：$x=-1$ 为连续点). $\lim\limits_{x\to 1}f(x)=\lim\limits_{x\to 1}\sin\dfrac{1}{x^2-1}$ 不存在，$x=1$ 为第二类间断点；

对于 $x=-\dfrac{\pi}{2}$，即 $k=-1$ 时，$\lim\limits_{x\to-\frac{\pi}{2}}\dfrac{x(2x+\pi)}{2\cos x}=-\dfrac{\pi}{4}\lim\limits_{x\to-\frac{\pi}{2}}\dfrac{2}{-\sin x}=-\dfrac{\pi}{2},x=-\dfrac{\pi}{2}$ 为可去间断点；

当 $k\neq-1,k\in\mathbf{Z},x=k\pi+\dfrac{\pi}{2}$ 时，$\lim\limits_{x\to k\pi+\frac{\pi}{2}}f(x)=\infty$，该点为第二类间断点；

$f(0+0)=\lim\limits_{x\to0^+}\sin\dfrac{1}{x^2-1}=\sin(-1)=-\sin1,f(0-0)=\lim\limits_{x\to0^-}\dfrac{x(2x+\pi)}{2\cos x}=0,x=0$ 为第一类跳跃间断点.

(4) 在 $x=0$ 处：$\lim\limits_{x\to0}\dfrac{1}{\ln|x|}=0$，故 $x=0$ 是 $f(x)$ 的第一类间断点. 在 $x=\pm1$ 处：因为 $\lim\limits_{x\to\pm1}\dfrac{1}{\ln|x|}=\infty$，所以 $x=\pm1$ 为 $f(x)$ 的第二类无穷间断点.

(5) 在 $x=1$ 处：因为 $\lim\limits_{x\to1^-}e^{\frac{1}{x-1}}=e^{-\infty}=0,\lim\limits_{x\to1^+}e^{\frac{1}{x-1}}=\infty$，故 $x=1$ 是 $f(x)$ 的第二类无穷间断点；

在 $x=0$ 处：因为 $\lim\limits_{x\to0^+}e^{\frac{1}{x-1}}=e^{-1},\lim\limits_{x\to0^-}\ln(1+x)=0$，故 $x=0$ 是 $f(x)$ 的第一类跳跃间断点.

14. 令 $F(x)=x-f(x)$，则 $F(x)$ 在 $[a,b]$ 上连续，且 $F(a)=a-f(a)>0,F(b)=b-f(b)<0$，由零点定理知，在 (a,b) 至少存在一点 ξ 使 $F(\xi)=0$，即 $f(\xi)=\xi$.

15. 令 $F(x)=x-f(x)$，则 $F(x)$ 在 $[0,1]$ 上连续，且 $F(0)=-f(0)\leqslant0,F(1)=1-f(1)\geqslant0$，若 $F(0)=0$ 或 $F(1)=0$ 成立，那么就相应地有 $\xi=0$ 或 1，否则可假设 $F(0)<0,F(1)>0$，则由零点定理可知，在 $(0,1)$ 上存在一点 ξ，使 $F(\xi)=0$，即 $f(\xi)=\xi$.

综上所述，得到题设结论.

16. $F(x)=x^5-3x-2$，则 $F(x)$ 在 $[1,2]$ 上连续，且 $F(1)=1-3-2=-4<0,F(2)=2^5-3\times2-2>0$. 故由零点定理知，存在 $\xi\in(1,2)$ 使得 $F(\xi)=0$，即完成命题.

17. $F(x)=x-f(x)$，任取一点 a，若 $F(a)=0$，即 a 为所求；否则，不妨假设 $F(a)>0$，即 $a>f(a)$.

现在考虑区间 $[f(a),a]$，在此区间内由已知条件知 $F(x)$ 连续，且 $F(f(a))=f(a)-f(f(a))=f(a)-a<0,F(a)=a-f(a)>0$.

故由零点定理知，在 $(f(a),a)$ 存在一点使得 $F(\xi)=0$，即 $\xi=f(\xi)$，命题得证.

18. $x=1$ 为间断点. 因为 $f(1-0)=\lim\limits_{x\to1-0}\dfrac{\sin(x-1)}{1-x}=-1,f(1+0)=\lim\limits_{x\to1+0}\dfrac{\sin(x-1)}{x-1}=1$，所以 $x=1$ 为第一类跳跃间断点.

19. 构造 $f(x)=x^4-3x^2-x-1$. 对于 $x\in[0,2],f(x)$ 在 $[0,2]$ 上连续，且 $f(0)=-1,f(2)=16-12-2-1=1>0$，据零点定理知，在 $(0,2)$ 方程至少有一正根；同理，对于 $x\in[-2,0],f(-2)=16-12+2-1=5>0,f(0)=-1<0$，故在 $(-2,0)$ 方程至少有一负根，命题得证.

20. 构造 $f(x)=x\ln(x+1)-3,x\in[0,e^4-1],f(x)$ 在 $[0,e^4-1]$ 连续，且 $f(0)=-3,f(e^4-1)=(e^4-1)\ln(e^4)-3=4(e^4-1)-3>0$，据零点定理得知，在 $(0,e^4-1)$ 内 $f(x)$ 至少有一正根，命题得证.

21. 若 $f(a)=f(2a)$，取 $c=0$ 或 $c=a$ 即可；若 $f(a)\neq f(2a)$，不妨设 $f(a)>f(2a)$. 设 $F(x)=f(x)-f(x+a)$，应用零点定理即得所证.

实数的完备性和一致连续性

一、主 要 考 点

1. 基本概念和定理

（1）闭区间套定理：设有闭区间列 $\{[a_n,b_n]\}$，若满足

① $[a_1,b_1]\supset[a_2,b_2]\supset[a_3,b_3]\supset\cdots\supset[a_n,b_n]\supset\cdots$；

② $\lim\limits_{n\to\infty}(b_n-a_n)=0$.

存在唯一的实数 ξ 属于所有的闭区间 $\left[$即 $\bigcap\limits_{n=1}^{\infty}[a_n,b_n]=\xi\right]$，且 $\lim\limits_{n\to\infty}b_n=\lim\limits_{n\to\infty}a_n=\xi$，则称

$\{[a_n,b_n]\}$ 为闭区间套，简称区间套.

（2）上、下确界.

上确界：设 E 为非空数集，$\exists\beta\in\mathbf{R}$，且

① $\forall x\in E$，有 $x\leqslant\beta$；

② $\forall\varepsilon>0$，$\exists x_0\in E$，有 $\beta-\varepsilon<x_0$.

则称 β 是 E 的上确界，记为 $\beta=\sup E$.

下确界：设 E 为非空数集，$\exists\alpha\in\mathbf{R}$，且

① $\forall x\in E$，有 $x\geqslant\alpha$；

② $\forall\varepsilon>0$，$\exists x_0\in E$，有 $x_0<\alpha+\varepsilon$.

则称 α 是 E 的下确界，记为 $\alpha=\inf E$.

（3）确界定理：非空数集 E 有上界，则 E 有唯一的上确界；非空数集 E 有下界，则 E 有唯一的下确界.

（4）开覆盖：设 S 为数轴上的点集，H 为开区间的集合（即 H 中每一个元素都是形如 (a,b) 的开区间）.若 S 中的任何一点都含在 H 中的至少一个开区间内，则称 H 为 S 的一个开覆盖，或简称 H 覆盖 S.

（5）有限覆盖定理：设 H 为闭区间 $[a,b]$ 的一个（无限）开覆盖，则从 H 中可选出有限个开区间来覆盖 $[a,b]$.

（6）一致连续性：若 $f(x)$ 在闭区间 $[a,b]$ 上连续，则 $f(x)$ 在 $[a,b]$ 上一致连续.

（7）聚点：称 x_0 为 E 的一个聚点，则 x_0 的任何邻域 $\bigcup(x_0,\varepsilon)$ 都含有 E 的无限个点.

2. 一致连续性的判断

为了便于记忆，我们把函数的连续、一致连续和非一致连续对比如下.

（1）连续：$\forall \varepsilon > 0, \exists \delta > 0, \forall x : |x - a| < \delta,$ 有 $|f(x) - f(a)| < \varepsilon,$ 则 $f(x)$ 在点 a 连续.

（2）一致连续：$\forall \varepsilon > 0, \exists \delta > 0, \forall x_1, x_2 \in I : |x_1 - x_2| < \delta,$ 有 $|f(x_1) - f(x_2)| < \varepsilon,$ 则 $f(x)$ 在 I 上一致连续.

（3）非一致连续：$\exists \varepsilon_0 > 0, \forall \delta > 0, \exists x_1, x_2 \in I : |x_1 - x_2| < \delta,$ 有 $|f(x_1) - f(x_2)| \geqslant \varepsilon_0,$ 则 $f(x)$ 在 I 上非一致连续.

记忆窍门：

① 一致连续与非一致连续中的 $\forall$ 和 $\exists$ 刚好对调.

② 证明一致连续的关键是找到 δ，证明过程照搬定义即可，证明非一致连续的关键是找到 x_1 和 x_2（这个是难点），其次是找到 ε_0，证明过程也可以照搬定义.

二、应 用 举 例

1. 闭区间套定理

例 3.1　判别下列闭区间列哪些是区间套，哪些不是.

(1) $\left\{ \left[1 - \dfrac{1}{n}, 1 + \dfrac{1}{2n} \right] \right\}$;　　　　　　　(2) $\left\{ \left[1 - \dfrac{1}{n}, 2 + \dfrac{1}{2n} \right] \right\}$;

(3) $\left\{ \left[2 - \dfrac{1}{n^2}, 2 + \dfrac{1}{n^2} \right] \right\}$;　　　　　(4) $\left\{ \left[0, \dfrac{1}{n} \right] \right\}$;

(5) $\left\{ \left[\dfrac{2n-1}{2n}, \dfrac{3n+1}{3n} \right] \right\}$;　　　　　(6) $\left\{ \left[1 + \dfrac{1}{3n}, 1 + \dfrac{1}{2n} \right] \right\}$.

解　是区间套的有(1)、(3)、(4)、(5)；不是区间套的有(2)、(6).

2. 上、下确界

提问：E 的上、下确界是否是 E 的最大、最小值？答：不一定.

例 3.2　求以下数集 E 的上、下确界.

(1) $E = \{ x \mid x^2 < 3 \}$.

(2) $E = \{ x \mid x = n!, n \in \mathbf{N}^+ \}$.

(3) $E = \left\{ x \mid x = 1 - \dfrac{1}{3^n}, n \in \mathbf{N}^+ \right\}$.

(4) $E = \left\{ x \mid x = \dfrac{(-1)^n}{n+1}, n \in \mathbf{N}^+ \right\}$.

(5) $E = \{ x \mid x \text{ 为} (0,1) \text{内的无理数} \}$.

(6) $E = \left\{ x \mid x = \left(1 + \dfrac{1}{n} \right)^n, n \in \mathbf{N}^+ \right\}$.

(7) $E = \left\{ x \mid x = n \sin \dfrac{n\pi}{4}, n \in \mathbf{N}^+ \right\}$.

解　(1) 因为 $E = \{ x \mid x^2 < 3 \} = (-\sqrt{3}, \sqrt{3})$，故 $\sup E = \sqrt{3}, \inf E = -\sqrt{3}$.

注意：此题中的 E 没有最大值和最小值，若将 E 改为 $E = \{ x \mid x^2 \leqslant 3 \}$，则上确界和最大值都为 $\sqrt{3}$，下确界和最小值都为 $-\sqrt{3}$.

(2) 因为 $E = \{ x \mid x = n!, n \in \mathbf{N}^+ \} = \{ 1, 2!, 3!, \cdots, n!, \cdots \}$，故 $\inf E = 1, \sup E = +\infty$.

（3）此题中，x 随 n 的增大而单调递增，所以 $n=1$ 时，$x=1-\dfrac{1}{3}=\dfrac{2}{3}$ 为下确界，当 $n\to\infty$ 时，$\lim\limits_{n\to\infty}\left(1-\dfrac{1}{3^n}\right)=1$ 为上确界．故 $\sup E=1,\inf E=\dfrac{2}{3}$．

注意：此题中的 E 存在最小值为 $\dfrac{2}{3}$，且无最大值．

（4）方法 1，把 E 的前几项写出来：$-\dfrac{1}{2},\dfrac{1}{3},-\dfrac{1}{4},\dfrac{1}{5},-\dfrac{1}{6},\dfrac{1}{7},\cdots$，可以观察得出：$\sup E=\dfrac{1}{3},\inf E=-\dfrac{1}{2}$．

方法 2，因为 $\left|(-1)^n\dfrac{1}{n+1}\right|=\dfrac{1}{n+1}$ 为单调递减（当 $n\to\infty$ 时），由 $(-1)^n$ 知，上、下确界出现在前两项．故第一项为 $-\dfrac{1}{2}$ 是下确界，第二项为 $\dfrac{1}{3}$ 是上确界．

（5）根据实数的稠密性知：$\sup E=1,\inf E=0$．

（6）由于当 $n\to\infty$ 时，$x=\left(1+\dfrac{1}{n}\right)^n$ 为单调递增，所以当 $n=1$ 时，x 为下确界，$\inf E=2$；$\lim\limits_{n\to\infty}\left(1+\dfrac{1}{n}\right)^n=\mathrm{e}$ 为上确界，$\sup E=\mathrm{e}$．

此处给出 $f(x)=\left(1+\dfrac{1}{x}\right)^x$ 当 $x>0$ 时为单调递增函数的证明．

先用对数函数求导法可以求出 $f'(x)=\left(1+\dfrac{1}{x}\right)^x\left[\ln\left(1+\dfrac{1}{x}\right)-\dfrac{1}{1+x}\right]$，易知 $f'(x)$ 的符号由 $\varphi(x)=\left[\ln\left(1+\dfrac{1}{x}\right)-\dfrac{1}{1+x}\right]$ 确定．

当 $x>0$ 时，$\varphi'(x)=\dfrac{-1}{x(1+x)}+\dfrac{1}{(1+x)^2}=\dfrac{-1}{x(1+x^2)}<0$，所以 $\varphi(x)$ 在 $(0,+\infty)$ 单调下降．

又因为 $\lim\limits_{x\to+\infty}\varphi(x)=\lim\limits_{x\to+\infty}\left[\ln\left(1+\dfrac{1}{x}\right)-\dfrac{1}{1+x}\right]=0$，当 $x>0$ 时，$\varphi(x)>0$，于是 $f'(x)>0$．故当 $x>0$ 时，$f(x)=\left(1+\dfrac{1}{x}\right)^x$ 单调递增．

（7）$\inf E=-\infty,\sup E=+\infty$．

3. 聚点

例 3.3 求以下数集 E 的聚点．

（1）若 $E=\left\{\dfrac{1}{n}\ \middle|\ n\in\mathbf{N}^+\right\}$，则聚点为点 0．

（2）若 $E=\{$开区间 (a,b) 内的一切无理数点$\}$，则闭区间 $[a,b]$ 的每一点都是 E 的聚点．

（3）若 $E=\mathbf{N}^+$，则 E 没有聚点．

（4）若 $E=\{y\mid y=x^2,x\in\mathbf{R}\}$，则 E 的所有聚点的集合为 $[0,+\infty)$．

(5) 若 $E=\left\{(-1)^n \dfrac{1}{2^n}\,\middle|\,n\in\mathbf{N}^+\right\}$，则 E 有唯一的聚点 $\xi=0$.

(6) 若 $E=\left\{(-1)^n+\dfrac{1}{2^n}\,\middle|\,n\in\mathbf{N}^+\right\}$，则 E 有两个聚点 $\xi_1=-1$ 和 $\xi_2=1$.

(7) 若 $E=\left\{\dfrac{(-1)^n}{n+1}\,\middle|\,n\in\mathbf{N}^+\right\}$，则 E 有唯一的聚点 $\xi=0$.

4. 开覆盖

例 3.4 设 $S=(0,1)$，$H=\left\{\left(0,\dfrac{1}{2}\right),\left(\dfrac{1}{2},1\right)\right\}$，问 H 能否覆盖 S？

解 显然，点 $\dfrac{1}{2}$ 不能被 H 覆盖，故 H 不能覆盖 S.

例 3.5 设 $S=(0,1)$，$H=\left\{\left(0,\dfrac{1}{2}\right),\left(\dfrac{1}{3},1\right)\right\}$，问 H 能否覆盖 S？

解 画数轴可知，H 能覆盖 S.

例 3.6 设 $S=(0,1)$，$H=\left\{\left(\dfrac{1}{n+1},\dfrac{1}{n}\right)\,\middle|\,n=1,2,3,\cdots\right\}$，问 H 能否覆盖 S？

解 因为 $H=\left\{\left(\dfrac{1}{2},1\right),\left(\dfrac{1}{3},\dfrac{1}{2}\right),\left(\dfrac{1}{4},\dfrac{1}{3}\right),\left(\dfrac{1}{5},\dfrac{1}{4}\right),\cdots\right\}$，由数轴观察知，点 $\dfrac{1}{2}$，$\dfrac{1}{3}$，$\dfrac{1}{4}$，$\cdots$ 没有被覆盖，故 H 不能覆盖 S.

例 3.7 设 $S=(0,1)$，$H=\left\{\left(\dfrac{1}{n+1},1\right)\,\middle|\,n=1,2,3,\cdots\right\}$，问 H 能否覆盖 S？如果能，是有限覆盖还是无限覆盖？

解 因为 $H=\left\{\left(\dfrac{1}{2},1\right),\left(\dfrac{1}{3},1\right),\left(\dfrac{1}{4},1\right),\left(\dfrac{1}{5},1\right),\cdots\right\}$，由数轴观察知，$H$ 能覆盖 S，且需要 H 中的所有开区间来覆盖，故为无限覆盖.

例 3.8 设 S 为闭区间 $[0,1]$，$H=\left\{\left(\dfrac{1}{n+2},\dfrac{1}{n}\right)\,\middle|\,n=1,2,3,\cdots\right\}$，问 H 能否覆盖 S？若将 S 改为 $S=\left(\dfrac{1}{100},1\right)$，$H$ 能否覆盖 S？若能，是有限覆盖还是无限覆盖？

解 ① 因为 $S=[0,1]$ 包含了 0 和 1，而这两个点是不能被 H 覆盖的，故 H 不能覆盖 S.

② 若将 S 改为 $S=\left(\dfrac{1}{100},1\right)$，而 $H=\left\{\left(\dfrac{1}{3},1\right),\left(\dfrac{1}{4},\dfrac{1}{2}\right),\left(\dfrac{1}{5},\dfrac{1}{3}\right),\cdots,\left(\dfrac{1}{100},\dfrac{1}{98}\right),\cdots\right\}$，观察知，$H$ 的前 98 个开区间即可把 S 覆盖，故为有限覆盖.

5. 一致连续性

例 3.9 证明 $f(x)=x+\sin x$ 在 $\mathbf{R}$ 上一致连续.

证 $\forall\varepsilon>0$，$\exists\delta=\dfrac{\varepsilon}{2}$，$\forall x_1,x_2\in\mathbf{R}$，当 $|x_1-x_2|<\delta$ 时，有 $|f(x_1)-f(x_2)|=|x_1-x_2+$

$\sin x_1 - \sin x_2 \mid \leqslant 2 \mid x_1 - x_2 \mid < \varepsilon.$ $\left(\text{由 } 2 \mid x_1 - x_2 \mid < \varepsilon, \text{即} \mid x_1 - x_2 \mid < \dfrac{\varepsilon}{2} \text{知, 取} \delta = \dfrac{\varepsilon}{2}\right)$ 故 $f(x)$ 在 **R** 上一致连续.

解题窍门: 对 $\mid f(x_1) - f(x_2) \mid$ 进行放大时, 最后必须出现 $\mid x_1 - x_2 \mid$, 这样才能求出 $\delta.$ $\mid \sin x_1 - \sin x_2 \mid \leqslant \mid x_1 - x_2 \mid$ 的原因为

$$\mid \sin x_1 - \sin x_2 \mid = \left| 2\sin\frac{x_1 - x_2}{2}\cos\frac{x_1 + x_2}{2} \right| \leqslant 2\left| \sin\frac{x_1 - x_2}{2} \right| \leqslant 2\left| \frac{x_1 - x_2}{2} \right|$$
$$= \mid x_1 - x_2 \mid$$

这里还用到了一个知识点: 当 $x \geqslant 0$ 时, $x \geqslant \sin x.$

例 3.10 证明 $f(x) = \sin\sqrt{x}$ 在 $[0, +\infty)$ 上一致连续.

证 分为两个区间考虑.

在 $[1, +\infty)$ 上, $\forall \varepsilon > 0$, $\exists \delta = 2\varepsilon$, $\forall x_1, x_2 \in [1, +\infty)$, 当 $\mid x_1 - x_2 \mid < \delta$ 时, 有 $\mid \sin\sqrt{x_1} - \sin\sqrt{x_2} \mid \leqslant \mid \sqrt{x_1} - \sqrt{x_2} \mid = \left| \dfrac{x_1 - x_2}{\sqrt{x_1} + \sqrt{x_2}} \right| \leqslant \dfrac{1}{2} \mid x_1 - x_2 \mid < \varepsilon$, 由 $\dfrac{1}{2} \mid x_1 - x_2 \mid < \varepsilon$, 即 $\mid x_1 - x_2 \mid < 2\varepsilon$ 知, 取 $\delta = 2\varepsilon$, 所以 $f(x)$ 在 $[1, +\infty)$ 上一致连续.

又因为 $f(x)$ 在 $[0, 1]$ 上连续, 所以 $f(x)$ 在 $[0, 1]$ 上一致连续.

综上, $f(x)$ 在 $[0, +\infty)$ 上一致连续.

例 3.11 证明 $f(x) = \sin x^2$ 在 $(0, +\infty)$ 上非一致连续.

证 $\exists \varepsilon_0 = \dfrac{1}{2}$, $\forall \delta > 0$, 取 $x_1 = \sqrt{n\pi + \dfrac{\pi}{2}}$, $x_2 = \sqrt{n\pi}$, 使得 $\mid x_1 - x_2 \mid < \delta$ 时, $\left(n > \dfrac{\pi}{16\delta^2}\right)$, 有 $\mid f(x_1) - f(x_2) \mid = 1 > \varepsilon_0$, 故 $f(x)$ 在 $(0, +\infty)$ 上非一致连续 $\left(\varepsilon_0 \text{ 还可以取 } \varepsilon_0 = \dfrac{1}{3}, \varepsilon_0 = \dfrac{1}{4} \text{ 等}\right).$

三、往年专升本试题汇总

1. 证明 $f(x) = \dfrac{1}{x}$ 在区间 $(0, 1)$ 上非一致连续.

证 $\exists \varepsilon_0 = \dfrac{1}{2} > 0$, $\forall \delta > 0$, $\exists \dfrac{1}{n+1}, \dfrac{1}{n} \in (0, 1)$ 满足 $\left| \dfrac{1}{n+1} - \dfrac{1}{n} \right| = \dfrac{1}{n(n+1)} < \dfrac{1}{n^2} < \delta$, $\left(n > \dfrac{1}{\sqrt{\delta}}\right)$, 但 $\left| f\left(\dfrac{1}{n+1}\right) - f\left(\dfrac{1}{n}\right) \right| = n+1-n = 1 > \dfrac{1}{2} = \varepsilon_0.$ 按定义知 $f(x)$ 在区间 $(0, 1)$ 上非一致连续.

2. 若将第 1 题中的 $f(x)$ 改为 $f(x) = \dfrac{1}{x^2}$, 那么该怎么证明呢?

证 $\exists \varepsilon_0 = \dfrac{1}{2}$, $\forall \delta > 0$, $\exists x_1 = \dfrac{1}{\sqrt{n}}$, $x_2 = \dfrac{1}{\sqrt{n+1}} \in (0, 1)$, 满足 $\mid x_1 - x_2 \mid = \left| \dfrac{1}{\sqrt{n}} - \dfrac{1}{\sqrt{n+1}} \right| = \dfrac{\sqrt{n+1} - \sqrt{n}}{\sqrt{n(n+1)}} = \dfrac{1}{\sqrt{n(n+1)} \cdot (\sqrt{n+1} + \sqrt{n})} < \dfrac{1}{n} < \delta \left(\text{取 } n > \dfrac{1}{\delta}\right)$, 但

$\left|f(x_1)-f(x_2)\right|=\left|f\left(\dfrac{1}{\sqrt{n}}\right)-f\left(\dfrac{1}{\sqrt{n+1}}\right)\right|=1>\varepsilon_0=\dfrac{1}{2}$，所以 $f(x)=\dfrac{1}{x^2}$ 在 $(0,1)$ 内非一致连续．

3. 若将第 1 题中的 $f(x)$ 改为 $f(x)=\dfrac{1}{x^2+1}$，则 $f(x)=\dfrac{1}{x^2+1}$ 在 $(0,1)$ 上一致连续吗？

解　显然，$f(x)=\dfrac{1}{x^2+1}$ 在闭区间 $[0,1]$ 上连续．所以 $f(x)$ 在 $[0,1]$ 上一致连续，故 $f(x)$ 在 $(0,1)$ 上一致连续．

4. 若将第 1 题中的 $f(x)$ 改为 $f(x)=\dfrac{1}{x^2-1}$，请问 $f(x)=\dfrac{1}{x^2-1}$ 在 $(0,1)$ 上一致连续吗？

证　$\exists\,\varepsilon_0=\dfrac{1}{2}$，$\forall\,\delta>0$，$\exists\,x_1=\sqrt{-\dfrac{1}{n}+1}$，$x_2=\sqrt{-\dfrac{1}{n+1}+1}\in(0,1)$，满足 $|x_1-x_2|=$

$\sqrt{1-\dfrac{1}{n+1}}-\sqrt{1-\dfrac{1}{n}}=\dfrac{\dfrac{1}{n(n+1)}}{\sqrt{1-\dfrac{1}{n+1}}+\sqrt{1-\dfrac{1}{n}}}<\dfrac{1}{n}<\delta\left(\text{取 }n>\dfrac{1}{\delta}\right)$，但 $|f(x_1)-f(x_2)|=$

$1>\varepsilon_0=\dfrac{1}{2}$，所以 $f(x)=\dfrac{1}{x^2-1}$ 在 $(0,1)$ 上非一致连续．

若将第 4 题中的区间改为 $(1,2)$ 时，则取 $x_1=\sqrt{1+\dfrac{1}{n}}$，$x_2=\sqrt{1+\dfrac{1}{n+1}}$．

注意：在证明非一致连续中，寻找 x_1 和 x_2 时，原则是 x_1 和 x_2 应靠近其间断点，且 $|x_1-x_2|\to0$（当 $x\to\infty$ 时），如 $f(x)=\dfrac{1}{x}$ 中取 x_1、x_2 分别等于 $\dfrac{1}{n}$ 和 $\dfrac{1}{n+1}$，则 x_1,x_2 趋向于其间断点 $x=0$，且 $|x_1-x_2|\to0$（当 $n\to\infty$ 时），同样，如第 4 题 $f(x)=\dfrac{1}{x^2-1}$ 中，取 x_1 和 x_2 应靠近其间断点 $x=1$，且 $|x_1-x_2|\to0$（当 $n\to\infty$ 时）．另外一个原则是要找到 x_1 和 x_2 使得 $|f(x_1)-f(x_2)|$ 等于一个常数．

习　题　3

1. 数集 $\left\{(-1)^n+\dfrac{1}{n}\right\}$ 的两个聚点为_____．

2. 有限数集有聚点吗？_____．

3. 闭区间 $[a,b]$ 的全体聚点的集合是_____．

4. 已知 $a_n=\dfrac{n^2}{2^n}$，则 $\sup\{a_n\}=$_____，$\inf\{a_n\}=$_____，$\{a_n\}$ 的聚点为_____．

5. 设 $H=\left\{\left(\dfrac{1}{n+2},\dfrac{1}{n}\right)\,\middle|\,n=1,2,\cdots\right\}$．问：

(1) H 能否覆盖 $(0,1)$？

(2) 能否从 H 中选出有限个开区间覆盖① $\left(0,\dfrac{1}{2}\right)$；② $\left(\dfrac{1}{100},1\right)$?

6. 设 f 定义在 (a,b) 上. 证明：若对 (a,b) 内任一收敛数列 $\{x_n\}$，极限 $\lim\limits_{n\to\infty}f(x_n)$ 都存在，则 f 在 (a,b) 上一致连续.

7. 求证下列函数在指定区间上一致连续：

(1) $f(x)=\dfrac{1}{x}$，$(0<a\leqslant x<+\infty)$；　　(2) $f(x)=\sqrt[3]{x}$ $(x\geqslant0)$.

8. 求证下列函数在指定区间上不一致连续：

(1) $f(x)=\sin\dfrac{1}{x}$ $(0<x<1)$；　　(2) $f(x)=\ln x$ $(x>0)$.

答案

1. $\xi_1=-1$；$\xi_2=1$.　　2. 没有.　　3. $[a,b]$.　　4. 9/8；0；0.　　5. (1)能；(2)①不能，②能.

6. 假设 f 在 (a,b) 上不一致连续，则 $\exists\varepsilon_0>0$，对 $\delta>0$，总存在 $x',x''\in(a,b)$，尽管 $|x'-x''|<\delta$，但有 $|f(x')-f(x'')|\geqslant\varepsilon_0$.

令 $\delta=\dfrac{1}{n}$，与它相应的两点记为 $x'_n,x''_n\in(a,b)$，尽管 $|x'_n-x''_n|<\delta$，但有

$$|f(x'_n)-f(x''_n)|\geqslant\varepsilon_0 \tag{1}$$

当 n 取遍所有正整数时，得数列 $\{x'_n\},\{x''_n\}\subset(a,b)$，由致密性定理可知，存在 $\{x'_n\}$ 的收敛子列 $\{x'_{n_k}\}$，设 $\lim\limits_{k\to\infty}x'_{n_k}=x_0$. 又因为

$$|x'_{n_k}-x''_{n_k}|<\frac{1}{n_k}\Rightarrow|x''_{n_k}-x_0|\leqslant|x'_{n_k}-x''_{n_k}|+|x'_{n_k}-x_0|\to0\,(k\to\infty)$$

即 $\lim\limits_{k\to\infty}x''_{n_k}=x_0$. 由(1)式有 $|f(x'_{n_k})-f(x''_{n_k})|\geqslant\varepsilon_0$，令 $k\to\infty$，得

$$0=\left|\lim_{k\to\infty}f(x'_{n_k})-\lim_{k\to\infty}f(x''_{n_k})\right|\geqslant\varepsilon_0$$

这与 $\varepsilon_0>0$ 相矛盾. 所以 f 在 (a,b) 上一致连续.

7. (1) $\forall\varepsilon>0$，取 $\delta=a^2\varepsilon$，则当 $|x_1-x_2|<a^2\varepsilon$ 时，有

$$\left|\frac{1}{x_1}-\frac{1}{x_2}\right|=\left|\frac{x_1-x_2}{x_1x_2}\right|\leqslant\frac{|x_1-x_2|}{a^2}<\varepsilon\quad(\forall x_1,x_2\geqslant a)$$

即得 $f(x)=\dfrac{1}{x}$ 在 $[a,+\infty)$ 上一致连续.

(2) 设 $x_2>x_1\geqslant0$，则有

$$\sqrt[3]{x_2}=\sqrt[3]{(x_2-x_1)+x_1}\leqslant\sqrt[3]{x_2-x_1}+\sqrt[3]{x_1}$$

即有 $\sqrt[3]{x_2}-\sqrt[3]{x_1}\leqslant\sqrt[3]{x_2-x_1}$. 于是，对 $\forall\varepsilon>0$，$\exists\delta=\varepsilon^3>0$，则 $\forall x_1,x_2\geqslant0$，当 $|x_2-x_1|<\delta$ 时，有 $|\sqrt[3]{x_2}-\sqrt[3]{x_1}|\leqslant\sqrt[3]{|x_2-x_1|}<\varepsilon$，即得 $f(x)$ 在 $x\geqslant0$ 上一致连续.

8. (1) 取 $x'_n=\dfrac{1}{2n\pi},x''_n=\dfrac{1}{2n\pi+\dfrac{\pi}{2}}$ $(n=1,2,\cdots)$，则有 $\lim\limits_{n\to\infty}(x''_n-x'_n)=0$. 而 $\lim\limits_{n\to\infty}[f(x''_n)-f(x'_n)]=\lim\limits_{n\to\infty}1=1$. 于是 $f(x)$ 在 $(0,1)$ 上不一致连续.

(2) 取 $x''_n=\mathrm{e}^{-n},x'_n=\mathrm{e}^{-(n+1)}$ $(n=1,2,\cdots)$，则有 $\lim\limits_{n\to\infty}(x''_n-x'_n)=0$，而 $\lim\limits_{n\to\infty}[f(x''_n)-f(x'_n)]=\lim\limits_{n\to\infty}1=1$. 由此推出 $f(x)$ 在 $(0,+\infty)$ 上不一致连续.

导数与微分

一、主要考点

1. 基本概念

(1) 导数的概念：若 $f(x)$ 在点 x_0 处的某邻域有定义，且 $\lim\limits_{\Delta x \to 0} \dfrac{\Delta y}{\Delta x} = \lim\limits_{\Delta x \to 0} \dfrac{f(x_0 + \Delta x) - f(x_0)}{\Delta x} = \lim\limits_{x \to x_0} \dfrac{f(x) - f(x_0)}{x - x_0}$ 存在，则称 $f(x)$ 在点 x_0 处可导，且 $f'(x_0)$ 等于上面的极限.

(2) 左导数和右导数：$f(x)$ 在点 x_0 处左导数或右导数存在的充要条件：

$$\lim_{\Delta x \to 0^-} \frac{\Delta y}{\Delta x} = \lim_{\Delta x \to 0^-} \frac{f(x_0 + \Delta x) - f(x_0)}{\Delta x} = \lim_{x \to x_0^-} \frac{f(x) - f(x_0)}{x - x_0} \text{ 存在，或 } \lim_{\Delta x \to 0^+} \frac{\Delta y}{\Delta x} =$$

$$\lim_{\Delta x \to 0^+} \frac{f(x_0 + \Delta x) - f(x_0)}{\Delta x} = \lim_{x \to x_0^+} \frac{f(x) - f(x_0)}{x - x_0} \text{ 存在.}$$

(3) 导数的几何意义：在某点的导数存在 $\Leftrightarrow$ 在该点的切线斜率存在.

2. 判断导数存在性的方法

方法 1 利用导数的概念.

方法 2 利用"导数存在 $\Leftrightarrow$ 左导数＝右导数"，此种方法一般针对分段函数.

方法 3 图像法，即通过观察图像. 如果在某点的切线不存在或切线的斜率不存在，则在该点不可导.

如 $f(x) = |x|$，由图 4.1 观察可知 $f(x) = |x|$ 在 $x = 0$ 处切线不存在，所以不可导. 又如 $y = |\sin x|$，由图 4.1 观察可知 $y = |\sin x|$ 在 $x = k\pi, k \in \mathbf{Z}$ 时切线不存在，所以不可导.

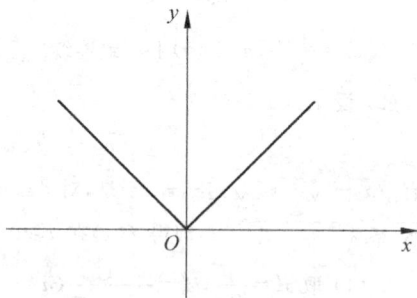

图 4.1

方法 4 通过直接求导数来判断.

如 $y = \sqrt[5]{x}$，对此函数求导得 $y' = \dfrac{1}{5} x^{-\frac{4}{5}} = \dfrac{1}{5} \dfrac{1}{\sqrt[5]{x^4}}$，显然，当 $x = 0$ 时，y 的导数不存在.

所以 $y = \sqrt[5]{x}$ 在 $x = 0$ 处不可导，在其余点均可导.

又如 $y=\sqrt{x}+1$，对此函数求导得 $y'=\dfrac{1}{2\sqrt{x}}$，显然，当 $x=0$ 时，y 的导数不存在，所以

$y=\sqrt{x}+1$ 在 $x=0$ 处不可导，在其余点均可导．

再如 $y=\mathrm{e}^x+2$，对此函数求导得 $y'=\mathrm{e}^x$，显然，y 在 **R** 上导数均存在，所以 $y=\mathrm{e}^x+2$ 在 **R** 上可导．

方法 5　若函数在某点不连续，则在该点必不可导．

3. 连续性和可导性的关系

若函数在某点可导，则在该点必连续，但连续不一定可导．

4. 复合函数的求导

此种题型可以用高中的知识解决，此处不再阐述．如 $y=2^{\sin x}$，则 $y'=2^{\sin x}\cdot\ln2\cdot\cos x$．

5. 隐函数的求导

方程所确定的隐函数求导，两边分别对 x 求导后，再整理出 y'．

6. 对数求导法

针对的是幂指函数：如 $y=u(x)^{v(x)}$ 和其他函数，如 $y=\sqrt[3]{\dfrac{x^2}{x+3}}$．

7. 参数方程求导法则

参数方程 $\begin{cases}x=\varphi(t)\\y=\psi(t)\end{cases}$，$t$ 为参数，则 $\dfrac{\mathrm{d}y}{\mathrm{d}x}=\dfrac{\dfrac{\mathrm{d}y}{\mathrm{d}t}}{\dfrac{\mathrm{d}x}{\mathrm{d}t}}=\dfrac{\psi'(t)}{\varphi'(t)}$．

另外，还要求参数方程所确定的函数的二阶导数：

$$\frac{\mathrm{d}^2y}{\mathrm{d}x^2}=\frac{\mathrm{d}}{\mathrm{d}x}\left(\frac{\mathrm{d}y}{\mathrm{d}x}\right)=\frac{\mathrm{d}}{\mathrm{d}t}\left(\frac{\psi'(t)}{\varphi'(t)}\right)\cdot\frac{\mathrm{d}t}{\mathrm{d}x}=\frac{\mathrm{d}}{\mathrm{d}t}\left(\frac{\psi'(t)}{\varphi'(t)}\right)\cdot\frac{1}{\dfrac{\mathrm{d}x}{\mathrm{d}t}}$$

8. 微分

(1) 函数在某点可微 $\Leftrightarrow$ 函数在该点可导（即可微与可导等价）．

(2) 导数：$\dfrac{\mathrm{d}y}{\mathrm{d}x}=f'(x)$；微分：$\mathrm{d}y=f'(x)\mathrm{d}x$．

导数与微分仅是形式上的不同，所以要计算微分，可先算导数．

(3) 微分的应用：近似计算（此知识点近几年考得少）．

近似计算：$f(x)\approx f(x_0)+f'(x_0)(x-x_0)$．

9. 高阶导数

会求二阶导数、三阶导数，并会从前面几阶导数推出 n 阶导数．

二、应用举例

1. 导数的存在性与计算

例 4.1 判别 $f(x)=\begin{cases} x\sin\dfrac{1}{x}, & x\neq 0 \\ 0, & x=0 \end{cases}$ 在 $x=0$ 处的连续性和可导性.

解 $\lim\limits_{x\to 0}f(x)=\lim\limits_{x\to 0}x\sin\dfrac{1}{x}=0=f(0)$，故连续；

$$\lim\limits_{x\to 0}\frac{f(x)-f(0)}{x-0}=\lim\limits_{x\to 0}\frac{x\sin\dfrac{1}{x}}{x}=\lim\limits_{x\to 0}\sin\dfrac{1}{x}\text{ 不存在，故不可导.}$$

若 $f(x)$ 改为 $f(x)=\begin{cases} x^2\sin\dfrac{1}{x}, & x\neq 0 \\ 0, & x=0 \end{cases}$，则既连续又可导.

例 4.2 设 $f(x)=\begin{cases} \cos x, & x\leqslant\dfrac{\pi}{2} \\ -x+\dfrac{\pi}{2}, & x>\dfrac{\pi}{2} \end{cases}$，问 $f(x)$ 在 $x=\dfrac{\pi}{2}$ 处是否可导？若可导，则求

过点 $\left(\dfrac{\pi}{2},0\right)$ 的切线和法线方程.

解 因为 $\lim\limits_{x\to\frac{\pi}{2}^-}\dfrac{f(x)-f\left(\dfrac{\pi}{2}\right)}{x-\dfrac{\pi}{2}}=\lim\limits_{x\to\frac{\pi}{2}^-}\dfrac{\cos x-\cos\dfrac{\pi}{2}}{x-\dfrac{\pi}{2}}=\lim\limits_{x\to\frac{\pi}{2}^-}\dfrac{-\sin x}{1}=-1$

$$\lim\limits_{x\to\frac{\pi}{2}^+}\frac{f(x)-f\left(\dfrac{\pi}{2}\right)}{x-\dfrac{\pi}{2}}=\lim\limits_{x\to\frac{\pi}{2}^+}\frac{-x+\dfrac{\pi}{2}-0}{x-\dfrac{\pi}{2}}=-1$$

故 $f(x)$ 在 $x=\dfrac{\pi}{2}$ 可导.

切线方程：$y-0=-1\left(x-\dfrac{\pi}{2}\right)$，即 $y=-x+\dfrac{\pi}{2}$；法线方程：$y-0=1\left(x-\dfrac{\pi}{2}\right)$，即 $y=x-\dfrac{\pi}{2}$.

例 4.3 设 $f(x)=\begin{cases} x^2, & x\leqslant 1 \\ ax+b, & x>1 \end{cases}$ 在 $x=1$ 处可导，求 a、b.

解 因为连续，所以 $\lim\limits_{x\to 1^-}f(x)=\lim\limits_{x\to 1^+}f(x)$，即 $\lim\limits_{x\to 1^-}x^2=\lim\limits_{x\to 1^+}(ax+b)$，因此 $a+b=1$，又因为可导，所以左导数＝右导数，$a=2$，$b=-1$.

例 4.4 设 $f(x)=\begin{cases} x^2\sin\dfrac{2}{x}+\sin 2x, & x\neq 0 \\ 0, & x=0 \end{cases}$，用导数定义计算 $f'(0)$.

解
$$f'(0)=\lim_{x\to 0}\frac{f(x)-f(0)}{x-0}=\lim_{x\to 0}\frac{x^2\sin\frac{2}{x}+\sin 2x}{x}$$
$$=\lim_{x\to 0}\left(x\sin\frac{2}{x}+2\frac{\sin 2x}{2x}\right)=2$$

例4.5　设 $f(x)=\begin{cases}3x+1,&x<0\\1-x,&x\geqslant 0\end{cases}$，则 $\lim\limits_{x\to 0^+}\dfrac{f(x)-f(0)}{x}=($ 　　$)$.

A. -1　　　　　　B. 1　　　　　　C. 3　　　　　　D. ∞

答案：A.

例4.6　下列函数中，在点 $x=0$ 处连续但不可导的是($\qquad$).

A. $y=|x|$　　　　　B. $y=1$　　　　　C. $\tan x$　　　　　D. $y=\dfrac{1}{x-1}$

答案：A.

例4.7　$f(x)=\begin{cases}e^x-1,&x\geqslant 0\\x^2,&x<0\end{cases}$，求 $f'(0)$.

解　$f'_-(0)=(x^2)'|_{x=0}=0\neq f'_+(0)=(e^x-1)'|_{x=0}=1$，所以 $f'(0)$不存在.

例4.8　$f(x)=\begin{cases}e^x,&x\geqslant 0\\x+1,&x<0\end{cases}$，求 $f'(0)$.

解　$f'_-(0)=(x+1)'|_{x=0}=1$，$f'_+(0)=(e^x+1)'|_{x=0}=1$，所以 $f'(0)=1$.

例4.9　设 $f(x)$在 $x=2$ 处连续，且 $\lim\limits_{x\to 2}\dfrac{f(x)}{x-2}=3$，求 $f'(2)$.

解　因为 $f(x)$在 $x=2$ 处连续，所以 $\lim\limits_{x\to 2}f(x)=f(2)$，再由 $\lim\limits_{x\to 2}\dfrac{f(x)}{x-2}=3$ 观察可知，

$\lim\limits_{x\to 2}f(x)=f(2)=0$，所以 $f'(2)=\lim\limits_{x\to 2}\dfrac{f(x)-f(2)}{x-2}=\lim\limits_{x\to 2}\dfrac{f(x)-0}{x-2}=3$.

例4.10　设 $f(x)$在 x_0 处可导，且 $f'(x_0)=3$，求 $\lim\limits_{\Delta x\to 0}\dfrac{f(x_0-2\Delta x)-f(x_0)}{\Delta x}$.

解
$$\lim_{\Delta x\to 0}\frac{f(x_0-2\Delta x)-f(x_0)}{\Delta x}=\lim_{\Delta x\to 0}-2\frac{f(x_0-2\Delta x)-f(x_0)}{-2\Delta x}=-6$$

2. 复合函数的求导

例4.11　已知 $f(x)$在 $x=1$ 处有连续的导数，且 $f'(1)=\dfrac{1}{2}$，求 $\lim\limits_{x\to 2^+}\dfrac{\mathrm{d}}{\mathrm{d}x}f(\cos^2\sqrt{x-2})$.

解　原式 $=\lim\limits_{x\to 2^+}f'(\cos^2\sqrt{x-2})\cdot 2\cos\sqrt{x-2}\cdot(-\sin\sqrt{x-2})\cdot\dfrac{1}{2\sqrt{x-2}}$

$$=f'(1)\cdot 2\cdot\left(-\frac{1}{2}\right)\cdot\lim_{x\to 2^+}\frac{\sin\sqrt{x-2}}{\sqrt{x-2}}=-\frac{1}{2}$$

例4.12　已知 $f'(x)=\dfrac{1}{x}$，$y=f\left(\dfrac{x+1}{x-1}\right)$，求 $\dfrac{\mathrm{d}y}{\mathrm{d}x}$.

解　$y'=f'\left(\dfrac{x+1}{x-1}\right)\cdot\dfrac{(x-1)-(x+1)}{(x-1)^2}=\dfrac{-2}{(x-1)^2}f'\left(\dfrac{x+1}{x-1}\right)$，又因为 $f'(x)=\dfrac{1}{x}$，

$f'\left(\dfrac{x+1}{x-1}\right)=\dfrac{x-1}{x+1}$，所以 $\dfrac{\mathrm{d}y}{\mathrm{d}x}=\dfrac{-2}{(x-1)^2}\cdot\dfrac{x-1}{x+1}=\dfrac{-2}{x^2-1}$.

3. 隐函数的求导与对数求导法

例 4.13　求由方程 $xy-\mathrm{e}^x+\mathrm{e}^y=0$ 所确定的隐函数的导数 $\dfrac{\mathrm{d}y}{\mathrm{d}x}$.

解　两边对 x 求导，得 $y+x\cdot y'-\mathrm{e}^x+\mathrm{e}^y\cdot y'=0$，所以 $y'=\dfrac{\mathrm{e}^x-y}{x+\mathrm{e}^y}$.

例 4.14　若 $\mathrm{e}^{xy}=3x+y$，求 y'.

解　两边对 x 求导 $\mathrm{e}^{xy}(y+xy')=3+y'$，则有 $y'=\dfrac{3-y\mathrm{e}^{xy}}{x\mathrm{e}^{xy}-1}$.

例 4.15　设 $y=x^{\sin x}(x>0)$，求 y'.

解　两边取对数，得 $\ln y=\sin x\ln x$，两边对 x 求导，得 $\dfrac{1}{y}\cdot y'=\cos x\ln x+\dfrac{\sin x}{x}$，因此

$y'=x^{\sin x}\left(\cos x\ln x+\dfrac{\sin x}{x}\right)$.

例 4.16　方程 $\sin(xy)-\ln\dfrac{x+1}{y}=1$ 确定 $y=y(x)$，求 $y'(0)$.

解　两边对 x 求导后，经过整理得 $\cos(xy)\cdot(y+xy')-\dfrac{1}{x+1}+y'\cdot\dfrac{1}{y}=0$，当 $x=0$

时，$0+\ln y=1\to y=\mathrm{e}$，所以 $\cos(0\cdot\mathrm{e})\cdot(\mathrm{e}+0)-1+\dfrac{1}{\mathrm{e}}y'(0)=0$，即 $\mathrm{e}-1=-\dfrac{1}{\mathrm{e}}y'(0)$，故

$y'(0)=-\mathrm{e}(\mathrm{e}-1)$.

例 4.17　设 $y=\sqrt{\dfrac{(x-1)(x-2)}{(x-3)(x-4)}}$，求 y'.

解　两边取对数，得 $\ln y=\dfrac{1}{2}[\ln(x-1)+\ln(x-2)-\ln(x-3)-\ln(x-4)]$，两边对

x 求导，得 $\dfrac{1}{y}y'=\dfrac{1}{2}\left(\dfrac{1}{x-1}+\dfrac{1}{x-2}-\dfrac{1}{x-3}-\dfrac{1}{x-4}\right)$，因此

$$y'=\dfrac{1}{2}\sqrt{\dfrac{(x-1)(x-2)}{(x-3)(x-4)}}\left(\dfrac{1}{x-1}+\dfrac{1}{x-2}-\dfrac{1}{x-3}-\dfrac{1}{x-4}\right)$$

例 4.18　设 $y=x(\sin x)^{\cos x}$，求 y'.

解　两边取对数，得 $\ln y=\ln x+\cos x\ln\sin x$，两边对 x 求导，得 $\dfrac{1}{y}y'=\dfrac{1}{x}-\sin x\cdot$

$\ln\sin x+\cos x\dfrac{\cos x}{\sin x}$，所以 $y'=x(\sin x)^{\cos x}\left[\dfrac{1}{x}+\dfrac{\cos^2 x}{\sin x}-\sin x\ln(\sin x)\right]$.

4. 参数方程

例 4.19　若 $\begin{cases}x=\mathrm{e}^t\sin t\\ y=\mathrm{e}^{-t}\cos t\end{cases}$，求 $\dfrac{\mathrm{d}^2 y}{\mathrm{d}x^2}$.

解 因为 $\dfrac{\mathrm{d}y}{\mathrm{d}x}=\dfrac{-\mathrm{e}^{-t}\cos t-\mathrm{e}^{-t}\sin t}{\mathrm{e}^{t}\sin t+\mathrm{e}^{t}\cos t}=-\mathrm{e}^{-2t}$，所以 $\dfrac{\mathrm{d}^2 y}{\mathrm{d}x^2}=\dfrac{\mathrm{d}y'}{\mathrm{d}x}=\dfrac{\mathrm{d}y'}{\mathrm{d}t}\Big/\dfrac{\mathrm{d}x}{\mathrm{d}t}=\dfrac{2\mathrm{e}^{-3t}}{\sin t+\cos t}$.

例 4.20 设 $\begin{cases} x=\ln\sqrt{1+t^2} \\ y=t-\arctan t \end{cases}$，确定 $y=y(x)$，求 $\dfrac{\mathrm{d}^2 y}{\mathrm{d}x^2}$.

解 因为 $\dfrac{\mathrm{d}y}{\mathrm{d}x}=\dfrac{\dfrac{\mathrm{d}y}{\mathrm{d}t}}{\dfrac{\mathrm{d}x}{\mathrm{d}t}}=t$，所以 $\dfrac{\mathrm{d}^2 y}{\mathrm{d}x^2}=\dfrac{\mathrm{d}y'}{\mathrm{d}x}=\dfrac{\dfrac{\mathrm{d}y'}{\mathrm{d}t}}{\dfrac{\mathrm{d}x}{\mathrm{d}t}}=\dfrac{(t)'}{\dfrac{t}{1+t^2}}=\dfrac{1+t^2}{t}$.

5. 微分

例 4.21 设 $y=\ln\sqrt{\dfrac{1-\mathrm{e}^x}{1+\mathrm{e}^x}}$，求 $\mathrm{d}y$.

解 因为 $y=\dfrac{1}{2}\ln(1-\mathrm{e}^x)-\dfrac{1}{2}\ln(1+\mathrm{e}^x)$，$y'=\dfrac{1}{2}\cdot\dfrac{-\mathrm{e}^x}{1-\mathrm{e}^x}-\dfrac{\dfrac{1}{2}\mathrm{e}^x}{1+\mathrm{e}^x}=\dfrac{\mathrm{e}^x}{\mathrm{e}^{2x}-1}$，所以 $\mathrm{d}y=\dfrac{\mathrm{e}^x}{\mathrm{e}^{2x}-1}\mathrm{d}x$.

例 4.22 设 $y=\ln\dfrac{\sqrt{1+x}-1}{\sqrt{1+x}+1}$，求 $\mathrm{d}y$.

解 $y=\ln(\sqrt{1+x}-1)-\ln(\sqrt{1+x}+1)$

$$y'=\dfrac{1}{\sqrt{1+x}-1}\cdot\dfrac{1}{2\sqrt{1+x}}-\dfrac{1}{\sqrt{1+x}+1}\cdot\dfrac{1}{2\sqrt{1+x}}=\dfrac{1}{x\sqrt{1+x}}$$

故 $$\mathrm{d}y=\dfrac{1}{x\sqrt{1+x}}\mathrm{d}x$$

6. 高阶导数

例 4.23 设 $f(x)=a_0 x^n+a_1 x^{n-1}+\cdots+a_{n-1}x+a_0$，求 $f^{(n)}(0)$.

解 $$f'(x)=na_0 x^{n-1}+(n-1)a_1 x^{n-2}+\cdots+a_{n-1}$$
$$f^{(n)}(x)=n(n-1)\cdots 1a_0 x^{n-n}=n!\,a_0,\ f^{(n)}(0)=n!a_0$$

例 4.24 设 $y=x\arcsin\dfrac{x}{2}+\sqrt{4-x^2}$，求 y''.

解 $y'=\arcsin\dfrac{x}{2}+x\dfrac{\dfrac{1}{2}}{\sqrt{1-\left(\dfrac{x}{2}\right)^2}}+\dfrac{-2x}{2\sqrt{4-x^2}}=\arcsin\dfrac{x}{2}+\dfrac{x}{\sqrt{4-x^2}}-\dfrac{x}{\sqrt{4-x^2}}=$

$\arcsin\dfrac{x}{2}$，所以 $y''=\dfrac{\left(\dfrac{x}{2}\right)'}{\sqrt{1-\left(\dfrac{x}{2}\right)^2}}=\dfrac{1}{\sqrt{4-x^2}}$.

例 4.25 设 $y=\dfrac{1-x}{1+x}$，求 $y^{(n)}$.

解 变形得 $y=\dfrac{-1-x+2}{1+x}=-1+\dfrac{2}{1+x}$，$y'=2(-1)(1+x)^{-2}$，$y''=2(-1)(-2)$ $(1+x)^{-3}$，$y'''=2(-1)(-2)(-3)(1+x)^{-4}$，$\cdots$所以 $y^{(n)}=2(-1)^n n!(1+x)^{-n-1}$.

习 题 4

1. 若 $y=f(x)$ 满足 $f(x)=f(0)+x+\alpha(x)$，且 $\lim\limits_{x\to0}\dfrac{\alpha(x)}{x}=0$，则 $f'(0)=$ _____.

2. 设 $f(x)$ 在 $x=2$ 连续，且 $f(2)=4$，则 $\lim\limits_{x\to2}f(x)\left(\dfrac{1}{x-2}-\dfrac{4}{x^2-4}\right)=$ _____.

3. 设 $y=6x+k$ 是曲线 $y=3x^2-6x+13$ 的一条切线，则 $k=$ _____.

4. $f(x)=\dfrac{\sin x\cdot(x-1)}{x^5-x}$ 的不可导点个数为 _____ 个.

5. 设 $f(x)=\sqrt{1+\ln^2 x}$，则 $f'(e)=$ _____.

6. $y=f(x)$ 由方程 $x^3+y^3-\sin x+6y=0$ 确定，则 $dy|_{x=0}=$ _____.

7. $y=x^x$，则 $dy=$ _____.

8. $f'(2)=2$，则 $\lim\limits_{h\to0}\dfrac{f(2-3h)-f(2+3h)}{h}=$ _____.

9. 设 $x^2y+xy^2+2y^3=1$，确定 $y=y(x)$，则 $y'=$ _____.

10. 若 $y=f(x)$ 在 x_0 处可导，且 $f(x_0)$ 为其极大值，则曲线 $y=f(x)$ 在点 $(x_0,f(x_0))$ 处的切线方程是 _____.

11. 如果满足 $f(x)=f(0)+x^2+\alpha^3(x)$，且 $\lim\limits_{x\to0}\dfrac{\alpha^3(x)}{x}=0$，则 $f'(0)=$ _____.

12. $y=f(x)$ 由 $\ln(x+y)=e^{xy}$ 确定，则 $y'|_{x=0}=$ _____.

13. $f(-x)=-f(x)$，且 $f'(-x_0)=k$，则 $f'(x_0)=$ _____.

14. $\dfrac{d}{dx}\left[f\left(\dfrac{1}{x^2}\right)\right]=\dfrac{1}{x}$，则 $f'\left(\dfrac{1}{2}\right)=$ _____.

15. 函数 f 为可导函数，$y=\sin\{f[\sin f(x)]\}$，则 $\dfrac{dy}{dx}=$ _____.

16. 函数 $y=f(x)$ 由方程 $e^{2x+y}-\cos(xy)=e-1$ 所确定，则曲线 $y=f(x)$ 在点 $(0,1)$ 处的切线方程为 _____.

17. 设 $f(x^2)=x^4+x^2+1$，则 $f'(1)=$（ ）.

    A. 1   B. 3   C. -1 D. -3

18. 设 $f(x)=\ln(1+x)$，则 $f^{(5)}(x)=$（ ）.

    A. $\dfrac{4!}{(1+x)^5}$ B. $\dfrac{-4!}{(1+x)^5}$ C. $\dfrac{5!}{(1+x)^5}$ D. $\dfrac{-5!}{(1+x)^5}$

19. 设 $y=f(x)$ 由方程 $e^{2x+y}-\cos(xy)=e-1$ 所确定，则曲线 $y=f(x)$ 在点 $(0,1)$ 的切线斜率 $f'(0)=$（ ）.

    A. 2   B. -2 C. $\dfrac{1}{2}$ D. $-\dfrac{1}{2}$

20. 设 $f(x)=\begin{cases}x^2+1, & x\le1\\ ax+b, & x>1\end{cases}$ 在 $x=1$ 处可导，则 a、b 为（ ）.

A. $a=-2,b=2$　　B. $a=0,b=2$　　C. $a=2,b=0$　　D. $a=1,b=1$

21. 设 $f(x)=\begin{cases}x^2\sin\dfrac{1}{x},&x>0\\ax+b,&x\leqslant0\end{cases}$ 在 $x=0$ 处可导，则 a、b 为（　　）.

　　A. $a=1,b=0$　　　　　　　　　　B. $a=0,b$ 为任意实数

　　C. $b=0,a=0$　　　　　　　　　　D. $a=1,b$ 为任意实数

22. 设函数 $y=f(x)$ 在 $x=a$ 处可导，则函数 $y=|f(x)|$ 在 $x=a$ 处不可导的充分条件是（　　）.

　　A. $f(a)=0,f'(a)=0$　　　　　　B. $f(a)=0,f'(a)\neq0$

　　C. $f(a)>0,f'(a)>0$　　　　　　D. $f(a)<0,f'(a)<0$

23. $f(x)=3x^2+x^2|x|$，则使 $f(x)$ 在 **R** 上存在的最高阶导数 n 为（　　）.
　　A. 0　　　　　　B. 1　　　　　　C. 2　　　　　　D. 3

24. $y=\ln(x+\sqrt{1+x^2})$，则下列选项正确的是（　　）.

　　A. $dy=\dfrac{1}{x+\sqrt{1+x^2}}$　　　　　　B. $dy=\dfrac{1}{\sqrt{1+x^2}}dx$

　　C. $y'=\sqrt{1+x^2}dx$　　　　　　D. $y'=\dfrac{1}{x+\sqrt{1+x^2}}$

25. 设 $f(0)=0$，且极限 $\lim\limits_{x\to0}\dfrac{f(x)}{x}$ 存在，则 $\lim\limits_{x\to0}\dfrac{f(x)}{x}=$（　　）.

　　A. $f'(x)$　　　　B. $f'(0)$　　　　C. $f(0)$　　　　D. $\dfrac{1}{2}f'(0)$

26. 设 $y=f(x)$ 可导，则 $f(x-2h)-f(x)=$（　　）.
　　A. $f'(x)h+o(h)$　　　　　　B. $-2f'(x)h+o(h)$
　　C. $-f'(x)h+o(h)$　　　　　　D. $2f'(x)h+o(h)$

27. 若直线 L 与 x 轴平行，且与曲线 $y=x-e^x$ 相切，则切点坐标为（　　）.
　　A. $(1,1)$　　　　B. $(-1,1)$　　　　C. $(0,-1)$　　　　D. $(0,1)$

28. 设 $f(x)=e^{3\sqrt{x}}\sin(3x)$，则下列选项正确的是（　　）.
　　A. $f'(0)=3$　　　B. $f'(0)=\dfrac{1}{3}$　　　C. $f'(0)=1$　　　D. $f'(0)$ 不存在

29. $y=\dfrac{x-1}{x+1}$，求 $y''(0)$.

30. 设 $f(x)$ 为已知二阶可导函数，求 $y=f(x^2)$ 的二阶导数.

31. $f(\ln x+1)=e^x+3x$，求 $\dfrac{df(x)}{dx}$.

32. $\begin{cases}x=e^t\sin t\\y=e^t\cos t\end{cases}$，求 $\dfrac{d^2y}{dx^2}$.

33. 设曲线 $x=x(t),y=y(t)$，由方程组 $\begin{cases}x=te^t\\e^t+e^y=2e\end{cases}$ 确定，求该曲线在 $t=1$ 时的斜率 k.

34. $y=\dfrac{x^2}{1-x}$，求 $y^{(n)}$.

35. $y = x^3 \ln x$，求 $y^{(n)}$．

36. $y = (1 - x^2) \cos x$，求 $y^{(n)}$．

37. $f(x) = \begin{cases} \dfrac{x}{1 + \mathrm{e}^{\frac{1}{x}}}, & x \neq 0 \\ 0, & x = 0 \end{cases}$，求 $f'(x)$．

38. $f(x) = \begin{cases} (x - 2) \arctan \dfrac{1}{x - 2}, & x \neq 2 \\ 0, & x = 2 \end{cases}$，求 $f'(x)$．

39. 设 $y = \arctan \dfrac{x + 1}{x - 1}$，求 y'．

40. $y = \mathrm{e}^{\sin(x^2 + 1)}$，求 $\mathrm{d}y$．

41. $y = x^{\sin x}$，求 y'．

42. 设 $y = y(x)$ 由 $x^y = y^x$ 确定，求 $\mathrm{d}y$．

43. 设 $f(x)$ 有二阶连续导数，且 $f(0) = 0$，$g(x) = \begin{cases} \dfrac{f(x)}{x}, & x \neq 0 \\ f'(0), & x = 0 \end{cases}$，证明 $g(x)$ 有一阶连续导数．

44. 设 $f(x) = \begin{cases} \dfrac{\mathrm{e}^x - 1}{x}, & x < 0 \\ kx + b, & x \geqslant 0 \end{cases}$ 在 $x = 0$ 处可导，求 k，b 的值．

45. 设 $f(x) = \begin{cases} \dfrac{\ln(1 + ax)}{x}, & x \neq 0 \\ -1, & x = 0 \end{cases}$ 在 $x = 0$ 处可导，求 a 与 $f'(0)$．

46. 设对于任意 x，函数满足 $f(1 + x) = af(x)$ 且 $f'(0) = b$，证明 $f'(1) = a \cdot b$．

47. 设 $y = \arctan \dfrac{1 - x}{1 + x}$，求 y''．

48. 设 $f(x)$ 有任意阶导数，且 $f'(x) = [f(x)]^2$，求 $f^{(n)}(x)$．

49. 若曲线 $y = x^2 + ax + b$ 与 $2y = -1 + xy^3$ 在点 $(1, -1)$ 相切，求常数 a、b．

答案

1. $f'(0) = 1$（提示：用导数的定义来求）．　2. 1．　3. 1．　4. 3．　5. $f'(\mathrm{e}) = \dfrac{1}{\sqrt{2}} \dfrac{1}{\mathrm{e}} = \dfrac{\sqrt{2}}{2\mathrm{e}}$．

6. $\mathrm{d}y \big|_{(x=0)} = y'(0)\mathrm{d}x = \dfrac{1}{6}\mathrm{d}x$．　7. $\mathrm{d}y = x^x(\ln x + 1)\mathrm{d}x$．　8. -12．　9. $y' = \dfrac{-2xy - y^2}{x^2 + 2xy + 6y^2}$．

10. $y = f(x_0)$．　11. 0．　12. $\mathrm{e}^2 - 1$．　13. k．　14. -1．

15. $\cos\{f[\sin f(x)]\}f'(\sin f(x))\cos f(x)f'(x)$．　16. $y = -2x + 1$．

17. B．　18. A．　19. B．　20. C．　21. C．　22. B．　23. C．　24. B．

25. B．　26. B．　27. C．　28. A．　29. $y''(0) = -4$．

30. $y' = 2xf'(x^2)$，$y'' = 2f'(x^2) + 4x^2 f''(x^2)$．

31. 设 $u = \ln x + 1$，$x = \mathrm{e}^{u-1}$，$f(u) = \mathrm{e}^{\mathrm{e}^{u-1}} + 3\mathrm{e}^{u-1}$，$\dfrac{\mathrm{d}f(x)}{\mathrm{d}x} = \mathrm{e}^{\mathrm{e}^{x-1}}\,\mathrm{e}^{x-1} + 3\mathrm{e}^{x-1}$．

32. $\dfrac{\mathrm{d}^2 y}{\mathrm{d}x^2} = \dfrac{-2}{\mathrm{e}^t(\sin t + \cos t)^3}$．

33. $\dfrac{\mathrm{d}x}{\mathrm{d}t}=\mathrm{e}^t+t\mathrm{e}^t=(t+1)\mathrm{e}^t,\ \mathrm{e}^t+\mathrm{e}^y\dfrac{\mathrm{d}y}{\mathrm{d}t}=0\Rightarrow\dfrac{\mathrm{d}y}{\mathrm{d}t}=-\dfrac{\mathrm{e}^t}{\mathrm{e}^y}=-\dfrac{\mathrm{e}^t}{2\mathrm{e}-\mathrm{e}^t},\ \dfrac{\mathrm{d}y}{\mathrm{d}x}=\dfrac{\dfrac{\mathrm{d}y}{\mathrm{d}t}}{\dfrac{\mathrm{d}x}{\mathrm{d}t}}=\dfrac{1}{-(2\mathrm{e}-\mathrm{e}^t)(t+1)},$

所以 $k=\dfrac{\mathrm{d}y}{\mathrm{d}x}\Big|_{t=1}=\dfrac{1}{-2\mathrm{e}}=-\dfrac{1}{2\mathrm{e}}.$

34. $y=-x-1+\dfrac{1}{1-x}=-x-1-\dfrac{1}{x-1},\ \begin{cases}y'=-1+\dfrac{1}{(x-1)^2}\\[2mm]y^n=\dfrac{(-1)^{n-1}n!}{(x-1)^{n+1}},\quad(n\geqslant2)\end{cases}.$

35. 略.

36. $y^{(n)}=(1-x^2)(\cos x)^n+C_n^1(1-x^2)'(\cos x)^{(n-1)}+C_n^2(1-x^2)''(\cos x)^{(n-2)}$

$\qquad=(1-x^2)\cos\left(x+\dfrac{n\pi}{2}\right)-2nx\cos\left[x+\dfrac{(n-1)\pi}{2}\right]-n(n-1)\cos\left[x+\dfrac{(n-2)}{2}\pi\right]$

$\qquad=[1-x^2+n(n-1)]\cos\left(x+\dfrac{n\pi}{2}\right)-2nx\sin\left(x+\dfrac{n\pi}{2}\right).$

37. $f'(x)=\dfrac{1+\mathrm{e}^{\frac{1}{x}}-x\mathrm{e}^{\frac{1}{x}}\left(-\dfrac{1}{x^2}\right)}{(1+\mathrm{e}^{\frac{1}{x}})^2}=\dfrac{1+\mathrm{e}^{\frac{1}{x}}+\dfrac{1}{x}\mathrm{e}^{\frac{1}{x}}}{(1+\mathrm{e}^{\frac{1}{x}})^2},\ x\neq0,$

$\qquad f'_+(0)=\lim_{n\to0^+}\dfrac{f(h)-f(0)}{h}=\lim_{h\to0^+}\dfrac{\dfrac{h}{1+\mathrm{e}^{\frac{1}{h}}}}{h}=0,\ f'_-(0)=\lim_{h\to0^-}\dfrac{f(h)-f(0)}{h}=\lim_{h\to0^-}\dfrac{1}{1+\mathrm{e}^{\frac{1}{h}}}=1$

所以 $f'(0)$ 不存在.

38. $f'(x)=\arctan\dfrac{1}{x-2}+(x-2)\dfrac{1}{1+\left(\dfrac{1}{x-2}\right)^2}\cdot\left[-\dfrac{1}{(x-2)^2}\right]$

$\qquad=\arctan\dfrac{1}{x-2}-\dfrac{x-2}{(x-2)^2+1},\ x\neq2$

$\qquad f'_+(2)=\lim_{h\to0^+}\dfrac{f(2+h)-f(2)}{h}=\lim_{h\to0^+}\dfrac{h\arctan\dfrac{1}{h}}{h}=\dfrac{\pi}{2}$

$\qquad f'_-(2)=\lim_{h\to0^-}\dfrac{f(2+h)-f(2)}{h}=\lim_{h\to0^-}\arctan\dfrac{1}{h}=-\dfrac{\pi}{2}$

因 $f'_+(2)\neq f'_-(2)$,故 $f'(2)$ 不存在.

39. $y'=\dfrac{-1}{1+x^2}.$

40. $\mathrm{d}y=2x\cos(x^2+1)\mathrm{e}^{\sin(x^2+1)}\mathrm{d}x.$

41. $y'=x^{\sin x}\left(\cos x\ln x+\dfrac{\sin x}{x}\right).$

42. $\mathrm{d}y=\dfrac{\ln y-\dfrac{y}{x}}{\ln x-\dfrac{x}{y}}\mathrm{d}x.$

43. 当 $x\neq0$ 时,$g'(x)=\dfrac{xf'(x)-f(x)}{x^2}$,$g'(x)$ 在 $x\neq0$ 处连续,则

$g'(0)=\lim_{h\to0}\dfrac{g(h)-g(0)}{h}=\lim_{h\to0}\dfrac{\dfrac{f(h)}{h}-f'(0)}{h}=\lim_{h\to0}\dfrac{f(h)-f'(0)h}{h^2}=\lim_{h\to0}\dfrac{f'(h)-f'(0)}{2h}$

$\qquad=\lim_{h\to0}\dfrac{f''(h)}{2}=\dfrac{f''(0)}{2}$

因 $\lim\limits_{h \to 0} g'(x) = \lim\limits_{x \to 0} \dfrac{xf'(x) - f(x)}{x^2} = \lim\limits_{h \to 0} \dfrac{f' + xf''(x) - f'(x)}{2x} = \lim\limits_{x \to 0} \dfrac{f''(x)}{2} = \dfrac{f''(0)}{2}$，所以 $\lim\limits_{x \to 0} g'(x) =$

$g'(0) = \dfrac{f''(0)}{2}$，故 $g'(x)$ 在 $=0$ 处连续.

综上所述，$g(x)$ 有一阶连续导数.

44. 因为 $f(x)$ 在 $x=0$ 处连续，所以 $\lim\limits_{x \to 0^-} \dfrac{e^x - 1}{x} = 1$，$\lim\limits_{x \to 0^+}(kx+b) = b$，故有 $b=1$，又因为 $f(x)$ 在 $x=0$

处可导，$f'_-(0) = \lim\limits_{x \to 0^-} \dfrac{\dfrac{e^x-1}{x} - 1}{x - 0} = \lim\limits_{x \to 0^-} \dfrac{e^x - 1 - x}{x^2} \overset{\left(\frac{0}{0}\right)}{=} \lim\limits_{x \to 0} \dfrac{e^x - 1}{2x} = \dfrac{1}{2}$，$f'_+(0) = \lim\limits_{x \to 0} \dfrac{kx + 1 - 1}{x} = k$，所以 $k =$

$\dfrac{1}{2}$，故 $k = \dfrac{1}{2}$，$b = 1$.

45. 因为 $f(x)$ 在 $x=0$ 处连续，所以 $\lim\limits_{x \to 0} f(x) = \lim\limits_{x \to 0} \dfrac{\ln(1+ax)}{x} = \lim\limits_{x \to 0} \dfrac{ax}{x} = a$，且 $f(0) = -1$，故有 $a = -1$，

又因为 $f(x)$ 在 $x=0$ 处可导，有 $f'(0) = \lim\limits_{x \to 0} \dfrac{\dfrac{\ln(1-x)}{x} + 1}{x} = \lim\limits_{x \to 0} \dfrac{\ln(1-x) + x}{x^2} \overset{\left(\frac{0}{0}\right)}{=} \lim\limits_{x \to 0} \dfrac{\dfrac{1}{x-1} + 1}{2x} =$

$\lim\limits_{x \to 0} \dfrac{1 + x - 1}{2x(x-1)} = -\dfrac{1}{2}$，故 $a = -1$，$f'(0) = -\dfrac{1}{2}$.

46. 令 $x = 0$，$f(1+0) = af(0)$，即 $f(1) = af(0)$，又 $f'(1) = \lim\limits_{x \to 0} \dfrac{f(1+x) - f(1)}{x} = \lim\limits_{x \to 0} \dfrac{af(x) - af(0)}{x} =$

$af'(0) = a \cdot b$.

47. $\dfrac{\mathrm{d}y}{\mathrm{d}x} = \dfrac{1}{1 + \left(\dfrac{1-x}{1+x}\right)^2}\left(\dfrac{1-x}{1+x}\right)' = \dfrac{(1+x)^2}{(1+x)^2 + (1-x)^2} \cdot \dfrac{-(1+x) - (1-x)}{(1+x)^2} = \dfrac{-2}{2(1+x^2)} = \dfrac{-1}{1+x^2}.$

$y'' = -1\left[(1+x^2)^{-1}\right]' = (1+x^2)^{-2} \cdot 2x = \dfrac{2x}{(1+x^2)^2}.$

48. $f'(x) = f^2(x)$，$f''(x) = 2f(x)f'(x) = 2f^3(x)$，$f'''(x) = 2 \times 3f^2(x)f'(x) = 2 \cdot 3f^4(x)$，$\cdots$，

$f^{(n)}(x) = n!f^{(n+1)}(x).$

49. 求两曲线的斜率：

在 $y = x^2 + ax + b$ 上，$y' = 2x + a$，$y'(1) = 2 + a$；

在 $y = -1 + xy^3$ 上，$2y' = y^3 + 3xy^2y'$，$y'(1) = 1$.

求 a、b 的值：依题意，两曲线在点 $(1, -1)$ 相切，所以 $2 + a = 1$，$a = -1$.

又因为点 $(1, -1)$ 在曲线 $y = x^2 - x + b$ 上，所以 $-1 = 1^2 - 1 + b$，$b = -1$.

微分中值定理及其应用

一、主 要 考 点

1. 中值定理

(1) **罗尔定理**(用来证明根的存在性、根的个数,也可证明等式). 若 $f(x)$ 满足:①在 $[a,b]$ 连续;②在 (a,b) 可导;③ $f(a)=f(b)$,则在 (a,b) 内至少存在一点 ξ,使 $f'(\xi)=0$.

(2) **拉格朗日中值定理**(用来证明恒等式、不等式). 若 $f(x)$ 满足:①在 $[a,b]$ 连续;②在 (a,b) 可导. 则在 (a,b) 内至少存在一点 ξ,使 $f'(\xi)=\dfrac{f(b)-f(a)}{b-a}$,一般应用为 $f(b)-f(a)=f'(\xi)(b-a)$.

(3) **柯西中值定理**. 若 $f(x)$ 与 $g(x)$ 满足:①在 $[a,b]$ 连续;②在 (a,b) 可导,且 $\forall x\in(a,b),g'(x)\neq 0$. 则在 (a,b) 内至少存在一点 ξ,使 $\dfrac{f'(\xi)}{g'(\xi)}=\dfrac{f(b)-f(a)}{g(b)-g(a)}$.

2. 洛必达法则

洛必达法则已在专题 1 讲述,此处不再赘述.

3. 泰勒公式

将 $f(x)$ 展开成泰勒公式:

$$f(x) = f(a)+\frac{f'(a)}{1}(x-a)+\frac{f''(a)}{2!}(x-a)^2+\cdots+\frac{f^{(n)}(a)}{n!}(x-a)^n+R_n(x)$$

佩亚诺型余项:$R_n(x)=o(x-a)^n$;

拉格朗日型余项:$R_n(x)=\dfrac{f^{(n+1)}(c)}{(n+1)!}(x-a)^{n+1}$,$c$ 介于 a 与 x 之间;

柯西型余项:$R_n(x)=\dfrac{f^{(n+1)}(c)}{n!}(x-c)^n(x-a)$,$c$ 介于 a 与 x 之间.

特别的,当泰勒公式中 $a=0$ 时,可将 $f(x)$ 展开成麦克劳林公式如下.

$$f(x) = f(0)+\frac{f'(0)}{1}x+\frac{f''(0)}{2!}x^2+\cdots+\frac{f^{(n)}(0)}{n!}x^n+o(x^n)$$

几个常用函数的麦克劳林公式如下.

$$e^x = 1 + \frac{x}{1!} + \frac{x^2}{2!} + \cdots + \frac{x^n}{n!} + \cdots$$

$$\sin x = x - \frac{x^3}{3!} + \frac{x^5}{5!} - \cdots + (-1)^{k-1} \frac{x^{2k-1}}{(2k-1)!} + \cdots$$

$$\cos x = 1 - \frac{x^2}{2!} + \frac{x^4}{4!} - \cdots + (-1)^k \frac{x^{2k}}{(2k)!} + \cdots$$

$$\ln(1+x) = x - \frac{x^2}{2} + \frac{x^3}{3} - \cdots + (-1)^{n-1} \frac{x^n}{n} + \cdots$$

如果要写余项,可用 $o(x^n)$ 来代替.

4. 单调性

(1) 如果 $f'(x) > 0, x \in \mathbf{I}$,则 $f(x)$ 在 $\mathbf{I}$ 上严格单调递增.

(2) 如果 $f'(x) < 0, x \in \mathbf{I}$,则 $f(x)$ 在 $\mathbf{I}$ 上严格单调递减.

5. 极值

(1) 在 x_0 的某个空心邻域 $U^0(x_0)$,对任意 $x \in U^0(x_0)$,都有 $f(x) < f(x_0)$,则 $f(x_0)$ 为极大值. 同样可得极小值的定义.

(2) 若 $f'(x_0) = 0$,则 x_0 为 $f(x)$ 的稳定点(也称为驻点).

提问:稳定点一定是极值点吗? 极值点一定是稳定点吗?

反例:$f(x) = x^3, x = 0$ 为稳定点,但不是极值点.

$f(x) = |x|$,在 $x = 0$ 处为极小值点,但在该点不可导,故 $x = 0$ 不是稳定点.

(3) 求极值的方法.

方法 1 求出 $f(x)$ 的全部稳定点和不可导点,再考察 $f'(x)$ 在这些点的左右邻近的符号,最后进行判断(最好是列表).

方法 2 $f(x)$ 在点 a 存在 n 阶导数,且 $f'(a) = f''(a) = \cdots = f^{(n-1)}(a) = 0, f^{(n)}(a) \neq 0.$

$$\begin{cases} \text{若 } n \text{ 为奇数,则 } a \text{ 不是极值点} \\ \text{若 } n \text{ 为偶数} \begin{cases} f^{(n)}(a) > 0, & \text{则 } f(a) \text{ 为极小值} \\ f^{(n)}(a) < 0, & \text{则 } f(a) \text{ 为极大值} \end{cases} \end{cases}$$

6. 求最值的方法

求 $f(x)$ 在 $[a, b]$ 上的最值:先求出 $f(x)$ 在 $[a, b]$ 上的所有稳定点和不可导点,然后计算这些稳定点、不可导点和端点的函数值,最后比较可得.

7. 凹凸性和拐点

注意:高等数学与数学分析关于凹凸性的概念正好相反。

(1) 高等数学中,判断凹凸性的方法如下.

若在 (a, b) 上,$f''(x) > 0$,则 $f(x)$ 在 (a, b) 为凹;

若在 (a, b) 上,$f''(x) < 0$,则 $f(x)$ 在 (a, b) 为凸.

（2）数学分析中，判断凹凸性的方法如下.

若在(a,b)上，$f''(x)>0$，则$f(x)$在(a,b)为凸；

若在(a,b)上，$f''(x)<0$，则$f(x)$在(a,b)为凹.

（3）拐点$(x_0,f(x_0))$：x_0左、右两旁的凹凸性相反.

注意：x_0必须在定义域里.如$y=\dfrac{1}{x}$在$x=0$两旁的凹凸性相反，但$x=0$无定义，故无拐点.

（4）求凹凸性和拐点的步骤如下.

① 求$f''(x)$；

② 求$f''(x)=0$的点和$f''(x)$不存在的点；

③ 讨论这些点左、右两侧$f''(x)$的符号，若为异号，则是拐点；

④ 列表，确定凹凸区间.

8. 渐近线

此知识点在专题1已有详细讲述.

（1）水平渐近线：若$\lim\limits_{x\to\infty}f(x)=A$，则$y=A$为水平渐近线.

（2）垂直渐近线：若$\lim\limits_{x\to a}f(x)=\infty$，则$x=a$为垂直渐近线.

（3）斜渐近线：$y=kx+b$，其中$k=\lim\limits_{x\to+\infty}\dfrac{f(x)}{x}$，$b=\lim\limits_{x\to+\infty}(f(x)-kx)$.

二、应用举例

例 5.1　设f为 **R**上可导函数，证明：若$f'(x)=0$没有实根，则$f(x)=0$至多只有一个实根.

证　用反证法.假设$f(x)=0$有两个实根x_1和x_2，不妨设$x_1<x_2$，则$f(x)$在$[x_1,x_2]$上满足罗尔定理的三个条件，故至少存在一点$\xi\in(x_1,x_2)$，使$f'(\xi)=0$，这与$f'(x)=0$没有实根矛盾，所以假设不成立，命题得证.

例 5.2　设$f(x)$在$[0,1]$上可微，对于$[0,1]$上的每一个x，都有$0<f(x)<1$，且$f'(x)\neq1$.证明：在$[0,1]$内有且仅有一个x使$f(x)=x$.

证　设$F(x)=f(x)-x$，$\forall x\in(0,1)$，$f'(x)\neq1$，则$F'(x)\neq0$.

又由$F(0)=f(0)>0$，$F(1)=f(1)-1<0$，且$F(x)$在$[0,1]$上连续，由零点定理可知，至少存在一个根$x_1\in(0,1)$，使$F(x_1)=0$.

假设还有另外一个根x_2（不妨设$x_1<x_2$），又因为$F(x)$在$[x_1,x_2]$上连续且可导，由罗尔定理，至少存在一点$\xi\in(x_1,x_2)$，使$F'(\xi)=0$，这与$F'(x)\neq0$矛盾，所以有且仅有一根.

例 5.3　证明$0<a<b$时，$\dfrac{b-a}{b}<\ln\dfrac{b}{a}<\dfrac{b-a}{a}$.

证　令$f(x)=\ln x$，在$[a,b]$内连续，在(a,b)内可导，由拉格朗日中值定理得，存在$\xi\in(a,b)$，使得$f(b)-f(a)=f'(\xi)(b-a)$，即$\ln b-\ln a=\dfrac{1}{\xi}(b-a)$，$a<\xi<b$，所以$\dfrac{b-a}{b}<$

$$\ln \frac{b}{a} < \frac{b-a}{a}.$$

例 5.4　证明：当 $x \neq 0$ 时，$e^x > 1 + x$.

证　证明方法有两种：利用单调性和利用拉格朗日中值定理.

方法 1　令 $f(x) = e^x - 1 - x$，$f'(x) = e^x - 1$，当 $x > 0$ 时，$f'(x) > 0$，$f(x)$ 递增；当 $x < 0$ 时，$f'(x) < 0$，$f(x)$ 递减，所以 $f(0)$ 为 $f(x)$ 的最小值. 当 $x \neq 0$ 时，$f(x) > f(0) = 0$. 故 $e^x > 1 + x$.

方法 2　因为 $e^x - e^0 > x$，所以设 $f(x) = e^x$，区间可取 $[0, x]$.

令 $f(x) = e^x$ 在 $[0, x]$ 上连续且可导，由拉格朗日中值定理可推出存在 $\xi \in (a, b)$，使得 $f(x) - f(0) = f'(\xi)(x - 0)$，$0 < \xi < x$，即 $e^x - e^0 = x e^{\xi}$，故 $e^x - 1 > x$.

例 5.5　证明：$\dfrac{x}{1+x} < \ln(1+x) < x\,(x > 0)$.

证　**方法 1**　令 $f(x) = \ln(1+x)$，显然 $f(x)$ 在 $[0, x]$ 上连续，且在 $(0, x)$ 内可导，由拉格朗日中值定理得，存在 $\xi \in (a, b)$ 使得 $f(x) - (0) = f'(\xi)(x - 0)$，即 $\ln(1+x) = \dfrac{x}{1+\xi}$，$0 < \xi < x$，故 $\dfrac{x}{1+x} < \ln(1+x) < x$.

方法 2　分别证明两个不等式.

左端不等式：设 $f(x) = \ln(1+x) - \dfrac{x}{1+x}$，$f'(x) = \dfrac{1}{1+x} - \dfrac{1}{(1+x)^2} = \dfrac{x}{(1+x)^2}$. $\forall x > 0$，有 $f'(x) > 0$，从而函数 $f(x)$ 在 $(0, +\infty)$ 上严格递增，且在 $[0, +\infty)$ 上连续. 又因 $f(0) = 0$，于是 $\forall x > 0$，有 $f(x) = \ln(1+x) - \dfrac{x}{1+x} > 0$，即 $\forall x > 0$，有 $\dfrac{x}{1+x} < \ln(1+x)$.

右端不等式：设 $g(x) = x - \ln(1+x)$，$g'(x) = 1 - \dfrac{1}{1+x}$，$\forall x > 0$，有 $g'(x) > 0$，从而函数 $g(x)$ 在 $(0, +\infty)$ 上严格递增，且在 $[0, +\infty)$ 上连续. 又因 $g(0) = 0$，于是 $\forall x > 0$，有 $g(x) = x - \ln(1+x) > 0$，即 $\forall x > 0$，有 $\ln(1+x) < x$.

综上所证，$\forall x > 0$，有不等式 $\dfrac{x}{1+x} < \ln(1+x) < x$.

例 5.6　求 $f(x) = (2x - 5)\sqrt[3]{x^2}$ 的极值.

解　$f(x) = 2x^{\frac{5}{3}} - 5x^{\frac{2}{3}}$，$f'(x) = \dfrac{10}{3} \cdot \dfrac{x-1}{\sqrt[3]{x}}$，所以 $x = 1$ 为稳定点，$x = 0$ 为不可导点. 列表见表 5.1.

表 **5.1**

x	$(-\infty, 0)$	0	$(0, 1)$	1	$(1, +\infty)$
y'	$+$	不存在	$-$	0	$+$
y	递增	0	递减	-3	递增

因此，$f(0) = 0$ 为极大值，$f(1) = -3$ 为极小值.

例 5.7　求 $y=\dfrac{x}{1-x^2}$ 的凹凸区间和拐点.

解　$y'=\dfrac{1+x^2}{(1-x^2)^2}$, $y''=\dfrac{2x(3+x^2)}{(1-x^2)^3}$,令 $y''=0$,得 $x=0$,另 $x=\pm1$ 时,y''不存在,列表如见表 5.2.

表　5.2

x	$(-\infty,-1)$	-1	$(-1,0)$	0	$(0,1)$	1	$(1,+\infty)$
y''	$+$	不存在	$-$	0	$+$	不存在	$-$
y	凸		凹	拐点	凸		凹

因 $x=\pm1$ 没有定义,所以不是拐点. 故 $(0,0)$ 为拐点.

例 5.8　求 $y=x^4-2x+10$ 的稳定点、拐点、凹凸区间和极值.

解　$y'=4x^3-2$,$y''=12x^2>0$,令 $y'=0$,得稳定点为 $\dfrac{\sqrt[3]{4}}{2}$.

因为 $y''>0$,所以曲线为凸且无拐点,有极小值为 $10-\dfrac{3}{2\sqrt[3]{2}}$.

例 5.9　求 $y=\dfrac{x^3}{x^2+2x-3}$ 的渐近线.

解　$\lim\limits_{x\to\infty}y=\infty$,故无水平渐近线.

因为 $y=\dfrac{x^3}{(x+3)(x-1)}$,$\lim\limits_{x\to1}y=\infty$,$\lim\limits_{x\to-3}y=\infty$,所以垂直渐近线为 $x=1$ 和 $x=-3$.

因为 $\lim\limits_{x\to\infty}\dfrac{f(x)}{x}=\lim\limits_{x\to\infty}\dfrac{x^2}{x^2+2x-3}=1$,有 $k=1$,$\lim\limits_{x\to\infty}\left(\dfrac{x^3}{x^2+2x-3}-kx\right)=$ $\lim\limits_{x\to\infty}\dfrac{x^3-x^3-2x^2+3x}{x^2+2x-3}=-2$,所以斜渐近线为 $y=x-2$.

例 5.10　证明:不等式 $|\sin x-\sin y|\leqslant|x-y|$.

证　设 $f(x)=\sin x$,当 $x=y$ 时,显然成立. 当 $x\neq y$ 时,根据拉格朗日中值定理,得 $\sin x-\sin y=f'(\xi)(x-y)=(x-y)\cos\xi$. 又因为 $|\cos\xi|\leqslant1$,于是 $|\sin x-\sin y|=|\cos\xi|\times|x-y|\leqslant|x-y|$.

例 5.11　证明:$\dfrac{1}{x+1}<\ln(x+1)-\ln x<\dfrac{1}{x}$,$x>0$.

证　设 $f(x)=\ln x$,则 $f(x)$ 在 $[x,x+1]$ 上连续,在 $[x,x+1]$ 内可导且 $f'(x)=\dfrac{1}{x}$. 根据拉格朗日中值定理,有 $f(x+1)-f(x)=f'(\xi)[(x+1)-x]$(其中 $\xi\in(x,x+1)$),即 $f(x+1)-f(x)=\ln(x+1)-\ln x=\dfrac{1}{\xi}$,则有 $\dfrac{1}{x+1}<\ln(x+1)-\ln x=\dfrac{1}{\xi}<\dfrac{1}{x}$,所以 $\dfrac{1}{x+1}<\ln(x+1)-\ln x<\dfrac{1}{x}$.

例 5.12　讨论函数 $f(x)=x^4-2x^3+1$ 的凹凸性及其拐点.

解　函数的定义域是 **R**. $f'(x)=4x^3-6x^2$,$f''(x)=12x^2-12x=12x(x-1)$.令

$f''(x)=12x^2-12x=0$,其解是 0 与 1,它们将定义域 **R** 分成三个区间,列表见表 5.3.

表 5.3

x	$(-\infty,0)$	0	$(0,1)$	1	$(1,+\infty)$
$f''(x)$	$+$	0	$-$	0	$+$
$f(x)$	凸	拐点	凹	拐点	凸

显然,函数 $f(x)$ 在 $(-\infty,0)$ 与 $(1,+\infty)$ 上是凸,在 $(0,1)$ 上是凹.因此 $(0,1)$ 与 $(1,0)$ 都是曲线 $y=f(x)$ 的拐点.

例 5.13 求曲线 $f(x)=\dfrac{(x-3)^2}{4(x-1)}$ 的渐近线.

解 $\lim\limits_{x\to 1^-}f(x)=\lim\limits_{x\to 1^-}\dfrac{(x-3)^2}{4(x-1)}=\infty$,$\lim\limits_{x\to 1^+}f(x)=\lim\limits_{x\to 1^+}\dfrac{(x-3)^2}{4(x-1)}=+\infty$. 则 $x=1$ 是曲线的垂直渐近线. 又有

$$k=\lim_{x\to\infty}\frac{f(x)}{x}=\lim_{x\to\infty}\frac{(x-3)^2}{4(x-1)x}=\frac{1}{4}$$

$$b=\lim_{x\to\infty}[f(x)-kx]=\lim_{x\to\infty}\left[\frac{(x-3)^2}{4(x-1)}-\frac{x}{4}\right]$$

$$=\lim_{x\to\infty}\frac{x^2-6x+9-x^2+x}{4(x-1)}=\lim_{x\to\infty}\frac{-5x+9}{4(x-1)}=-\frac{5}{4}$$

直线 $y=\dfrac{1}{4}x-\dfrac{5}{4}$,即 $x-4y=5$ 是曲线的斜渐近线.

例 5.14 求曲线 $f(x)=\dfrac{x^2+2x-1}{x}$ 的渐近线.

解 已知 $\lim\limits_{x\to 0^+}f(x)=\lim\limits_{x\to 0^+}\dfrac{x^2+2x-1}{x}=-\infty$,$\lim\limits_{x\to 0^-}f(x)=\lim\limits_{x\to 0^-}\dfrac{x^2+2x-1}{x}=+\infty$,则 $x=0$ 是曲线的垂直渐近线. 又有

$$k=\lim_{x\to\infty}\frac{f(x)}{x}=\lim_{x\to\infty}\frac{x^2+2x-1}{x^2}=1$$

$$b=\lim_{x\to\infty}[f(x)-kx]=\lim_{x\to\infty}\left(\frac{x^2+2x-1}{x}-x\right)=\lim_{x\to\infty}\frac{2x-1}{x}=2$$

所以 $y=x+2$ 是曲线的斜渐近线.

例 5.15 已知函数 $f(x)=a\ln x+bx^2+x$ 在 $x=1$ 与 $x=2$ 处有极值,试求 a、b 的值,并求 $f(x)$ 的拐点.

解 $f'(x)=\dfrac{a}{x}+2bx+1$,由题意知 $f'(1)=0$,$f'(2)=0$,得

$$\begin{cases} a+2b+1=0 \\ \dfrac{a}{2}+4b+1=0 \end{cases}$$

解得 $a=-\dfrac{2}{3}$,$b=-\dfrac{1}{6}$.又由 $f''(x)=-\dfrac{a}{x^2}+2b=\dfrac{2}{3x^2}-\dfrac{1}{3}=0$,解得 $x=\pm\sqrt{2}$(负号舍去).

当 $0<x<\sqrt{2}$，$f''(x)>0$，$f(x)$ 为凸；当 $x>\sqrt{2}$ 时，$f''(x)<0$，$f(x)$ 为凹.

故 $(\sqrt{2},f(\sqrt{2}))$ 为 $f(x)$ 的拐点.

例 5.16 证明方程 $x^4+4x-3=0$ 在 $[0,1]$ 上只有一个正根.

证 令 $f(x)=x^4+4x-3$，$x\in[0,1]$，$f(0)=-3$，$f(1)=2>0$，由于 $f(x)$ 在闭区间 $[0,1]$ 上连续，故由零点定理知，存在 $\xi\in(0,1)$，使得 $f(\xi)=0$，即方程 $f(x)=x^4+4x-3=0$ 有正根. 下面证根的唯一性：应用反证法，设有两个不同根 x_1,x_2（$x_1<x_2$），则 $f(x)=x^4+4x-3$ 在 $[x_1,x_2]$ 上满足罗尔定理，所以，存在 $\xi\in(x_1,x_2)$，使得 $f'(\xi)=4\xi^3+4=0$，不可能，故矛盾，所以根是唯一的. 故原命题成立.

例 5.17 $f(x)$ 在 $[0,a]$ 上连续，且在 $(0,a)$ 内可导，$f(a)=0$. 证明：存在 $\xi\in(0,a)$，使得 $f(\xi)+\xi f'(\xi)=0$.

证 构造 $F(x)=xf(x)$，$x\in(0,a)$，$F(x)$ 在 $(0,a)$ 上可导，在 $[0,a]$ 上连续，且 $F(0)=0$，$F(a)=af(a)=0$，故 $F(x)$ 在 $[0,a]$ 上满足罗尔定理，故存在 $\xi\in(0,a)$，使得 $F'(\xi)=\xi f'(\xi)+f(\xi)=0$，即原命题得证.

例 5.18 证明：$|\arctan a-\arctan b|\leqslant|b-a|$.

证 当 $a=b$ 时，原不等式显然成立.

当 $a\neq b$（不妨设 $a<b$），设 $f(x)=\arctan x$，在 $[a,b]$ 上满足拉格朗日定理，则存在 $\xi\in(a,b)$，使得

$$\arctan b-\arctan a=\frac{1}{1+\xi^2}(b-a)$$

两边取绝对值，有

$$|\arctan b-\arctan a|\leqslant|b-a|$$

例 5.19 证明：当 $0<x<\dfrac{\pi}{2}$ 时，$\dfrac{2}{\pi}x<\sin x<x$ 成立.

证 构造 $f(x)=x-\sin x$，$f(0)=0$，$f'(x)=1-\cos x>0\left(0<x<\dfrac{\pi}{2}\right)$，则 $f(x)$ 在 $\left(0,\dfrac{\pi}{2}\right)$ 上严格单调递增，$f(x)>f(0)=0$，即 $x>\sin x$.

构造 $g(x)=\dfrac{\sin x}{x}$，$g'(x)=\dfrac{x\cos x-\sin x}{x^2}$，令 $F(x)=x\cos x-\sin x$，$F'(x)=\cos x-x\sin x-\cos x=-x\sin x<0$，所以 $F(x)$ 严格单调递减，$F(0)=0$，故 $F(x)<0$，所以 $g'(x)<0$，说明 $g(x)$ 严格单调递减，所以 $g(x)>g\left(\dfrac{\pi}{2}\right)=\dfrac{2}{\pi}$，即 $\sin x>\dfrac{2}{\pi}x$.

结合前面的两结论可知原命题成立.

例 5.20 证明，当 $0<x<1$ 时，有 $\mathrm{e}^{-2x}>\dfrac{1-x}{1+x}$.

证 原命题等价于 $\mathrm{e}^{-2x}(1+x)>1-x$，构造函数 $F(x)=\mathrm{e}^{-2x}(x+1)-(1-x)$，$F(0)=0$，$F'(x)=\mathrm{e}^{-2x}+\mathrm{e}^{-2x}(x+1)(-2)+1$，$F'(0)=0$，$F''(x)=4x\mathrm{e}^{-2x}>0(0<x<1)$，$F'(x)$ 严格单调递增，$F'(x)>F'(0)=0$，所以 $F(x)$ 严格单调递增，$F(x)>F(0)=0$，即 $\mathrm{e}^{-2x}(x+1)-(1-x)>0$，原命题得证.

习 题 5

1. 已知 $x=\dfrac{\pi}{3}$ 是 $f(x)=a\sin x+\dfrac{1}{3}\sin 3x$ 的极值点,则 $a=$ _____.

2. $y=x^3-3x^2+5$ 的拐点是 _____.

3. 曲线 $y=\dfrac{x^3}{x^3-1}$ 的渐近线是 _____;$y=2\ln\dfrac{2x-1}{2x}+1$ 的水平渐近线是 _____.

4. 设函数 $f(x)=(x-1)(x-2)(x-3)$,则方程 $f'(x)=0$ 有( ).

    A. 一个实根   B. 两个实根   C. 三个实根   D. 无实根

5. $y=(x-1)^2$ 在 $(-\infty,+\infty)$ 上的极小值为( ).

    A. 0   B. 1   C. 2   D. 不存在

6. 函数 $y=\mathrm{e}^{-x^2}$ ( ).

    A. 没有拐点   B. 有一个拐点   C. 有两个拐点   D. 有三个拐点

7. 函数 $y=\dfrac{4x-1}{(x-2)^2}$ ( ).

    A. 只有水平渐近线   B. 只有垂直渐近线

    C. 没有渐近线   D. 有水平并有垂直渐近线

8. 函数 $y=|x-1|+2$ 的极小值为( ).

    A. 0   B. 1   C. 2   D. 3

9. 在区间 $[-1,1]$ 上,下列函数不满足罗尔定理的是( ).

    A. $f(x)=\mathrm{e}^{\frac{x^2}{2}}-1$ B. $f(x)=\ln(1+x^2)$

    C. $f(x)=\sqrt[3]{x}$ D. $f(x)=\dfrac{1}{1+x^2}$

10. $f'(x_0)=0,f''(x_0)>0$ 是函数 $f(x)$ 在点 $x=x_0$ 处有极值的一个( ).

    A. 必要条件   B. 充要条件   C. 充分条件   D. 无关条件

11. $y=|x-2|$ 在区间 $(0,4)$ 内( ).

    A. 凹   B. 凸   C. 既有凹又有凸   D. 直线段

12. 下列条件中,对一切 $x>1$ 均成立的是( ).

    A. $\mathrm{e}^x<(e+1)x$ B. $\mathrm{e}^x<(e-1)x$ C. $\mathrm{e}^x>ex$ D. $\mathrm{e}^x<ex$

13. 已知 $f(x)$ 对一切 x 满足 $xf''(x)+2x[f'(x)]^2=1-\mathrm{e}^{-x}$,若 $f'(x_0)=0(x_0\neq 0)$,则( ).

    A. $f(x_0)$ 是 $f(x)$ 的极大值   B. $f(x_0)$ 是 $f(x)$ 的极小值

    C. $(x_0,f(x_0))$ 是曲线 $y=f(x)$ 的拐点   D. $f(x_0)$ 不是 $f(x)$ 的极值

14. 下列函数在点 $x=0$ 处存在拐点的是( ).

    A. $f(x)=\sqrt[3]{x}$ B. $f(x)=\dfrac{1}{x-1}$

C. $f(x)=\begin{cases}2x-1, & x\geqslant0 \\ x^2-1, & x<0\end{cases}$ D. $f(x)=\begin{cases}2x-3, & x\geqslant0 \\ x^2-1, & x<0\end{cases}$

15. 计算 $\lim\limits_{x\to0}\left[\dfrac{(1+x)^{\frac{1}{x}}}{e}\right]^{\frac{1}{x}}$.

16. 计算 $\lim\limits_{x\to+\infty}\dfrac{\ln(x\ln x)}{x^a}(a>0)$.

17. 分析 $y=\ln(x^2+1)$ 的单调性、凹凸性、极值、拐点.

18. 设生产某种产品 x 个单位时,成本函数为 $c(x)=100+\dfrac{1}{4}x^2+6x$(万元/单位). 当生产多少单位时,平均成本最小?

19. 某厂生产某产品,年产量为 x(百台),总成本为 c(万元),其中固定成本为 2 万元,每产 1 百台成本增加 1 万元,市场上每年可销售此种产品 4 百台,其销售总收入 $R(x)$ 是 x 的函数,$R(x)=\begin{cases}4x-\dfrac{1}{2}x^2, & 0\leqslant x\leqslant4 \\ 8, & x>4\end{cases}$. 问每年生产多少台时总利润最大?

20. 某工厂每天生产 x 台袖珍收音机,总成本为 $c(x)=\dfrac{1}{9}x^2+x+100$(元),该种收音机独家经营,市场需求规律为 $x=75-3p$,其中 p 为单价,问每天生产多少台时获利最大? 此时每台收音机价格如何?

21. 设 $f(x)$ 在 $[a,b]$ 上可导,且 $f(a)=0$,证明存在 $\xi\in(a,b)$,使得 $(b-\xi)f'(\xi)=f(\xi)$.

22. 求函数 $f(x)=\sqrt[3]{2x^2(x-6)}$ 在区间 $[-2,4]$ 上的最大值与最小值.

23. 试证:若 $m>1,n>1,a>0$,则 $x^m(a-x)^n\leqslant\dfrac{m^m n^n}{(m+n)^{m+n}}a^{m+n}$.

24. 设 $x>0$,证明:$\dfrac{2}{2x+1}<\ln\left(1+\dfrac{1}{x}\right)<\dfrac{1}{\sqrt{x^2+x}}$.

25. 证明不等式:$\dfrac{a^{\frac{1}{n+1}}}{(n+1)^2}<\dfrac{a^{\frac{1}{n}}-a^{\frac{1}{n+1}}}{\ln a}<\dfrac{a^{\frac{1}{n}}}{n^2}(a>1,n\geqslant1)$.

答案

1. $a=2$.　2. $(1,3)$.　3. $y=1$ 水平渐近,$x=1$ 垂直渐近;$y=1$.

4. B.　5. A.　6. C.　7. D.　8. C.　9. C.　10. C.　11. A.　12. C.　13. B.　14. A.

15. 原式 $=e^{\lim\limits_{x\to0}\frac{1}{x}\left[\ln(1+x)\frac{1}{x}-1\right]}=e^{\lim\limits_{x\to0}\frac{\frac{1}{x}\ln(1+x)-1}{x}}=e^{\lim\limits_{x\to0}\frac{\ln(1+x)-x}{x^2}}=e^{\lim\limits_{x\to0}\frac{\frac{1}{1+x}-1}{2x}}=e^{-\frac{1}{2}}$

16. 原式 $=\lim\limits_{x\to+\infty}\dfrac{\frac{1}{x\ln x}(\ln x+1)}{ax^{a-1}}=\lim\limits_{x\to+\infty}\dfrac{\ln x+1}{ax^a\ln x}=0$.

17. $y'=\dfrac{2x}{1+x^2}$,$y''=\dfrac{2(1+x^2)-2x\cdot2x}{(1+x^2)^2}=\dfrac{2-2x^2}{(1+x^2)^2}$.

令 $y'=0$,$y''=0$,解得 $x=0$,$x=\pm1$.具体列表见表5.4.

表 5.4

x	$(-\infty,-1)$	-1	$(-1,0)$	0	$(0,1)$	1	$(1,+\infty)$
y'	$-$		$-$		$+$		$+$
y''	$-$		$+$		$+$		$-$
y	$\downarrow$凹	拐点 $(-1,ln2)$	$\downarrow$凸	极小值 $y(0)=0$	$\uparrow$凸	拐点 $(1,ln2)$	$\uparrow$凹

18. 平均成本 $\bar{c}(x)=\dfrac{100}{x}+\dfrac{x}{4}+6$，$\bar{c}'(x)=\dfrac{-100}{x^2}+\dfrac{1}{4}=0$，$x=\pm20$（负号舍去），$\bar{c}''(20)>0$，所以当 $x=20$ 时，$\bar{c}(x)$ 的最小值为 $\bar{c}_{\min}=\dfrac{100}{20}+\dfrac{20}{4}+6=16$（万元/单位）.

19. 设销售量为 x 百台，$c(x)=2+x$，利润函数为

$$L(x)=R(x)-c(x)=\begin{cases}4x-\dfrac{1}{2}x^2-2-x=3x-\dfrac{1}{2}x^2-2, & 0\leqslant x\leqslant 4 \\ 8-2-x=6-x, & x>4\end{cases}$$

$$L'(x)=\begin{cases}3-x, & 0\leqslant x\leqslant 4 \\ -1, & x>4\end{cases}$$

由 $L'(x)=0$，得 $x=3$. 计算 $L(0)=-2$，$L(3)=9-\dfrac{9}{2}-2=2.5$，$L(4)=2$，$L(+\infty)=-\infty$.

由此可得 $L_{\max}=2.5=L(3)$. 所以每年生产 3 百台时总利润最大.

20. 每天生产 x 台，故利润函数为

$$L(x)=\left(25-\dfrac{x}{3}\right)x-\dfrac{1}{9}x^2-x-100$$

$$=-\dfrac{4}{9}x^2+24x-100, \quad 0\leqslant x\leqslant +\infty$$

$$L'(x)=-\dfrac{8}{9}x+24=0$$

得 $x=27$，$L(0)=-100$，$L(+\infty)=-\infty$.

由此得 $L_{\max}=L(27)=-\dfrac{4}{9}\times 27^2+24\times 27-100=224$. 此时 $p=25-\dfrac{27}{3}=16$（元/台）.

21. 令 $F(x)=(b-x)f(x)$，$x\in[a,b]$，则 $F(x)$ 在 $[a,b]$ 上可导，且 $F(a)=F(b)=0$. 由罗尔定理可知，存在 $\xi\in(a,b)$，使得 $F'(\xi)=0$. 即 $-f(\xi)+(b-\xi)f'(\xi)=0$，所以 $f(\xi)=(b-\xi)f'(\xi)$.

22. $\ln f(x)=\dfrac{1}{3}\left[\ln2+\ln x^2+\ln(x-6)\right]$，$\dfrac{f'(x)}{f(x)}=\dfrac{1}{3}\left(\dfrac{2x}{x^2}+\dfrac{1}{x-6}\right)$，$f'(x)=\dfrac{1}{3}\cdot\sqrt[3]{2x^2(x-6)}\cdot$

$\dfrac{2(x-6)+x}{x(x-6)}=\sqrt[3]{2x^2(x-6)}\cdot\dfrac{x-4}{x(x-6)}$.

由 $f'(x)=0$ 得 $x=4$，当 $x=0$，$x=6$ 时，$f'(x)$ 不存在，端点 $x=-2,4$.

计算 $f(0)=0$，$f(6)=0$，$f(4)=\sqrt[3]{32\times(-2)}=-4$，$f(-2)=\sqrt[3]{2^3\times(-8)}=-4$.

比较上述函数值，故 $f_{\max}=0$，$f_{\min}=-4$.

23. $f(x)=x^m(a-x)^n$，$f'(x)=mx^{m-1}(a-x)^n+x^m n(a-x)^{n-1}(-1)=x^{m-1}(a-x)^{n-1}\left[m(a-x)-nx\right]=0$，得到 $x=0$，$x=a$，$x=\dfrac{ma}{m+n}$.

$f(0)=0$，$f(a)=0$，$f\left(\dfrac{ma}{m+n}\right)=\left(\dfrac{ma}{m+n}\right)^m\left(a-\dfrac{ma}{m+n}\right)^n=\dfrac{m^m n^n}{(m+n)^{m+n}}a^{m+n}$，所以 $f_{\max}=\dfrac{m^m n^n}{(m+n)^{m+n}}a^{m+n}$，

$f(x) \leqslant f_{\max} = \dfrac{m^m n^n}{(m+n)^{m+n}} a^{m+n}$，得证.

24. 令 $F(x) = \dfrac{1}{\sqrt{x^2+x}} - \ln\left(1+\dfrac{1}{x}\right) = \dfrac{1}{x\sqrt{1+\dfrac{1}{x}}} - \ln\left(1+\dfrac{1}{x}\right)$，令 $u = \dfrac{1}{x}$，$\dfrac{u}{\sqrt{1+u}} - \ln(1+u) = $

$\bar{F}(u)$，有 $\bar{F}(0) = 0$，$\bar{F}'(u) = \dfrac{\sqrt{1+u} - \dfrac{u}{2\sqrt{1+u}}}{1+u} - \dfrac{1}{1+u} = \dfrac{1+u - \dfrac{u}{2} - \sqrt{1+u}}{(1+u)^{\frac{3}{2}}} = \dfrac{1 + \dfrac{u}{2} - \sqrt{1+u}}{(1+u)^{\frac{3}{2}}}$，对于 $u > 0$，

$1 + \dfrac{u}{2} > \sqrt{1+u}$ 成立，$\bar{F}'(u) > 0$，继而 $\bar{F}(u)$ 严格单调递增，故 $\bar{F}(u) > F(0) = 0 (u > 0)$，即 $F(x) > 0$

$(x > 0)$，即 $\ln\left(1+\dfrac{1}{x}\right) < \dfrac{1}{\sqrt{x^2+x}}$.

令 $G(x) = \ln\left(1+\dfrac{1}{x}\right) - \dfrac{2}{2x+1} = \ln\left(1+\dfrac{1}{x}\right) - \dfrac{\dfrac{2}{x}}{2+\dfrac{1}{x}} = \ln(1+u) - \dfrac{2u}{2+u} = \bar{G}(u)$，$\bar{G}(0) = 0$，$\bar{G}' = $

$\dfrac{1}{1+u} - \dfrac{2(2+u) - 2u}{(2+u)^2} = \dfrac{1}{1+u} - \dfrac{4}{(2+u)^2}$.

由于 $(2+u)^2 = 4 + 4u + u^2 > 4 + 4u$，所以 $\dfrac{1}{1+u} - \dfrac{4}{(2+u)^2} > 0$，即 $\bar{G}' > 0 (u > 0)$，即 $\bar{G}(u)$ 在 $u > 0$ 时严

格单调上升，故 $\bar{G}(u) > \bar{G}(0) = 0$，$(u > 0)$，即 $G(x) > 0$ 即 $\ln\left(1+\dfrac{1}{x}\right) > \dfrac{2}{2x+1} (x > 0)$.

综合可得：对 $x > 0$ 成立 $\dfrac{2}{2x+1} < \ln\left(\dfrac{1}{x}+1\right) < \dfrac{1}{\sqrt{x+x^2}}$.

25. 令 $f(x) = a^{\frac{1}{x}}$ 在区间 $[n, n+1]$ 上连续可导，由拉格朗日定理知 $\exists \xi \in (n, n+1)$，使得 $f(n+1) - $

$f(n) = f'(\xi) = a^{\frac{1}{\xi}}\left(-\dfrac{1}{\xi^2}\right)\ln a$，$a^{\frac{1}{n+1}} - a^{\frac{1}{n}} = a^{\frac{1}{\xi}}\left(-\dfrac{1}{\xi^2}\right)\ln a$，最后整理可得原不等式.

不 定 积 分

一、主 要 考 点

1. 原函数

若 $F'(x) = f(x)$，则 $F(x)$ 为 $f(x)$ 的一个原函数.

注意：什么是原函数？最近几年考试一直都出现这个词.

2. 性质

① $\left(\int f(x)\mathrm{d}x\right)' = f(x)$；   ② $\mathrm{d}\left(\int f(x)\mathrm{d}x\right) = f(x)\mathrm{d}x$；

③ $\int \mathrm{d}F(x) = F(x) + C$；   ④ $\int f'(x)\mathrm{d}x = f(x) + C$；

⑤ $\int f^{(n)}\mathrm{d}x = f^{(n-1)}(x) + C$.

例如：$\left(\int \mathrm{e}^{x^2}\mathrm{d}x\right)' = \mathrm{e}^{x^2}, \mathrm{d}\int \mathrm{e}^{x^2}\mathrm{d}x = \mathrm{e}^{x^2}\mathrm{d}x, \int \mathrm{d}\mathrm{e}^{x^2} = \mathrm{e}^{x^2} + C, \int (\mathrm{e}^{x^2})'\mathrm{d}x = \mathrm{e}^{x^2} + C$.

又例如，若 $f(x) = \int \dfrac{\tan x}{x}\mathrm{d}x$，则 $f''(\pi) = $ _____. $\left(\text{答案：} \dfrac{1}{\pi}\right)$

3. 基本的积分公式

第一换元法经常要用到这些公式.

$\int \dfrac{1}{x}\mathrm{d}x = \ln|x| + C$； $\int a^x \mathrm{d}x = \dfrac{a^x}{\ln a} + C$；

$\int \dfrac{1}{1+x^2}\mathrm{d}x = \arctan x + C$； $\int \dfrac{1}{\sqrt{1-x^2}}\mathrm{d}x = \arcsin x + C$；

$\int \dfrac{1}{\cos^2 x}\mathrm{d}x = \int \sec^2 x \mathrm{d}x = \tan x + C$； $\int \dfrac{1}{\sin^2 x}\mathrm{d}x = \int \csc^2 x \mathrm{d}x = -\cot x + C$.

4. 求不定积分的方法（不定积分的计算有时较难）

方法 1   简单的，可直接求.

方法 2   第一换元法（凑微分法）.

如 $\int \dfrac{x}{x^2+1}\mathrm{d}x = \dfrac{1}{2}\int \dfrac{1}{x^2+1}\mathrm{d}(x^2+1) = \dfrac{1}{2}\ln(x^2+1)+C.$

一些常用的固定类型如下.

$$\int f(ax+b)\mathrm{d}x = \dfrac{1}{a}\int f(ax+b)\mathrm{d}(ax+b);\quad \int f(\mathrm{e}^{\alpha x})\mathrm{e}^{\alpha x}\mathrm{d}x = \dfrac{1}{\alpha}\int f(\mathrm{e}^{\alpha x})\mathrm{d}\mathrm{e}^{\alpha x};$$

$$\int xf(x^2)\mathrm{d}x = \dfrac{1}{2}\int f(x^2)\mathrm{d}x^2;\quad\quad\quad \int x^{n-1}f(x^n)\mathrm{d}x = \dfrac{1}{n}\int f(x^n)\mathrm{d}x^n;$$

$$\int \dfrac{1}{x}f(\ln x)\mathrm{d}x = \int f(\ln x)\mathrm{d}\ln x;\quad\quad \int \sin x f(\cos x)\mathrm{d}x = -\int f(\cos x)\mathrm{d}\cos x;$$

$$\int \cos x f(\sin x)\mathrm{d}x = \int f(\sin x)\mathrm{d}\sin x;\quad \int \dfrac{1}{x^2}f\left(\dfrac{1}{x}\right)\mathrm{d}x = -\int f\left(\dfrac{1}{x}\right)\mathrm{d}\left(\dfrac{1}{x}\right);$$

$$\int \sec^2 x f(\tan x)\mathrm{d}x = \int f(\tan x)\mathrm{d}\tan x;$$

$$\int \tan x \sec x f(\sec x)\mathrm{d}x = \int f(\sec x)\mathrm{d}\sec x.$$

方法 3 第二换元法.

无理代换,如 $\int \dfrac{1}{1+\sqrt{x}}\mathrm{d}x$,令 $\sqrt{x}=t$;

三角代换,如 $\int \sqrt{a^2-x^2}\mathrm{d}x$,令 $x = a\sin t$,又如 $\int \dfrac{1}{(1+x^2)^2}\mathrm{d}x$,令 $x=\tan t$(因为 $1+\tan^2 t = \sec^2 t$);

其他代换,如 $\int \dfrac{1}{1+\mathrm{e}^x}\mathrm{d}x$,令 $t=\mathrm{e}^x$,$\mathrm{d}x=\dfrac{1}{t}\mathrm{d}t$,原式 $= \int \dfrac{1}{t(1+t)}\mathrm{d}t = \int \left(\dfrac{1}{t}-\dfrac{1}{1+t}\right)\mathrm{d}t = \ln\dfrac{t}{1+t}+C = \ln\dfrac{\mathrm{e}^x}{1+\mathrm{e}^x}+C.$

对于题型 $\int f(\sqrt{ax^2+b})\mathrm{d}x$,

$\int f(\sqrt{a^2-x^2})\mathrm{d}x$ 变换 $x=a\sin t$;

$\int f(\sqrt{a^2+x^2})\mathrm{d}x$ 变换 $x=a\tan t$;

$\int f(\sqrt{x^2-a^2})\mathrm{d}x$ 变换 $x=a\sec t$.

方法 4 分部积分法:$\int u\mathrm{d}v = uv - \int v\mathrm{d}u.$

问题:什么情况下用分部积分法?

答:当第一换元法和第二换元法不能用,且被积函数比较简单或是两个较简单的函数相乘时,考虑用分部积分法,如 $\int \ln x\mathrm{d}x$、$\int x\sin x\mathrm{d}x$、$\int \arctan x\mathrm{d}x$、$\int \arcsin x\mathrm{d}x$、$\int (2x-1)\mathrm{e}^{2x}\mathrm{d}x$ 等.

方法 5 针对分式(即有理函数) $\begin{cases} \text{凑微分法} \\ \text{拆成几个简单的式子} \end{cases}$.

方法 6 针对被积函数含有三角函数.

若被积函数含有三角函数,则可以用以下方法.

(1) 第一换元法,如 $\int \sin x \cos^5 x \mathrm{d}x = -\int \cos^5 x \mathrm{d}\cos x = -\dfrac{1}{6}\cos^6 x + C$.

(2) 分部积分法,如 $\int x \sin x \mathrm{d}x$.

(3) 需要进行变形,如

$$\int \frac{\cos x}{1-\cos x}\mathrm{d}x = \int \frac{1-2\sin^2\dfrac{x}{2}}{2\sin^2\dfrac{x}{2}}\mathrm{d}x = -\cot\frac{x}{2} - x + C$$

(4) 万能换元法,即令 $\tan\dfrac{x}{2} = t$,如 $\int \dfrac{\cot x}{\sin x + \cos x + 1}\mathrm{d}x$.

(5) 特殊换元法,即令 $\sin x = t, \cos x = t, \tan x = t$,如 $\int \dfrac{\tan x \cos^6 x}{\sin^4 x}\mathrm{d}x$.

方法 7 其他类型(将在应用举例中给出相关例题).

二、应 用 举 例

方法 1 简单的,可直接求.

例 6.1 $\int 3^x \mathrm{e}^x \mathrm{d}x = \int (3\mathrm{e})^x \mathrm{d}x = \dfrac{3^x \mathrm{e}^x}{\ln(3\mathrm{e})} + C$.

例 6.2 $\int \dfrac{1}{1+\cos 2x}\mathrm{d}x = \int \dfrac{1}{2\cos^2 x}\mathrm{d}x = \dfrac{1}{2}\tan x + C$.

例 6.3 $\int \dfrac{\cos 2x}{\cos x - \sin x}\mathrm{d}x = \int \dfrac{\cos^2 x - \sin^2 x}{\cos x - \sin x}\mathrm{d}x = \sin x - \cos x + C$.

例 6.4 $\int \sqrt{x\sqrt{x\sqrt{x}}}\,\mathrm{d}x = \int x^{\frac{7}{8}}\mathrm{d}x = \dfrac{8}{15}x^{\frac{15}{8}} + C$.

例 6.5 $\int\left(\dfrac{\sqrt{1+x}}{\sqrt{1-x}} + \dfrac{\sqrt{1-x}}{\sqrt{1+x}}\right)\mathrm{d}x = \int \dfrac{2}{\sqrt{1-x^2}}\mathrm{d}x = 2\arcsin x + C$.

方法 2 第一换元法(凑微分法).

例 6.6 $\int x(2x^2+1)^{2007}\mathrm{d}x = \dfrac{1}{4}\int (2x^2+1)^{2007}\mathrm{d}(2x^2+1) = \dfrac{1}{8032}(2x^2+1)^{2008} + C$.

例 6.7 $\int \cos x \mathrm{e}^{3\sin x - 1}\mathrm{d}x = \dfrac{1}{3}\int \mathrm{e}^{3\sin x - 1}\mathrm{d}(3\sin x - 1) = \dfrac{1}{3}\mathrm{e}^{3\sin x - 1} + C$.

例 6.8 $\int x^2 \sin(5x^3 - 7)\mathrm{d}x = \dfrac{1}{3}\int \sin(5x^3-7)\mathrm{d}x^3 = \dfrac{1}{15}\int \sin(5x^3-7)\mathrm{d}(5x^3-7)$

$$= -\frac{1}{15}\cos(5x^3 - 7) + C.$$

例 6.9 $\int \dfrac{1}{x}\dfrac{\ln x}{2\ln x + 1}\mathrm{d}x = \int \dfrac{\ln x}{2\ln x + 1}\mathrm{d}\ln x \underset{u=\ln x}{=\!=\!=} \dfrac{1}{2}\int \dfrac{2u+1-1}{2u+1}\mathrm{d}u$

$$= \frac{1}{2}\int\left(1 - \frac{1}{2u+1}\right)\mathrm{d}u = \frac{1}{2}u - \frac{1}{4}\ln|2u+1| + C$$

$$= \frac{1}{2}\ln x - \frac{1}{4}\ln|2\ln x + 1| + C.$$

例 6.10 $\displaystyle\int \frac{x}{4+x^4}\mathrm{d}x = \frac{1}{2}\int \frac{1}{2^2 + (x^2)^2}\mathrm{d}x^2 = \frac{1}{4}\arctan\frac{x^2}{2} + C.$

例 6.11 $\displaystyle\int \frac{1}{\cos^2 x(2\tan^2 x + 1)}\mathrm{d}x = \int \frac{\sec^2 x}{1 + 2\tan^2 x}\mathrm{d}x = \int \frac{1}{1 + 2\tan^2 x}\mathrm{d}\tan x$

$$= \frac{1}{\sqrt{2}}\arctan(\sqrt{2}\tan x) + C.$$

例 6.12 $\displaystyle\int \frac{\sin^2(2\sqrt{x})}{\sqrt{x}}\mathrm{d}x = 2\int \sin^2 2\sqrt{x}\,\mathrm{d}\sqrt{x} \underset{u=2\sqrt{x}}{=\!=\!=} \frac{1}{2}\int(1 - \cos 2u)\mathrm{d}u$

$$= \frac{1}{2}u - \frac{1}{4}\sin(2u) + C = \sqrt{x} - \frac{1}{4}\sin(4\sqrt{x}) + C.$$

例 6.13 $\displaystyle\int \mathrm{e}^{\mathrm{e}^x + x}\mathrm{d}x = \int \mathrm{e}^{\mathrm{e}^x}\cdot \mathrm{e}^x\mathrm{d}x = \int \mathrm{e}^{\mathrm{e}^x}\mathrm{d}\mathrm{e}^x = \mathrm{e}^{\mathrm{e}^x} + C.$

例 6.14 $\displaystyle\int \frac{1}{\sin x}\mathrm{d}x = \int \frac{\sin x}{\sin^2 x}\mathrm{d}x = -\int \frac{\mathrm{d}\cos x}{1 - \cos^2 x} = -\frac{1}{2}\ln\left|\frac{1 + \cos x}{1 - \cos x}\right| + C,$

$$\int \frac{1}{\cos x}\mathrm{d}x = \int \frac{\cos x}{\cos^2 x}\mathrm{d}x = \int \frac{\mathrm{d}\sin x}{1 - \sin^2 x} = \frac{1}{2}\ln\left|\frac{1 + \sin x}{1 - \sin x}\right| + C.$$

注意：例 6.14 还有其他的计算方法.

例 6.15 $\displaystyle\int \frac{1}{2\sin^2 x + \cos^2 x}\mathrm{d}x = \int \frac{\sec^2 x}{2\tan^2 x + 1}\mathrm{d}x = \int \frac{1}{2\tan^2 x + 1}\mathrm{d}\tan x$

$$= \frac{1}{\sqrt{2}}\arctan(\sqrt{2}\tan x) + C.$$

例 6.16 $\displaystyle\int \tan^4 x\,\mathrm{d}x = \int \left[\tan^4 x + \tan^2 x - (\tan^2 x + 1) + 1\right]\mathrm{d}x$

$$= \int \tan^2 x(1 + \tan^2 x)\mathrm{d}x - \int \sec^2 x\,\mathrm{d}x + \int \mathrm{d}x$$

$$= \int \tan^2 x\,\mathrm{d}\tan x - \tan x + x + C$$

$$= \frac{1}{3}\tan^3 x - \tan x + x + C.$$

注意：例 6.16 还有其他的计算方法.

例 6.17 $\displaystyle\int \frac{x}{\sqrt{3 + 2x - x^2}}\mathrm{d}x = \int \frac{x - 1 + 1}{\sqrt{4 - (x-1)^2}}\mathrm{d}x$

$$= \frac{1}{2}\int \frac{\mathrm{d}(x-1)^2}{\sqrt{4 - (x-1)^2}} + \int \frac{1}{\sqrt{4 - (x-1)^2}}\mathrm{d}(x-1)$$

$$= -\sqrt{4 - (x-1)^2} + \arcsin\frac{x-1}{2} + C.$$

例 6.18 $\displaystyle\int \frac{1}{\sqrt{\mathrm{e}^{2x} - 1}}\mathrm{d}x = \int \frac{1}{\mathrm{e}^x\sqrt{1 - \mathrm{e}^{-2x}}}\mathrm{d}x = \int \frac{\mathrm{e}^{-x}}{\sqrt{1 - \mathrm{e}^{-2x}}}\mathrm{d}x$

$$=-\int \frac{\mathrm{d}e^{-x}}{\sqrt{1-(e^{-x})^2}}=-\arcsin e^{-x}+C.$$

方法 3 第二换元法.

例 6.19 $\int \frac{1}{\sqrt{x}+1}\mathrm{d}x.$

解 令 $t=\sqrt{x}, x=t^2.$

$$原式 = \int \frac{1}{t+1}2t\mathrm{d}t = 2\int \mathrm{d}t - 2\int \frac{\mathrm{d}t}{t+1} = 2t - 2\ln|t+1| + C$$

$$= 2\sqrt{x} - 2\ln(1+\sqrt{x}) + C.$$

例 6.20 $\int \frac{1}{x+2\sqrt{x-1}+3}\mathrm{d}x.$

解 令 $t=\sqrt{x-1}, x=t^2+1.$

$$原式 = \int \frac{2t}{t^2+2t+4}\mathrm{d}t = 2\int \frac{t+1-1}{(t+1)^2+3}\mathrm{d}t$$

$$= \int \frac{1}{(t+1)^2+3}\mathrm{d}(t+1)^2 - 2\int \frac{1}{(t+1)^2+3}\mathrm{d}t$$

$$= \ln(t^2+2t+4) - \frac{2}{\sqrt{3}}\arctan\left(\frac{t+1}{\sqrt{3}}\right) + C$$

$$= \ln(x+2\sqrt{x-1}+3) - \frac{2}{\sqrt{3}}\arctan\left(\frac{\sqrt{x-1}+1}{\sqrt{3}}\right) + C.$$

例 6.21 $\int \frac{1}{\sqrt[3]{x}+\sqrt{x}}\mathrm{d}x.$

解 令 $t=\sqrt[6]{x}, x=t^6.$

$$原式 = \int \frac{6t^5}{t^2+t^3}\mathrm{d}t = 6\int \frac{t^3}{1+t}\mathrm{d}t = 6\int \left(t^2-t+1-\frac{1}{1+t}\right)\mathrm{d}t$$

$$= 2t^3 - 3t^2 + 6t - 6\ln(1+t) + C$$

$$= 2\sqrt{x} - 3\sqrt[3]{x} + 6\sqrt[6]{x} - 6\ln(1+\sqrt[6]{x}) + C.$$

例 6.22 $\int \frac{1}{\sqrt{e^x+1}}\mathrm{d}x.$

解 令 $t=\sqrt{1+e^x}, x=\ln(t^2-1).$

$$原式 = \int \frac{1}{t} \cdot \frac{2t}{t^2-1}\mathrm{d}t$$

$$= 2\int \frac{1}{t^2-1}\mathrm{d}t = \ln\left|\frac{1-t}{1+t}\right| + C = \ln\frac{\sqrt{1+e^x}-1}{\sqrt{1+e^x}+1} + C.$$

例 6.23 $\int \frac{\sqrt{9-x^2}}{x}\mathrm{d}x.$

解 令 $x=3\sin t, t\in\left[-\frac{\pi}{2},\frac{\pi}{2}\right], t\neq 0.$

原式 $= \int \dfrac{3\cos t}{3\sin t} 3\cos t \mathrm{d}t = 3\int \dfrac{1-\sin^2 t}{\sin t} \mathrm{d}t = 3\int \dfrac{1}{\sin t}\mathrm{d}t - 3\int \sin t \mathrm{d}t$

$= \dfrac{-3}{2}\ln \dfrac{1+\cos t}{1-\cos t} + 3\cos t + C = \dfrac{-3}{2}\ln \dfrac{1+\dfrac{\sqrt{9-x^2}}{3}}{1-\dfrac{\sqrt{9-x^2}}{3}} + \sqrt{9-x^2} + C.$

注意: $\int \dfrac{1}{\sin t}\mathrm{d}t = \dfrac{-1}{2}\ln\left|\dfrac{1+\cos t}{1-\cos t}\right| + C$ 或 $\int \dfrac{1}{\sin t}\mathrm{d}t = \ln\left|\tan\dfrac{x}{2}\right| + C.$

例 6.24 $\displaystyle\int \dfrac{1}{x^4\sqrt{1+x^2}}\mathrm{d}x.$

解 令 $x = \tan t, t \in \left(-\dfrac{\pi}{2}, \dfrac{\pi}{2}\right).$

原式 $= \displaystyle\int \dfrac{\sec^2 t}{\tan^4 t \cdot \sec t}\mathrm{d}t = \int \dfrac{\cos^3 t}{\sin^4 t}\mathrm{d}t = \int \dfrac{1-\sin^2 t}{\sin^4 t}\mathrm{d}\sin t$

$= -\dfrac{1}{3}\csc^3 t + \csc t + C = -\dfrac{1}{3}\left(\dfrac{\sqrt{x^2+1}}{x}\right)^3 + \dfrac{\sqrt{x^2+1}}{x} + C.$

例 6.25 $\displaystyle\int \dfrac{x^3}{\sqrt{x^2-4}}\mathrm{d}x.$

解 令 $x = 2\sec t, t \in \left(0, \dfrac{\pi}{2}\right)\left(\text{同理可得 } t \in \left(\dfrac{\pi}{2}, \pi\right)\right).$

原式 $= \displaystyle\int \dfrac{8\sec^3 t}{2\tan t} 2\tan t \sec t \mathrm{d}t = 8\int \sec^4 t \mathrm{d}t$

$= 8\displaystyle\int (1+\tan^2 t)\mathrm{d}\tan t = 8\tan t + \dfrac{8}{3}\tan^3 t + C = 4\sqrt{x^2-4} + \dfrac{1}{3}(x^2-4)^{\frac{3}{2}} + C.$

例 6.26 $\displaystyle\int \dfrac{1}{(1+x^2)^{\frac{3}{2}}}\mathrm{d}x.$

解 令 $x = \tan t, t \in \left(-\dfrac{\pi}{2}, \dfrac{\pi}{2}\right).$

原式 $= \displaystyle\int \dfrac{1}{\sec^3 t}\sec^2 t \mathrm{d}t = \int \cos t \mathrm{d}t = \sin t + C = \dfrac{x}{\sqrt{1+x^2}} + C.$

例 6.27 $\displaystyle\int \dfrac{1}{(x+2)\sqrt{x^2+2x+2}}\mathrm{d}x.$

解 令 $x + 1 = \tan t.$

原式 $= \displaystyle\int \dfrac{1}{\sin t + \cos t}\mathrm{d}t = \int \dfrac{\sin t - \cos t}{\sin^2 t - \cos^2 t}\mathrm{d}t = -\int \dfrac{\mathrm{d}\cos t}{1-2\cos^2 t} + \int \dfrac{\mathrm{d}\sin t}{1-2\sin^2 t}$

$= -\dfrac{1}{2\sqrt{2}}\ln\left|\dfrac{1+\sqrt{2}\cos t}{1-\sqrt{2}\cos t}\right| + \dfrac{1}{2\sqrt{2}}\ln\left|\dfrac{1+\sqrt{2}\sin t}{1-\sqrt{2}\sin t}\right| + C = \cdots(\text{回代略}).$

方法 4 分部积分法.

分部积分法共有四种基本题型.

(1) 题型 1: $\displaystyle\int P_m(x)\mathrm{e}^{\alpha x}\mathrm{d}x.$

例 6.28　$\int (2x-1)e^{2x}dx$.

解　原式 $= \dfrac{1}{2}\int (2x-1)de^{2x} = \dfrac{1}{2}(2x-1)e^{2x} - \dfrac{1}{2}\int e^{2x}d2x$

$$= \dfrac{1}{2}(2x-1)e^{2x} - \dfrac{1}{2}e^{2x} + C.$$

例 6.29　$\int e^{\sqrt{2x-1}}dx$.

解　令 $t = \sqrt{2x-1}$.

原式 $= \int e^t t\,dt = \int t\,de^t = te^t - e^t + C$

$$= \sqrt{2x-1}\,e^{\sqrt{2x-1}} - e^{\sqrt{2x-1}} + C.$$

例 6.30　$\int x^3 \left(e^{\frac{x^2}{2}} + e^{\frac{x^4}{2}} \right) dx$.

解　$\int x^2 e^{\frac{x^2}{2}} d\left(\dfrac{x^2}{2}\right) + \dfrac{1}{2}\int e^{\frac{x^4}{2}} d\left(\dfrac{x^4}{2}\right) \xlongequal{u=\frac{x^2}{2}} \int 2ue^u du + \dfrac{1}{2}e^{\frac{x^4}{2}} = 2\int u\,de^u + \dfrac{1}{2}e^{\frac{x^4}{2}}$

$$= 2ue^u - 2e^u + \dfrac{1}{2}e^{\frac{x^4}{2}} + C = x^2 e^{\frac{x^2}{2}} - 2e^{\frac{x^2}{2}} + \dfrac{1}{2}e^{\frac{x^4}{2}} + C.$$

（2）题型 2：$\int P_m(x)\cos\beta x\,dx$ 或 $\int P_m(x)\sin\beta x\,dx$.

例 6.31　$\int 3x\sin(2x-1)dx$.

解　原式 $= \dfrac{-3}{2}\int x\,d\cos(2x-1) = -\dfrac{3}{2}x\cos(2x-1) + \dfrac{3}{2}\int \cos(2x-1)dx$

$$= -\dfrac{3}{2}x\cos(2x-1) + \dfrac{3}{4}\sin(2x-1) + C.$$

例 6.32　$\int x\cos^2 x\,dx$.

解　原式 $= \int x \cdot \dfrac{1+\cos 2x}{2}dx = \dfrac{x^2}{4} + \dfrac{1}{4}\int x\,d\sin 2x$

$$= \dfrac{x^2}{4} + \dfrac{1}{4}x\sin 2x - \dfrac{1}{4}\int \sin 2x\,dx$$

$$= \dfrac{x^2}{4} + \dfrac{1}{4}x\sin 2x + \dfrac{1}{8}\cos(2x) + C.$$

例 6.33　$\int \dfrac{x}{\cos^2 x}dx$.

解　原式 $= \int x\,d\tan x = x\tan x - \int \tan x\,dx = x\tan x + \ln|\cos x| + C.$

例 6.34　$\int \sin(\sqrt{x}+1)dx$.

解　令 $t = \sqrt{x}$.

原式 $= \int \sin(t+1)2t\mathrm{d}t = -2\int t\mathrm{d}\cos(t+1) = -2t\cos(t+1) + 2\int \cos(t+1)\mathrm{d}t$

$= -2t\cos(t+1) + 2\sin(t+1) + C = -2\sqrt{x}\cos(\sqrt{x}+1) + 2\sin(\sqrt{x}+1) + C.$

(3) 题型 3：$\int \mathrm{e}^{\alpha x}\cos\beta x \mathrm{d}x$ 或 $\int \mathrm{e}^{\alpha x}\sin\beta x \mathrm{d}x$.

例 6.35 $\int \mathrm{e}^{2x}\cos 3x \mathrm{d}x.$

解　设 $I = \int \mathrm{e}^{2x}\cos 3x \mathrm{d}x = \dfrac{1}{2}\int \cos 3x \mathrm{d}\mathrm{e}^{2x} = \dfrac{1}{2}\mathrm{e}^{2x}\cos 3x + \dfrac{3}{2}\int \mathrm{e}^{2x}\sin 3x \mathrm{d}x$

$= \dfrac{1}{2}\mathrm{e}^{2x}\cos 3x + \dfrac{3}{4}\int \sin 3x \mathrm{d}\mathrm{e}^{2x} = \dfrac{1}{2}\mathrm{e}^{2x}\cos 3x + \dfrac{3}{4}\mathrm{e}^{2x}\sin 3x - \dfrac{9}{4}\int \mathrm{e}^{2x}\cos 3x \mathrm{d}x + C$

$= \dfrac{1}{2}\mathrm{e}^{2x}\cos 3x + \dfrac{3}{4}\mathrm{e}^{2x}\sin 3x + C - \dfrac{9}{4}I.$

解得：$I = \dfrac{2}{13}\mathrm{e}^{2x}\cos 3x + \dfrac{3}{13}\mathrm{e}^{2x}\sin 3x + C.$

(4) 题型 4：$\int P_m(x)\ln(\odot)\mathrm{d}x$ 或 $\int P_m(x)(\arctan(\odot))\mathrm{d}x$ 或 $\int P_m(x)\arcsin(\odot)\mathrm{d}x$.

例 6.36 $\int x\ln(x+1)\mathrm{d}x.$

解　原式 $= \dfrac{1}{2}\int \ln(x+1)\mathrm{d}x^2 = \dfrac{1}{2}x^2\ln(x+1) - \dfrac{1}{2}\int \dfrac{x^2}{x+1}\mathrm{d}x$

$= \dfrac{1}{2}x^2\ln(x+1) - \dfrac{1}{2}\int \left(x-1+\dfrac{1}{x+1}\right)\mathrm{d}x$

$= \dfrac{1}{2}x^2\ln(x+1) - \dfrac{1}{4}x^2 + \dfrac{1}{2}x - \dfrac{1}{2}\ln|x+1| + C.$

例 6.37 $\int \sqrt{x}\ln(\sqrt{x}+1)\mathrm{d}x.$

解　令 $t = \sqrt{x}$.

原式 $= \int t\ln(t+1)2t\mathrm{d}t = \dfrac{2}{3}\int \ln(t+1)\mathrm{d}t^3$

$= \dfrac{2}{3}t^3\ln(t+1) - \dfrac{2}{3}\int \dfrac{t^3}{t+1}\mathrm{d}t = \dfrac{2}{3}t^3\ln(t+1) - \dfrac{2}{3}\int \left(t^2-t+1-\dfrac{1}{t+1}\right)\mathrm{d}t$

$= \dfrac{2}{3}t^3\ln(t+1) - \dfrac{2}{3}\left[\dfrac{t^3}{3} - \dfrac{1}{2}t^2 + t - \ln(t+1)\right] + C$

$= \dfrac{2}{3}x^{\frac{3}{2}}\ln(\sqrt{x}+1) - \dfrac{2}{9}x^{\frac{3}{2}} + \dfrac{1}{3}x - \dfrac{2}{3}\sqrt{x} + \dfrac{2}{3}\ln(\sqrt{x}+1) + C.$

例 6.38 $\int (2x-1)\ln^2 x \mathrm{d}x.$

解　原式 $= \int \ln^2 x \mathrm{d}(x^2-x) = (x^2-x)\ln^2 x - 2\int (x^2-x)\dfrac{1}{x}\ln x \mathrm{d}x$

$= (x^2-x)\ln^2 x - 2\int (x-1)\ln x \mathrm{d}x = (x^2-x)\ln^2 x - 2\int \ln x \mathrm{d}\left(\dfrac{x^2}{2}-x\right)$

$$= (x^2 - x)\ln^2 x - 2\left(\frac{x^2}{2} - x\right)\ln x + 2\int\left(\frac{x^2}{2} - x\right)\frac{1}{x}dx$$

$$= (x^2 - x)\ln^2 x - (x^2 - 2x)\ln x + \frac{1}{2}x^2 - 2x + C.$$

例 6.39 $\int x\arctan 2x\, dx.$

解 原式 $= \frac{1}{2}\int\arctan 2x\, dx^2 = \frac{1}{2}x^2\arctan 2x - \int\frac{x^2}{1+4x^2}dx$

$$= \frac{1}{2}x^2\arctan 2x - \frac{1}{4}\int\frac{4x^2 + 1 - 1}{1 + 4x^2}dx$$

$$= \frac{1}{2}x^2\arctan 2x - \frac{1}{4}x + \frac{1}{8}\arctan 2x + C.$$

例 6.40 $\int (x-1)\arcsin x\, dx.$

解 原式 $\xlongequal{x=\sin t} \int(\sin t - 1)t\cos t\, dt = \frac{1}{2}\int t\sin 2t\, dt - \int t\cos t\, dt$

$$= -\frac{1}{4}\int t\, d\cos 2t - \int t\, d\sin t$$

$$= -\frac{t\cos 2t}{4} + \frac{1}{4}\int\cos 2t\, dt - t\sin t + \int\sin t\, dt$$

$$= -\frac{1}{4}t\cos 2t + \frac{1}{8}\sin 2t - t\sin t - \cos t + C$$

$$= -\frac{1}{4}\arcsin x \cdot (1 - 2x^2) + \frac{1}{4}x\sqrt{1-x^2} - x\arcsin x - \sqrt{1-x^2} + C.$$

方法 5 针对分式(有理函数).

例 6.41 (1) $\int\frac{1}{4+x^2}dx = \frac{1}{2}\int\frac{1}{1+\left(\frac{x}{2}\right)^2}d\frac{x}{2} = \frac{1}{2}\arctan\frac{x}{2} + C.$

(2) $\int\frac{x^3}{4+x^4}dx = \frac{1}{4}\int\frac{1}{4+x^4}d(4+x^4) = \frac{1}{4}\ln(4+x^4) + C.$

(3) $\int\frac{x}{4+x^4}dx = \frac{1}{4}\int\frac{1}{1+\left(\frac{x^2}{2}\right)^2}d\frac{x^2}{2} = \frac{1}{4}\arctan\frac{x^2}{2} + C.$

(4) $\int\frac{1}{x^2 - 6x + 10}dx = \int\frac{1}{1+(x-3)^2}d(x-3) = \arctan(x-3) + C.$

(5) $\int\frac{2x-6}{x^2-6x+10}dx = \int\frac{1}{x^2-6x+10}d(x^2-6x+10) = \ln(x^2-6x+10) + C.$

(6) $\int\frac{2x-5}{x^2-6x+10}dx = \int\frac{1}{x^2-6x+10}dx + \int\frac{2x-6}{x^2-6x+10}dx$

$$= \arctan(x-3) + \ln(x^2-6x+10) + C.$$

(7) $\int\frac{x-2}{x^2-7x+12}dx = \int\frac{x-2}{(x-3)(x-4)}dx = \int\left(\frac{-1}{x-3} + \frac{2}{x-4}\right)dx$

$$=-\ln|x-3|+2\ln|x-4|+C.$$

(8) $\displaystyle\int\frac{1}{x^2-6x+4}\mathrm{d}x=\int\frac{1}{(x-3)^2-(\sqrt{5})^2}\mathrm{d}x=\frac{1}{2\sqrt{5}}\int\Big(\frac{1}{x-3-\sqrt{5}}-\frac{1}{x-3+\sqrt{5}}\Big)\mathrm{d}x$$

$$=\frac{1}{2\sqrt{5}}\ln\Big|\frac{x-3-\sqrt{5}}{x-3+\sqrt{5}}\Big|+C.$$

例 6.42 $\displaystyle\int\frac{x^3+3x+2}{x+2}\mathrm{d}x.$

解 利用综合除法知 $\dfrac{x^3+3x+2}{x+2}=x^2-2x+7-\dfrac{12}{x+2}.$

原式 $=\displaystyle\int\Big(x^2-2x+7-\frac{12}{x+2}\Big)\mathrm{d}x=\frac{1}{3}x^3-x^2+7x-12\ln|x+2|+C.$

例 6.43 $\displaystyle\int\frac{x^6-x^3+x+3}{x^2+1}\mathrm{d}x.$

解 原式 $=\displaystyle\int\Big(x^4-x^2-x+1+\frac{2x+2}{x^2+1}\Big)\mathrm{d}x$

$$=\frac{1}{5}x^5-\frac{1}{3}x^3-\frac{1}{2}x^2+x+\int\frac{1}{x^2+1}\mathrm{d}(x^2+1)+2\int\frac{1}{1+x^2}\mathrm{d}x$$

$$=\frac{1}{5}x^5-\frac{1}{3}x^3-\frac{1}{2}x^2+x+\ln(1+x^2)+2\arctan x+C.$$

例 6.44 $\displaystyle\int\frac{1}{(2x+1)(3x+2)}\mathrm{d}x.$

解 原式 $=-\displaystyle\int\frac{3(2x+1)-2(3x+2)}{(2x+1)(3x+2)}\mathrm{d}x=-\int\frac{3}{3x+2}\mathrm{d}x+\int\frac{2}{2x+1}\mathrm{d}x$

$$=-\ln|3x+2|+\ln|2x+1|+C.$$

例 6.45 $\displaystyle\int\frac{1}{(x-1)^2(x+1)}\mathrm{d}x.$

解 原式 $=\dfrac{1}{2}\displaystyle\int\frac{1+x+1-x}{(x-1)^2(x+1)}\mathrm{d}x=-\frac{1}{2}\frac{1}{x-1}+\frac{1}{2}\int\frac{1}{1-x^2}\mathrm{d}x$

$$=-\frac{1}{2}\frac{1}{x-1}+\frac{1}{4}\ln\Big|\frac{1+x}{1-x}\Big|+C.$$

例 6.46 $\displaystyle\int\frac{2x+3}{x^2-2x+2}\mathrm{d}x.$

解 原式 $=\displaystyle\int\frac{2(x-1)+5}{(x-1)^2+1}\mathrm{d}x=\int\frac{\mathrm{d}(x-1)^2}{(x-1)^2+1}+5\int\frac{1}{(x-1)^2+1}\mathrm{d}x$

$$=\ln(x^2-2x+2)+5\arctan(x-1)+C.$$

方法 6 针对被积函数含有三角函数.

例 6.47 $\displaystyle\int\frac{2}{4-\cos^2 x}\mathrm{d}x.$

解 原式 $=\displaystyle\int\frac{2\sec^2 x}{4\sec^2 x-1}\mathrm{d}x=2\int\frac{\mathrm{d}\tan x}{4\tan^2 x+3}$

$$= \int \frac{\mathrm{d}2\tan x}{(2\tan x)^2 + (\sqrt{3})^2} = \frac{1}{\sqrt{3}}\arctan\left(2\frac{\tan x}{\sqrt{3}}\right) + C.$$

例 6.48 $\int \frac{\sin x}{\sin x + \cos x}\mathrm{d}x.$

解 原式 $= \int \frac{1}{2} \cdot \frac{(\sin x + \cos x + \sin x - \cos x)}{\sin x + \cos x}\mathrm{d}x = \frac{1}{2}\int \mathrm{d}x + \frac{1}{2}\int \frac{-\mathrm{d}(\cos x + \sin x)}{\sin x + \cos x}$

$$= \frac{1}{2}x - \frac{1}{2}\ln|\sin x + \cos x| + C.$$

例 6.49 $\int \frac{\cos x}{2\sin x + 3\cos x}\mathrm{d}x.$

解 令 $f(x) = 2\sin x + 3\cos x$,则 $f'(x) = 2\cos x - 3\sin x, \cos x = \frac{3}{13}f(x) + \frac{2}{13}f'(x).$

$$原式 = \int \frac{\frac{3}{13}f(x) + \frac{2}{13}f'(x)}{f(x)}\mathrm{d}x = \frac{3}{13}x + \frac{2}{13}\ln|2\sin x + 3\cos x| + C.$$

方法 7 其他类型.

（1）含绝对值的不定积分.

例 6.50 $\int |x|\mathrm{d}x.$

解 原式 $= F(x) = \begin{cases} \frac{x^2}{2} + c_1, & x \geqslant 0 \\ -\frac{x^2}{2} + c_2, & x \leqslant 0 \end{cases}$,$F(x)$ 可导必连续：$c_1 = c_2$,故原式 $=$

$$F(x) = \begin{cases} \frac{x^2}{2} + c_1, & x \geqslant 0 \\ -\frac{x^2}{2} + c_1, & x \leqslant 0 \end{cases}.$$

例 6.51 $\int |x^2 - 2x - 3|\mathrm{d}x.$

解 $f(x) = |x^2 - 2x - 3| = |(x-3)(x+1)| = \begin{cases} x^2 - 2x - 3, & x \leqslant -1 \\ -x^2 + 2x + 3, & -1 < x < 3, \\ x^2 - 2x - 3, & x \geqslant 3 \end{cases}$

$$原式 = F(x) = \int f(x)\mathrm{d}x = \begin{cases} \frac{1}{3}x^3 - x^2 - 3x + c_1, & x \leqslant -1 \\ -\frac{1}{3}x^3 + x^2 + 3x + c_2, & -1 < x < 3, \\ \frac{1}{3}x^3 - x^2 - 3x + c_3, & x \geqslant 3 \end{cases}$$

由 $F(x)$ 可导知 $\begin{cases} -\frac{1}{3} - 1 + 3 + c_1 = \frac{1}{3} + 1 - 3 + c_2 \\ -\frac{27}{3} + 9 + 9 + c_2 = \frac{27}{3} - 9 - 9 + c_3 \end{cases}$ 成立.

解得：
$$
\begin{cases}
c_2 = \dfrac{10}{3} + c_1 \\[2mm]
c_3 = 18 + c_2 = 18 - \dfrac{10}{3} + c_1 = \dfrac{44}{3} + c_1
\end{cases}
$$

所以，$F(x) = \begin{cases} \dfrac{1}{3}x^3 - x^2 - 3x + c_1, & x \leqslant -1 \\[2mm] -\dfrac{1}{3}x^3 + x^2 + 3x - \dfrac{10}{3} + c_1, & -1 \leqslant x \leqslant 3. \\[2mm] \dfrac{1}{3}x^3 - x^2 - 3x + \dfrac{44}{3} + c_1, & x \geqslant 3 \end{cases}$

（2）分段函数积分.

例 6.52 $f(x) = \begin{cases} x, & x \leqslant 1 \\ 2x+1, & 1 < x < 2,\text{求} \int f(x)\,\mathrm{d}x. \\ x+1, & x \geqslant 2 \end{cases}$

解 $F(x) = \displaystyle\int f(x)\,\mathrm{d}x = \begin{cases} \dfrac{x^2}{2} + c_1, & x \leqslant 1 \\[2mm] x^2 + x + c_2, & 1 < x < 2, \\[2mm] \dfrac{x^2}{2} + x + c_3, & x \geqslant 2 \end{cases}$

由 $F(x)$ 可导知，$\begin{cases} \dfrac{1}{2} + c_1 = 2 + c_2 \\[2mm] 6 + c_2 = 4 + c_3 \end{cases}$ 成立.

解得：$c_2 = -\dfrac{3}{2} + c_1, c_3 = 2 + c_2 = \dfrac{1}{2} + c_1.$

所以，$\displaystyle\int f(x)\,\mathrm{d}x = \begin{cases} \dfrac{x^2}{2} + c_1, & x \leqslant 1 \\[2mm] x^2 + x - \dfrac{3}{2} + c_1, & 1 < x < 2. \\[2mm] \dfrac{x^2}{2} + x + \dfrac{1}{2} + c_1, & x \geqslant 2 \end{cases}$

（3）递推关系.

例 6.53 $I_n = \displaystyle\int \sin^n x\,\mathrm{d}x.$

解 $I_n = -\displaystyle\int \sin^{n-1} x\,\mathrm{d}\cos x,$

$I_n = -\sin^{n-1} x \cos x + \displaystyle\int (n-1)\cos^2 x \sin^{n-2} x\,\mathrm{d}x,$

$I_n = -\sin^{n-1} x \cos x + (n-1)\displaystyle\int \sin^{n-2} x\,\mathrm{d}x - (n-1)\displaystyle\int \sin^n x\,\mathrm{d}x,$

$nI_n = -\sin^{n-1} x \cos x + (n-1)I_{n-2},$

所以 $I_n = -\dfrac{1}{n}\sin^{n-1} x \cos x + \dfrac{(n-1)}{n}I_{n-2} \quad (n=1,2,\cdots).$

例 6.54　$I_n = \int \tan^{2n} x \, \mathrm{d}x$.

解　$I_n = \int (\tan^{2n} x + \tan^{2n-2} x) \mathrm{d}x - \int \tan^{2(n-1)} \mathrm{d}x$,

$I_n = \int \tan^{2n-2} x \, \mathrm{d}\tan x - \int \tan^{2(n-1)} \mathrm{d}x$,

$I_n = \dfrac{1}{2n-1} \tan^{2n-1} x - I_{n-1} \quad (n = 1, 2, \cdots)$.

例 6.55　$I = \int \sec^3 x \, \mathrm{d}x$.

解　$I = \int \sec x \, \mathrm{d}\tan x = \sec x \tan x - \int \tan^2 x \sec x \, \mathrm{d}x = \sec x \tan x - I + \int \sec x \, \mathrm{d}x$,

$I = \dfrac{1}{2} \sec x \tan x + \dfrac{1}{4} \ln \dfrac{1 + \sin x}{1 - \sin x} + C$.

（4）一些特殊的变换.

例 6.56　$\int \dfrac{1}{x^6 (1 + x^2)} \mathrm{d}x$.

解　令 $t = \dfrac{1}{x}$.

原式 $= \displaystyle\int \dfrac{t^6}{\left(1 + \dfrac{1}{t^2}\right)} \left(-\dfrac{1}{t^2}\right) \mathrm{d}t = -\int \dfrac{t^6}{1 + t^2} \mathrm{d}t$

$= -\displaystyle\int \left(t^4 - t^2 + 1 - \dfrac{1}{1 + t^2}\right) \mathrm{d}t = -\dfrac{1}{5} t^5 + \dfrac{1}{3} t^3 - t + \arctan t + C$

$= -\dfrac{1}{5} \dfrac{1}{x^5} + \dfrac{1}{3} \dfrac{1}{x^3} - \dfrac{1}{x} + \arctan \dfrac{1}{x} + C$.

例 6.57　$\int \sqrt{\dfrac{1-x}{1+x}} \, \mathrm{d}x$.

解　令 $t = \sqrt{\dfrac{1-x}{1+x}}$，解得：$t^2 = \dfrac{1-x}{1+x}$，$t^2 + x t^2 = 1 - x$，$x = \dfrac{1-t^2}{1+t^2}$，则 $\mathrm{d}x = \dfrac{-4t}{(1+t^2)^2} \mathrm{d}t$,

原式 $= \displaystyle\int \dfrac{-4t^2}{(1+t^2)^2} \mathrm{d}t \xrightarrow{t = \tan u} \int \dfrac{-4\tan^2 u}{\sec^4 u} \sec^2 u \, \mathrm{d}u$

$= -4\displaystyle\int \sin^2 u \, \mathrm{d}u = -2\int (1 - \cos 2u) \mathrm{d}u = -2u + \sin 2u + C$.

（5）一些特殊积分.

例 6.58　$\int \mathrm{e}^{2x} (\tan x + 1)^2 \, \mathrm{d}x$.

解　原式 $= \displaystyle\int \mathrm{e}^{2x} \sec^2 x \, \mathrm{d}x + 2\int \mathrm{e}^{2x} \tan x \, \mathrm{d}x = \int \mathrm{e}^{2x} \, \mathrm{d}\tan x + 2\int \mathrm{e}^{2x} \tan x \, \mathrm{d}x$

$= \mathrm{e}^{2x} \tan x - 2\displaystyle\int \mathrm{e}^{2x} \tan x \, \mathrm{d}x + 2\int \mathrm{e}^{2x} \tan x \, \mathrm{d}x = \mathrm{e}^{2x} \tan x + C$.

例 6.59　$\int \left(1 + x - \dfrac{1}{x}\right) \mathrm{e}^{x + \frac{1}{x}} \, \mathrm{d}x$.

解　原式 $= \int e^{x+\frac{1}{x}} dx + \int x\left(1-\frac{1}{x^2}\right)e^{x+\frac{1}{x}} dx$

$$= \int e^{x+\frac{1}{x}} dx + \int x e^{x+\frac{1}{x}} d\left(x+\frac{1}{x}\right) = \int e^{x+\frac{1}{x}} dx + \int x de^{x+\frac{1}{x}}$$

$$= \int e^{x+\frac{1}{x}} dx + x e^{x+\frac{1}{x}} - \int e^{x+\frac{1}{x}} dx = x e^{x+\frac{1}{x}} + C.$$

例 6.60　$\int (x^2+1)e^{\frac{x^2}{2}} dx.$

解　原式 $= \int x de^{\frac{x^2}{2}} + \int e^{\frac{x^2}{2}} dx = x e^{\frac{x^2}{2}} - \int e^{\frac{x^2}{2}} dx + \int e^{\frac{x^2}{2}} dx = x e^{\frac{x^2}{2}} + C.$

习　题　6

1. 如果 e^{-x} 是函数 $f(x)$ 的一个原函数，则 $\int f(x) dx =$ _____.

2. 若 $\int f(x) dx = 2\cos\dfrac{x}{2} + C$，则 $f(x) =$ _____.

3. 设 $f(x) = \dfrac{1}{x}$，则 $\int f'(x) dx =$ _____.

4. $\int f(x) df(x) =$ _____.

5. $\int \sin x \cos x dx =$ _____.

6. $\int d\cos 2x =$ _____.

7. 已知 $f(\cos x) = \sin^2 x$，则 $\int f(x-1) dx =$ _____.

8. $\dfrac{d}{dx}\left[\int \tan^3 x \ln\left(1+\dfrac{1}{x}\right) dx\right] =$ _____.

9. 已知 $\int f(x) dx = \sqrt{1+x^2} + C$，则 $\lim\limits_{h\to 0} \dfrac{f(h)-f(-h)}{h} =$ _____.

10. 已知 $\int x f(x^2) dx = x e^x + C$，则 $f(x) =$ _____.

11. 设 $F_1(x), F_2(x)$ 是区间 I 内连续函数 $f(x)$ 的两个不同的原函数，且 $f(x) \neq 0$，则在区间 I 内必有（　　）.

　　A. $F_1(x) - F_2(x) = C$　　　　　　B. $F_1(x) \cdot F_2(x) = C$

　　C. $F_1(x) = C F_2(x)$　　　　　　　D. $F_1(x) + F_2(x) = C$

12. 若 $F'(x) = f(x)$，则 $\int dF(x) = ($　　$).$

　　A. $f(x)$　　　　B. $F(x)$　　　　C. $f(x) + C$　　　　D. $F(x) + C$

13. $f(x)$ 在某区间内具备了条件（　　）就可保证它的原函数一定存在.

　　A. 有极限存在　　　　　　　　　B. 连续

　　C. 有界　　　　　　　　　　　　D. 有有限个间断点

14. 函数 $f(x)=(x+|x|)^2$ 的一个原函数 $F(x)=($ 　　).

　　A. $\dfrac{4}{3}x^3$ 　　　　B. $\dfrac{4}{3}|x|x^2$ 　C. $\dfrac{2}{3}x(x^2+|x|^2)$ 　D. $\dfrac{2}{3}x^2(x+|x|)$

15. 已知一个函数的导数为 $y'=2x$,且 $x=1$ 时 $y=2$,这个函数是(　　).

　　A. $y=x^2+C$ 　　B. $y=x^2+1$ 　C. $y=\dfrac{x^2}{2}+C$ 　　　　D. $y=x+1$

16. 下列积分能用初等函数表示的是(　　).

　　A. $\displaystyle\int e^{-x^2}dx$ 　　　　B. $\displaystyle\int\dfrac{dx}{\sqrt{1+x^3}}$ 　C. $\displaystyle\int\dfrac{1}{\ln x}dx$ 　　　　D. $\displaystyle\int\dfrac{\ln x}{x}dx$

17. $\displaystyle\int\dfrac{\ln x}{x^2}dx=($ 　　).

　　A. $\dfrac{1}{x}\ln x+\dfrac{1}{x}+C$ 　　　　　　B. $-\dfrac{1}{x}\ln x-\dfrac{1}{x}+C$

　　C. $\dfrac{1}{x}\ln x-\dfrac{1}{x}+C$ 　　　　　　D. $-\dfrac{1}{x}\ln x+\dfrac{1}{x}+C$

18. $\displaystyle\int\dfrac{dx}{(4x+1)^{10}}=($ 　　).

　　A. $\dfrac{1}{9}\dfrac{1}{(4x+1)^9}+C$ 　　　　　B. $\dfrac{1}{36}\dfrac{1}{(4x+1)^9}+C$

　　C. $-\dfrac{1}{36}\dfrac{1}{(4x+1)^9}+C$ 　　　　D. $-\dfrac{1}{36}\dfrac{1}{(4x+1)^{11}}+C$

19. $\displaystyle\int\dfrac{1}{1-2x}dx=($ 　　).

　　A. $-\dfrac{1}{2}\ln|1-2x|+C$ 　　　　B. $2\ln|1-2x|+C$

　　C. $\dfrac{1}{2}\ln|1-2x|+C$ 　　　　　D. $\ln|1-2x|+C$

20. 设 e^{-x} 是 $f(x)$ 的一个原函数,则 $\displaystyle\int xf(x)dx=($ 　　).

　　A. $e^{-x}(1-x)+C$ 　　　　B. $e^{-x}(x+1)+C$

　　C. $e^{-x}(x-1)+C$ 　　　　D. $-e^{-x}(x+1)+C$

21. 设 $\displaystyle\int f(x)dx=\dfrac{3}{4}\ln\sin 4x+C$,则 $f(x)=($ 　　).

　　A. $\cot 4x$ 　　　　B. $-\cot 4x$ 　C. $3\cos 4x$ 　　　　D. $3\cot 4x$

22. $\displaystyle\int\dfrac{\ln x}{x}dx=($ 　　).

　　A. $\dfrac{1}{2}x\ln^2 x+C$ 　　　　　　B. $\dfrac{1}{2}\ln^2 x+C$

　　C. $\dfrac{\ln x}{x}+C$ 　　　　　　　　D. $\dfrac{1}{x^2}-\dfrac{\ln x}{x^2}+C$

23. 若 $f(x)$ 为可导、可积函数,则(　　).

A. $\left[\displaystyle\int f(x)\mathrm{d}x\right]' = f(x)$ 　　　 B. $\mathrm{d}\left[\displaystyle\int f(x)\mathrm{d}x\right] = f(x)$

C. $\displaystyle\int f'(x)\mathrm{d}x = f(x)$ 　　　 D. $\displaystyle\int \mathrm{d}f(x) = f(x)$

24. 下列凑微分中(　　)是正确的.

A. $\sin 2x\mathrm{d}x = \mathrm{d}(\sin^2 x)$ 　　　 B. $\dfrac{\mathrm{d}x}{\sqrt{x}} = \mathrm{d}(\sqrt{x})$

C. $\ln|x|\mathrm{d}x = \mathrm{d}\left(\dfrac{1}{x}\right)$ 　　　 D. $\arctan x\mathrm{d}x = \mathrm{d}\left(\dfrac{1}{1+x^2}\right)$

25. 若 $\displaystyle\int f(x)\mathrm{d}x = x^2 + C$,则 $\displaystyle\int xf(1-x^2)\mathrm{d}x = ($　　$)$.

A. $2(1+x^2)^2 + C$ 　　　 B. $-2(1-x^2)^2 + C$

C. $\dfrac{1}{2}(1+x^2)^2 + C$ 　　　 D. $-\dfrac{1}{2}(1-x^2)^2 + C$

26. 计算以下各题.

(1) $\displaystyle\int \dfrac{1}{9-4x^2}\mathrm{d}x$. 　　　 (2) $\displaystyle\int \dfrac{1}{\sqrt{x}+\sqrt[3]{x}}\mathrm{d}x$.

(3) $\displaystyle\int \dfrac{\sqrt{x^2-4}}{x}\mathrm{d}x$. 　　　 (4) $\displaystyle\int \arcsin x\mathrm{d}x$.

(5) $\displaystyle\int \dfrac{x+\arctan x}{1+x^2}\mathrm{d}x$. 　　　 (6) $\displaystyle\int \dfrac{1+2x^2}{x^2(1+x^2)}\mathrm{d}x$.

(7) $\displaystyle\int \ln(x+\sqrt{x^2+1})\mathrm{d}x$. 　　　 (8) $\displaystyle\int \dfrac{\sin x}{1-\cos x}\mathrm{d}x$.

(9) $\displaystyle\int (x+1)\ln x\mathrm{d}x$. 　　　 (10) $\displaystyle\int \dfrac{\ln x}{\sqrt{x}}\mathrm{d}x$.

(11) $\displaystyle\int \dfrac{\mathrm{d}x}{x^2\sqrt{4-x^2}}$. 　　　 (12) $\displaystyle\int \dfrac{\sin 2x}{\cos^2 x}\mathrm{d}x$.

(13) $\displaystyle\int \dfrac{1+\sin^2 x}{1+\cos 2x}\mathrm{d}x$. 　　　 (14) $\displaystyle\int \sqrt{1+\sin x}\mathrm{d}x, x\in\left[0,\dfrac{\pi}{2}\right]$.

(15) $\displaystyle\int (x\ln x)^{\frac{3}{2}}(\ln x+1)\mathrm{d}x$. 　　　 (16) $\displaystyle\int \dfrac{1}{x^2\sqrt{x^2-1}}\mathrm{d}x$.

27. 设 $F(x)$ 为 $f(x)$ 的一个原函数,当 $x\geqslant 0$ 时有 $f(x)F(x) = \sin^2 x$,且 $F(0)=0$, $F(x)\geqslant 0$,求 $f(x)$.

28. 已知 $f(x)$ 的一个原函数为 $\dfrac{\sin x}{x}$,证明: $\displaystyle\int x^3 f'(x) = x^2\cos x - 4x\sin x - 6\cos x + C$.

29. 求 $\displaystyle\int\left(\dfrac{f(x)}{f'(x)} - \dfrac{f^2(x)\cdot f''(x)}{f'^3(x)}\right)\mathrm{d}x$ 的值.

30. 已知函数 $f(x)$ 有二阶连续导数,证明: $\displaystyle\int xf''(2x-1)\mathrm{d}x = \dfrac{x}{2}f'(2x-1) - \dfrac{1}{4}f(2x-1) + C$.

习题 6 答案

1. $e^{-x} + C$.　　2. $-\sin \dfrac{x}{2}$.　　3. $\dfrac{1}{x} + C$.　　4. $\dfrac{1}{2} f^2(x) + C$.　　5. $\dfrac{1}{2} \sin^2 x + C$.

6. $\cos 2x + C$.　　7. $-\dfrac{x^3}{3} + x^2 + C$.　　8. $\tan^3 x \ln\left(1 + \dfrac{1}{x}\right)$.　　9. 2.　　10. $e^{\sqrt{x}} + \dfrac{e^{\sqrt{x}}}{\sqrt{x}}$.

11. A.　12. D.　13. B.　14. D.　15. B.　16. D.　17. B.　18. C.　19. A.

20. B.　21. D.　22. B.　23. A.　24. A.　25. D.

26. (1) $\dfrac{1}{12} \ln \left| \dfrac{3 + 2x}{3 - 2x} \right| + C$.　　　　　　(2) $2\sqrt{x} - 3\sqrt[3]{x} + 6\sqrt[6]{x} - 6\ln |\sqrt[6]{x} + 1| + C$.

(3) $\sqrt{x^2 - 4} - 2\arccos \dfrac{2}{x} + C$.　　　　(4) $x\arcsin x + \sqrt{1 - x^2} + C$.

(5) $\dfrac{1}{2} \ln(1 + x^2) + \dfrac{1}{2}(\arctan x)^2 + C$.　　(6) $-\dfrac{1}{x} + \arctan x + C$.

(7) 原式 $= x\ln(x + \sqrt{x^2 + 1}) - \displaystyle\int \dfrac{x}{\sqrt{x^2 + 1}} \mathrm{d}x = x\ln(x + \sqrt{x^2 + 1}) - \sqrt{x^2 + 1} + C$.

(8) 原式 $= \displaystyle\int \dfrac{1}{1 - \cos x} \mathrm{d}(1 - \cos x) = \ln(1 - \cos x) + C$.

(9) 原式 $= \displaystyle\int \ln x \mathrm{d}\left(\dfrac{x^2}{2} + x\right) = \left(\dfrac{x^2}{2} + x\right)\ln x - \displaystyle\int \left(\dfrac{x^2}{2} + x\right) \cdot \dfrac{1}{x} \mathrm{d}x = \left(\dfrac{x^2}{2} + x\right)\ln x - \dfrac{x^2}{4} - x + C$.

(10) 原式 $\xlongequal{u = \sqrt{x}} \displaystyle\int \dfrac{\ln u^2}{u} 2u \mathrm{d}u = 4\displaystyle\int \ln u \mathrm{d}u = 4u\ln u - 4u + C = 4\sqrt{x}\ln\sqrt{x} - 4\sqrt{x} + C$.

(11) 原式 $\xlongequal{x = 2\sin t} \displaystyle\int \dfrac{1}{4\sin^2 t \cdot 2\cos t} \cdot 2\cos t \mathrm{d}t = \dfrac{-1}{4}\cot t + C = -\dfrac{1}{4} \dfrac{\sqrt{4 - x^2}}{x} + C$.

(12) 原式 $= \displaystyle\int \dfrac{2\sin x\cos x}{\cos^2 x} \mathrm{d}x = 2\displaystyle\int \dfrac{\sin x}{\cos x} \mathrm{d}x = -2\ln |\cos x| + C$.

(13) $\tan x - \dfrac{x}{2} + C$.

(14) 原式 $= \displaystyle\int \sqrt{\left(\sin \dfrac{x}{2} + \cos \dfrac{x}{2}\right)^2} \mathrm{d}x = \displaystyle\int \left(\sin \dfrac{x}{2} + \cos \dfrac{x}{2}\right) \mathrm{d}x = -2\cos \dfrac{x}{2} + 2\sin \dfrac{x}{2} + C$.

(15) $\dfrac{2}{5}(x\ln x)^{\frac{5}{2}} + C$.

(16) 令 $x = \sec t$，则 $\mathrm{d}x = \sec t \tan t \mathrm{d}t$.

原式 $= \displaystyle\int \dfrac{1}{\sec t} \mathrm{d}t = \displaystyle\int \cos t \mathrm{d}t = \sin t + C = \dfrac{\sqrt{x^2 - 1}}{x} + C$.

27. $\dfrac{1 - \cos 2x}{2\sqrt{x - \dfrac{\sin 2x}{2}}}$ 或 $\dfrac{\sin^2 x}{\sqrt{x - \dfrac{\sin 2x}{2}}}$.

28. $f(x) = \left(\dfrac{\sin x}{x}\right)' = \dfrac{x\cos x - \sin x}{x^2}$,

$\qquad \displaystyle\int x^3 f'(x) \mathrm{d}x = \displaystyle\int x^3 \mathrm{d}f(x) = x^3 f(x) - 3\displaystyle\int x^2 f(x) \mathrm{d}x$

$\qquad\qquad = x(x\cos x - \sin x) - 3\displaystyle\int x \mathrm{d}\sin x + 3\displaystyle\int \sin x \mathrm{d}x$

$\qquad\qquad = x^2 \cos x - 4x\sin x - 6\cos x + C$.

29. 原式 $= \displaystyle\int \dfrac{f(x)f'^2(x) - f^2(x)f''(x)}{f'^3(x)} \mathrm{d}x = \displaystyle\int \left(\dfrac{f(x)}{f'(x)}\right)' \cdot \dfrac{f(x)}{f'(x)} \mathrm{d}x$

$$= \int \frac{f(x)}{f'(x)} \mathrm{d}\left(\frac{f(x)}{f'(x)}\right) = \frac{1}{2}\left(\frac{f(x)}{f'(x)}\right)^2 + C.$$

30. $\displaystyle\int xf''(2x-1)\mathrm{d}x = \frac{1}{2}\int xf''(2x-1)\mathrm{d}(2x-1) = \frac{1}{2}\int x\mathrm{d}f'(2x-1)$

$$= \frac{x}{2}f'(2x-1) - \int \frac{1}{2}f'(2x-1)\mathrm{d}x$$

$$= \frac{x}{2}f'(2x-1) - \frac{1}{4}\int f'(2x-1)\mathrm{d}(2x-1)$$

$$= \frac{x}{2}f'(2x-1) - \frac{1}{4}f(2x-1) + C.$$

定积分及其应用

一、主要考点

1. 定积分的几何意义

定积分 $\int_a^b f(x)\mathrm{d}x$ 表示由连续曲线 $y = f(x)$，$y = 0$，$x = a$，$x = b$ 所围成的曲边梯形的面积.

如图 7.1 所示，若 $f(x) > 0$，则 $\int_a^b f(x)\mathrm{d}x > 0$；若 $f(x) < 0$，则 $\int_a^b f(x)\mathrm{d}x < 0$.

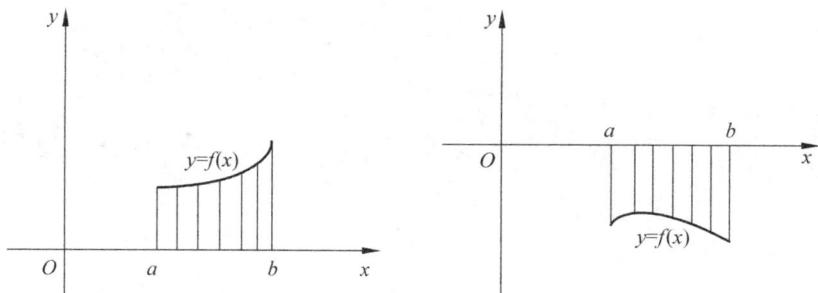

图　7.1

$f(x)$ 在 $[a,b]$ 上可积，可通俗地理解为 $f(x)$ 在 $[a,b]$ 上的曲边梯形的面积可求.

2. 判别函数可积性的方法

方法 1　利用定积分的概念.

如狄利克雷函数 $D(x) = \begin{cases} 1, & x \text{ 为有理数} \\ 0, & x \text{ 为无理数} \end{cases}$ 在区间 $[0,1]$ 上不可积.

方法 2　记住下列三类可积函数：

(1) 若 $f(x)$ 在 $[a,b]$ 上连续 $\Rightarrow f(x)$ 在 $[a,b]$ 上可积；

(2) 若 $f(x)$ 在 $[a,b]$ 上有界，且只有有限个间断点 $\Rightarrow f(x)$ 在 $[a,b]$ 上可积；

(3) 若 $f(x)$ 在 $[a,b]$ 上单调 $\Rightarrow f(x)$ 在 $[a,b]$ 上可积.

方法 3　若 $f(x)$ 在区间 I 上无界，则 $f(x)$ 在区间 I 上不可积.

例如：下列函数中，$f(x)$ 在区间 $[1,2]$ 上不可积的是（　　　）.

A. $f(x) = \dfrac{1}{x-3}$

B. $f(x) = x^2 + 1$

C. $f(x) = \begin{cases} 1, & x \text{ 为有理数} \\ -1, & x \text{ 为无理数} \end{cases}$

D. $f(x) = \dfrac{\sin x}{x^2 + 1}$

答案：C.

3. 定积分的性质

下面列举几个重要的性质.

性质 1 $\displaystyle\int_a^b f(x)\mathrm{d}x = \int_a^c f(x)\mathrm{d}x + \int_c^b f(x)\mathrm{d}x$（$c$ 可以为任意实数）.

性质 2 若 $f(x)$ 和 $g(x)$ 在 $[a,b]$ 上可积，且 $f(x) \leqslant g(x)$，则 $\displaystyle\int_a^b f(x)\mathrm{d}x \leqslant \int_a^b g(x)\mathrm{d}x$.

性质 3 若 $f(x)$ 在 $[a,b]$ 上可积，则 $|f(x)|$ 在 $[a,b]$ 上可积，且 $\left|\displaystyle\int_a^b f(x)\mathrm{d}x\right| \leqslant \displaystyle\int_a^b |f(x)|\mathrm{d}x$.

性质 4 若 $f(x)$ 在 $[a,b]$ 上的最大值和最小值分别为 M 和 m，则定积分 $\displaystyle\int_a^b f(x)\mathrm{d}x$ 的估值为 $m(b-a) \leqslant \displaystyle\int_a^b f(x)\mathrm{d}x \leqslant M(b-a)$.

注意：性质 2 和性质 3 用来比较定积分的大小.

例如：比较下列定积分的大小.

(1) $\displaystyle\int_0^1 x^4 \mathrm{d}x$ 与 $\displaystyle\int_0^1 x^5 \mathrm{d}x$；   (2) $\displaystyle\int_{\frac{1}{e}}^1 \ln x \mathrm{d}x$ 与 $\displaystyle\int_{\frac{1}{e}}^1 (\ln x)^5 \mathrm{d}x$.

答案：(1) >； (2) <.

例如：试证明不等式 $\mathrm{e} < \displaystyle\int_1^2 \mathrm{e}^x \mathrm{d}x < 9$.

证   因为在区间 $(1,2)$，$\mathrm{e} < \mathrm{e}^x < \mathrm{e}^2 < 9$，由性质 2 有 $\displaystyle\int_1^2 \mathrm{e}\,\mathrm{d}x < \int_1^2 \mathrm{e}^x \mathrm{d}x < \int_1^2 9 \mathrm{d}x$，即 $\mathrm{e} < \displaystyle\int_1^2 \mathrm{e}^x \mathrm{d}x < 9$（此题也可以用性质 4 来证明）.

4. 积分第一中值定理

若 $f(x)$ 在 $[a,b]$ 上连续，则至少存在一点 $\xi \in [a,b]$，使得

$$\int_a^b f(x)\mathrm{d}x = f(\xi)(b-a)$$

注意：① 由积分第一中值定理知，若 $f(x) > 0$，则此曲边梯形的面积等于某个同底的矩形面积.

② 称 $f(\xi)$ 为 $f(x)$ 在 $[a,b]$ 上的平均值.

5. 定积分的计算方法

方法 1 牛顿-莱布尼茨公式：$\displaystyle\int_a^b f(x)\mathrm{d}x = F(b) - F(a)$，其中 $F(x)$ 是 $f(x)$ 的一个

原函数.

此种方法就是先计算不定积分,然后把 b、a 代入,相减即可.

方法 2 定积分的换元积分法(注意积分上、下限也要换掉).

方法 3 若 $f(x)$ 是偶函数,则 $\int_{-a}^{a} f(x)\mathrm{d}x = 2\int_{0}^{a} f(x)\mathrm{d}x$;

若 $f(x)$ 是奇函数,则 $\int_{-a}^{a} f(x)\mathrm{d}x = 0$.

解题技巧:当所求定积分的上限、下限互为相反数时,可考虑被积函数的奇偶性,然后用方法 3.

若 $f(x)$ 是周期函数,则 $\int_{a}^{a+T} f(x)\mathrm{d}x = \int_{0}^{T} f(x)\mathrm{d}x$($T$ 为周期).

例如:$\int_{\frac{\pi}{5}}^{\frac{11\pi}{5}} \cos x\mathrm{d}x = \int_{\frac{2\pi}{7}}^{\frac{16\pi}{7}} \cos x\mathrm{d}x$.

方法 4 利用面积计算.

例如:$\int_{-a}^{a} \sqrt{a^2 - x^2}\mathrm{d}x$ 等于以 a 为半径、以原点为圆心的二分之一圆面积,所以 $\int_{-a}^{a} \sqrt{a^2 - x^2}\mathrm{d}x = \frac{\pi a^2}{2}$(上半圆的面积).

方法 5 定积分的分部积分法:$\int_{a}^{b} u(x)v'(x)\mathrm{d}x = u(x)v(x)\Big|_{a}^{b} - \int_{a}^{b} u'(x)v(x)\mathrm{d}x$.

6. 定积分的应用

(1) 求平面区域的面积

方法 1 曲线为一般方程:如图 7.2 所示,$S_{阴影} = \int_{a}^{b} |f(x) - g(x)|\mathrm{d}x$.

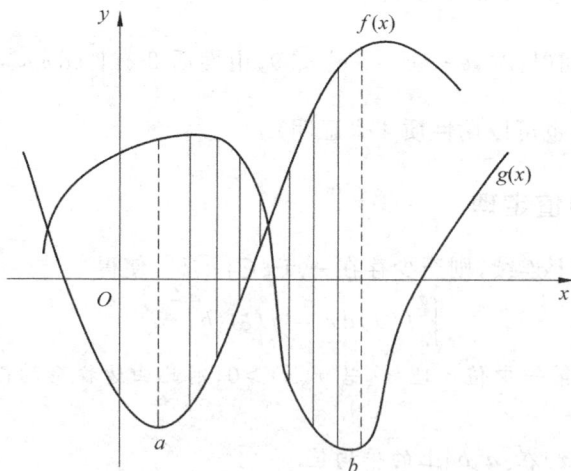

图 7.2

　　求面积首要问题是画出草图,图形的上下位置、交点一定要做得准确. 通常曲线,例如直线、抛物线、双曲线 $y = \dfrac{1}{x}$、指数、对数、三角函数 $\sin x, \cos x$ 的图像要画得熟练、准确.

　　方法 2　计算极坐标系中平面图形的面积:某些平面图形,用极坐标来计算它们的面积比较方便.

　　如图 7.3 所示,设由曲线 $\rho = \rho(\theta)$ 及射线 $\theta = \alpha, \theta = \beta$ 围成一图形(简称为曲边扇形),现在要计算它的面积. 这里 $\rho(\theta)$ 在 $[\alpha, \beta]$ 上连续,且 $\rho(\theta) \geqslant 0$.

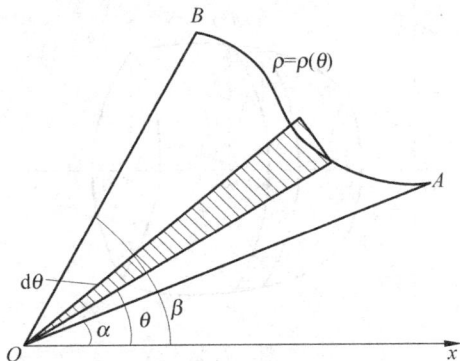

图　7.3

　　用微元法推导计算面积的公式.

　　取极角 θ 为积分变量,它的变化区间为 $[\alpha, \beta]$. 相应于任一小区间 $[\theta, \theta + \mathrm{d}\theta]$ 的窄曲边扇形的面积可以用半径为 $\rho = \rho(\theta)$、中心角为 $\mathrm{d}\theta$ 的圆扇形的面积来近似代替,从而得到该窄曲边扇形面积的近似值,即曲边扇形的面积微元

$$\mathrm{d}S = \frac{1}{2} [\rho(\theta)]^2 \mathrm{d}\theta$$

从而得所求曲边扇形的面积为

$$S = \int_\alpha^\beta \frac{1}{2} [\rho(\theta)]^2 \mathrm{d}\theta$$

　　方法 3　曲线 C 的参数方程为 $\begin{cases} x = x(t) \\ y = y(t) \end{cases} \alpha \leqslant t \leqslant \beta$,则曲线 C 及直线 $x = a, x = b, x$ 轴所围图形面积为

$$S = \int_\alpha^\beta |y(t) x'(t)| \mathrm{d}t$$

　　(2) 求平面曲线的弧长

　　$y = f(x)$ 在 $a \leqslant x \leqslant b$ 上的弧长为 $S = \int_a^b \sqrt{1 + f'^2(x)} \mathrm{d}x$.

　　参数方程 $\begin{cases} x = \varphi(t) \\ y = \psi(t) \end{cases}$ 在 $\alpha \leqslant t \leqslant \beta$ 的弧长为 $S = \int_\alpha^\beta \sqrt{\varphi'^2(t) + \psi'^2(t)} \mathrm{d}t$.

　　(3) 求旋转体的体积

　　绕 x 轴旋转所得旋转体的体积(图 7.4): $V = \pi \int_a^b f^2(x) \mathrm{d}x$;绕 y 轴旋转所得旋转体的体积(图 7.5): $V = \pi \int_c^d \varphi^2(y) \mathrm{d}y$.

7. 旋转体的侧面积

　　曲线 $y = f(x)$ $(a \leqslant x \leqslant b)$ 绕 x 轴旋转所得的旋转体的侧面积 S 为

$$S = 2\pi \int_a^b f(x) \sqrt{1 + f'^2(x)} \mathrm{d}x$$

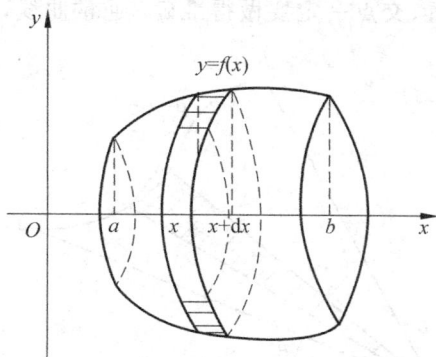

图 7.4

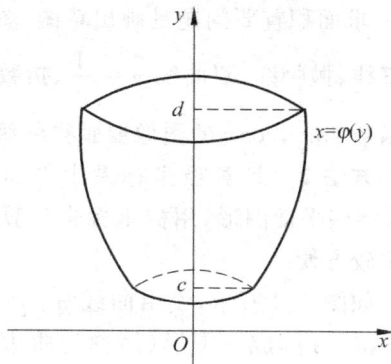

图 7.5

曲线 $\begin{cases} x=x(t) \\ y=y(t) \end{cases}$ $(\alpha \leqslant t \leqslant \beta)$ 绕 x 轴旋转所得的旋转体的侧面积 S 为

$$S = 2\pi \int_a^\beta y(t) \sqrt{x'^2(t) + y'^2(t)} \, dt$$

8. 变限积分的求导

高等数学中,变限积分称为积分上限的函数.

(1) 变上限的定积分. $F(x) = \int_a^x f(t)dt$;变下限的定积分: $F(x) = \int_x^a f(t)dt$.

(2) 变上限的定积分的求导. 若 $F(x) = \int_a^x f(t)dt$,则 $F'(x) = \left(\int_a^x f(t)dt \right)' = f(x)$,

若 $F(x) = \int_a^{u(x)} f(t)dt$,则 $F'(x) = \left(\int_a^{u(x)} f(t)dt \right)' = f(u(x)) \cdot u'(x)$.

如 $F(x) = \int_a^x \dfrac{1}{1+t^2}dt$,求 $F'(x)$;又如 $F(x) = \int_a^{\sin x} \dfrac{1}{1+t^2}dt$,求 $F'(x)$.

注意:

① 若为变下限的定积分,可转化为变上限的定积分,再求导.

② 变限积分的求导通常用于洛必达法则求极限,而极限中含有变限积分. 例如求

$\lim\limits_{x \to 0} \dfrac{\int_0^x \cos t^2 \, dt}{x}$.

二、应 用 举 例

例 7.1　计算定积分 $\int_0^3 \sqrt{9-x^2} \, dx$.

解　利用方法 1,先求不定积分 $\int \sqrt{9-x^2} \, dx$,令 $x = 3\sin t, -\dfrac{\pi}{2} \leqslant t \leqslant \dfrac{\pi}{2}$,则 $dx = 3\cos t \, dt$,

所以

$$\int \sqrt{9-x^2} \, dx = 9\int \cos^2 t \, dt = \frac{9}{2} \int (1+\cos 2t) \, dt = \frac{9}{2} \left(t + \frac{1}{2}\sin 2t \right) + C$$

$$= \frac{9}{2}(t + \sin t \cos t) + C = \frac{9}{2}\left(\arcsin \frac{x}{3} + x \frac{\sqrt{9-x^2}}{9}\right) + C$$

所以

$$\int_0^3 \sqrt{9-x^2}\,\mathrm{d}x = \frac{9}{2}\left(\arcsin \frac{x}{3} + x \frac{\sqrt{9-x^2}}{9}\right)\Big|_0^3 = \frac{9\pi}{4}$$

利用方法 2 定积分的换元法，令 $x = 3\sin t, -\frac{\pi}{2} \leqslant t \leqslant \frac{\pi}{2}$，则 $\mathrm{d}x = 3\cos t \mathrm{d}t$. 当 $x = 0$ 时，$t = 0$；当 $x = 3$ 时，$t = \frac{\pi}{2}$，所以

$$\int_0^3 \sqrt{9-x^2}\,\mathrm{d}x = 9\int_0^{\frac{\pi}{2}} \cos^2 t \mathrm{d}t = \frac{9}{2}\int_0^{\frac{\pi}{2}} (1 + \cos 2t)\,\mathrm{d}t = \frac{9}{2}\left(t + \frac{1}{2}\sin 2t\right)\Big|_0^{\frac{\pi}{2}} = \frac{9\pi}{4}$$

此题还可以利用定积分计算的方法 4 即利用面积计算，$\int_0^3 \sqrt{9-x^2}\,\mathrm{d}x$ 等于以 3 为半径、以原点为圆心的四分之一圆面积，所以 $\int_0^3 \sqrt{9-x^2}\,\mathrm{d}x = \frac{9\pi}{4}$.

例 7.2 计算定积分 $\int_0^{\frac{\pi}{2}} \cos^5 x \sin x \mathrm{d}x$.

解 利用方法 1，先求不定积分 $\int \cos^5 x \sin x \mathrm{d}x = -\int \cos^5 x \mathrm{d}\cos x = -\frac{1}{6}\cos^6 x + C$，所以

$$\int_0^{\frac{\pi}{2}} \cos^5 x \sin x \mathrm{d}x = -\frac{1}{6}\cos^6 x \Big|_0^{\frac{\pi}{2}} = \frac{1}{6}$$

利用方法 2 定积分的换元法，令 $t = \cos x$，则 $\mathrm{d}t = \mathrm{d}\cos x = -\sin x \mathrm{d}x$. 当 $x = 0$ 时，$t = 1$；当 $x = \frac{\pi}{2}$ 时，$t = 0$，所以

$$\int_0^{\frac{\pi}{2}} \cos^5 x \sin x \mathrm{d}x = -\int_1^0 t^5 \mathrm{d}t = \frac{1}{6}$$

例 7.3 计算定积分 $\int_0^2 \sqrt{2x - x^2}\,\mathrm{d}x$.

解 利用方法 4，利用面积计算，$\int_0^2 \sqrt{2x-x^2}\,\mathrm{d}x$ 等于上半圆周 $(x-1)^2 + y^2 = 1\,(y \geqslant 0)$ 与 x 轴所围成的图形的面积，故 $\int_0^2 \sqrt{2x-x^2}\,\mathrm{d}x = \frac{\pi}{2}$.

利用方法 2 定积分的换元法，本题令 $x - 1 = \sin t \left(-\frac{\pi}{2} \leqslant t \leqslant \frac{\pi}{2}\right)$，则

$$\int_0^2 \sqrt{2x-x^2}\,\mathrm{d}x = \int_{-\frac{\pi}{2}}^{\frac{\pi}{2}} \sqrt{1 - \sin^2 t} \cos t \mathrm{d}t = 2\int_0^{\frac{\pi}{2}} \sqrt{1 - \sin^2 t} \cos t \mathrm{d}t = 2\int_0^{\frac{\pi}{2}} \cos^2 t \mathrm{d}t = \frac{\pi}{2}$$

例 7.4 计算定积分 $\int_{\frac{3}{4}}^1 \frac{\mathrm{d}x}{\sqrt{1-x}-1}$.

解 令 $\sqrt{1-x} = u$，则 $x = 1 - u^2$，$\mathrm{d}x = -2u\mathrm{d}u$. 当 $x = \frac{3}{4}$ 时，$u = \frac{1}{2}$；当 $x = 1$ 时，$u = 0$，所以

$$原式 = \int_{\frac{1}{2}}^0 \frac{-2u}{u-1}\mathrm{d}u = 2\int_0^{\frac{1}{2}} \frac{u-1+1}{u-1}\mathrm{d}u = 1 + 2\ln \frac{1}{2}$$

例 7.5   计算定积分 $\displaystyle\int_{-\frac{\pi}{2}}^{\frac{\pi}{2}} 4\cos^4 x \mathrm{d}x$.

解   原式 $= 4 \cdot 2\displaystyle\int_0^{\frac{\pi}{2}} \cos^4 x \mathrm{d}x = 2\displaystyle\int_0^{\frac{\pi}{2}} (2\cos^2 x)^2 \mathrm{d}x$

$$= 2\int_0^{\frac{\pi}{2}} (1+\cos 2x)^2 \mathrm{d}x = 2\int_0^{\frac{\pi}{2}} (1+2\cos 2x + \cos^2 2x)\mathrm{d}x$$

$$= 2x \Big|_0^{\frac{\pi}{2}} + 4\int_0^{\frac{\pi}{2}} \cos 2x \mathrm{d}x + \int_0^{\frac{\pi}{2}} (1+\cos 4x)\mathrm{d}x$$

$$= \pi + 2\sin 2x \Big|_0^{\frac{\pi}{2}} + \frac{\pi}{2} + \frac{1}{4}\int_0^{\frac{\pi}{2}} \cos 4x \mathrm{d}4x$$

$$= \frac{3}{2}\pi + \frac{1}{4}\sin 4x \Big|_0^{\frac{\pi}{2}} = \frac{3}{2}\pi.$$

例 7.6   计算定积分 $\displaystyle\int_1^4 \frac{\ln x}{\sqrt{x}}\mathrm{d}x$.

解   原式 $= 2\displaystyle\int_1^4 \ln x \mathrm{d}\sqrt{x} = 2\left(\sqrt{x}\ln x \Big|_1^4 - \displaystyle\int_1^4 \sqrt{x}\mathrm{d}\ln x\right)$

$$= 2\left(4\ln 2 - \int_1^4 \sqrt{x}\,\frac{1}{x}\mathrm{d}x\right) = 8\ln 2 - 2\int_1^4 x^{-\frac{1}{2}}\mathrm{d}x = 8\ln 2 - 4.$$

例 7.7   估计定积分 $\displaystyle\int_2^0 \mathrm{e}^{x^2-x}\mathrm{d}x$ 的值.

解   先确定被积函数在积分区间上的最大值与最小值.

设 $f(x) = \mathrm{e}^{x^2-x}$，因为 $f'(x) = \mathrm{e}^{x^2-x}(2x-1)$，令 $f'(x) = 0$，求得驻点 $x = \dfrac{1}{2}$，而

$f(0) = \mathrm{e}^0 = 1$，$f(2) = \mathrm{e}^2$，$f\left(\dfrac{1}{2}\right) = \mathrm{e}^{-\frac{1}{4}}$，故 $\mathrm{e}^{-\frac{1}{4}} \leqslant f(x) \leqslant \mathrm{e}^2$，$x \in [0,2]$，从而 $2\mathrm{e}^{-\frac{1}{4}} \leqslant$

$\displaystyle\int_0^2 \mathrm{e}^{x^2-x}\mathrm{d}x \leqslant 2\mathrm{e}^2$，所以 $-2\mathrm{e}^2 \leqslant \displaystyle\int_2^0 \mathrm{e}^{x^2-x}\mathrm{d}x \leqslant -2\mathrm{e}^{-\frac{1}{4}}$.

例 7.8   设 $f(x), g(x)$ 在 $[a,b]$ 上连续，且 $g(x) \geqslant 0, f(x) > 0$. 求 $\displaystyle\lim_{n\to\infty}\int_a^b g(x)\sqrt[n]{f(x)}\mathrm{d}x$.

解   由于 $f(x)$ 在 $[a,b]$ 上连续，则 $f(x)$ 在 $[a,b]$ 上有最大值 M 和最小值 m. 由 $f(x) > 0$ 知 $M > 0, m > 0$. 又 $g(x) \geqslant 0$，则 $\sqrt[n]{m}\displaystyle\int_a^b g(x)\mathrm{d}x \leqslant \displaystyle\int_a^b g(x)\sqrt[n]{f(x)}\mathrm{d}x \leqslant$

$\sqrt[n]{M}\displaystyle\int_a^b g(x)\mathrm{d}x$. 由于 $\displaystyle\lim_{n\to\infty}\sqrt[n]{m} = \lim_{n\to\infty}\sqrt[n]{M} = 1$，故 $\displaystyle\lim_{n\to\infty}\int_a^b g(x)\sqrt[n]{f(x)}\mathrm{d}x = \int_a^b g(x)\mathrm{d}x$.

例 7.9   计算定积分 $\displaystyle\int_0^a x^2\sqrt{a^2-x^2}\mathrm{d}x$.

解   令 $x = a\sin t$，则 $\mathrm{d}x = a\cos t \mathrm{d}t$，当 $x = 0$ 时，$t = 0$，当 $x = a$ 时，$t = \dfrac{\pi}{2}$，所以

原式 $= \displaystyle\int_0^{\frac{\pi}{2}} a^2\sin^2 t \cdot a\cos t \cdot a\cos t \mathrm{d}t = \frac{a^4}{4}\int_0^{\frac{\pi}{2}} \sin^2 2t \mathrm{d}t = \frac{a^4}{8}\int_0^{\frac{\pi}{2}} (1-\cos 4t)\mathrm{d}t$

$$= \frac{a^4}{8}\frac{\pi}{2} - \frac{a^4}{8}\frac{1}{4}\sin 4t \Big|_0^{\frac{\pi}{2}} = \frac{\pi}{16}a^4$$

例 7.10 计算定积分 $\displaystyle\int_{-1}^{1} \frac{x\,\mathrm{d}x}{\sqrt{5-4x}}$.

解 令 $\sqrt{5-4x}=u$, 则 $x=\frac{5}{4}-\frac{1}{4}u^2$, $\mathrm{d}x=-\frac{1}{2}u\,\mathrm{d}u$. 当 $x=-1$ 时, $u=3$; 当 $x=1$ 时, $u=1$, 所以

$$\text{原式} = -\int_{3}^{1} \frac{1}{8}(5-u^2)\,\mathrm{d}u = \frac{1}{6}$$

例 7.11 当 x 为何值时, 函数 $I(x)=\displaystyle\int_{0}^{x} t\mathrm{e}^{-t^2}\,\mathrm{d}t$ 有极值?

解 $I'(x)=x\mathrm{e}^{-x^2}$, 令 $I'(x)=0$ 得 $x=0$. 当 $x>0$ 时, $I'(x)>0$; 当 $x<0$ 时, $I'(x)<0$, 所以, 当 $x=0$ 时, 函数 $I(x)$ 有极小值.

例 7.12 设 $f(x)=\begin{cases} x+1, & x\leqslant 1 \\ \dfrac{1}{2}x^2, & x>1 \end{cases}$, 求 $\displaystyle\int_{0}^{2} f(x)\,\mathrm{d}x$.

解 $\displaystyle\int_{0}^{2} f(x)\,\mathrm{d}x = \int_{0}^{1}(x+1)\,\mathrm{d}x + \int_{1}^{2}\frac{1}{2}x^2\,\mathrm{d}x = \left(\frac{1}{2}x^2+x\right)\Big|_{0}^{1} + \frac{1}{6}x^3\Big|_{1}^{2} = \frac{8}{3}$.

例 7.13 设 $f(x)=\begin{cases} \dfrac{1}{1+x}, & x\geqslant 0 \\ \dfrac{1}{1+\mathrm{e}^x}, & x<0 \end{cases}$, 求 $\displaystyle\int_{0}^{2} f(x-1)\,\mathrm{d}x$.

解 $f(x-1)=\begin{cases} \dfrac{1}{x}, & x\geqslant 1 \\ \dfrac{1}{1+\mathrm{e}^{x-1}}, & x<1 \end{cases}$, 所以

$$
\begin{aligned}
\int_{0}^{2} f(x-1)\,\mathrm{d}x &= \int_{0}^{1}\frac{\mathrm{d}x}{1+\mathrm{e}^{x-1}} + \int_{1}^{2}\frac{1}{1+(x-1)}\,\mathrm{d}x \\
&= \int_{0}^{1}\frac{1+\mathrm{e}^{x-1}-\mathrm{e}^{x-1}}{1+\mathrm{e}^{x-1}}\,\mathrm{d}(x-1) + \int_{1}^{2}\frac{\mathrm{d}x}{x} \\
&= 1 - \ln(1+\mathrm{e}^{x-1})\Big|_{0}^{1} + \ln 2 = 1 + \ln(1+\mathrm{e}^{-1}) = \ln(1+\mathrm{e})
\end{aligned}
$$

例 7.14 $\displaystyle\lim_{n\to\infty}\frac{1}{n^2}(\sqrt{n}+\sqrt{2n}+\cdots+\sqrt{n^2})$.

解 $\text{原式} = \displaystyle\lim_{n\to\infty}\left(\sqrt{\frac{1}{n}}+\sqrt{\frac{2}{n}}+\cdots+\sqrt{\frac{n}{n}}\right)\frac{1}{n} = \lim_{n\to\infty}\sum_{i=1}^{n}\sqrt{\frac{i}{n}}\cdot\frac{1}{n} = \int_{0}^{1}\sqrt{x}\,\mathrm{d}x = \frac{2}{3}$.

例 7.15 设 $f(x)$ 是连续函数, 且 $f(x)=x+2\displaystyle\int_{0}^{1} f(t)\,\mathrm{d}t$, 求 $f(x)$.

解 令 $\displaystyle\int_{0}^{1} f(t)\,\mathrm{d}t = A$, 则 $f(x)=x+2A$, 从而 $\displaystyle\int_{0}^{1} f(x)\,\mathrm{d}x = \int_{0}^{1}(x+2A)\,\mathrm{d}x = \frac{1}{2}+2A$, 即 $A=\frac{1}{2}+2A$, $A=-\frac{1}{2}$, 所以 $f(x)=x-1$.

例 7.16 证明: $\sqrt{2}\mathrm{e}^{-\frac{1}{2}} < \displaystyle\int_{-\frac{1}{\sqrt{2}}}^{\frac{1}{\sqrt{2}}} \mathrm{e}^{-x^2}\,\mathrm{d}x < \sqrt{2}$.

证 考虑 $\left[-\dfrac{1}{\sqrt{2}},\dfrac{1}{\sqrt{2}}\right]$ 上的函数 $y=\mathrm{e}^{-x^2}$，则 $y'=-2x\mathrm{e}^{-x^2}$，令 $y'=0$ 得 $x=0$.

当 $x\in\left(-\dfrac{1}{\sqrt{2}},0\right)$ 时，$y'>0$；当 $x\in\left(0,\dfrac{1}{\sqrt{2}}\right)$ 时，$y'<0$，所以 $y=\mathrm{e}^{-x^2}$ 在 $x=0$ 处取最大值 $y=1$，且 $y=\mathrm{e}^{-x^2}$ 在 $x=\pm\dfrac{1}{\sqrt{2}}$ 处取最小值 $\mathrm{e}^{-\frac{1}{2}}$.

故 $\displaystyle\int_{-\frac{1}{\sqrt{2}}}^{\frac{1}{\sqrt{2}}}\mathrm{e}^{-\frac{1}{2}}\mathrm{d}x<\int_{-\frac{1}{\sqrt{2}}}^{\frac{1}{\sqrt{2}}}\mathrm{e}^{-x^2}\mathrm{d}x<\int_{-\frac{1}{\sqrt{2}}}^{\frac{1}{\sqrt{2}}}1\mathrm{d}x$，即 $\sqrt{2}\mathrm{e}^{-\frac{1}{2}}<\displaystyle\int_{-\frac{1}{\sqrt{2}}}^{\frac{1}{\sqrt{2}}}\mathrm{e}^{-x^2}\mathrm{d}x<\sqrt{2}$.

例 7.17 若 $\displaystyle\int_{x}^{2\ln 2}\dfrac{\mathrm{d}t}{\sqrt{\mathrm{e}^t-1}}=\dfrac{\pi}{6}$，求 x.

解 令 $\sqrt{\mathrm{e}^t-1}=u$，则 $t=\ln(1+u^2)$，$\mathrm{d}t=\dfrac{2u}{1+u^2}\mathrm{d}u$. 当 $t=2\ln 2$ 时，$u=\sqrt{3}$；当 $t=x$ 时，$u=\sqrt{\mathrm{e}^x-1}$，所以

$$\int_{x}^{2\ln 2}\frac{\mathrm{d}t}{\sqrt{\mathrm{e}^t-1}}=\int_{\sqrt{\mathrm{e}^x-1}}^{\sqrt{3}}\frac{2u\mathrm{d}u}{(1+u^2)u}=2\arctan u\Big|_{\sqrt{\mathrm{e}^x-1}}^{\sqrt{3}}$$

$$=2\left(\frac{\pi}{3}-\arctan\sqrt{\mathrm{e}^x-1}\right)=\frac{\pi}{6}$$

从而 $x=\ln 2$.

例 7.18 已知 $f(x)=\mathrm{e}^{-x^2}$，求 $\displaystyle\int_0^1 f'(x)f''(x)\mathrm{d}x$.

解 $\quad f'(x)=-2x\mathrm{e}^{-x^2}$

$$\int_0^1 f'(x)f''(x)\mathrm{d}x=\int_0^1 f'(x)\mathrm{d}f'(x)=\frac{1}{2}\left[f'(x)\right]^2\Big|_0^1$$

$$=\frac{1}{2}(-2x\mathrm{e}^{-x^2})^2\Big|_0^1=2\mathrm{e}^{-2}$$

例 7.19 若 $f''(x)$ 在 $[0,\pi]$ 连续，$f(0)=2$，$f(\pi)=1$，证明：$\displaystyle\int_0^\pi[f(x)+f''(x)]\sin x\mathrm{d}x=3$.

证 因为 $\displaystyle\int_0^\pi f''(x)\sin x\mathrm{d}x=\int_0^\pi\sin x\mathrm{d}f'(x)$

$$=\sin x f'(x)\Big|_0^\pi-\int_0^\pi f'(x)\cos x\mathrm{d}x=-\int_0^\pi f'(x)\cos x\mathrm{d}x$$

$$=-\int_0^\pi\cos x\mathrm{d}f(x)=-f(x)\cos x\Big|_0^\pi-\int_0^\pi f(x)\sin x\mathrm{d}x$$

$$=f(\pi)+f(0)-\int_0^\pi f(x)\sin x\mathrm{d}x$$

$$=1+2-\int_0^\pi f(x)\sin x\mathrm{d}x=3-\int_0^\pi f(x)\sin x\mathrm{d}x$$

所以 $\qquad\displaystyle\int_0^\pi[f(x)+f''(x)]\sin x\mathrm{d}x=3$

例 7.20 设 $f(x)$ 在 $[a,b]$ 上连续，且 $f(x)>0$，又 $F(x)=\displaystyle\int_a^x f(t)\mathrm{d}t+\int_b^x\dfrac{1}{f(t)}\mathrm{d}t$，证明：(1) $F'(x)\geqslant 2$；(2) $F(x)=0$ 在 (a,b) 内有且仅有一个根.

证 (1) $F'(x) = f(x) + \dfrac{1}{f(x)} \geqslant 2.$

(2) $F(a) = \displaystyle\int_b^a \dfrac{1}{f(t)}\mathrm{d}t < 0, F(b) = \displaystyle\int_a^b f(t)\mathrm{d}t > 0.$

又 $F(x)$ 在 $[a,b]$ 上连续,由介值定理知 $F(x) = 0$ 在 (a,b) 内至少有一根.

又 $F'(x) > 0$,则 $F(x)$ 单增,从而 $F(x) = 0$ 在 (a,b) 内至多有一根.

故 $F(x) = 0$ 在 (a,b) 内有且仅有一个根.

例 7.21 计算 $\displaystyle\int_0^\pi \sqrt{1 + \cos 2x}\,\mathrm{d}x.$

解 原式 $= \displaystyle\int_0^\pi \sqrt{2\cos^2 x}\,\mathrm{d}x = \sqrt{2}\int_0^\pi |\cos x|\,\mathrm{d}x$

$\qquad = \sqrt{2}\displaystyle\int_0^{\frac{\pi}{2}} \cos x\,\mathrm{d}x + \sqrt{2}\int_{\frac{\pi}{2}}^\pi (-\cos x)\,\mathrm{d}x$

$\qquad = \sqrt{2}\left(\sin x\,\Big|_0^{\frac{\pi}{2}} - \sin x\,\Big|_{\frac{\pi}{2}}^\pi\right) = 2\sqrt{2}.$

例 7.22 计算 $\displaystyle\int_{-\pi}^\pi x^4 \sin x\,\mathrm{d}x.$

解 因为 $x^4 \sin x$ 为奇函数,所以 $\displaystyle\int_{-\pi}^\pi x^4 \sin x\,\mathrm{d}x = 0.$

例 7.23 计算 $\displaystyle\int_1^e \sin(\ln x)\,\mathrm{d}x.$

解 原式 $= x\sin(\ln x)\,\Big|_1^e - \displaystyle\int_1^e x\cos(\ln x) \cdot \dfrac{1}{x}\mathrm{d}x$

$\qquad = e\sin 1 - \displaystyle\int_1^e \cos(\ln x)\,\mathrm{d}x$

$\qquad = e\sin 1 - \left[x\cos(\ln x)\,\Big|_1^e + \displaystyle\int_1^e x\sin(\ln x) \cdot \dfrac{1}{x}\mathrm{d}x\right]$

$\qquad = e\sin 1 - e\cos 1 + 1 - \displaystyle\int_1^e \sin(\ln x)\,\mathrm{d}x.$

故 $\qquad\qquad \displaystyle\int_1^e \sin(\ln x)\,\mathrm{d}x = \dfrac{e}{2}(\sin 1 - \cos 1) + \dfrac{1}{2}.$

例 7.24 求由 $\displaystyle\int_0^y e^t\,\mathrm{d}t + \int_0^x \cos t\,\mathrm{d}t = 0$ 所决定的隐函数 y 对 x 的导数 $\dfrac{\mathrm{d}y}{\mathrm{d}x}.$

解 将两边对 x 求导得 $e^y \dfrac{\mathrm{d}y}{\mathrm{d}x} + \cos x = 0$,所以 $\dfrac{\mathrm{d}y}{\mathrm{d}x} = -\dfrac{\cos x}{e^y}.$

例 7.25 计算两条抛物线 $y = x^2$ 与 $x = y^2$ 所围成的面积.

解 求解面积问题,一般需要先画草图,如图 7.6 所示,要求的是阴影部分的面积.

需要先找出交点坐标以便确定积分限,为此解方程组 $\begin{cases} y = x^2 \\ x = y^2 \end{cases}$,得交点 $(0,0)$ 和 $(1,1)$. 选取 x 为积分变量,则积分区间为 $[0,1]$,所求的面积为

$$S = \int_0^1 (\sqrt{x} - x^2)\,\mathrm{d}x = \left(\dfrac{2}{3}x\sqrt{x} - \dfrac{1}{3}x^3\right)\Big|_0^1 = \dfrac{1}{3}$$

例 7.26 求由曲线 $y^2 = 2x$ 与直线 $y = x - 4$ 所围成的平面图形的面积.

解 作图如图 7.7 所示,解方程组

$$\begin{cases} y^2 = 2x \\ y = x - 4 \end{cases}$$

得两条曲线的交点坐标为 $(2, -2)$, $(8, 4)$. 选取 y 为积分变量,积分区间为 $[-2, 4]$,所求的面积为

$$S = \int_{-2}^{4} \left(y + 4 - \frac{1}{2}y^2 \right) dy = \left(\frac{1}{2}y^2 + 4y - \frac{1}{6}y^3 \right) \Big|_{-2}^{4} = 18$$

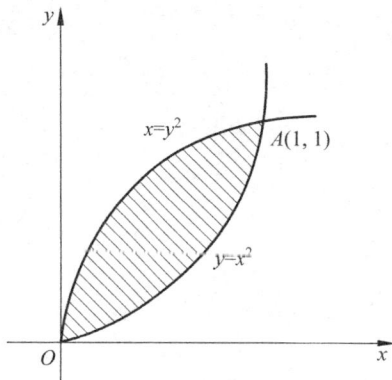

图 7.6

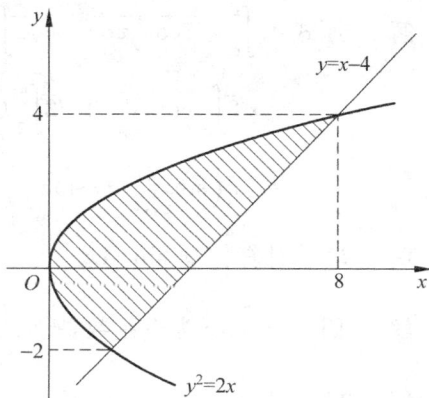

图 7.7

小结:求解面积问题的步骤如下。

(1) 作草图,求曲线的交点,确定积分变量和积分上下限;

(2) 写出积分公式;

(3) 计算定积分.

例 7.27 求心形线 $\rho = a(1 + \cos\theta)$ 所围图形的面积 $(a > 0)$.

解 由于图形关于极轴对称,如图 7.8 所示,所以所求面积为

$$S = 2 \cdot \frac{1}{2} \int_0^{\pi} a^2 (1 + \cos\theta)^2 d\theta = a^2 \int_0^{\pi} (1 + 2\cos\theta + \cos^2\theta) d\theta$$

$$= a^2 \int_0^{\pi} \left(\frac{3}{2} + 2\cos\theta + \frac{1}{2}\cos2\theta \right) d\theta$$

$$= a^2 \left(\frac{3}{2}\theta + 2\sin\theta + \frac{1}{4}\sin2\theta \right) \Big|_0^{\pi} = \frac{3}{2}\pi a^2$$

例 7.28 求由椭圆 $\dfrac{x^2}{a^2} + \dfrac{y^2}{b^2} = 1$ 所围成的图形分别绕 x 轴和 y 轴旋转所生成的旋转体的体积.

解 由于椭圆关于坐标轴对称,所以所求的体积 V 是椭圆在第一象限内形成的曲边梯形绕坐标轴旋转所生成的旋转体体积的二倍.

当绕 x 轴旋转时,如图 7.9 所示,由公式得

$$V = 2\pi \int_0^a y^2 \,\mathrm{d}x = 2\pi \int_0^a \frac{b^2}{a^2}(a^2 - x^2)\,\mathrm{d}x$$

$$= 2\pi \frac{b^2}{a^2}\left(a^2 x - \frac{1}{3}x^3\right)\Big|_0^a = \frac{4}{3}\pi a b^2$$

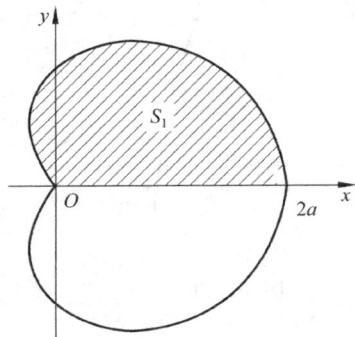

图 7.8

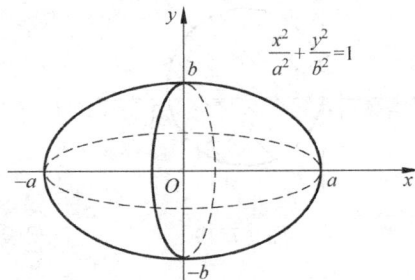

图 7.9

当绕 y 轴旋转时(图形略),由公式得

$$V = 2\pi \int_0^b x^2 \,\mathrm{d}y = 2\pi \int_0^b \frac{a^2}{b^2}(b^2 - y^2)\,\mathrm{d}y = 2\pi \frac{a^2}{b^2}\left(b^2 y - \frac{1}{3}y^3\right)\Big|_0^b = \frac{4}{3}\pi a^2 b$$

例 7.29 设平面区域 D 由 $x^2 + y^2 \leqslant 2x$ 与 $y \leqslant x$ 确定,求 D 分别绕 x 轴和 y 轴旋转所生成的体积.

分析:如图 7.10 所示,该图形绕 x 轴转实际上可以看成(下)半个圆域绕 x 轴转.绕 y 轴旋转要分块计算.

解 先求交点:$\begin{cases} x^2 + y^2 = 2x \\ y = x \end{cases} \Rightarrow \begin{cases} x = 0 \\ y = 0 \end{cases}, \begin{cases} x = 1 \\ y = 1 \end{cases}.$

绕 x 轴:$V_x = $ 球的体积 $= \dfrac{4}{3}\pi$

绕 y 轴:$V_y = V_{\text{大}} - V_{\text{小}}$,其中

$$V_{\text{大}} = \int_{-1}^1 \pi(1 + \sqrt{1 - y^2})^2 \,\mathrm{d}y = \frac{10}{3}\pi + \pi^2$$

$$V_{\text{小}} = \int_{-1}^0 \pi(1 - \sqrt{1 - y^2})^2 \,\mathrm{d}y + \int_0^1 \pi y^2 \,\mathrm{d}y = \frac{3}{2}\pi^2$$

所以 $V_y = \displaystyle\int_{-1}^1 \pi(1 + \sqrt{1 - y^2})^2 \,\mathrm{d}y - \left[\int_{-1}^0 \pi(1 - \sqrt{1 - y^2})^2 \,\mathrm{d}y + \int_0^1 \pi y^2 \,\mathrm{d}y\right]$

$$= \frac{10}{3}\pi - \frac{1}{2}\pi^2.$$

注意:$V_{\text{小}}$ 中的两个定积分的上限、下限的取值.

例 7.30 抛物线 $y = 4x - x^2$.

(1) 抛物线上哪一点处切线平行于 x 轴?并写出切线方程;

(2) 求由抛物线与其水平切线及 y 轴所围平面图形的面积(图 7.11);

(3) 求该平面图形绕 x 轴旋转所成的旋转体的体积.

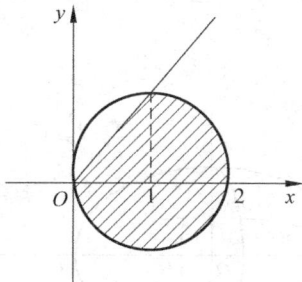

图 7.10

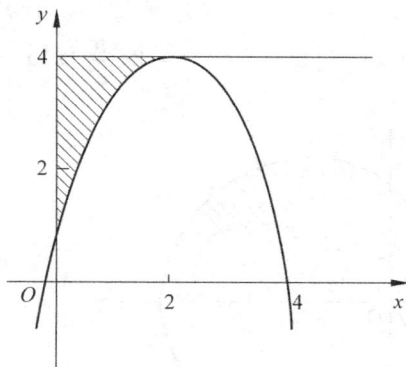

图 7.11

解　(1) $y'=4-2x=0$,得 $x=2,y=4$,切点为 $(2,4)$,切线方程为 $y=4$.

(2) $S=\int_0^2 (4-4x+x^2)\mathrm{d}x=\int_0^2 (x-2)^2\mathrm{d}x=\dfrac{1}{3}(x-2)^3\Big|_0^2=\dfrac{8}{3}$.

(3) $V=\pi\int_0^2 [4^2-(4x-x^2)^2]\mathrm{d}x=32\pi-\pi\int_0^2 (x^4-8x^3+16x^2)\mathrm{d}x$

$\qquad=32\pi-\pi\left(\dfrac{32}{5}-32+\dfrac{128}{3}\right)=\dfrac{544}{15}\pi.$

例 7.31　(1) 求曲线 $y=\dfrac{2}{3}x^{\frac{3}{2}}$ 上从 0 到 3 一段弧的长度;

(2) 求圆的渐开线方程 $\begin{cases} x=a(\cos t+t\sin t) \\ y=a(\sin t-t\cos t) \end{cases}$ 上相应于 t 从 0 到 π 的一段弧的长度.

解　(1) 由公式 $s=\int_a^b \sqrt{1+y'^2}\mathrm{d}x\ (a<b)$ 知,弧长为

$$s=\int_0^3 \sqrt{1+y'^2}\mathrm{d}x=\int_0^3 \sqrt{1+x}\mathrm{d}x=\dfrac{2}{3}(1+x)^{\frac{3}{2}}\Big|_0^3=\dfrac{16}{3}-\dfrac{2}{3}=\dfrac{14}{3}$$

(2) 因为曲线方程以参数形式给出,所以弧微元为 $\mathrm{d}s=\sqrt{x'^2(t)+y'^2(t)}\mathrm{d}t$, $x'(t)=a(-\sin t+\sin t+t\cos t)=at\cos t$, $y'(t)=a(\cos t-\cos t+t\sin t)=at\sin t$,故 $\sqrt{x'^2(t)+y'^2(t)}=\sqrt{a^2t^2\cos^2 t+a^2t^2\sin^2 t}=at$,故所求弧长为

$$s=\int_0^\pi \sqrt{x'^2(t)+y'^2(t)}\mathrm{d}t=\int_0^\pi at\,\mathrm{d}t=a\dfrac{t^2}{2}\Big|_0^\pi=\dfrac{\pi^2}{2}a$$

习　题　7

1. 定积分 $\int_a^b f(x)\mathrm{d}x$ 是(　　　).

　　A. $f(x)$ 的一个原函数　　　　　　B. $f(x)$ 的全部原函数

C. 一个确定的常数　　　　　　　　D. 任意常数

2. 设 $f(x)$ 在 $[a,b]$ 上连续，$f(x)$ 在 $[a,b]$ 上的平均值是（　　）．

　A. $\dfrac{1}{2}\displaystyle\int_a^b f(x)\mathrm{d}x$　　　　　　　　B. $\displaystyle\int_a^b f(x)\mathrm{d}x$

　C. $\dfrac{1}{b-a}\displaystyle\int_a^b f(x)\mathrm{d}x$　　　　　　D. $\dfrac{1}{2}[f(a)+f(b)]$

3. 下列定积分等于 0 的是（　　）．

　A. $\displaystyle\int_0^1 x^2\cos x\mathrm{d}x$　　　　　　　　B. $\displaystyle\int_{-1}^1 (x+\sin x)\mathrm{d}x$

　C. $\displaystyle\int_{-1}^1 x\sin x\mathrm{d}x$　　　　　　　　D. $\displaystyle\int_{-1}^1 (\mathrm{e}^x+x)\mathrm{d}x$

4. 设函数 $f(x)$ 在区间 $[a,b]$ 上连续，则下列结论不正确的是（　　）．

　A. $\displaystyle\int_a^b f(x)\mathrm{d}x$ 是 $f(x)$ 的一个原函数

　B. $\displaystyle\int_a^x f(x)\mathrm{d}x$ 是 $f(x)$ 的一个原函数 $(a<x<b)$

　C. $-\displaystyle\int_x^b f(t)\mathrm{d}t$ 是 $f(x)$ 的一个原函数 $(a<x<b)$

　D. $f(x)$ 在 $[a,b]$ 上可积

5. 已知 $x\in[0,3]$，确定 $\displaystyle\int_0^x t^2\mathrm{d}t$ 的取值范围（　　）．

　A. $0\leqslant\displaystyle\int_0^x t^2\mathrm{d}t\leqslant 9$　　　　　　B. $0\leqslant\displaystyle\int_0^x t^2\mathrm{d}t\leqslant 1$

　C. $1\leqslant\displaystyle\int_0^x t^2\mathrm{d}t\leqslant 9$　　　　　　D. $0\leqslant\displaystyle\int_0^x t^2\mathrm{d}t\leqslant 6$

6. 若 $f(x)=\displaystyle\int_0^x \sin t\mathrm{d}t=0$，则 x 的取值正确的是（　　）．

　A. $x=k\pi$　　　　　　　　　　B. $x=(2k+1)\pi$

　C. $x=2k\pi$　　　　　　　　　　D. $x=\left(2k+\dfrac{1}{2}\right)\pi$

7. 关于积分 $\displaystyle\int_1^x \mathrm{d}x$ 的说法正确的是（　　）．

　A. 它的几何意义是长为 $x-1$，宽为 1 的矩形面积

　B. 由直线 $x=1,y=1$ 及 x 轴所围图形的面积

　C. A、B 都对

　D. 以上都不对

8. 下列式子中正确的选项是（　　）．

　A. $\displaystyle\int_2^2 f(x)\mathrm{d}x=0$　　　　　　　　B. $\displaystyle\int_b^a f(x)\mathrm{d}x=\displaystyle\int_a^b f(x)\mathrm{d}x$

　C. $\displaystyle\int_0^1 x^2\mathrm{d}x\geqslant\displaystyle\int_0^1 x\mathrm{d}x$　　　　　　D. $\displaystyle\int_0^1 3x^2\mathrm{d}x\neq\displaystyle\int_0^1 3t^2\mathrm{d}t$

9. 下列式子中正确的选项是(　　).

A. $\left(\int_x^0 \cos t\mathrm{d}t\right)' = \cos x$　　　　　　B. $\left(\int_0^{\frac{\pi}{2}} \cos t\mathrm{d}t\right)' = \cos x$

C. $\left(\int_0^x \cos t\mathrm{d}t\right)' = 0$　　　　　　D. $\left(\int_0^x \cos t\mathrm{d}t\right)' = \cos x$

10. 若 $f(x)$ 是 $[-a,a]$ 上的连续偶函数,则 $\int_{-a}^a f(x)\mathrm{d}x = ($　　$)$.

A. $\int_{-a}^0 f(x)\mathrm{d}x$　　　　　　B. 0

C. $2\int_{-a}^0 f(x)\mathrm{d}x$　　　　　　D. $\int_0^a f(x)\mathrm{d}x$

11. 若 $f(x)$ 与 $g(x)$ 是 $[a,b]$ 上的两条光滑曲线,则由这两条曲线及直线 $x=a,x=b$ 所围图形的面积是(　　).

A. $\int_a^b |f(x)-g(x)|\,\mathrm{d}x$　　　　　　B. $\int_a^b [f(x)-g(x)]\mathrm{d}x$

C. $\int_a^b [g(x)-f(x)]\mathrm{d}x$　　　　　　D. $\left|\int_a^b [f(x)-g(x)]\mathrm{d}x\right|$

12. 在 $[0,a]$ 上长度总是 $\sqrt{2}a$ 的光滑曲线是(　　).

A. $y=x^2$　　　B. $y=3-x$　　　C. $y=\sqrt{2}$　　　D. $y=\sqrt{2}x$

13. 由曲线 $y=x^2,x=y$ 相围的图形绕 x 轴旋转而得旋转体体积的计算式是 $V=($　　$)$.

A. $\int_0^1 \pi(x-x^2)^2\mathrm{d}x$　　　　　　B. $\int_0^1 \pi(\sqrt{y}-y)^2\mathrm{d}y$

C. $\int_0^1 \pi(x^2-x^4)\mathrm{d}x$　　　　　　D. $\int_0^1 \pi(y^2-y^4)^2\mathrm{d}y$

14. 连续曲线 $y=f_1(x),y=f_2(x)$ 与 $x=a,x=b$ 所围图形绕 x 轴旋转所得旋转体的体积 $V=($　　$)$.

A. $\pi\int_a^b [f_2^2(x)-f_1^2(x)]\mathrm{d}x$　　　　　　B. $\pi\left|\int_a^b [f_1^2(x)-f_2^2(x)]\mathrm{d}x\right|$

C. $\pi\int_a^b [f_2(x)-f_1(x)]^2\mathrm{d}x$　　　　　　D. $\pi\int_a^b |f_1^2(x)-f_2^2(x)|\,\mathrm{d}x$

15. 双纽线 $(x^2+y^2)^2 = x^2-y^2$(即 $\rho=\sqrt{\cos2\theta}$)所围成的面积 $A=($　　$)$.

A. $2\int_0^{\frac{\pi}{2}} \cos2\theta\mathrm{d}\theta$　　　　　　B. $2\int_0^{\frac{\pi}{4}} \cos2\theta\mathrm{d}\theta$

C. $2\int_0^{\frac{\pi}{4}} \sqrt{\cos2\theta}\mathrm{d}\theta$　　　　　　D. $\frac{1}{2}\int_0^{\frac{\pi}{4}} (\cos2\theta)^2\mathrm{d}\theta$

16. $\lim\limits_{x\to0} \dfrac{\int_0^x \cos t\mathrm{d}t}{x} =$ _____.

17. 设 $F(x)=\int_{x^2}^1 \mathrm{e}^t\mathrm{d}t$,则 $F'(x)=$ _____.

18. 在区间 $[0,2\pi]$ 上,曲线 $y=\sin x$ 和 x 轴所围图形的面积为 _____.

19. $\int_0^2 \sqrt{4-x^2}\,dx =$ _____.

20. 曲线 $y = x + \dfrac{1}{x}$，$x = 2$ 及 $y = 2$ 所围成的平面图形的面积为_____.

21. 曲线 $y = \sin^{\frac{3}{2}} x\,(0 \leqslant x \leqslant \pi)$ 与 x 轴围成的图形绕 x 轴旋转所得旋转体的体积为_____.

22. 函数 $y = \dfrac{x^2}{\sqrt{1-x^2}}$ 在区间 $\left[\dfrac{1}{2}, \dfrac{\sqrt{3}}{2}\right]$ 上的平均值为_____.

23. 计算下列定积分.

(1) $\int_0^4 |2-x|\,dx$.

(2) $\int_0^1 \sqrt{x}(1+\sqrt{x})\,dx$.

(3) $\int_1^e \dfrac{1+\ln x}{x}\,dx$.

(4) $\int_0^1 x^2\sqrt{1-x^2}\,dx$.

(5) $\int_0^{\frac{\pi}{2}} x\sin 2x\,dx$.

(6) $\int_0^{\ln 2} \sqrt{e^x-1}\,dx$.

(7) $\int_1^{e^2} \dfrac{dx}{x\sqrt{1+\ln x}}$.

(8) $\int_{-2}^0 \dfrac{dx}{x^2+2x+2}$.

(9) $\int_0^{\frac{\pi}{2}} \sin x\cos^3 x\,dx$.

(10) $\int_0^a x^2\sqrt{a^2-x^2}\,dx$.

(11) $\int_1^{\sqrt{3}} \dfrac{dx}{x^2\sqrt{1+x^2}}$.

(12) $\int_1^4 \dfrac{dx}{\sqrt{x}+1}$.

(13) $\int_1^{e^2} \dfrac{dx}{x\sqrt{1+\ln x}}$.

(14) $\int_{-2}^0 \dfrac{dx}{x^2+2x+2}$.

(15) $\int_{-5}^5 \dfrac{x^3\sin^2 x}{x^4+2x^2+1}\,dx$.

(16) $\int_{\frac{\pi}{4}}^{\frac{\pi}{3}} \dfrac{x}{\sin^2 x}\,dx$.

(17) $\int_0^1 x\arctan x\,dx$.

(18) $\int_0^{\frac{\pi}{2}} e^{2x}\cos x\,dx$.

(19) $\int_0^\pi (x\sin x)^2\,dx$.

(20) $\int_1^e \sin(\ln x)\,dx$.

(21) $\int_{-\frac{\pi}{4}}^{\frac{\pi}{2}} \sqrt{\cos x-\cos^3 x}\,dx$.

(22) $\int_0^{\frac{\pi}{4}} \dfrac{\sin x}{1+\sin x}\,dx$.

(23) $\int_0^\pi \dfrac{x\sin x}{1+\cos^2 x}\,dx$.

(24) $\int_0^{\frac{1}{2}} x\ln\dfrac{1+x}{1-x}\,dx$.

(25) $\int_0^{\frac{\pi}{2}} \ln\sin x\,dx$.

24. 求由曲线 $yx = 1$ 及直线 $y = x$，$y = 2$ 所围平面图形的面积.

25. 求由抛物线 $y^2 = \dfrac{x}{2}$ 与直线 $x - 2y = 4$ 所围成的图形的面积.

26. 求由曲线 $xy = 4$，直线 $x = 1$，$x = 4$，$y = 0$ 相围图形绕 x 轴旋转一周而形成的立体体积.

27. 求双纽线 $r^2 = 2a^2\cos2\theta$ 所围的平面图形的面积.

28. 求由抛物线 $y^2 = x-1$,直线 $y = x-1$ 相围图形绕 x 轴旋转而得的旋转体体积.

29. 求曲线 $x = \dfrac{y^4}{4} + \dfrac{1}{8y^2}$ 从 $y=1$ 到 $y=2$ 的长度.

30. 计算曲线 $y^2 = \dfrac{2}{3}(x-1)^3$ 被抛物线 $y^2 = \dfrac{x}{3}$ 截得的一段弧的长度.

31. 求曲线 $y = |x^2 + x - 2|$ 与 x 轴所围部分的面积.

32. 求曲线 $y = \sqrt{x}$ 的一条切线 l,使该曲线与切线 l 及直线 $x=0,x=2$ 所围成图形面积为最小.

33. 求曲线 $y = e^x$ 与 x 轴之间位于第二象限的平面图形的面积及此图形绕 y 轴旋转所得的旋转体的体积.

34. 求心形线 $\rho = a(1+\cos\theta)\ (a>0)$ 的全长.

35. 求由摆线 $x = a(t-\sin t),y = a(1-\cos t)$ 的一拱($0 \leqslant t \leqslant 2\pi$)与 x 轴所围图形绕直线 $y = 2a$ 旋转而得的旋转体的体积.

36. 在摆线 $x = a(t-\sin t),y = a(1-\cos t)$ 上求将摆线第一拱的弧长分为 $1:3$ 的分点坐标.

37. 求抛物线 $y = \dfrac{1}{2}x^2$ 被圆 $x^2 + y^2 = 3$ 所截下的有限部分的弧长.

习题 7 答案

1. C.　2. C.　3. B.　4. A.　5. A.　6. C.　7. A.　8. A.　9. D.　10. C.

11. A.　12. B.　13. C.　14. D.　15. B.

16. $\lim\limits_{x\to0}\dfrac{\int_0^x \cos t\,dt}{x} = \lim\limits_{x\to0}\dfrac{\cos x}{1} = \cos0 = 1.$

17. $F(x) = -\int_1^{x^2} e^t\,dt$,所以 $F'(x) = \left(-\int_1^{x^2} e^t\,dt\right)' = -e^{x^2}(x^2)' = -2xe^{x^2}.$

18. 所围图形的面积 $S = 2\int_0^\pi \sin x\,dx = -2\cos x\,\Big|_0^\pi = -2(\cos\pi - \cos0) = 4.$

19. $\int_0^2 \sqrt{4-x^2}\,dx = \dfrac{1}{4}\pi 2^2 = \pi.$

20. $\ln2 - \dfrac{1}{2}.$

21. $\dfrac{4}{3}\pi.$

22. $\dfrac{\sqrt{3}+1}{12}\pi.$

23. (1) $\int_0^4 |2-x|\,dx = \int_0^2 (2-x)\,dx + \int_2^4 (x-2)\,dx = \left(2x - \dfrac{1}{2}x^2\right)\Big|_0^2 + \left(\dfrac{1}{2}x^2 - 2x\right)\Big|_2^4 = 4.$

(2) $\int_0^1 \sqrt{x}(1+\sqrt{x})\,dx = \left(\dfrac{2}{3}x^{\frac{3}{2}} + \dfrac{1}{2}x^2\right)\Big|_0^1 = \dfrac{7}{6}.$

(3) $\int_1^e \dfrac{1+\ln x}{x}\,dx = \int_1^e (1+\ln x)\,d(1+\ln x) = \dfrac{1}{2}(1+\ln x)^2\,\Big|_1^e = \dfrac{3}{2}.$

(4) 设 $x = \sin t \left(0 \leqslant t \leqslant \dfrac{\pi}{2}\right), \mathrm{d}x = \cos t \mathrm{d}t.$

原式 $= \displaystyle\int_0^{\frac{\pi}{2}} \sin^2 t \cos^2 t \mathrm{d}t = \dfrac{1}{4}\int_0^{\frac{\pi}{2}} \sin^2 2t \mathrm{d}t = \dfrac{1}{4}\int_0^{\frac{\pi}{2}} \dfrac{1-\cos 4t}{2}\mathrm{d}t = \dfrac{1}{8}\left(x\Big|_0^{\frac{\pi}{2}} - \dfrac{1}{4}\sin 4t\Big|_0^{\frac{\pi}{2}}\right) = \dfrac{\pi}{16}.$

(5) $\displaystyle\int_0^{\frac{\pi}{2}} x\sin 2x \mathrm{d}x = -\dfrac{1}{2}x\cos 2x\Big|_0^{\frac{\pi}{2}} + \dfrac{1}{2}\int_0^{\frac{\pi}{2}} \cos 2x \mathrm{d}x = \dfrac{\pi}{4} + \dfrac{1}{4}\sin 2x\Big|_0^{\frac{\pi}{2}} = \dfrac{\pi}{4}.$

(6) $2 - \dfrac{\pi}{2}.$

(7) 原式 $= \displaystyle\int_1^{e^2} \dfrac{1}{\sqrt{1+\ln x}}\mathrm{d}\ln x = \int_1^{e^2} \dfrac{1}{\sqrt{1+\ln x}}\mathrm{d}(1+\ln x) = 2\sqrt{1+\ln x}\Big|_1^{e^2} = 2\sqrt{3} - 2.$

(8) 原式 $= \displaystyle\int_{-2}^0 \dfrac{\mathrm{d}x}{1+(x+1)^2} = \arctan(x+1)\Big|_{-2}^0 = \arctan 1 - \arctan(-1) = \dfrac{\pi}{4} + \dfrac{\pi}{4} = \dfrac{\pi}{2}.$

(9) 原式 $= -\displaystyle\int_0^{\frac{\pi}{2}} \cos^3 x \mathrm{d}\cos x = -\dfrac{1}{4}\cos^4 x\Big|_0^{\frac{\pi}{2}} = \dfrac{1}{4}.$

(10) 令 $x = a\sin t$，则 $\mathrm{d}x = a\cos t \mathrm{d}t.$ 当 $x = 0$ 时,$t = 0$;当 $x = a$ 时,$t = \dfrac{\pi}{2}$,故

原式 $= \displaystyle\int_0^{\frac{\pi}{2}} a^2\sin^2 t \cdot a\cos t \cdot a\cos t \mathrm{d}t = \dfrac{a^4}{4}\int_0^{\frac{\pi}{2}} \sin^2 2t \mathrm{d}t = \dfrac{a^4}{8}\int_0^{\frac{\pi}{2}} (1-\cos 4t)\mathrm{d}t$

$= \dfrac{a^4}{8}\dfrac{\pi}{2} - \dfrac{a^4}{8}\dfrac{1}{4}\sin 4t\Big|_0^{\frac{\pi}{2}} = \dfrac{\pi}{16}a^4.$

(11) 令 $x = \tan\theta$，则 $\mathrm{d}x = \sec^2\theta \mathrm{d}\theta.$ 当 $x = 1$ 时,$\theta = \dfrac{\pi}{4}$;当 $x = \sqrt{3}$ 时,$\theta = \dfrac{\pi}{3}$,故

原式 $= \displaystyle\int_{\frac{\pi}{4}}^{\frac{\pi}{3}} \dfrac{\sec^2\theta}{\tan^2\theta\sec\theta}\mathrm{d}\theta = \int_{\frac{\pi}{4}}^{\frac{\pi}{3}} (\sin\theta)^{-2}\mathrm{d}\sin\theta = \sqrt{2} - \dfrac{2}{3}\sqrt{3}.$

(12) 令 $\sqrt{x} = t, \mathrm{d}x = 2t\mathrm{d}t.$ 当 $x = 1$ 时,$t = 1$;当 $x = 4$ 时,$t = 2$,故

原式 $= \displaystyle\int_1^2 \dfrac{2t\mathrm{d}t}{1+t} = 2\left(\int_1^2 \mathrm{d}t - \int_1^2 \dfrac{\mathrm{d}t}{1+t}\right) = 2\left[t\Big|_1^2 - \ln(1+t)\Big|_1^2\right] = 2 + 2\ln\dfrac{2}{3}.$

(13) 原式 $= \displaystyle\int_1^{e^2} \dfrac{1}{\sqrt{1+\ln x}}\mathrm{d}\ln x = \int_1^{e^2} \dfrac{1}{\sqrt{1+\ln x}}\mathrm{d}(1+\ln x) = 2\sqrt{1+\ln x}\Big|_1^{e^2} = 2\sqrt{3} - 2.$

(14) 原式 $= \displaystyle\int_{-2}^0 \dfrac{\mathrm{d}x}{1+(x+1)^2} = \arctan(x+1)\Big|_{-2}^0 = \arctan 1 - \arctan(-1) = \dfrac{\pi}{4} + \dfrac{\pi}{4} = \dfrac{\pi}{2}.$

(15) 因为 $\dfrac{x^3\sin^2 x}{x^4+2x^2+1}$ 为奇函数,所以 $\displaystyle\int_{-5}^5 \dfrac{x^3\sin^2 x}{x^4+2x^2+1}\mathrm{d}x = 0.$

(16) 原式 $= -\displaystyle\int_{\frac{\pi}{4}}^{\frac{\pi}{3}} x\mathrm{d}\cot x = -x\cot x\Big|_{\frac{\pi}{4}}^{\frac{\pi}{3}} + \int_{\frac{\pi}{4}}^{\frac{\pi}{3}} \cot x \mathrm{d}x = \left(\dfrac{1}{4} - \dfrac{\sqrt{3}}{9}\right)\pi + \ln\sin x\Big|_{\frac{\pi}{4}}^{\frac{\pi}{3}}$

$= \left(\dfrac{1}{4} - \dfrac{\sqrt{3}}{9}\right)\pi + \ln\dfrac{\sqrt{3}}{2} - \ln\dfrac{\sqrt{2}}{2} = \left(\dfrac{1}{4} - \dfrac{\sqrt{3}}{9}\right)\pi + \dfrac{1}{2}\ln\dfrac{3}{2}.$

(17) 原式 $= \dfrac{1}{2}\displaystyle\int_0^1 \arctan x \mathrm{d}x^2 = \dfrac{1}{2}\left(x^2\arctan x\Big|_0^1 - \int_0^1 \dfrac{x^2}{1+x^2}\mathrm{d}x\right) = \dfrac{\pi}{8} - \dfrac{1}{2}\int_0^1 \mathrm{d}x + \dfrac{1}{2}\int_0^1 \dfrac{\mathrm{d}x}{1+x^2}$

$= \dfrac{\pi}{8} - \dfrac{1}{2}x\Big|_0^1 + \dfrac{1}{2}\arctan x\Big|_0^1 = \dfrac{\pi}{4} - \dfrac{1}{2}.$

(18) 原式 $= \displaystyle\int_0^{\frac{\pi}{2}} e^{2x}\mathrm{d}\sin x = e^{2x}\sin x\Big|_0^{\frac{\pi}{2}} - \int_0^{\frac{\pi}{2}} \sin x \cdot 2e^{2x}\mathrm{d}x$

$= e^\pi + 2\displaystyle\int_0^{\frac{\pi}{2}} e^{2x}\mathrm{d}\cos x = e^\pi + 2e^{2x}\cos x\Big|_0^{\frac{\pi}{2}} - 2\int_0^{\frac{\pi}{2}} \cos x \cdot 2e^{2x}\mathrm{d}x$

$$= e^{\pi} - 2 - 4\int_0^{\frac{\pi}{2}} e^{2x}\cos x\, dx,$$

故 $\displaystyle\int_0^{\frac{\pi}{2}} e^{2x}\cos x\, dx = \frac{1}{5}(e^{\pi} - 2).$

(19) 原式 $\displaystyle= \int_0^{\pi} (x\sin x)^2\, dx = \int_0^{\pi} x^2\frac{1 - \cos 2x}{2}\, dx$

$$= \frac{1}{2}\int_0^{\pi} x^2\, dx - \frac{1}{2}\int_0^{\pi} x^2\cos 2x\, dx = \frac{1}{6}x^3\Big|_0^{\pi} - \frac{1}{4}\int_0^{\pi} x^2\, d\sin 2x$$

$$= \frac{\pi^3}{6} - \frac{1}{4}\left(x^2\sin 2x\Big|_0^{\pi} - \int_0^{\pi}\sin 2x\cdot 2x\, dx\right) = \frac{\pi^3}{6} - \frac{1}{4}\int_0^{\pi} x\, d\cos 2x$$

$$= \frac{\pi^3}{6} - \frac{1}{4}\left(x\cos 2x\Big|_0^{\pi} - \int_0^{\pi}\cos 2x\, dx\right) = \frac{\pi^3}{6} - \frac{\pi}{4}.$$

(20) 原式 $\displaystyle= x\sin(\ln x)\Big|_1^e - \int_1^e x\cos(\ln x)\cdot\frac{1}{x}\, dx$

$$= e\sin 1 - \int_1^e\cos(\ln x)\, dx = e\sin 1 - \left(x\cos(\ln x)\Big|_1^e + \int_1^e x\sin(\ln x)\cdot\frac{1}{x}\, dx\right)$$

$$= e\sin 1 - e\cos 1 + 1 - \int_1^e\sin(\ln x)\, dx,$$

故 $\displaystyle\int_1^e\sin(\ln x)\, dx = \frac{e}{2}(\sin 1 - \cos 1) + \frac{1}{2}.$

(21) 原式 $\displaystyle= \int_{-\frac{\pi}{4}}^{\frac{\pi}{2}}\sqrt{\cos x(1 - \cos^2 x)}\, dx = \int_{-\frac{\pi}{4}}^{0}\sqrt{\cos x}(-\sin x)\, dx + \int_0^{\frac{\pi}{2}}\sqrt{\cos x}\sin x\, dx$

$$= \left[\frac{2}{3}(\cos x)^{\frac{3}{2}}\right]\Big|_{-\frac{\pi}{4}}^{0} + \left[-\frac{2}{3}(\cos x)^{\frac{3}{2}}\right]\Big|_0^{\frac{\pi}{2}} = \frac{4}{3} - \frac{\sqrt[4]{2}}{3}.$$

(22) 原式 $\displaystyle= \int_0^{\frac{\pi}{4}}\frac{\sin x(1 - \sin x)}{1 - \sin^2 x}\, dx = \int_0^{\frac{\pi}{4}}\left(\frac{\sin x}{\cos^2 x} - \tan^2 x\right)dx = -\int_0^{\frac{\pi}{4}}\frac{d\cos x}{\cos^2 x} - \int_0^{\frac{\pi}{4}}(\sec^2 x - 1)\, dx$

$$= \frac{1}{\cos x}\Big|_0^{\frac{\pi}{4}} - (\tan x - x)\Big|_0^{\frac{\pi}{4}} = \sqrt{2} + \frac{\pi}{4} - 2.$$

(23) 令 $x = \dfrac{\pi}{2} - t$,则

$$原式 = -\int_{\frac{\pi}{2}}^{-\frac{\pi}{2}}\frac{\left(\frac{\pi}{2} - t\right)\sin\left(\frac{\pi}{2} - t\right)}{1 + \cos^2\left(\frac{\pi}{2} - t\right)}\, dt = -\int_{\frac{\pi}{2}}^{-\frac{\pi}{2}}\frac{\frac{\pi}{2}\cos t}{1 + \sin^2 t} - \frac{t\cos t}{1 + \sin^2 t}\, dt$$

$$= \pi\int_0^{\frac{\pi}{2}}\frac{\cos t}{1 + \sin^2 t}\, dt = \pi\arctan(\sin t)\Big|_0^{\frac{\pi}{2}} = \frac{\pi^2}{4}.$$

(24) 原式 $\displaystyle= \int_0^{\frac{1}{2}}\ln\frac{1 + x}{1 - x}\, d\left(\frac{x^2}{2}\right)$

$$= \frac{x^2}{2}\ln\frac{1 + x}{1 - x}\Big|_0^{\frac{1}{2}} - \int_0^{\frac{1}{2}}\frac{x^2}{2}\cdot\frac{1 - x}{1 + x}\cdot\frac{1 - x - (1 + x)(-1)}{(1 - x)^2}\, dx$$

$$= \frac{1}{8}\ln 3 + \int_0^{\frac{1}{2}}\frac{x^2}{x^2 - 1}\, dx = \frac{1}{8}\ln 3 + \int_0^{\frac{1}{2}} dx + \int_0^{\frac{1}{2}}\frac{dx}{x^2 - 1}$$

$$= \frac{1}{8}\ln 3 + \frac{1}{2} + \frac{1}{2}\ln\left|\frac{x - 1}{x + 1}\right|\Big|_0^{\frac{1}{2}} = \frac{1}{2} - \frac{3}{8}\ln 3.$$

(25) 原式 $\displaystyle= \int_0^{\frac{\pi}{2}}\ln\left(2\sin\frac{x}{2}\cos\frac{x}{2}\right)dx \xlongequal{令 x = 2t} 2\int_0^{\frac{\pi}{4}}(\ln 2 + \ln\sin t + \ln\cos t)\, dt$

$$= \frac{\pi}{2}\ln 2 + 2\left(\int_0^{\frac{\pi}{4}}\ln\sin t\,dt + \int_0^{\frac{\pi}{4}}\ln\cos t\,dt\right)$$

$$\xrightarrow{\quad t = \frac{\pi}{2} - u \quad} \frac{\pi}{2}\ln 2 + 2\left(\int_0^{\frac{\pi}{4}}\ln\sin t\,dt + \int_{\frac{\pi}{4}}^{\frac{\pi}{2}}\ln\sin u\,du\right) = \frac{\pi}{2}\ln 2 + 2\int_0^{\frac{\pi}{2}}\ln\sin t\,dt,$$

故 $\int_0^{\frac{\pi}{2}}\ln\sin x\,dx = -\frac{\pi}{2}\ln 2$.

24. $A = \int_1^2\left(y - \frac{1}{y}\right)dy = \frac{3}{2} - \ln 2$.

25. 先画图,如图 7.12 所示,并由方程 $\begin{cases} y^2 = \dfrac{x}{2} \\ x - 2y = 4 \end{cases}$,求出交点为 $(2,-1),(8,2)$.

取 y 为积分变量,y 的变化区间为 $[-1,2]$,则所求面积为

$$A = \int_{-1}^2 (2y + 4 - 2y^2)\,dy = \left(y^2 + 4y - \frac{2}{3}y^3\right)\Big|_{-1}^2 = 9$$

26. 先画图形,如图 7.13 所示,因为图形绕 x 轴旋转,所以取 x 为积分变量,x 的变化区间为 $[1,4]$,于是,体积

$$V = \pi\int_1^4\left(\frac{4}{x}\right)^2 dx = 16\pi\int_1^4\frac{1}{x^2}dx = -16\pi\frac{1}{x}\Big|_1^4 = 12\pi$$

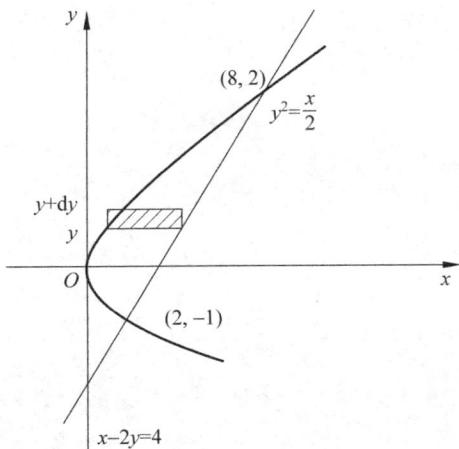

图 7.12

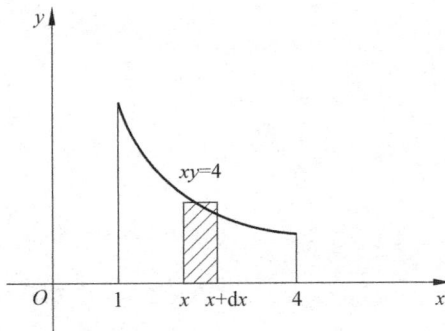

图 7.13

27. $A = 4 \cdot \frac{1}{2}\int_0^{\frac{\pi}{4}} 2a^2\cos 2\theta\,d\theta = 2a^2$.

28. $V = \pi\int_1^2\left[(x-1) - (x-1)^2\right]dx = \frac{\pi}{6}$.

29. $L = \frac{123}{32}$.   30. $\frac{8}{9}\left[\left(\frac{5}{2}\right)^{\frac{3}{2}} - 1\right]$.

31. $\frac{9}{2}$.   32. $l: y = \frac{x}{2} + \frac{1}{2}$.

33. $1, 2\pi$.   34. $8a$.

35. 解法 1:对 y 轴作平移:$y = \bar{y} - 2a, x = \bar{x}$.曲线方程为 $\bar{x} = a(t - \sin t)$,而 $y = a(1 - \cos t) \Rightarrow$

$\bar{y}_1 = -a(1+\cos t); y = 0 \Rightarrow \bar{y}_2 = -2a.$ 所以 $V = \pi \int_0^{2\pi a} (\bar{y}_2^2 - \bar{y}_1^2) \mathrm{d}x = 7\pi^2 a^3.$

解法 2：$V = \pi(2a)^2 \cdot 2\pi a - \pi \int_0^{2\pi a} y^2 \mathrm{d}x = 7\pi^2 a^3.$

36. $\left(a\left[\dfrac{2}{3}\pi - \dfrac{\sqrt{3}}{2} \right], \dfrac{3}{2}a \right).$

37. $\sqrt{6} + \ln(\sqrt{2} + \sqrt{3}).$

级　数

一、主要考点

本专题需要掌握的内容有：①正项级数；②交错级数；③变号级数；④函数项级数；⑤函数列；⑥幂级数.

1. 无穷级数的定义

一系列无穷多个数 $u_1, u_2, u_3, \cdots, u_n, \cdots$ 写成和式

$$u_1 + u_2 + u_3 + \cdots + u_n + \cdots$$

就称为无穷级数或数项级数，记为 $\sum_{n=1}^{\infty} u_n$. 如果 $u_n \geqslant 0 (n = 1, 2, 3, \cdots)$，那么无穷级数 $\sum_{n=1}^{\infty} u_n$ 就称为正项级数.

2. 无穷级数的部分和

对任何一个无穷级数 $\sum_{n=1}^{\infty} u_n$，总可以作出一个数列 $S_n = \sum_{k=1}^{n} u_k (n = 1, 2, 3, \cdots)$，并称 S_n 为级数 $\sum_{n=1}^{\infty} u_n$ 的 n 次部分和（简称部分和），称数列 $\{S_n\}$ 为级数的部分和数列.

3. 无穷级数收敛的定义

若级数 $\sum_{n=1}^{\infty} u_n$ 的部分和数列 $\{S_n\}$ 收敛于有限值 S，即

$$\lim_{n \to \infty} S_n = \lim_{n \to \infty} \sum_{k=1}^{n} u_k = S$$

则称级数 $\sum_{n=1}^{\infty} u_n$ 收敛，记为 $\sum_{n=1}^{\infty} u_n = S$，并称此值 S 为级数的和. 若部分和数列 $\{S_n\}$ 发散，则称级数 $\sum_{n=1}^{\infty} u_n$ 发散. 当级数收敛时，又称

$$r_n = S - S_n = \sum_{k=n+1}^{\infty} u_k = u_{n+1} + u_{n+2} + u_{n+3} + \cdots$$

为级数的余和.

4. 正项级数的概念及判别敛散性的常用方法

各项都是正数的无穷级数称为**正项级数**.

判别正项级数敛散性的常用方法(重点掌握方法①~⑤)如下.

方法 1 级数发散的其中一个判别.

正项级数中,若 $\lim\limits_{n \to +\infty} u_n \neq 0$,则级数 $\sum\limits_{n=1}^{\infty} u_n$ 发散.

注意:此方法也适用于一般项级数.

方法 2 比较判别法.

设 $\sum\limits_{n=1}^{\infty} u_n$ 和 $\sum\limits_{n=1}^{\infty} v_n$ 是两个正项级数,若 $u_n \leqslant v_n (n=1,2,3,\cdots)$,或者自某项以后(即存在正整数 N,对一切的 $n > N$ 时)成立,那么

(1) 若级数 $\sum\limits_{n=1}^{\infty} v_n$ 收敛,则级数 $\sum\limits_{n=1}^{\infty} u_n$ 也收敛(大的收敛,小的也收敛);

(2) 若级数 $\sum\limits_{n=1}^{\infty} u_n$ 发散,则级数 $\sum\limits_{n=1}^{\infty} v_n$ 也发散(小的发散,大的也发散).

方法 3 比较判别法的极限形式.

设 $\sum\limits_{n=1}^{\infty} u_n$ 和 $\sum\limits_{n=1}^{\infty} v_n$ 是两个正项级数. 若有 $\lim\limits_{n \to \infty} \dfrac{u_n}{v_n} = l$ 则

(1) 当 $0 < l < +\infty$ 时,级数 $\sum\limits_{n=1}^{\infty} u_n$ 与 $\sum\limits_{n=1}^{\infty} v_n$ 同时收敛或同时发散;

(2) 当 $l = 0$ 时,若级数 $\sum\limits_{n=1}^{\infty} v_n$ 收敛,则 $\sum\limits_{n=1}^{\infty} u_n$ 也收敛;

(3) 当 $l = +\infty$ 时,若级数 $\sum\limits_{n=1}^{\infty} v_n$ 发散,则 $\sum\limits_{n=1}^{\infty} u_n$ 也发散.

方法 4 比式判别法(达朗贝尔判别法).

设 $\sum\limits_{n=1}^{\infty} u_n$ 为正项级数,若 $\lim\limits_{n \to \infty} \dfrac{u_{n+1}}{u_n} = l$,则

(1) $l < 1$ 时,级数 $\sum\limits_{n=1}^{\infty} u_n$ 收敛;

(2) $l > 1$ 或 $l = +\infty$ 时,级数 $\sum\limits_{n=1}^{\infty} u_n$ 发散;

(3) $l = 1$ 时,级数 $\sum\limits_{n=1}^{\infty} u_n$ 的收敛性需要进一步判定.

方法 5 根式判别法的极限形式.

设 $\sum\limits_{n=1}^{\infty} u_n$ 为正项级数,若 $\lim\limits_{n \to \infty} \sqrt[n]{u_n} = \rho$,则

(1) $\rho < 1$ 时,级数 $\sum\limits_{n=1}^{\infty} u_n$ 收敛;

（2）$\rho > 1$ 或 $\rho = +\infty$ 时，级数 $\displaystyle\sum_{n=1}^{\infty} u_n$ 发散；

（3）$\rho = 1$ 时，级数 $\displaystyle\sum_{n=1}^{\infty} u_n$ 的收敛性需要进一步判定.

方法6 级数收敛的柯西准则.

级数 $\displaystyle\sum_{n=1}^{\infty} u_n$ 收敛的充要条件是：对任意给定的正数 ε，总存在 N，使得当 $n > N$ 时，对于任意的正整数 $p = 1,2,3,\cdots$，下式都成立

$$| u_{n+1} + u_{n+2} + \cdots + u_{n+p} | < \varepsilon$$

对于正项级数 $\displaystyle\sum_{n=1}^{\infty} u_n$，由于 $u_n > 0$，因此，只要 $u_{n+1} + u_{n+2} + \cdots + u_{n+p} < \varepsilon$ 即可.

方法7 积分判别法.

若 $f(x)(x \geqslant 1)$ 为非负递减连续函数，则级数 $\displaystyle\sum_{n=1}^{\infty} f(n)$ 与积分 $\displaystyle\int_{1}^{+\infty} f(x)\mathrm{d}x$ 的敛散性相同.

方法8 正项级数收敛的充分必要条件：部分和数列 $\{S_n\}$ 有界.

方法9 阿贝尔判别法.

如果（1）级数 $\displaystyle\sum_{n=1}^{\infty} b_n$ 收敛；（2）数列 $\{a_n\}$ 单调有界，$| a_n | \leqslant K(n = 1,2,3,\cdots)$，则级数 $\displaystyle\sum_{n=1}^{\infty} a_n b_n$ 收敛.

方法10 狄利克雷判别法.

如果（1）级数 $\displaystyle\sum_{n=1}^{\infty} b_n$ 的部分和 B_n 有界，$| B_n | \leqslant M(n = 1,2,3,\cdots)$；（2）数列 $\{a_n\}$ 单调趋于零，则级数 $\displaystyle\sum_{n=1}^{\infty} a_n b_n$ 收敛.

小结：

（1）判别正项级数敛散性的一般思路：先看 $\lim\limits_{n\to\infty} u_n = 0$ 是否成立，如不成立，则发散；如成立，则根据级数通项的特点考虑比式判别法或根式判别法，如果比式判别法或根式判别法的极限不易求出或等于1,则使用比较判别法或其极限形式.

（2）正项级数多用比较判别法与比式判别法判断其敛散性.

（3）利用比较判别法的极限形式判别时注意运用等价无穷小进行转化.

（4）利用比较判别法时注意运用已证明过的常见级数，如调和级数 $\displaystyle\sum_{n=1}^{\infty} \dfrac{1}{n}$、等比级数 $\displaystyle\sum_{n=1}^{\infty} aq^n$、$P$ 级数 $\displaystyle\sum_{n=1}^{\infty} \dfrac{1}{n^p}$ 进行判断.

（5）通项的指数为与 n 相关次幂，可以考虑用根式判别法.

熟记以下级数的敛散性.

① $\sum\limits_{n=1}^{\infty}\dfrac{1}{n}$、$\sum\limits_{n=1}^{\infty}\dfrac{1}{2n-1}$、$\sum\limits_{n=1}^{\infty}\dfrac{1}{3n+5}$ 等调和级数均发散.

② P 级数 $\sum\limits_{n=1}^{\infty}\dfrac{1}{n^{p}}$,当 $p>1$ 时,级数收敛;当 $p\leqslant 1$ 时,级数发散.

③ 等比级数 $\sum\limits_{n=1}^{\infty}aq^{n}$,当 $|q|<1$ 时,级数收敛;当 $|q|\geqslant 1$ 时,级数发散.

由此可得,$\sum\limits_{n=1}^{\infty}\dfrac{1}{2^{n}}$、$\sum\limits_{n=1}^{\infty}\dfrac{1}{3^{n}}$、$\sum\limits_{n=1}^{\infty}\dfrac{1}{\left(\dfrac{3}{2}\right)^{n}}$ 等均收敛,$\sum\limits_{n=1}^{\infty}\dfrac{1}{\left(\dfrac{2}{3}\right)^{n}}$、$\sum\limits_{n=1}^{\infty}\dfrac{1}{\left(\dfrac{1}{2}\right)^{n}}$ 等均发散.

④ $\sum\limits_{n=1}^{\infty}\dfrac{1}{n!}$ 收敛.

5. 交错级数的定义及敛散性的判别方法

若级数的各项符号正负相间,即 $\sum\limits_{n=1}^{\infty}(-1)^{n-1}u_{n}$ 或 $\sum\limits_{n=1}^{\infty}(-1)^{n}u_{n}$,称为交错级数.

交错级数的莱布尼茨判别法:若 $u_{n+1}\leqslant u_{n}$,$n=1,2,\cdots$ 且 $\lim\limits_{n\to\infty}u_{n}=0$,则 $\sum\limits_{n=1}^{\infty}(-1)^{n-1}u_{n}$ 收敛,且其和小于首项 u_{1}.

6. 绝对收敛与条件收敛

若级数 $\sum\limits_{n=1}^{\infty}|u_{n}|$ 收敛,则级数 $\sum\limits_{n=1}^{\infty}u_{n}$ 也收敛,并称级数 $\sum\limits_{n=1}^{\infty}u_{n}$ 为绝对收敛;

若级数 $\sum\limits_{n=1}^{\infty}u_{n}$ 收敛,而级数 $\sum\limits_{n=1}^{\infty}|u_{n}|$ 发散,则称级数 $\sum\limits_{n=1}^{\infty}u_{n}$ 为条件收敛.

一般项级数的敛散性判别程序如图 8.1 所示.

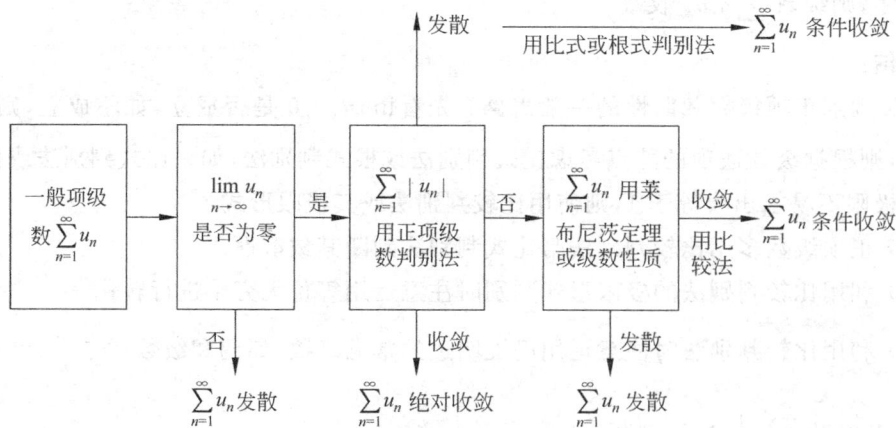

图 8.1

7. 函数列及其一致收敛性

概念：设 $f_1,f_2,\cdots,f_n,\cdots$ 是一列定义在同一数集 E 上的函数，称为定义在 E 上的函数列. 也可简记为

$$\{f_n\}\quad 或\quad f_n,n=1,2,\cdots$$

（1）函数列一致收敛的判别. 函数列 $\{f_n\}$ 在区间 D 上一致收敛于 f 的充要条件是

$$\lim_{n\to\infty}\sup_{x\in D}|f_n(x)-f(x)|=0$$

注意：判别函数列的一致收敛性之前，要先求其极限函数 $\lim\limits_{n\to\infty}f_n(x)=f(x)$.

（2）函数列非一致收敛的判别. 函数列 $\{f_n\}$ 在区间 D 上不一致收敛于 f 的充要条件是：存在 $\{x_n\}\in D$，使得 $|f_n(x)-f(x)|$ 不收敛于 0.

请详看例 8.26 和例 8.27.

8. 函数项级数的概念

（1）设 $u_1(x),u_2(x),\cdots,u_n(x),\cdots$ 为定义在 (a,b) 内的函数序列，则 $\sum\limits_{n=1}^{\infty}u_n(x)=u_1(x)+u_2(x)+\cdots+u_n(x)+\cdots$ 称为定义在 (a,b) 内的函数项级数.

（2）设 $x_0\in(a,b)$，若级数 $\sum\limits_{n=1}^{\infty}u_n(x_0)$ 收敛，则称 x_0 为函数项级数 $\sum\limits_{n=1}^{\infty}u_n(x)$ 的收敛点. 收敛点的全体称为其收敛域；若级数 $\sum\limits_{n=1}^{\infty}u_n(x_0)$ 发散，则称 x_0 为函数项级数 $\sum\limits_{n=1}^{\infty}u_n(x)$ 的发散点，发散点的全体称为其发散域.

（3）函数项级数 $\sum\limits_{n=1}^{\infty}u_n(x)$ 在区间 D 上一致收敛的判别方法：

方法 1　（M 判别法）在区间 D 上，若 $|u_n(x)|\leqslant M_n$，且 $\sum\limits_{n=1}^{\infty}M_n$ 收敛，则函数项级数 $\sum\limits_{n=1}^{\infty}u_n(x)$ 在区间 D 上一致收敛.

方法 2（阿贝尔判别法，略）
方法 3（狄利克雷判别法，略）

9. 幂级数的概念和性质

（1）称 $\sum\limits_{n=0}^{\infty}a_nx^n$ 为 x 的幂级数（或 $x_0=0$ 处的幂级数），称 $\sum\limits_{n=0}^{\infty}a_n(x-x_0)^n$ 为 $x-x_0$ 的幂级数（或在 x_0 处的幂级数）.

（2）阿贝尔定理：若级数 $\sum\limits_{n=0}^{\infty}a_nx^n$ 在 $x=x_0(x_0\neq 0)$ 处收敛，则适合不等式 $|x|<$

$|x_0|$ 的一切 x 使此幂级数绝对收敛. 若级数 $\sum\limits_{n=0}^{\infty} a_n x^n$ 在 $x = x_0$ 处发散,则适合不等式 $|x| > |x_0|$ 的一切 x 使此幂级数发散.

(3) 设 $\sum\limits_{n=0}^{\infty} a_n x^n = f(x)$,则和函数 $f(x)$ 在 $(-R, R)$ 内连续;

(4) $\sum\limits_{n=0}^{\infty} a_n x^n = f(x)$ 在 $(-R, R)$ 内可逐项积分,逐项求导,且得到的新级数收敛半径不变(但端点处敛散性可能改变).

$$\int_0^x f(x)\,\mathrm{d}x = \sum_{n=0}^{\infty} \frac{a_n}{n+1} x^{n+1}, \quad f'(x) = \sum_{n=1}^{\infty} n a_n x^{n-1} \quad x \in (-R, R)$$

(5) 设 $\sum\limits_{n=0}^{\infty} a_n x^n = f(x)$, $|x| < R_1$; $\sum\limits_{n=0}^{\infty} b_n x^n = g(x)$, $|x| < R_2$; 则在 $|x| < R = \min(R_1, R_2)$ 上有

$$\sum_{n=0}^{\infty} (a_n \pm b_n) x^n = \sum_{n=0}^{\infty} a_n x^n \pm \sum_{n=0}^{\infty} b_n x^n = f(x) \pm g(x);$$

$$\left(\sum_{n=0}^{\infty} a_n x^n \right) \left(\sum_{n=0}^{\infty} b_n x^n \right) = \sum_{n=0}^{\infty} (a_0 b_n + a_1 b_{n-1} + \cdots + a_n b_0) x^n = f(x) g(x).$$

10. 幂级数的收敛半径、收敛区间、收敛域及和函数

(1) 求幂级数 $\sum\limits_{n=0}^{\infty} a_n x^n$ 的收敛半径与收敛域:若 $\rho = \lim\limits_{n \to \infty} \left| \dfrac{a_{n+1}}{a_n} \right|$ 或 $\rho = \lim\limits_{n \to \infty} \left| \sqrt[n]{a_n} \right|$,则收敛半径为 $R = \dfrac{1}{\rho}$,收敛区间为 $\left(-\dfrac{1}{\rho}, \dfrac{1}{\rho} \right)$.

注意:收敛区间一定是开区间.

其中 $R = 0$ 时,收敛域仅为一点 $x = 0$;$R = +\infty$ 时,收敛域为 $(-\infty, +\infty)$;若 $R \neq 0$,且 $R \neq +\infty$,还要考察数项级数 $\sum\limits_{n=0}^{\infty} a_n (-R)^n$ 与 $\sum\limits_{n=0}^{\infty} a_n R^n$ 的敛散性. 以此得出级数 $\sum\limits_{n=0}^{\infty} a_n x^n$ 收敛域的四种可能情形:$[-R, R]$、$[-R, R)$、$(-R, R]$ 或 $(-R, R)$.

(2) 求幂级数 $\sum\limits_{n=0}^{\infty} a_n x^n$ 的和函数 $f(x)$ 的方法.

因 $\sum\limits_{n=0}^{\infty} a_n x^n = f(x)$,则 $\sum\limits_{n=0}^{\infty} (a_n x^n)' = f'(x)$,或 $\sum\limits_{n=0}^{\infty} \frac{a_n}{n+1} x^{n+1} = \int_0^x f(t)\,\mathrm{d}t.$

由此得到启发:

① 当 $\sum\limits_{n=0}^{\infty} a_n x^n = f(x)$ 的和函数 $f(x)$ 很难求,但 $\sum\limits_{n=0}^{\infty} (a_n x^n)' = \sum\limits_{n=0}^{\infty} n a_n x^{n-1}$ 的和函数 $f'(x)$ 比较容易求,则可先计算 $\sum\limits_{n=0}^{\infty} (a_n x^n)' = f'(x)$,再计算两边积分 $\int_0^x f'(t)\,\mathrm{d}t = f(x) -$

$f(0)$,即可得到和函数 $f(x)$;

② 当 $\sum\limits_{n=0}^{\infty} a_n x^n = f(x)$ 的和函数 $f(x)$ 很难求,但 $\sum\limits_{n=0}^{\infty} \dfrac{a_n}{n+1} x^{n+1}$ 的和函数比较容易求时,

则可先计算 $\sum\limits_{n=0}^{\infty} \dfrac{a_n}{n+1} x^{n+1} = \int_0^x f(t)\mathrm{d}t$,再求导 $\left(\int_0^x f(t)\mathrm{d}t\right)' = f(x)$,即可得到和函数 $f(x)$.

11. 函数的幂级数展开

(1) 函数 $f(x)$ 在点 x_0 的泰勒展开式为

$$f(x) = f(x_0) + f'(x_0)(x - x_0) + \frac{f''(x_0)}{2!}(x - x_0)^2 + \cdots + \frac{f^{(n)}(x_0)}{n!}(x - x_0)^n + \cdots$$

$$= \sum_{n=0}^{\infty} \frac{f^{(n)}(x_0)}{n!}(x - x_0)^n$$

(2) 函数的麦克劳林展开式为

$$f(x) = f(0) + f'(0)x + \frac{f''(0)}{2!}x^2 + \cdots + \frac{f^{(n)}(0)}{n!}x^n + \cdots$$

$$= \sum_{n=0}^{\infty} \frac{f^{(n)}(0)}{n!}x^n$$

(3) 常用函数的麦克劳林展开式为

① $\mathrm{e}^x = 1 + x + \dfrac{1}{2!}x^2 + \cdots + \dfrac{1}{n!}x^n + \cdots = \sum\limits_{n=0}^{\infty} \dfrac{1}{n!}x^n, \ |x| < +\infty.$

② $\sin x = x - \dfrac{1}{3!}x^3 + \cdots + (-1)^n \dfrac{1}{(2n+1)!}x^{2n+1} + \cdots = \sum\limits_{n=0}^{\infty} \dfrac{(-1)^n}{(2n+1)!}x^{2n+1},$ $|x| < +\infty.$

③ $\cos x = 1 - \dfrac{1}{2!}x^2 + \cdots + (-1)^n \dfrac{1}{(2n)!}x^{2n} + \cdots = \sum\limits_{n=0}^{\infty} \dfrac{(-1)^n}{(2n)!}x^{2n}, \ |x| < +\infty.$

④ $\dfrac{1}{1-x} = 1 + x + x^2 + \cdots + x^n + \cdots = \sum\limits_{n=0}^{\infty} x^n, \ |x| < 1.$

⑤ $\ln(1+x) = x - \dfrac{1}{2}x^2 + \dfrac{1}{3}x^3 - \cdots + (-1)^n \dfrac{1}{n+1}x^{n+1} + \cdots = \sum\limits_{n=0}^{\infty} \dfrac{(-1)^n}{n+1}x^{n+1},$ $|x| < 1.$

⑥ $(1+x)^a = 1 + ax + \dfrac{a(a-1)}{2!}x^2 + \cdots + \dfrac{a(a-1)\cdots(a-n+1)}{n!}x^n, \ |x| < 1.$

12. 傅里叶级数的概念

(1) 函数在 $[-\xi, \xi]$ 上的傅里叶级数. 设 ξ 的周期函数 $f(x)$ 在 $[-\xi, \xi]$ 上满足狄利克莱条件:

① 除有限个第一类间断点外处处连续;

② 仅有有限个极值点,则有以

$$a_n = \frac{1}{\xi}\int_{-\xi}^{\xi} f(x)\cos\frac{n\pi x}{l}dx(n=0,1,2,\cdots), b_n = \frac{1}{\xi}\int_{-\xi}^{\xi} f(x)\sin\frac{n\pi x}{l}dx(n=0,1,2,\cdots)$$

为系数所组成的三角级数 $\dfrac{a_0}{2} + \sum\limits_{n=1}^{\infty}\left(a_n\cos\dfrac{n\pi x}{\xi} + b_n\sin\dfrac{n\pi x}{\xi}\right)$，称为函数 $f(x)$ 的傅里叶级数.

(2) 狄利克莱收敛定理(傅里叶级数收敛的充分条件). 设 $f(x)$ 在 $[-\xi,\xi]$ 满足狄利克莱条件,则 $f(x)$ 的傅里叶级数在 $[-\xi,\xi]$ 上收敛,其和函数为 $S(x)$,且

$$S(x) = \begin{cases} f(x), x \text{ 为 } f(x) \text{ 的连续点} \\ \dfrac{1}{2}[f(x_0+0)+f(x_0-0)], x_0 \text{ 为 } f(x) \text{ 的间断点} \\ \dfrac{1}{2}[f(-\xi+0)+f(\xi-0)], x=\pm\xi \end{cases}$$

(3) 当 $f(x)$ 在 $[-\xi,\xi]$ 上是偶函数时,则 $f(x)$ 在 $[-\xi,\xi]$ 上的傅里叶级数是余弦级数

$$\frac{a_0}{2} + \sum_{n=1}^{\infty} a_n\cos\frac{n\pi x}{\xi} \quad \left(\text{其中 } a_n = \frac{2}{\xi}\int_0^{\xi} f(x)\cos\frac{n\pi x}{\xi}dx\right)$$

当 $f(x)$ 在 $[-\xi,\xi]$ 上是奇函数时,则 $f(x)$ 在 $[-\xi,\xi]$ 上的傅里叶级数是正弦级数

$$\sum_{n=1}^{\infty} b_n\sin\frac{n\pi x}{l} \quad \left(\text{其中 } b_n = \frac{2}{\xi}\int_0^{\xi} f(x)\sin\frac{n\pi x}{\xi}dx\right)$$

(4) 仅定义在 $[0,\xi]$ 上的函数 $f(x)$ 可以奇函数延拓后展成正弦级数;也可以偶函数延拓后展成余弦级数.

对函数项级级数、幂级数和傅里叶级数的流程如图 8.2 所示.

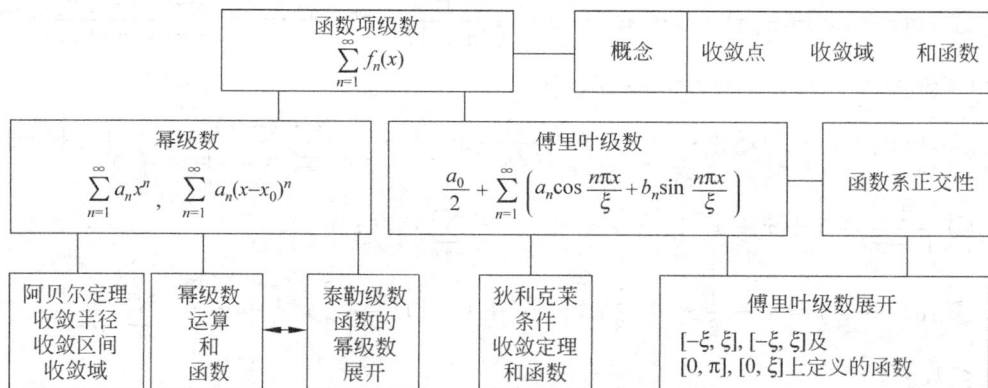

图 8.2

二、应 用 举 例

例 8.1 判别下列级数的敛散性.

(1) $\displaystyle\sum_{n=1}^{\infty} \frac{1}{\sqrt{n^2+n}}$;　　　　　　(2) $\displaystyle\sum_{n=1}^{\infty} \frac{4+(-1)^n}{2^n}$.

解 （1）**错解**　因为 $\lim\limits_{n\to\infty}\dfrac{1}{\sqrt{n^2+n}}=0$，故该级数收敛.

错误分析　$\lim\limits_{n\to\infty}u_n=0$ 是级数 $\sum\limits_{n=1}^{\infty}u_n$ 收敛的必要条件，不是充分条件. 因此不能用一般项的极限为零判别级数收敛，但如果 $\lim\limits_{n\to\infty}u_n\neq0$，级数 $\sum\limits_{n=1}^{\infty}u_n$ 一定发散.

正确解法　因 $\lim\limits_{n\to\infty}\dfrac{1}{\sqrt{n^2+n}}\Big/\dfrac{1}{n}=\lim\limits_{n\to\infty}\dfrac{1}{\sqrt{1+\dfrac{1}{n}}}=1$，由 $\sum\limits_{n=1}^{\infty}\dfrac{1}{n}$ 发散，知该级数发散.

（2）**错解**　因为 $\lim\limits_{n\to\infty}\dfrac{u_{n+1}}{u_n}=\lim\limits_{n\to\infty}\dfrac{4+(-1)^{n+1}}{2^{n+1}}\Big/\dfrac{4+(-1)^n}{2^n}=\lim\limits_{n\to\infty}\dfrac{4+(-1)^{n+1}}{2[4+(-1)^n]}$ 不存在，所以该级数发散.

错误分析　正项级数的比式判别法只是正项级数收敛的充分条件，不是必要条件. 也就是说，正项级数 $\sum\limits_{n=1}^{\infty}u_n$ 收敛，并不一定有 $\lim\limits_{n\to\infty}\dfrac{u_{n+1}}{u_n}=\rho<1$.

正确解法　因为该级数是正项级数，且当 $n\geqslant1$ 时，$u_n=\dfrac{4+(-1)^n}{2^n}\leqslant\dfrac{5}{2^n}$. 由于等比级数 $\sum\limits_{n=1}^{\infty}\dfrac{5}{2^n}$ 收敛，由比较判别法知所给级数收敛.

例 8.2　若 $\sum\limits_{n=1}^{\infty}u_n$ 与 $\sum\limits_{n=1}^{\infty}v_n$ 皆收敛，且对于一切自然数 n 有 $u_n\leqslant c_n\leqslant v_n$，证明 $\sum\limits_{n=1}^{\infty}c_n$ 也收敛.

错误证明　由于 $c_n\leqslant v_n$，且 $\sum\limits_{n=1}^{\infty}v_n$ 收敛，故由比较判别法可知 $\sum\limits_{n=1}^{\infty}c_n$ 收敛.

错误分析　上述证明的依据是级数的比较判别法，但是这个判别法只适用于正项级数，而题中并没有指明 $\sum\limits_{n=1}^{\infty}u_n$ 与 $\sum\limits_{n=1}^{\infty}v_n$ 为正项级数，因此上述证明方法不正确.

正确证法　由于 $u_n\leqslant c_n\leqslant v_n$，因此 $0\leqslant c_n-u_n\leqslant v_n-u_n$，即 $\sum\limits_{n=1}^{\infty}(c_n-u_n)$ 与 $\sum\limits_{n=1}^{\infty}(v_n-u_n)$ 皆为正项级数. 由于 $\sum\limits_{n=1}^{\infty}u_n$ 与 $\sum\limits_{n=1}^{\infty}v_n$ 都收敛，因此 $\sum\limits_{n=1}^{\infty}(v_n-u_n)$ 收敛. 由正项级数的比较判别法可知 $\sum\limits_{n=1}^{\infty}(c_n-u_n)$ 收敛. 又 $c_n=u_n+(c_n-u_n)$，由级数的性质可知 $\sum\limits_{n=1}^{\infty}c_n$ 收敛.

例 8.3　下列命题中正确的是（　　）.

A. 若 $\sum\limits_{n=1}^{\infty}u_n$ 与 $\sum\limits_{n=1}^{\infty}v_n$ 都收敛，则 $\sum\limits_{n=1}^{\infty}(u_n+v_n)$ 可能发散.

B. 若 $\sum\limits_{n=1}^{\infty}u_n$ 收敛，$\sum\limits_{n=1}^{\infty}v_n$ 发散，则 $\sum\limits_{n=1}^{\infty}(u_n+v_n)$ 必定发散.

C. 若 $\sum\limits_{n=1}^{\infty}u_n$ 与 $\sum\limits_{n=1}^{\infty}v_n$ 都发散，则 $\sum\limits_{n=1}^{\infty}(u_n+v_n)$ 必定发散.

D. 若 $\sum\limits_{n=1}^{\infty}(u_n+v_n)$ 收敛,则 $\sum\limits_{n=1}^{\infty}u_n$ 与 $\sum\limits_{n=1}^{\infty}v_n$ 必定收敛.

解 B.

说明:若 $\sum\limits_{n=1}^{\infty}u_n$ 收敛, $\sum\limits_{n=1}^{\infty}v_n$ 发散,则 $\sum\limits_{n=1}^{\infty}(u_n\pm v_n)$ 必定发散可以作为判定级数 $\sum\limits_{n=1}^{\infty}(u_n\pm v_n)$ 发散的充分条件使用.

注意:例 8.3 表明有限项相加的性质不能随意使用到无穷多项相加之中.

例 8.4 判别下列级数的敛散性.

(1) $\sum\limits_{n=1}^{\infty}\dfrac{3n^n}{(1+n)^n}$;

(2) $\sum\limits_{n=1}^{\infty}\left(1-\cos\dfrac{1}{n}\right)$;

(3) $\sum\limits_{n=1}^{\infty}\left(\dfrac{n}{2n+1}\right)^n$;

(4) $\sum\limits_{n=1}^{\infty}\dfrac{a^n n!}{n^n}(a>0)$.

解 (1) 因为 $\lim\limits_{n\to\infty}u_n=3\lim\limits_{n\to\infty}\dfrac{1}{\left(1+\dfrac{1}{n}\right)^n}=\dfrac{3}{e}\neq 0$,所以 $\sum\limits_{n=1}^{\infty}u_n$ 发散.

(2) 分析:由于 $\lim\limits_{n\to\infty}\left(1-\cos\dfrac{1}{n}\right)=0$,而 $u_n=1-\cos\dfrac{1}{n}=2\sin^2\dfrac{1}{2n}>0$

注意: $\lim\limits_{n\to\infty}\dfrac{u_{n+1}}{u_n}=\lim\limits_{n\to\infty}\dfrac{2\sin^2\dfrac{1}{2(n+1)}}{2\sin^2\dfrac{1}{2n}}=\dfrac{\lim\limits_{n\to\infty}\left[\dfrac{1}{2(n+1)}\right]^2}{\left(\dfrac{1}{2n}\right)^2}=1$,可知所给级数不能利用

比式判别法判定.

解法1 $u_n=1-\cos\dfrac{1}{n}=2\sin^2\dfrac{1}{2n}>0$. 由于当 $x>0$ 时, $\sin x<x$,可知 $\sin\dfrac{1}{2n}<\dfrac{1}{2n}$,

$\sin^2\dfrac{1}{2n}<\dfrac{1}{4n^2}$,正项级数 $\sum\limits_{n=1}^{\infty}\dfrac{1}{4n^2}$ 为收敛级数,由比较判别法可知 $\sum\limits_{n=1}^{\infty}\left(1-\cos\dfrac{1}{n}\right)$ 收敛.

解法2 由于当 $x\to 0$ 时, $\sin x\sim x$. 可知当 $n\to\infty$ 时, $u_n=2\sin^2\dfrac{1}{2n}\sim\dfrac{1}{2n^2}=v_n$,

则 $\lim\limits_{n\to\infty}\dfrac{u_n}{v_n}=\lim\limits_{n\to\infty}\dfrac{2\sin^2\dfrac{1}{2n}}{\dfrac{1}{2n^2}}=1$,由于 $\sum\limits_{n=1}^{\infty}\dfrac{1}{2n^2}$ 收敛,可知 $\sum\limits_{n=1}^{\infty}\left(1-\cos\dfrac{1}{n}\right)$ 收敛.

(3) 因为 $\lim\limits_{n\to\infty}\sqrt[n]{u_n}=\lim\limits_{n\to\infty}\sqrt[n]{\left(\dfrac{n}{2n+1}\right)^n}=\dfrac{1}{2}<1$,所以 $\sum\limits_{n=1}^{\infty}\left(\dfrac{n}{2n+1}\right)^n$ 收敛.

(4) 分析:题中的 a 没有限制其值,因此应该对 a 加以讨论. 因为 $\lim\limits_{n\to\infty}\dfrac{u_{n+1}}{u_n}=$ $\lim\limits_{n\to\infty}\dfrac{a^{n+1}(n+1)!}{(n+1)^{n+1}}\bigg/\dfrac{a^n n!}{n^n}=\lim\limits_{n\to\infty}\dfrac{a}{\left(1+\dfrac{1}{n}\right)^n}=\dfrac{a}{e}$,故当 $a>e$ 时,原级数发散;当 $a<e$ 时,原

级数收敛;当 $a=e$ 时,不能用比式判别法判定所给级数的收敛性. 但注意到数列 $\left\{\left(1+\dfrac{1}{n}\right)^n\right\}$ 为单调增加且有上界,由于 $u_{n+1}\geqslant u_n$,又 $\lim\limits_{n\to\infty}\dfrac{u_{n+1}}{u_n}=1$,由极限的性质可知当 n

充分大时,必有 $u_{n+1} > u_n > 0$,因此 $\lim\limits_{n \to \infty} u_n \neq 0$. 故 $\sum\limits_{n=1}^{\infty} \dfrac{a^n n!}{n^n}$ 发散.

例 8.5 设 $u_n = (-1)^n \ln \dfrac{n+1}{n}$,试判定 $\sum\limits_{n=1}^{\infty} u_n$ 与 $\sum\limits_{n=1}^{\infty} u_n^2$ 的收敛性,并指出是绝对收敛,还是条件收敛?

分析: $\sum\limits_{n=1}^{\infty} u_n$ 是交错级数,$\sum\limits_{n=1}^{\infty} u_n^2$ 是正项级数. 由于 $|u_n| = \ln \dfrac{n+1}{n} = \ln \left(1 + \dfrac{1}{n}\right)$,注意到 $x \to 0$ 时,$\ln(1+x) \sim x$.

解 因为 $\ln \left(1 + \dfrac{1}{n}\right) \sim \dfrac{1}{n}(n \to \infty)$,所以 $\lim\limits_{n \to \infty} \ln \left(1 + \dfrac{1}{n}\right)\bigg/ \dfrac{1}{n} = 1$,由于 $\sum\limits_{n=1}^{\infty} \dfrac{1}{n}$ 为发散的调和级数,因此 $\sum\limits_{n=1}^{\infty} \ln \dfrac{n+1}{n}$ 为发散级数.

因为 $\ln \left(1 + \dfrac{1}{n}\right) > \ln \left(1 + \dfrac{1}{n+1}\right)$,且 $\lim\limits_{n \to \infty} \ln \left(1 + \dfrac{1}{n}\right) = \lim\limits_{n \to \infty} \dfrac{1}{n} = 0$,则由莱布尼茨定理知 $\sum\limits_{n=1}^{\infty} (-1)^n \ln \dfrac{n+1}{n}$ 收敛. 从而知其条件收敛.

因 $u_n^2 = \ln^2 \left(1 + \dfrac{1}{n}\right)$,且 $\lim\limits_{n \to \infty} \ln^2 \left(1 + \dfrac{1}{n}\right)\bigg/ \dfrac{1}{n^2} = \lim\limits_{n \to \infty} \left(\dfrac{1}{n}\right)^2\bigg/ \dfrac{1}{n^2} = 1$,由于级数 $\sum\limits_{n=1}^{\infty} \dfrac{1}{n^2}$ 为收敛级数,故由极限形式的比较判别法可知 $\sum\limits_{n=1}^{\infty} u_n^2$ 收敛.

例 8.6 判断下列级数的敛散性.

(1) $0.001 + \sqrt{0.001} + \sqrt[3]{0.001} + \cdots + \sqrt[n]{0.001} + \cdots$

(2) $\dfrac{4}{5} - \dfrac{4^2}{5^2} + \dfrac{4^3}{5^3} - \dfrac{4^4}{5^4} + \cdots + (-1)^{n-1} \dfrac{4^n}{5^n} + \cdots$

(3) $\dfrac{1}{2} + \dfrac{3}{4} + \dfrac{5}{6} + \dfrac{7}{8} + \cdots$

(4) $\dfrac{1}{2} + \dfrac{2}{3} + \dfrac{3}{4} + \dfrac{4}{5} + \cdots$

(5) $\left(\dfrac{1}{2} + \dfrac{1}{3}\right) + \left(\dfrac{1}{4} + \dfrac{1}{9}\right) + \left(\dfrac{1}{8} + \dfrac{1}{27}\right) + \cdots$

(6) $\sum\limits_{n=1}^{\infty} \dfrac{(-1)^n \cdot n}{2n+1}$

(7) $\sum\limits_{n=1}^{\infty} \left(\dfrac{1}{2^{n-1}} + \dfrac{2^n}{3^{n-1}}\right)$

解 (1) $u_n = \sqrt[n]{0.001}$,而 $\lim\limits_{n \to \infty} u_n = \lim\limits_{n \to \infty} \sqrt[n]{0.001} = 1 \neq 0$,该级数发散.

(2) 该级数是一公比为 $-\dfrac{4}{5}$ 的几何级数,所以该级数收敛.

(3) $u_n = \dfrac{2n-1}{2n}$,而 $\lim\limits_{n \to \infty} u_n = \lim\limits_{n \to \infty} \dfrac{2n-1}{2n} = 1 \neq 0$,该级数发散.

(4) $u_n = \dfrac{n}{n+1}$，而 $\lim\limits_{n\to\infty} u_n = \lim\limits_{n\to\infty} \dfrac{n}{n+1} = 1 \neq 0$，该级数发散.

(5) 该级数可看作 $\sum\limits_{n=1}^{\infty}(u_n + v_n)$，其中 $\sum\limits_{n=1}^{\infty} u_n = \dfrac{1}{2} + \dfrac{1}{4} + \dfrac{1}{8} + \cdots \dfrac{1}{2^n} + \cdots$ 是公比为 $\dfrac{1}{2}$ 的几何级数，因此 $\sum\limits_{n=1}^{\infty} u_n$ 收敛.同理 $\sum\limits_{n=1}^{\infty} v_n = \dfrac{1}{3} + \dfrac{1}{9} + \dfrac{1}{27} + \cdots + \dfrac{1}{3^n} + \cdots$ 是公比为 $\dfrac{1}{3}$ 的几何级数，因而也是收敛的. 所以原级数收敛，且 $\sum\limits_{n=1}^{\infty}(u_n + v_n) = \dfrac{2^{-1}}{1-2^{-1}} + \dfrac{3^{-1}}{1-3^{-1}} = 1 + \dfrac{1}{2} = \dfrac{3}{2}$.

(6) 级数 $\sum\limits_{n=1}^{\infty} \dfrac{(-1)^n \cdot n}{2n+1}$ 发散，因为 $\lim\limits_{n\to\infty} u_n = \lim\limits_{n\to\infty} \dfrac{(-1)^n \cdot n}{2n+1} \neq 0$.

(7) $\sum\limits_{n=1}^{\infty} \left(\dfrac{1}{2^{n-1}} + \dfrac{2^n}{3^{n-1}} \right)$ 收敛，因为 $u_n = \dfrac{1}{2^{n-1}} + \dfrac{2^n}{3^{n-1}} = \dfrac{1}{2^{n-1}} + 2\left(\dfrac{2}{3}\right)^{n-1}$，且 $\sum\limits_{n=1}^{\infty} \dfrac{1}{2^{n-1}}$，$\sum\limits_{n=1}^{\infty} 2\left(\dfrac{2}{3}\right)^{n-1}$ 均为收敛的几何级数. $\sum\limits_{n=1}^{\infty} \left(\dfrac{1}{2^{n-1}} + \dfrac{2^n}{3^{n-1}} \right) = \dfrac{1}{1-\dfrac{1}{2}} + \dfrac{2}{1-\dfrac{2}{3}} = 2 + 6 = 8$.

例 8.7　讨论级数 $\sum\limits_{n=1}^{\infty} \dfrac{2+(-1)^n}{2^n}$ 的敛散性.

解　根据比式判别法，有 $\lim\limits_{n\to\infty} \dfrac{2+(-1)^{n+1}}{2^{n+1}} \cdot \dfrac{2^n}{2+(-1)^n} = \dfrac{1}{2} \lim\limits_{n\to\infty} \dfrac{2+(-1)^{n+1}}{2+(-1)^n}$ 极限不存在，无法判断敛散性.

根据根式判别法，有 $\lim\limits_{n\to\infty} \left[\dfrac{2+(-1)^n}{2^n} \right]^{\frac{1}{n}} = \dfrac{1}{2} \lim\limits_{n\to\infty} [2+(-1)^n]^{\frac{1}{n}} = \dfrac{1}{2}$，原级数收敛.

可见，根式判别法判别敛散性更优.

例 8.8　讨论级数 $\sum\limits_{n=1}^{\infty} \dfrac{n^2 [\sqrt{2}+(-1)^n]^n}{3^n}$ 的敛散性.

解　因为 $0 < \dfrac{n^2 [\sqrt{2}+(-1)^n]^n}{3^n} < \dfrac{n^2 (\sqrt{2}+1)^n}{3^n}$，$\lim\limits_{n\to\infty} \dfrac{\dfrac{(n+1)^2 (\sqrt{2}+1)^{n+1}}{3^{n+1}}}{\dfrac{n^2 (\sqrt{2}+1)^n}{3^n}} =$

$\lim\limits_{n\to\infty} \dfrac{\sqrt{2}+1}{3} \left(1 + \dfrac{1}{n} \right)^2 = \dfrac{\sqrt{2}+1}{3} < 1$，故该级数收敛.

例 8.9　$\theta \in \mathbf{R}$，试讨论级数 $\sum\limits_{n=1}^{\infty} \dfrac{\cos^n \theta}{n}$ 的敛散性.

解　$\lim\limits_{n\to\infty} \left| \dfrac{\cos^{n+1} \theta}{n+1} \cdot \dfrac{n}{\cos^n \theta} \right| = |\cos \theta|$

$$= \begin{cases} |\cos\theta| < 1 \to \theta \neq k\pi \text{ 时}, & \sum_{n=1}^{\infty} \dfrac{\cos^n\theta}{n} \text{ 绝对收敛} \\[3mm] \cos\theta = 1 \to \theta = 2k\pi \text{ 时}, & \sum_{n=1}^{\infty} \dfrac{\cos^n\theta}{n} = \sum_{n=1}^{\infty} \dfrac{1}{n} \text{ 发散} \\[3mm] \cos\theta = -1 \to \theta = (2k+1)\pi \text{ 时}, & \sum_{n=1}^{\infty} \dfrac{\cos^n\theta}{n} = \sum_{n=1}^{\infty} \dfrac{(-1)^n}{n} \text{ 条件收敛} \end{cases} .$$

例 8.10 讨论级数 $\sum_{n=1}^{\infty} \dfrac{1}{n^{1+\frac{1}{n}}}$ 的敛散性.

解 $a_n = \dfrac{1}{n^{1+\frac{1}{n}}} = \dfrac{1}{n\sqrt[n]{n}}$，由 $\lim_{n\to\infty} \dfrac{\frac{1}{n\sqrt[n]{n}}}{\frac{1}{n}} = 1$ 知原级数与 $\sum_{n=1}^{\infty} \dfrac{1}{n}$ 有相同的敛散性，故原级数

发散.

例 8.11 讨论级数 $\sum_{n=2}^{\infty} \dfrac{1}{\ln n}$ 的敛散性.

解 $\dfrac{1}{\ln n} > \dfrac{1}{n}$，又 $\sum_{n=1}^{\infty} \dfrac{1}{n}$ 发散，故该级数发散.

例 8.12 讨论级数 $\sum_{n=1}^{\infty} \dfrac{n^{2n}}{(n+a)^{n+b}(n+b)^{n+a}}$ 的敛散性.

解 因为 $\lim_{n\to\infty} \dfrac{\frac{n^{2n}}{(n+a)^{n+b}(n+b)^{n+a}}}{\frac{1}{n^{a+b}}} = 1$，故 $\begin{cases} a+b>1 \Rightarrow \text{原级数收敛} \\ a+b \leqslant 1 \Rightarrow \text{原级数发散} \end{cases}$.

例 8.13 讨论级数 $\sum_{n=1}^{\infty} \dfrac{1}{\ln^2\left(\sin\frac{1}{n}\right)}$ 的敛散性.

解 $a_n = \dfrac{1}{\ln^2\left(\sin\frac{1}{n}\right)} \sim \dfrac{1}{\ln^2\frac{1}{n}} = \dfrac{1}{\ln^2 n}$，即 $\lim_{n\to\infty} \dfrac{\frac{1}{\ln^2\left(\sin\frac{1}{n}\right)}}{\frac{1}{\ln^2 n}} = 1$，且 $\sum_{n=2}^{\infty} \dfrac{1}{\ln^2 n}$ 发散，故

该级数发散.

提示：$\sum_{n=2}^{\infty} \dfrac{1}{\ln^2 n}$ 发散的原因是，$\lim_{n\to\infty} \dfrac{\frac{1}{n}}{\frac{1}{\ln^2 n}} = \lim_{n\to\infty} \dfrac{\ln^2 n}{n} = \lim_{x\to+\infty} \dfrac{\ln^2 x}{x} = 0$，且 $\sum_{n=2}^{\infty} \dfrac{1}{n}$ 发散，

所以 $\sum_{n=2}^{\infty} \dfrac{1}{\ln^2 n}$ 发散.

例 8.14 判别下列级数的敛散性.

(1) $\sum_{n=1}^{\infty} \dfrac{\ln n}{n^{\frac{5}{4}}}$；

(2) $\sum_{n=1}^{\infty} \left(1 - \cos\dfrac{\lambda}{n}\right)$.

解 (1) $\lim\limits_{n\to\infty}\dfrac{\dfrac{\ln n}{n^{\frac{5}{4}}}}{\dfrac{1}{n^{\frac{9}{8}}}}=\lim\limits_{n\to\infty}\dfrac{\ln n}{n^{\frac{1}{8}}}=0\Rightarrow\dfrac{\ln n}{n^{\frac{5}{4}}}<\dfrac{1}{n^{\frac{9}{8}}}$,而 $\sum\limits_{n=1}^{\infty}\dfrac{1}{n^{\frac{9}{8}}}$ 收敛,得 $\lim\limits_{n\to\infty}\dfrac{\ln n}{n^{\frac{5}{4}}}$ 收敛.

(2) 对 $\sum\limits_{n=1}^{\infty}\left(1-\cos\dfrac{\lambda}{n}\right)$,选级数 $\sum\limits_{n=1}^{\infty}\dfrac{1}{n^2}$,$\lim\limits_{n\to\infty}\dfrac{1-\cos\dfrac{\lambda}{n}}{\dfrac{1}{n^2}}=\lim\limits_{n\to\infty}\dfrac{\dfrac{\lambda^2}{2n^2}}{\dfrac{1}{n^2}}=\dfrac{\lambda^2}{2}$. 若 $\lambda=0$,则

$\sum\limits_{n=1}^{\infty}\left(1-\cos\dfrac{\lambda}{n}\right)=0$,若 $\lambda\neq0$,则 $\dfrac{\lambda^2}{2}\neq0$. 故原级数收敛.

注意:如能利用等价无穷小等手段估计出级数一般项的阶次,选用的基准级数形式就很容易确定.

如级数 $\sum\limits_{n=2}^{\infty}\dfrac{1}{\sqrt{n}}\ln\dfrac{n+1}{n-1}\Rightarrow u_n=\dfrac{1}{\sqrt{n}}\ln\dfrac{n+1}{n-1}=\dfrac{1}{\sqrt{n}}\ln\left(1+\dfrac{2}{n-1}\right)\sim\dfrac{2}{\sqrt{n}(n-1)}\sim\dfrac{2}{n^{\frac{3}{2}}}$,可直接选用基准级数 $\sum\limits_{n=1}^{\infty}\dfrac{1}{n^{\frac{3}{2}}}$ 就可知原级数收敛.

又如级数 $\sum\limits_{n=1}^{\infty}\displaystyle\int_0^{\frac{1}{n}}\dfrac{\sqrt{x}}{1+x^2}\mathrm{d}x\Rightarrow 0\leqslant u_n=\displaystyle\int_0^{\frac{1}{n}}\dfrac{\sqrt{x}}{1+x^2}\mathrm{d}x\leqslant\displaystyle\int_0^{\frac{1}{n}}\sqrt{x}\mathrm{d}x=\dfrac{2}{3}\times\dfrac{1}{n^{\frac{3}{2}}}$,也可选用基准级数 $\sum\limits_{n=1}^{\infty}\dfrac{1}{n^{\frac{3}{2}}}$ 就可知原级数收敛.

例 8.15 判别以下级数是绝对收敛还是条件收敛或是发散.

(1) $\sum\limits_{n=1}^{\infty}\dfrac{(-1)^{n-1}}{\sqrt{n^2+1}}$; (2) $\sum\limits_{n=1}^{\infty}\dfrac{(-1)^{n-1}}{n\cdot2^n}$; (3) $\sum\limits_{n=1}^{\infty}\dfrac{(-1)^n}{n-\ln n}$; (4) $\sum\limits_{n=2}^{\infty}\dfrac{(-1)^n}{n+(-1)^n}$.

解 (1) $\sum\limits_{n=1}^{\infty}\left|\dfrac{(-1)^{n-1}}{\sqrt{n^2+1}}\right|=\sum\limits_{n=1}^{\infty}\dfrac{1}{\sqrt{n^2+1}}$,因为 $\lim\limits_{n\to\infty}\dfrac{\dfrac{1}{\sqrt{n^2+1}}}{\dfrac{1}{n}}=1$,级数 $\sum\limits_{n=1}^{\infty}\dfrac{1}{n}$ 发散,所以级数 $\sum\limits_{n=1}^{\infty}\left|(-1)^{n-1}\dfrac{1}{\sqrt{n^2+1}}\right|$ 发散,$\sum\limits_{n=1}^{\infty}(-1)^{n-1}\dfrac{1}{\sqrt{n^2+1}}$ 非绝对收敛. 又因为

$\lim\limits_{n\to\infty}\dfrac{1}{\sqrt{n^2+1}}=0$,$\dfrac{1}{\sqrt{n^2+1}}>\dfrac{1}{\sqrt{(n+1)^2+1}}$,由莱布尼茨判别法知:级数 $\sum\limits_{n=1}^{\infty}(-1)^{n-1}\dfrac{1}{\sqrt{n^2+1}}$ 收敛.所以级数 $\sum\limits_{n=1}^{\infty}(-1)^{n-1}\dfrac{1}{\sqrt{n^2+1}}$ 条件收敛.

(2) $\sum\limits_{n=1}^{\infty}\left|\dfrac{(-1)^{n-1}}{n\cdot2^n}\right|=\sum\limits_{n=1}^{\infty}\dfrac{1}{n\cdot2^n}$,因为 $\dfrac{1}{n\cdot2^n}<\dfrac{1}{2^n}$,级数 $\sum\limits_{n=1}^{\infty}\dfrac{1}{2^n}$ 收敛 $\left(公比\ q=\dfrac{1}{2}<1\right)$.由比较判别法知:级数 $\sum\limits_{n=1}^{\infty}\left|\dfrac{(-1)^{n-1}}{n\cdot2^n}\right|$ 收敛,所以级数 $\sum\limits_{n=1}^{\infty}\dfrac{(-1)^{n-1}}{n\cdot2^n}$ 绝对收敛.

(3) 设 $u_n = \dfrac{1}{n - \ln n}$, $\displaystyle\sum_{n=1}^{\infty} \left| \dfrac{(-1)^n}{n - \ln n} \right| = \sum_{n=1}^{\infty} \dfrac{1}{n - \ln n}$, 因为 $\displaystyle\lim_{n \to \infty} \dfrac{\frac{1}{n - \ln n}}{\frac{1}{n}} = \lim_{n \to \infty} \dfrac{1}{1 - \frac{\ln n}{n}} = 1$,

由级数 $\displaystyle\sum_{n=1}^{\infty} \dfrac{1}{n}$ 发散, 知级数 $\displaystyle\sum_{n=1}^{\infty} \dfrac{1}{n - \ln n}$ 发散, 故级数 $\displaystyle\sum_{n=1}^{\infty} \dfrac{(-1)^{n-1}}{n - \ln n}$ 非绝对收敛. 又因为

$\displaystyle\lim_{n \to \infty} u_n = \lim_{n \to \infty} \dfrac{1}{n - \ln n} = \lim_{n \to \infty} \dfrac{\frac{1}{n}}{1 - \frac{\ln n}{n}} = 0$, $u_{n+1} - u_n = \dfrac{1}{(n+1) - \ln(n+1)} - \dfrac{1}{n - \ln n} =$

$\dfrac{(n - \ln n) - [(n+1) - \ln(n+1)]}{[(n+1) - \ln(n+1)](n - \ln n)} = \dfrac{\ln\left(1 + \frac{1}{n}\right) - 1}{[(n+1) - \ln(n+1)](n - \ln n)} < 0$, 所以 $u_{n+1} <$

u_n, 由莱布尼茨判别法知: 交错级数 $\displaystyle\sum_{n=1}^{\infty} \dfrac{(-1)^n}{n - \ln n}$ 收敛. 所以级数 $\displaystyle\sum_{n=1}^{\infty} \dfrac{(-1)^n}{n - \ln n}$ 条件收敛.

(4) 因为 $u_n = \dfrac{(-1)^n}{n + (-1)^n}$ 不单调, 所以不能利用莱布尼茨判别法来判断. 但是 $u_n =$

$\dfrac{(-1)^n}{n + (-1)^n} = \dfrac{(-1)^n[n - (-1)^n]}{n^2 - 1} = \dfrac{(-1)^n n}{n^2 - 1} - \dfrac{1}{n^2 - 1}$, 易知 $\displaystyle\sum_{n=2}^{\infty} \dfrac{(-1)^n n}{n^2 - 1}$ 与 $\displaystyle\sum_{n=2}^{\infty} \dfrac{1}{n^2 - 1}$ 均收

敛, 故 $\displaystyle\sum_{n=2}^{\infty} \dfrac{(-1)^n}{n + (-1)^n}$ 也收敛.

注意: 本题说明交错级数的莱布尼茨判别法是交错级数收敛的充分条件. 不满足该条件的交错级数也有可能收敛, 本题即为一例.

例 8.16 判断下列函数项级数在指定区间的一致收敛性.

(1) $\displaystyle\sum_{n=1}^{\infty} \dfrac{x^n}{n^3}, x \in [-1, 1]$;　　(2) $\displaystyle\sum_{n=1}^{\infty} \dfrac{x}{1 + n^4 x^2}, x \in R$.

解 (1) $\forall x \in [-1, 1]$, 有 $\left| \dfrac{x^n}{n^3} \right| = \dfrac{|x|^n}{n^3} \leqslant \dfrac{1}{n^3}$, 且正项级数 $\displaystyle\sum_{n=1}^{\infty} \dfrac{1}{n^3}$ 收敛, 由 M 判别

法知, $\displaystyle\sum_{n=1}^{\infty} \dfrac{x^n}{n^3}$ 在 $[-1, 1]$ 上一致收敛.

(2) $\forall x \in R$, 有 $\left| \dfrac{x}{1 + n^4 x^2} \right| = \left| \dfrac{2n^2 x}{1 + n^4 x^2} \cdot \dfrac{1}{2n^2} \right| \leqslant \dfrac{1}{2n^2}$, 且正项级数 $\displaystyle\sum_{n=1}^{\infty} \dfrac{1}{2n^2}$ 收敛, 由

M 判别法知, $\displaystyle\sum_{n=1}^{\infty} \dfrac{x}{1 + n^4 x^2}$ 在 R 上一致收敛.

例 8.17 求下列级数的收敛半径与收敛区间(**注意**: 收敛区间不同于收敛域).

(1) $\displaystyle\sum_{n=1}^{\infty} \dfrac{\ln(n+1)}{n+1}(x-1)^n$;　　　　(2) $\displaystyle\sum_{n=1}^{\infty} \dfrac{3^n + (-2)^n}{n}(x-2)^n$;

(3) $\displaystyle\sum (-1)^n \dfrac{1}{4^n n} x^{2n-3}$.

解 (1) 因为 $\displaystyle\lim_{n \to \infty} \left| \dfrac{a_{n+1}}{a_n} \right| = \lim_{n \to \infty} \dfrac{\ln(n+2)}{n+2} \cdot \dfrac{n+1}{\ln(n+1)} = 1$, 故收敛半径为 $R = 1$, 收敛

区间为 $|x-1|<1$,即$(0,2)$.

(2) 考察幂级数 $\sum\limits_{n=1}^{\infty}\dfrac{3^n}{n}(x-2)^n$ 和 $\sum\limits_{n=1}^{\infty}\dfrac{(-2)^n}{n}(x-2)^n$. 因 $\lim\limits_{n\to\infty}\left|\dfrac{3^{n+1}}{n+1}\Big/\dfrac{3^n}{n}\right|=3$,

$\lim\limits_{n\to\infty}\left|\dfrac{(-2)^{n+1}}{n+1}\Big/\dfrac{(-2)^n}{n}\right|=2$,故两个级数收敛半径分别为 $R_1=\dfrac{1}{3}$,$R_2=\dfrac{1}{2}$,从而原级数的

收敛半径为 $\min\left(\dfrac{1}{3},\dfrac{1}{2}\right)=\dfrac{1}{3}$,收敛区间为 $|x-2|<\dfrac{1}{3}$,即$\left(\dfrac{5}{3},\dfrac{7}{3}\right)$.

(3) 这是"缺项"的幂级数情形.

因为 $\lim\limits_{n\to\infty}\left|\dfrac{u_{n+1}(x)}{u_n(x)}\right|=\lim\limits_{n\to\infty}\left|\dfrac{x^{2n-1}}{4^{n+1}(n+1)}\cdot\dfrac{4^n n}{x^{2n-3}}\right|=\dfrac{1}{4}x^2$,当 $\dfrac{|x|^2}{4}<1$ 时,即 $|x|<2$,

原级数收敛,收敛半径为 2,收敛区间为$(-2,2)$.

例 8.18 求下列级数的收敛域.

(1) $\sum\limits_{n=1}^{\infty}\dfrac{1}{n+1}(x-1)^n$;　　　　　(2) $\sum\limits_{n=1}^{\infty}\dfrac{n^2}{x^n}$.

解 (1) 因为 $\lim\limits_{n\to\infty}\left|\dfrac{a_{n+1}}{a_n}\right|=\lim\limits_{n\to\infty}\dfrac{n+1}{n+2}=1$,故收敛半径为 $R=1$,收敛区间为 $|x-1|<1$,即$(0,2)$.

当 $x=0$ 时,原级数变为 $\sum\limits_{n=1}^{\infty}(-1)^n\dfrac{1}{n+1}$,由莱布尼茨判别法知级数收敛.

当 $x=2$ 时,原级数变为 $\sum\limits_{n=1}^{\infty}\dfrac{1}{n+1}$,是调和级数发散.

故该级数的收敛域为$[0,2)$.

(2) 所给级数不是幂级数,但引入变量替换 $y=\dfrac{1}{x}$,则原级数可转化为 $\sum\limits_{n=1}^{\infty}n^2 y^n$.

由于 $\lim\limits_{n\to\infty}\left|\dfrac{a_{n+1}}{a_n}\right|=\lim\limits_{n\to\infty}\dfrac{(n+1)^2}{n^2}=1$,因此 $R=\dfrac{1}{\rho}=1$. 当 $y=\pm1$ 时,原级数转化为

$\sum\limits_{n=1}^{\infty}(\pm1)^n n^2$ 发散. 因此收敛域为 $-1<y<1$,即 $-1<\dfrac{1}{x}<1$. 故原级数的收敛域为 $x<-1$ 或 $x>1$.

例 8.19 求下列幂级数的收敛域与和函数.

(1) $\sum\limits_{n=1}^{\infty}(-1)^{n-1}\dfrac{x^n}{n}$;　　　　(2) $\sum\limits_{n=0}^{\infty}(n+1)x^n$.

解 (1) 不难计算其收敛半径为 1,收敛域为$(-1,1)$.

$$f(x)=\sum_{n=1}^{\infty}(-1)^{n-1}\dfrac{x^n}{n}=x-\dfrac{x^2}{2}+\dfrac{x^3}{2}-\dfrac{x^4}{2}+\cdots$$

$$f'(x)=1-x+x^2-x^3+\cdots=\dfrac{1}{1+x}$$

所以 $\int_0^x\dfrac{1}{1+t}dt=\ln(1+x)=f(x)-f(0)$.

又因为 $f(0)=0$,所以 $f(x)=\ln(1+x)$.

（2）不难计算其收敛半径为 1，收敛域为 $(-1,1)$.

$$f(x) = \sum_{n=0}^{\infty} (n+1)x^n = 1 + 2x + 3x^2 + 4x^3 + \cdots$$

$$\int_0^x f(t)\mathrm{d}t = x + x^2 + x^3 + \cdots = \frac{x}{1-x}$$

所以 $f(x) = \left(\dfrac{x}{1-x}\right)' = \dfrac{1}{(1-x)^2}$.

例 8.20 求下列幂级数的收敛域与和函数.

（1）$\displaystyle\sum_{n=1}^{\infty} n(n+1)x^n$； （2）$\displaystyle\sum_{n=1}^{\infty} \frac{(-1)^{n-1}}{n(2n-1)}x^{2n}$.

解 （1）由 $\displaystyle\lim_{n\to\infty}\left|\frac{a_{n+1}}{a_n}\right| = \lim_{n\to\infty}\left|\frac{(n+1)(n+2)}{n(n+1)}\right| = 1$，知 $R = \dfrac{1}{\rho} = 1$.

当 $x = \pm 1$ 时，原级数化为 $\displaystyle\sum_{n=1}^{\infty}(-1)^n n(n+1)$ 发散，因此原级数的收敛域为 $(-1,1)$.
设和函数为 $S(x)$，则

$$S(x) = x\sum_{n=1}^{\infty}(n+1)nx^{n-1} = x\left(\sum_{n=1}^{\infty}x^{n+1}\right)'' = x\left(\frac{1}{1-x} - 1 - x\right)''$$

$$= \frac{2x}{(1-x)^3}, \quad x \in (-1,1)$$

（2）$\displaystyle\lim_{n\to\infty}\left|\frac{u_{n+1}(x)}{u_n(x)}\right| = \lim_{n\to\infty}\frac{|x|^{2(n+1)}}{(n+1)(2n+1)} \Big/ \frac{|x|^{2n}}{n(2n-1)} = x^2$.

当 $x^2 < 1$ 时级数收敛；当 $x^2 > 1$ 时级数发散；当 $x = \pm 1$ 时，级数为 $\displaystyle\sum_{n=1}^{\infty}\frac{(-1)^{n-1}}{n(2n-1)}$ 绝对收敛. 故收敛域为 $[-1,1]$.

设和函数为 $S(x)$，则

$$S''(x) = 2\sum_{n=1}^{\infty}(-1)^{n-1}x^{2n-2} = 2\sum_{n=1}^{\infty}(-x^2)^{n-1} = \frac{2}{1+x^2}, \quad x \in (-1,1)$$

积分有 $S'(x) - S'(0) = 2\arctan x, x \in (-1,1)$，又 $S'(0) = 0$，故 $S'(x) = 2\arctan x, x \in (-1,1)$. 再积分有

$$S(x) - S(0) = 2\int_0^x \arctan t\,\mathrm{d}t = 2x\arctan x - \ln(1+x^2)$$

由 $S(0) = 0$ 知，$S(x) = 2x\arctan x - \ln(1+x^2), x \in (-1,1)$. 利用和函数的连续性，则

$$S(1) = \lim_{x\to 1^-}[2x\arctan x - \ln(1+x^2)] = \frac{\pi}{2} - \ln 2$$

$$S(-1) = \lim_{x\to 1^+}[2x\arctan x - \ln(1+x^2)] = \frac{\pi}{2} - \ln 2$$

例 8.21 将函数 $f(x) = 2 + |x|, -1 \leqslant x \leqslant 1$ 展开成以 2 为周期的傅里叶级数，并由此求级数 $\displaystyle\sum_{n=1}^{\infty}\frac{1}{(2n+1)^2}$ 的和.

解 由于 $f(x)$ 是偶函数,所以

$$b_n = 0, \quad n = 1, 2, \cdots$$

$$a_0 = 2\int_0^1 (2+x)\mathrm{d}x = 5$$

$$a_n = 2\int_0^1 (2+x)\cos n\pi x\,\mathrm{d}x = \frac{2(\cos n\pi - 1)}{n^2\pi^2}, \quad n = 1, 2, \cdots$$

因为 $\dfrac{f(-1+0)+f(1-0)}{2} = \dfrac{3+3}{2} = 3 = f(\pm 1)$,所以

$$2 + |x| = \frac{5}{2} + \sum_{n=1}^{\infty} \frac{2(\cos n\pi - 1)}{n^2\pi^2}\cos n\pi x$$

$$= \frac{5}{2} + \sum_{n=1}^{\infty} \frac{2[(-1)^n - 1]}{n^2\pi^2}\cos n\pi x$$

$$= \frac{5}{2} - \frac{4}{\pi^2}\sum_{n=0}^{\infty} \frac{1}{(2n+1)^2}\cos(2n+1)\pi x, \quad x \in [-1, 1]$$

令 $x = 0$,则 $2 = \dfrac{5}{2} - \dfrac{4}{\pi^2}\sum_{n=0}^{\infty}\dfrac{1}{(2n+1)^2}$,得 $\sum_{n=1}^{\infty}\dfrac{1}{(2n+1)^2} = \dfrac{\pi^2}{8}$.

例 8.22 判定函数列 $f_n(x) = x^n \mathrm{e}^{-n^2 x}, n = 1, 2, \cdots$ 在 $[1, +\infty)$ 上是否一致收敛.

解 在 $[1, +\infty)$ 上,有极限函数 $f(x) = \lim_{n\to\infty} f_n(x) = \lim_{n\to\infty} x^n \mathrm{e}^{-n^2 x} = 0$, $\lim_{n\to\infty}\sup |f_n(x) - f(x)| = \lim_{n\to\infty} x^n \mathrm{e}^{-n^2 x} = 0$,所以函数列 $f_n(x) = x^n \mathrm{e}^{-n^2 x}, n = 1, 2, \cdots$ 在 $[1, +\infty)$ 上一致收敛.

例 8.23 判定函数列 $f_n(x) = \dfrac{nx}{n^2 + (n+2)x}, n = 1, 2, \cdots$ 在 $(0, +\infty)$ 上是否一致收敛.

解 在 $(0, +\infty)$ 上,有极限函数 $f(x) = \lim_{n\to\infty} f_n(x) = 0$.

取 $(0, +\infty)$ 上的自然数列 $x_n = n$,有 $\lim_{n\to\infty}\dfrac{nx}{n^2 + (n+2)x} = \lim_{n\to\infty}\dfrac{nn}{n^2 + (n+2)n} = \dfrac{1}{2} \neq 0$.

所以 $f_n(x) = \dfrac{nx}{n^2 + (n+2)x}, n = 1, 2, \cdots$ 在 $(0, +\infty)$ 上不一致收敛.

习 题 8

一、填空题

1. 级数 $\sum_{n=1}^{\infty}\left(\dfrac{1}{n(n+1)} - \dfrac{1}{2^n}\right)$ 的和为_____.

2. 若 $\sum_{n=1}^{\infty} u_n$ 为正项级数,且其部分和数列为 $\{S_n\}$,则 $\sum_{n=1}^{\infty} u_n$ 收敛的充要条件是_____.

3. 级数 $\sum\limits_{n=1}^{\infty} 2^n \sin \dfrac{\pi}{2^{2n}}$ 的敛散性为_____.

4. 幂级数 $\sum\limits_{n=1}^{\infty} \dfrac{1}{n}\left(\dfrac{x-2}{3}\right)^n$ 的收敛区间为_____.

5. 幂级数 $\sum\limits_{n=1}^{\infty} (-1)^n \dfrac{x^{2n}}{2n}$ 的收敛域为_____.

6. 将函数 $\dfrac{1}{(1+x)^2}$ 展开成 x 的麦克劳林级数为_____.

7. $f(x)$ 满足收敛的条件,其傅里叶级数的和函数为 $S(x)$,已知 $f(x)$ 在 $x=0$ 处左连续,且 $f(0)=-1$,$S(0)=2$,则 $\lim\limits_{x\to 0^+} f(x) =$ _____.

8. 设 $f(x)$ 是周期为 2π 的函数,在一个周期上可积. 当 $f(x)$ 是奇函数时,它的傅里叶系数为 $a_n=$ _____,$b_n=$ _____.

9. 设有级数 $\sum\limits_{n=1}^{\infty} a_n\left(\dfrac{x+1}{2}\right)^n$,若 $\lim\limits_{n\to\infty}\left|\dfrac{a_n}{a_{n+1}}\right|=\dfrac{1}{3}$,则该级数的收敛半径等于_____.

10. 设幂级数 $\sum\limits_{n=1}^{\infty} a_n x^n$ 的收敛半径为 3,则幂级数 $\sum\limits_{n=1}^{\infty} n a_n (x-1)^{n+1}$ 的收敛区间为_____.

11. 幂级数 $\sum\limits_{n=0}^{\infty} \dfrac{x^n}{\sqrt{n+1}}$ 的收敛区间为_____.

12. 幂级数 $\sum\limits_{n=0}^{\infty} \dfrac{(-1)^n x^n}{n^2}$ 的收敛域是_____.

13. 幂级数 $\sum\limits_{n=1}^{\infty} \dfrac{n}{2^n+(-3)^n} x^{2n-1}$ 的收敛半径为_____.

14. 设 $\sum\limits_{n=1}^{\infty} u_n = 4$,则 $\sum\limits_{n=1}^{\infty}\left(\dfrac{1}{2}u_n - \dfrac{1}{2^n}\right)=$ _____.

15. 若 $\sum\limits_{n=1}^{\infty} (\ln a)^n$ 收敛,则 a 的取值范围是_____.

16. e^{-x^2} 的幂级数展开式为_____.

17. 幂级数 $\sum\limits_{n=1}^{\infty} (-1)^{n-1} \dfrac{x^n}{n}$ 的收敛域是_____.

18. 已知级数 $\sum\limits_{n=1}^{\infty} u_n$ 的前 n 项和 $S_n = \dfrac{n}{n+1}$,则该级数为_____.

二、单项选择题

1. 若级数 $\sum\limits_{n=1}^{\infty} a_n$ 条件收敛,则下列结论不正确的是(   ).

   A. 交换律成立   B. 结合律成立   C. 分配律成立   D. 以上都不成立

2. 在下面级数中,绝对收敛的级数是(   ).

A. $\displaystyle\sum_{n=1}^{\infty} \frac{1}{\sqrt{2n+1}}$

B. $\displaystyle\sum_{n=1}^{\infty} (-1)^n \left(\frac{3}{2}\right)^n$

C. $\displaystyle\sum_{n=1}^{\infty} (-1)^n \frac{1}{\sqrt{n^3}}$

D. $\displaystyle\sum_{n=1}^{\infty} (-1)^n \frac{n-1}{n}$

3. 在下列级数中,条件收敛的级数是(   ).

A. $\displaystyle\sum_{n=1}^{\infty} (-1)^n \frac{n}{n+1}$

B. $\displaystyle\sum_{n=1}^{\infty} (-1)^n \frac{1}{\sqrt{n}}$

C. $\displaystyle\sum_{n=1}^{\infty} (-1)^n \frac{1}{n^2}$

D. $\displaystyle\sum_{n=1}^{\infty} (-1)^n \frac{1}{n(n+1)}$

4. 已知级数 $\displaystyle\sum_{n=1}^{\infty} (-1)^{n-1} a_n = 2$,$\displaystyle\sum_{n=1}^{\infty} a_{2n-1} = 5$,则级数 $\displaystyle\sum_{n=1}^{\infty} a_n = ($ $)$.

A. 3   B. 7   C. 8   D. 9

5. 幂级数 $\displaystyle\sum_{n=1}^{\infty} \frac{x^n}{n}$ 的和函数是(   ).

A. $-\ln(1-x)$ B. $\ln(1-x)$ C. $\ln(1+x)$;   D. $-\ln(1+x)$

6. 函数 $f(x) = e^{-x^2}$ 展开成 x 的幂级数为(   ).

A. $\displaystyle\sum_{n=0}^{\infty} \frac{x^{2n}}{n!}$

B. $\displaystyle\sum_{n=0}^{\infty} \frac{(-1)^n \cdot x^{2n}}{n!}$

C. $\displaystyle\sum_{n=0}^{\infty} \frac{x^n}{n!}$

D. $\displaystyle\sum_{n=0}^{\infty} \frac{(-1)^n \cdot x^n}{n!}$

7. 若 $\displaystyle\sum_{n=1}^{\infty} a_n (x-1)^n$ 在 $x = -1$ 处收敛,则此级数在 $x = 2$ 处(   ).

A. 条件收敛   B. 绝对收敛

C. 发散   D. 收敛性不能确定

8. 已知级数 $\displaystyle\sum_{n=1}^{\infty} a_n^2$ 收敛,常数 $\lambda > 0$,则级数 $\displaystyle\sum_{n=1}^{\infty} (-1)^n \frac{|a_n|}{\sqrt{n^2+\lambda}}$(   ).

A. 发散   B. 条件收敛

C. 绝对收敛   D. 收敛性与 λ 有关

9. 设 $u_n \neq 0, n = 1,2,3,\cdots$,且 $\displaystyle\lim_{n \to \infty} \frac{n}{u_n} = 1$,则级数 $\displaystyle\sum_{n=1}^{\infty} (-1)^{n+1} \left(\frac{1}{u_n} + \frac{1}{u_{n+1}}\right)$(   ).

A. 发散   B. 绝对收敛

C. 条件收敛   D. 收敛性根据所给条件不能判定

10. 下列级数中收敛的是(   ).

A. $\displaystyle\sum_{n=1}^{\infty} e^{\left(\frac{1}{n}\right)^2}$

B. $\displaystyle\sum_{n=1}^{\infty} \ln\left(1+\frac{1}{n}\right)$

C. $\displaystyle\sum_{n=1}^{\infty} \left[\frac{(-1)^n}{\sqrt{n}} - \frac{1}{n^2}\right]$

D. $\displaystyle\sum_{n=2}^{\infty} \frac{1}{\ln n}$

注意:可以证明绝对收敛级数与条件收敛级数逐项之和的级数是条件收敛的.

11. 设常数 $k > 0$，则 $\sum\limits_{n=1}^{\infty}(-1)^n\dfrac{k+n}{n^2}$（　　）.

    A. 发散　　　　　　B. 绝对收敛　　　　　C. 条件收敛　　　　　D. 敛散性与 k 有关

12. 若级数 $\sum\limits_{n=1}^{\infty}(u_{2n-1}+u_{2n})$ 收敛，则（　　）.

    A. $\sum\limits_{n=1}^{\infty}u_n$ 必收敛　　　　　　　　　B. $\sum\limits_{n=1}^{\infty}u_n$ 不一定收敛

    C. $\lim\limits_{n\to\infty}u_n=0$　　　　　　　　　　D. $\sum\limits_{n=1}^{\infty}u_n$ 发散

13. 若幂级数 $\sum\limits_{n=1}^{\infty}a_n(x+1)^n$ 在 $x=1$ 处收敛，则该幂级数在 $x=-\dfrac{5}{2}$ 处必然（　　）.

    A. 绝对收敛　　　　B. 条件收敛　　　　C. 发散　　　　D. 收敛性不确定

14. 函数 $f(x)=\dfrac{1}{\sqrt{1+x}}$ 的麦克劳林展开式前三项的和为（　　）.

    A. $1-\dfrac{x}{2}+\dfrac{3}{4}x^2$　　　　　　　　B. $1+\dfrac{x}{2}+\dfrac{3}{4}x^2$

    C. $1-\dfrac{x}{2}+\dfrac{3}{8}x^2$　　　　　　　　D. $1+\dfrac{x}{2}+\dfrac{3}{8}x^2$

三、计算题

1. 判定下列级数的收敛性.

(1) $\sum\limits_{n=1}^{\infty}\dfrac{n\cos^2\frac{n\lambda}{3}}{(n+1)^3}$.　　　　(2) $\sum\limits_{n=1}^{\infty}\left(\dfrac{\pi}{n}-\sin\dfrac{\pi}{n}\right)$.　　　(3) $\sum\limits_{n=1}^{\infty}\left(\dfrac{n}{3n-1}\right)^{2n-1}$.

2. 讨论下列级数的敛散性.

(1) $\sum\limits_{n=1}^{\infty}\displaystyle\int_0^{\frac{1}{n}}\dfrac{\sqrt{x}}{1+x^2}\mathrm{d}x$.　　　　(2) $\sum\limits_{n=1}^{\infty}\left[\dfrac{1}{n}-\ln\left(1+\dfrac{1}{n}\right)\right]$.

3. 求幂级数 $\sum\limits_{n=1}^{\infty}\dfrac{n}{2^n}x^{2n}$ 的收敛域.

4. 求幂级数 $\sum\limits_{n=1}^{\infty}\dfrac{1}{2^n\cdot n}(x+1)^n$ 的收敛域.

5. 将函数 $f(x)=\ln(1+x)$ 展开成 $(x-3)$ 的幂级数.

6. 将 $f(x)=\dfrac{1+x}{(1-x)^2}$ 展开成 x 的幂级数并求级数 $\sum\limits_{n=0}^{\infty}\dfrac{2n+1}{2^n}$ 的和.

7. 将函数 $f(x)=\arctan\dfrac{1+x}{1-x}$ 展开成 x 的幂级数.

8. 求幂级数 $\sum\limits_{n=1}^{\infty}\dfrac{1}{n\cdot 2^n}x^{n-1}$ 的收敛域，并求其和函数.

9. 设 $f(x)$ 是周期为 2π 的周期函数，它在 $[-\pi,\pi]$ 的表达式为 $f(x)=$

$\begin{cases} x, & -\pi \leqslant x < 0 \\ 0, & 0 \leqslant x < \pi \end{cases}$. 将 $f(x)$ 展成傅里叶级数.

10. 设有级数 $2 + \sum\limits_{n=1}^{\infty} \dfrac{x^{2n}}{(2n)!}$.

(1) 求此级数的收敛域.

(2) 证明此级数满足微分方程 $y'' - y = -1$.

(3) 求此级数的和函数.

11. 判定级数 $\sum\limits_{n=1}^{\infty} \dfrac{(-1)^n}{n + \sin n}$ 的敛散性.

12. 判定级数 $\sum\limits_{n=1}^{\infty} (-1)^n (\sqrt{n+2} - \sqrt{n+1})$ 的敛散性,若收敛,指出是绝对收敛还是条件收敛.

13. 判定 $\sum\limits_{n=2}^{\infty} \dfrac{n\cos n\pi}{\sqrt{n^3 - 2n + 1}}$ 是绝对收敛、条件收敛还是发散.

14. 判定级数 $\sum\limits_{n=1}^{\infty} \dfrac{1}{1 + a^n}, a > 0$ 的敛散性.

15. 求级数 $\dfrac{x^2}{1 \cdot 2} + \dfrac{x^4}{3 \cdot 4} + \dfrac{x^6}{5 \cdot 6} + \cdots + \dfrac{x^{2n}}{(2n-1) \cdot (2n)} + \cdots$ 的收敛域.

16. 求幂级数 $\sum\limits_{n=1}^{\infty} n(n+2) x^n$ 的和函数$(|x| < 1)$.

17. 判断下列函数项级数在指定区间的一致收敛性.

(1) $\sum\limits_{n=1}^{\infty} \dfrac{x^n}{n!}, x \in [-4, 4]$; 　　 (2) $\sum\limits_{n=1}^{\infty} \dfrac{x}{1 + n^4 x}, x \in (0, +\infty)$.

18. 判断下列函数列在指定区间的一致收敛性.

(1) $\left\{ \dfrac{nx}{1 + n + x} \right\}, x \in [0, 1]$; 　　 (2) $\left\{ \dfrac{nx}{1 + n + x} \right\}, x \in [0, 1]$;

(3) $\{x^n\}, x \in (0, 2)$.

答案

一、填空题

1. 0. 　 2. S_n 有界. 　 3. 收敛. 　 4. $(-1, 5)$. 　 5. $[-1, 1]$. 　 6. $\sum\limits_{n=1}^{\infty} (-1)^{n+1} n x^{n-1}$. 　 7. 5.

8. (略). 　 9. $\dfrac{2}{3}$. 　 10. $(-2, 4)$. 　 11. $(-1, 1)$. 　 12. $[-1, 1]$. 　 13. $\sqrt{3}$. 　 14. 1.

15. $\dfrac{1}{e} < a < e$. 　 16. $1 - x^2 + \dfrac{x^4}{2!} - \dfrac{x^6}{3!} + \cdots$. 　 17. $(-1, 1]$. 　 18. $\sum\limits_{n=1}^{\infty} \dfrac{1}{n(n+1)}$.

二、单项选择题

1. A. 　 2. C. 　 3. B. 　 4. C. 　 5. A. 　 6. B. 　 7. B. 　 8. C. 　 9. C. 　 10. C. 　 11. C 　 12. B.

13. A. 　 14. C

三、计算题

1. (1) 收敛. 由于 $\left|\dfrac{n\cos^2\frac{n\lambda}{3}}{(n+1)^3}\right| < \dfrac{1}{(n+1)^2}$, 而 $\sum\limits_{n=1}^{\infty}\dfrac{1}{(n+1)^2}$ 收敛.

(2) 收敛. 由于 $\dfrac{\pi}{n}-\sin\dfrac{\pi}{n}\sim\dfrac{1}{6}\dfrac{\pi^3}{n^3}$, 而 $\sum\limits_{n=1}^{\infty}\dfrac{\pi^3}{6n^3}$ 收敛.

(3) 收敛. 利用根式判别法 $\sqrt[n]{a_n}=\left(\dfrac{n}{3n-1}\right)^{\frac{2n-1}{n}}\rightarrow\left(\dfrac{1}{3}\right)^2<1$.

2. (1) 收敛. 由于 $\displaystyle\int_0^{\frac{1}{n}}\dfrac{\sqrt{x}}{1+x^2}\mathrm{d}x<\int_0^{\frac{1}{n}}\sqrt{x}\mathrm{d}x=\dfrac{2}{3n^{\frac{3}{2}}}$, 而 $\sum\limits_{n=1}^{\infty}\dfrac{2}{3n^{\frac{3}{2}}}$ 收敛.

(2) 收敛. 由于 $\dfrac{1}{n}-\ln\left(1+\dfrac{1}{n}\right)\sim\dfrac{1}{2n^2}$, 而 $\sum\limits_{n=1}^{\infty}\dfrac{1}{2n^2}$ 收敛.

3. 收敛域为 $(-\sqrt{2},\sqrt{2})$.

4. 收敛域为 $[-3,1)$.

5. $f(x)=\ln(1+x)=\ln(4+x-3)=\ln4+\ln\left(1+\dfrac{x-3}{4}\right)=\ln4+\sum\limits_{n=1}^{\infty}\dfrac{(-1)^{n-1}\left(\frac{x-3}{4}\right)^n}{n}$

$=\ln4+\sum\limits_{n=1}^{\infty}\dfrac{(-1)^{n-1}(x-3)^n}{n\cdot4^n},\ -1<x\leqslant7.$

6. $f(x)=\dfrac{1}{(1-x)^2}+\dfrac{x}{(1-x)^2}.$

而 $\dfrac{1}{(1-x)^2}=\left(\dfrac{1}{1-x}\right)'=\left(\sum\limits_{n=0}^{\infty}x^n\right)'=\sum\limits_{n=1}^{\infty}nx^{n-1}=\sum\limits_{n=0}^{\infty}(n+1)x^n,\ -1<x<1,$

$\dfrac{x}{(1-x)^2}=x\sum\limits_{n=1}^{\infty}nx^{n-1}=\sum\limits_{n=1}^{\infty}nx^n,\ -1<x<1,$

$f(x)=\dfrac{1}{(1-x)^2}+\dfrac{x}{(1-x)^2}=1+\sum\limits_{n=1}^{\infty}(2n+1)x^n,\ -1<x<1.$

当 $x=\dfrac{1}{2}$ 时, $\sum\limits_{n=0}^{\infty}\dfrac{2n+1}{2^n}=f\left(\dfrac{1}{2}\right)=6.$

7. $f'(x)=\dfrac{1}{1+x^2}=\sum\limits_{n=0}^{\infty}(-1)^nx^{2n},\ -1<x<1,\ \displaystyle\int_0^x f'(t)\mathrm{d}t=\int_0^x\dfrac{1}{1+t^2}\mathrm{d}t=\int_0^x\left[\sum\limits_{n=0}^{\infty}(-1)^nt^{2n}\right]\mathrm{d}t=$

$\sum\limits_{n=0}^{\infty}(-1)^n\displaystyle\int_0^x t^{2n}\mathrm{d}t=\sum\limits_{n=0}^{\infty}(-1)^n\dfrac{x^{2n+1}}{2n+1}$, 即 $f(x)-f(0)=\sum\limits_{n=0}^{\infty}(-1)^n\dfrac{x^{2n+1}}{2n+1},\ -1<x<1$, 而 $f(0)=\dfrac{\pi}{4}$,

当 $x=\pm1$, 级数收敛.

所以 $f(x)=\dfrac{\pi}{4}+\sum\limits_{n=0}^{\infty}(-1)^n\dfrac{x^{2n+1}}{2n+1},\ -1\leqslant x\leqslant1.$

8. 收敛域为 $[-2,2)$, 当 $x\neq0$ 时,

$$S(x)=\dfrac{1}{x}\sum\limits_{n=1}^{\infty}\dfrac{1}{n}\left(\dfrac{x}{2}\right)^n=\dfrac{1}{x}\cdot\left[-\ln\left(1-\dfrac{x}{2}\right)\right]=-\dfrac{1}{x}\ln\left(1-\dfrac{x}{2}\right)$$

$x=0$ 时, $S(0)=\dfrac{1}{2}.$

9. $f(x)=-\dfrac{\pi}{4}+\left(\dfrac{2}{\pi}\cos x+\sin x\right)-\dfrac{1}{2}\sin2x+\left(\dfrac{2}{3^2\pi}\cos3x+\dfrac{1}{3}\sin3x\right)-\dfrac{1}{4}\sin4x$

$+\left(\dfrac{2}{5^2\pi}\cos5x+\dfrac{1}{5}\sin5x\right)-\cdots,\ -\infty<x<\infty,\ x\neq(2k-1)\pi,\ k=0,\pm1,\pm2,\cdots$

10. 收敛域为 $(-\infty, \infty)$，和函数 $S(x) = \dfrac{1}{2}(e^x + e^{-x}) + 1$.

11. 收敛.

12. 条件收敛.

13. 条件收敛.

14. 当 $a = 1$ 和 $0 < a < 1$ 时，级数发散；当 $a > 1$ 时，级数收敛.

15. $[-1, 1]$.

16. $S(x) = \dfrac{x(3-x)}{(1-x)^3}$，$-1 < x < 1$.

17. (1) 一致收敛；　(2) 一致收敛.

18. (1) 一致收敛；　(2) 一致收敛；　(3) 非一致收敛.

专题 9

多元函数微分学

一、主要考点

1. 多元函数的概念

(1) 二元函数的定义及其几何意义.

设 D 是平面上的一个点集,如果对每个点 $P(x,y) \in D$,按照某一对应规则 f,变量 z 都有一个值与之对应,则称 z 是变量 x,y 的二元函数,记为 $z = f(x,y)$,D 称为定义域.

二元函数 $z = f(x,y)$ 的图形为空间一块曲面,它在 xOy 平面上的投影域就是定义域 D.

例如,$z = \sqrt{1-x^2-y^2}$,$D: x^2+y^2 \leqslant 1$,二元函数的图形为以原点为球心、半径为 1 的上半球面,其定义域 D 就是 xOy 平面上以原点为圆心、半径为 1 的闭圆.如图 9.1 所示.

(2) 三元函数与 n 元函数.

$u = f(x,y,z)$,$(x,y,z) \in \Omega$,称为三元函数.

$u = f(x_1,x_2,\cdots,x_n)$ 称为 n 元函数.

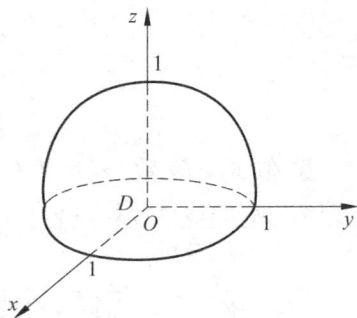

图 9.1

2. 二元函数的重极限与累次极限

(1) 二元函数的极限(也称为重极限):设函数 $z = f(x,y)$ 在点 $P_0(x_0,y_0)$ 的某个邻域内有定义(在点 $P_0(x_0,y_0)$ 处可以无定义),如果当点 $P(x,y)$ 以任意方式趋向于点 $P_0(x_0,y_0)$ 时,相应的函数值 $f(x,y)$ 无限接近于一个确定的常数 A,则称当 $(x,y) \to (x_0,y_0)$ 时,函数 $f(x,y)$ 以 A 为极限,记作

$$\lim_{(x,y) \to (x_0,y_0)} f(x,y) = A \quad \text{或} \quad f(x,y) \to A \ (x \to x_0, y \to y_0)$$

(2) 累次极限:x、y 依一定的先后顺序相继趋向于 x_0 与 y_0 时,函数 $f(x,y)$ 的极限称为累次极限.有 $\lim\limits_{y \to y_0}\lim\limits_{x \to x_0} f(x,y)$ 和 $\lim\limits_{x \to x_0}\lim\limits_{y \to y_0} f(x,y)$.

(3) 重极限与累次极限的关系如下.

① 两个累次极限都存在,重极限未必存在;重极限存在,累次极限未必存在;

② 重极限与某一个累次极限都存在,则二者必相等;

③ 重极限与两个累次极限都存在,则三者必相等;

④ 两个累次极限都存在但不相等,则重极限必不存在(此结论常作为判断重极限不存在的依据).

例如:$f(x,y)=\dfrac{x-y+x^2+y^2}{x+y}$,$\lim\limits_{y\to 0}\lim\limits_{x\to 0}f(x,y)=-1$,$\lim\limits_{x\to 0}\lim\limits_{y\to 0}f(x,y)=1$,所以重极限

$\lim\limits_{(x,y)\to(0,0)}f(x,y)$不存在.

3. 二元函数连续性的定义

设有二元函数 $z=f(x,y)$,如果 $\lim\limits_{(x,y)\to(x_0,y_0)}f(x,y)=f(x_0,y_0)$,则称二元函数 $z=f(x,y)$ 在点 $P_0(x_0,y_0)$ 处连续.

4. 偏导数的定义

如果极限 $\lim\limits_{\Delta x\to 0}\dfrac{f(x_0+\Delta x,y_0)-f(x_0,y_0)}{\Delta x}$ 存在,则称此极限值为函数 $z=f(x,y)$ 在点 (x_0,y_0) 处关于 x 的偏导数,记作

$$\frac{\partial z}{\partial x}\bigg|_{\substack{x=x_0\\y=y_0}}=\frac{\partial f}{\partial x}\bigg|_{\substack{x=x_0\\y=y_0}}=z_x(x_0,y_0)=f_x(x_0,y_0)$$

$$=\lim\limits_{\Delta x\to 0}\frac{f(x_0+\Delta x,y_0)-f(x_0,y_0)}{\Delta x}$$

类似地,函数 $z=f(x,y)$ 在点 (x_0,y_0) 处关于 y 的偏导数定义为 $\lim\limits_{\Delta y\to 0}\dfrac{f(x_0,y_0+\Delta y)-f(x_0,y_0)}{\Delta y}$,记作

$$\frac{\partial z}{\partial y}\bigg|_{\substack{x=x_0\\y=y_0}}=\frac{\partial f}{\partial y}\bigg|_{\substack{x=x_0\\y=y_0}}=z_y(x_0,y_0)=f_y(x_0,y_0)$$

$$=\lim\limits_{\Delta y\to 0}\frac{f(x_0,y_0+\Delta y)-f(x_0,y_0)}{\Delta y}$$

5. 混合偏导数与次序无关的定理

如果函数 $z=f(x,y)$ 的两个混合偏导数在点 (x,y) 连续,则在点 (x,y) 处有

$$\frac{\partial^2 z}{\partial x\partial y}=\frac{\partial^2 z}{\partial y\partial x}$$

6. 偏导数的计算

(1) 一阶偏导数的计算.

类型 1 显函数,如 $z=x^2+y^3$,则 $\dfrac{\partial z}{\partial x}=2x$,$\dfrac{\partial z}{\partial y}=3y^2$.

类型 2 隐函数 $F(x,y,z)=0$,则 $\dfrac{\partial z}{\partial x}=-\dfrac{F_x}{F_z}$,$\dfrac{\partial z}{\partial y}=-\dfrac{F_y}{F_z}$(这个方法也适用于一元函数).

如 $z^3 - 3xyz = a^3$,求 $\dfrac{\partial z}{\partial x}$. 令 $F = z^3 - 3xyz - a^3$,则

$$\frac{\partial z}{\partial x} = -\frac{F_x}{F_z} = -\frac{-3yz}{3z^2 - 3xy} = \frac{yz}{z^2 - xy}$$

类型3 复合函数(要充分利用树状图).

模型 I 设 $z = f(u,v)$,$u = u(x,y)$,$v = v(x,y)$,如图 9.2 所示,则

$$\frac{\partial z}{\partial x} = \frac{\partial z}{\partial u}\frac{\partial u}{\partial x} + \frac{\partial z}{\partial v} \cdot \frac{\partial v}{\partial x}, \quad \frac{\partial z}{\partial y} = \frac{\partial z}{\partial u}\frac{\partial u}{\partial y} + \frac{\partial z}{\partial v}\frac{\partial v}{\partial y}$$

模型 II 设 $u = f(x,y,z)$,$z = z(x,y)$(为二元函数),如图 9.3 所示,则

$$\frac{\partial u}{\partial x} = f_x + f_z\frac{\partial z}{\partial x}, \quad \frac{\partial u}{\partial y} = f_y + f_z\frac{\partial z}{\partial y}$$

模型 III 设 $u = f(x,y,z)$,$y = y(x)$,$z = z(x)$(为一元函数),如图 9.4 所示,则

$$\frac{\mathrm{d}u}{\mathrm{d}x} = f_x + f_y\frac{\mathrm{d}y}{\mathrm{d}x} + f_z\frac{\mathrm{d}z}{\mathrm{d}x}$$

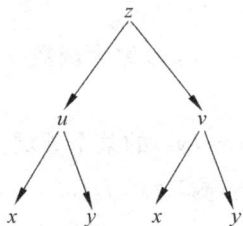

图 9.2

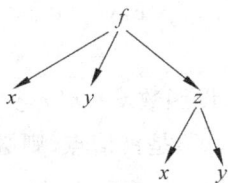

图 9.3

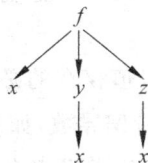

图 9.4

类型4 分段函数,要用定义来求偏导,即

$$f_x(x_0,y_0) = \lim_{\Delta x \to 0}\frac{f(x_0 + \Delta x, y_0) - f(x_0,y_0)}{\Delta x}$$

或

$$f_y(x_0,y_0) = \lim_{\Delta y \to 0}\frac{f(x_0, y_0 + \Delta y) - f(x_0,y_0)}{\Delta y}$$

(2) 二阶偏导数的计算.

类型1 显函数,如 $z = x^2 + y^3$,则 $\dfrac{\partial z}{\partial x} = 2x$,所以有 $\dfrac{\partial^2 z}{\partial x^2} = 2$.

类型2 隐函数 $F(x,y,z) = 0$,如 $z^3 - 3xyz = a^3$,求 $\dfrac{\partial^2 z}{\partial x^2}$.

令 $F = z^3 - 3xyz - a^3$,则 $\dfrac{\partial z}{\partial x} = -\dfrac{F_x}{F_z} = -\dfrac{-3yz}{3z^2 - 3xy} = \dfrac{yz}{z^2 - xy}$,所以

$$\frac{\partial^2 z}{\partial x^2} = \frac{\partial}{\partial x}\left(\frac{yz}{z^2 - xy}\right) = \frac{y\dfrac{\partial z}{\partial x}(z^2 - xy) - yz\left(2z\dfrac{\partial z}{\partial x} - y\right)}{(z^2 - xy)^2}$$

$$= \frac{y\left(\dfrac{yz}{z^2 - xy}\right)(z^2 - xy) - yz\left[2z\left(\dfrac{yz}{z^2 - xy}\right) - y\right]}{(z^2 - xy)^2}$$

类型 3　复合函数(具体看例题与习题).

7. 全微分的计算

$u=f(x,y)$,全微分为 $\mathrm{d}u=\dfrac{\partial f}{\partial x}\mathrm{d}x+\dfrac{\partial f}{\partial y}\mathrm{d}y$.

$u=f(x,y,z)$,全微分为 $\mathrm{d}u=\dfrac{\partial f}{\partial x}\mathrm{d}x+\dfrac{\partial f}{\partial y}\mathrm{d}y+\dfrac{\partial f}{\partial z}\mathrm{d}z$.

解题思路:先求一阶偏导数,然后套上面的公式.

8. 二元函数的极值与稳定点

(1) 极值:设函数 $z=f(x,y)$ 在点 $P_0(x_0,y_0)$ 的某个邻域内有定义,如果对在此邻域内除点 $P_0(x_0,y_0)$ 外的任意点 $P(x,y)$,均有 $f(x,y)<f(x_0,y_0)$(或 $f(x,y)>f(x_0,y_0)$),则称点 $P_0(x_0,y_0)$ 为函数 $z=f(x,y)$ 的极大值点(或极小值点). $f(x_0,y_0)$ 称为极大值(或极小值).

(2) 稳定点:使 $f_x(x,y)=0$,$f_y(x,y)=0$ 同时成立的点 (x,y) 称为函数 $z=f(x,y)$ 的稳定点.

(3) 极值存在的必要条件:设函数 $z=f(x,y)$ 在点 $P_0(x_0,y_0)$ 的某个邻域内有定义,且存在一阶偏导数,如果 $P_0(x_0,y_0)$ 是极值点,则必有 $f_x(x_0,y_0)=0$,$f_y(x_0,y_0)=0$.

注意:可导函数的极值点必定为稳定点,但是函数 $z=f(x,y)$ 的稳定点却不一定是极值点.

9. 求二元函数极值的方法

方法 1　用极值存在的充分条件.

求 $z=f(x,y)$ 的极值:由 $\begin{cases} f'_x(x,y)=0 \\ f'_y(x,y)=0 \end{cases}$ 求出稳定点 $P_0(x_0,y_0)$.

若 $f_{xx}(P_0)>0$,且 $(f_{xx}f_{yy}-f_{xy}^2)(P_0)>0$,则 $P_0(x_0,y_0)$ 为极小值点;

若 $f_{xx}(P_0)<0$,且 $(f_{xx}f_{yy}-f_{xy}^2)(P_0)>0$,则 $P_0(x_0,y_0)$ 为极大值点;

若 $(f_{xx}f_{yy}-f_{xy}^2)(P_0)<0$,则 $P_0(x_0,y_0)$ 不是极值点;

若 $(f_{xx}f_{yy}-f_{xy}^2)(P_0)=0$,则不能判断.(有时需从极值的定义出发讨论)

方法 2　用条件极值与拉格朗日乘数法.

(1) 条件极值:求多元函数的极值问题或最大值、最小值问题时,对自变量的取值往往要附加一定的约束条件,这类附有约束条件的极值问题称为条件极值.

(2) 拉格朗日乘数法:求函数 $u=f(x,y,z)$ 在满足约束条件 $\varphi(x,y,z)=0$ 下的条件极值,其常用方法是拉格朗日乘数法. 拉格朗日乘数法的具体步骤如下.

① 构造拉格朗日函数 $F(x,y,z,\lambda)=f(x,y,z)+\lambda\varphi(x,y,z)$,其中 λ 为待定常数,称其为拉格朗日乘数.

② 求四元函数 $F(x,y,z,\lambda)$ 的稳定点,即列方程组

$$\begin{cases} F_x = f_x(x,y,z) + \lambda\varphi_x(x,y,z) = 0 \\ F_y = f_y(x,y,z) + \lambda\varphi_y(x,y,z) = 0 \\ F_z = f_z(x,y,z) + \lambda\varphi_z(x,y,z) = 0 \\ F_\lambda = \varphi(x,y,z) = 0 \end{cases}$$

求出上述方程组的解 x,y,z,λ,那么稳定点 (x,y,z) 有可能是极值点.

③ 判别求出的点 (x,y,z) 是否是极值点,通常由实际问题的实际意义来确定.

对于多于三个自变量的函数或多于一个约束条件的情形也有类似的结果.

10. 几何应用

(1) 平面曲线上一点处的切线和法线(较简单,公式略).

(2) 空间曲线上一点处的切线和法平面.

设空间曲线 C 的参数方程为

$$\begin{cases} x = x(t) \\ y = y(t), \quad \alpha \leqslant t \leqslant \beta \\ z = z(t) \end{cases}$$

当 $t=t_0$ 时,曲线 C 上的对应点为 $M_0(x_0,y_0,z_0)$,则曲线 C 在点 M_0 处的切线方程和法平面方程分别为

$$\frac{x-x_0}{x'(t_0)} = \frac{y-y_0}{y'(t_0)} = \frac{z-z_0}{z'(t_0)}$$

和

$$x'(t_0)(x-x_0) + y'(t_0)(y-y_0) + z'(t_0)(z-z_0) = 0$$

(3) 空间曲面上一点处的切平面和法线.

设曲面的方程 $F(x,y,z)=0$,曲面上的一点的切平面方程与法线方程分别为

$$z - z_0 = -\frac{F_x(x_0,y_0,z_0)}{F_z(x_0,y_0,z_0)}(x-x_0) - \frac{F_y(x_0,y_0,z_0)}{F_z(x_0,y_0,z_0)}(y-y_0)$$

和

$$\frac{x-x_0}{-\dfrac{F_x(x_0,y_0,z_0)}{F_z(x_0,y_0,z_0)}} = \frac{y-y_0}{-\dfrac{F_y(x_0,y_0,z_0)}{F_z(x_0,y_0,z_0)}} = \frac{z-z_0}{-1}$$

二、应 用 举 例

例 9.1 求函数 $z = \arcsin\dfrac{x}{3} + \sqrt{xy}$ 的定义域.

解 要求 $\left|\dfrac{x}{3}\right| \leqslant 1$,即 $-3 \leqslant x \leqslant 3$;又要求 $xy \geqslant 0$ 即 $x \geqslant 0, y \geqslant 0$ 或 $x \leqslant 0, y \leqslant 0$,综合上述要求得定义域(见图 9.5):

$$\begin{cases} -3 \leqslant x \leqslant 0 \\ y \leqslant 0 \end{cases} \quad \text{或} \quad \begin{cases} 0 \leqslant x \leqslant 3 \\ y \geqslant 0 \end{cases}$$

例9.2 求函数 $z=\sqrt{4-x^2-y^2}+\ln(y^2-2x+1)$ 的定义域.

解 要求 $4-x^2-y^2\geqslant0$ 和 $y^2-2x+1>0$,即

$$\begin{cases} x^2+y^2\leqslant 2^2 \\ y^2+1>2x \end{cases}$$

函数定义域 D 在圆 $x^2+y^2\leqslant2^2$ 的内部(包括边界)和抛物线 $y^2+1=2x$ 的左侧(不包括抛物线上的点),如图9.6所示.

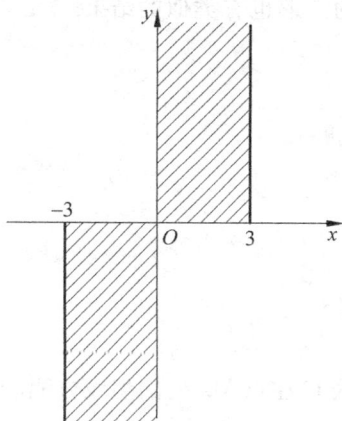

图 9.5

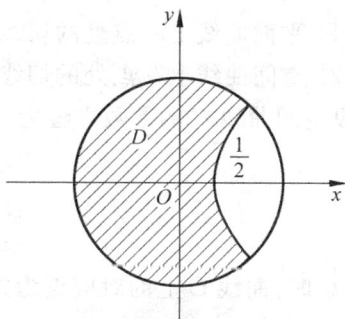

图 9.6

例9.3 设 $f(x+y,x-y)=x^2y+y^2$,求 $f(x,y)$.

解 设 $x+y=u,x-y=v$,解出 $x=\dfrac{1}{2}(u+v),y=\dfrac{1}{2}(u-v)$,代入所给函数化简

$f(u,v)=\dfrac{1}{8}(u+v)^2(u-v)+\dfrac{1}{4}(u-v)^2$,故 $f(x,y)=\dfrac{1}{8}(x+y)^2(x-y)+\dfrac{1}{4}(x-y)^2$.

例9.4 设 $z=\sqrt{y}+f(\sqrt{x}-1)$,当 $y=1$ 时,$z=x$,求函数 $f(x)$ 和 z.

解 由条件可知,$x=1+f(\sqrt{x}-1)$,令 $\sqrt{x}-1=u$,则 $f(u)=x-1=(u+1)^2-1=u^2+2u$,所以 $f(x)=x^2+2x$,$z=\sqrt{y}+x-1$.

例9.5 讨论 $\lim\limits_{(x,y)\to(\infty,a)}\left(1+\dfrac{1}{xy}\right)^{\frac{x^2}{x+y}}$ $(a\neq0$ 常数$)$.

解 原式 $=\lim\limits_{(x,y)\to(\infty,a)}\left[\left(1+\dfrac{1}{xy}\right)^{xy}\right]^{\frac{x^2}{xy(x+y)}}$

而

$$\lim\limits_{(x,y)\to(\infty,a)}\left(1+\dfrac{1}{xy}\right)^{xy}\xlongequal{\text{令}\,t=xy}\lim\limits_{t\to\infty}\left(1+\dfrac{1}{t}\right)^t=e$$

又

$$\lim\limits_{(x,y)\to(\infty,a)}\dfrac{x^2}{xy(x+y)}=\lim\limits_{(x,y)\to(\infty,a)}\dfrac{1}{y\left(1+\dfrac{y}{x}\right)}=\dfrac{1}{a}$$

所以,原式 $=e^{\frac{1}{a}}$.

例 9.6 讨论 $\lim\limits_{(x,y)\to(0,0)}\dfrac{x^2 y}{x^4+y^2}$.

解 方法 1 设 $y=lx$，原式 $=\lim\limits_{x\to 0}\dfrac{lx^3}{x^4+l^2 x^2}=0$，设 $y=lx^2$，原式 $=\lim\limits_{x\to 0}\dfrac{lx^4}{x^4+l^2 x^4}=$

$\dfrac{l}{1+l^2}$，所以，原式的极限不存在.

方法 2（极坐标变换） 令 $x=r\cos\theta,y=r\sin\theta$，当 $(x,y)\to(0,0)$ 时，$r\to 0$. 所以

$\lim\limits_{(x,y)\to(0,0)}\dfrac{x^2 y}{x^4+y^2}=\lim\limits_{r\to 0}\dfrac{r^3\cos^2\theta\sin\theta}{r^2(r^2\cos^4\theta+\sin^2\theta)}=\lim\limits_{r\to 0}\dfrac{r\cos^2\theta\sin\theta}{r^2\cos^4\theta+\sin^2\theta}$ 极限不存在.

例 9.7 讨论 $\lim\limits_{(x,y)\to(0,0)}\dfrac{x^2|y|^{\frac{3}{2}}}{x^4+y^2}$.

解 因为 $x^4+y^2\geqslant 2x^2|y|$（因为 $(x^2-|y|)^2\geqslant 0$），所以 $0\leqslant\dfrac{x^2|y|^{\frac{3}{2}}}{x^4+y^2}\leqslant\dfrac{x^2|y|^{\frac{3}{2}}}{2x^2|y|}=$

$\dfrac{1}{2}|y|^{\frac{1}{2}}$，而 $\lim\limits_{(x,y)\to(0,0)}\dfrac{1}{2}|y|^{\frac{1}{2}}=0$；$\lim\limits_{(x,y)\to(0,0)}0=0$.

用夹逼定理可知，原式 $=0$.

例 9.8 证明函数 $f(x,y)=\begin{cases}\dfrac{x^3+y^2}{\sqrt{x^2+y^2}}, & x^2+y^2\neq 0\\ 0, & x^2+y^2=0\end{cases}$ 在点 $(0,0)$ 连续，并求 $f_x(0,0)$

和 $f_y(0,0)$.

证 $\lim\limits_{(x,y)\to(0,0)}f(x,y)\xlongequal{x=\rho\cos\theta,y=\rho\sin\theta}\lim\limits_{\rho\to 0}\dfrac{\rho^2(\rho\cos^3\theta+\sin^2\theta)}{\rho}=\lim\limits_{\rho\to 0}\rho(\rho\cos^3\theta+\sin^2\theta)=$

$0=f(0,0)$，$f(x,y)$ 在点 $(0,0)$ 连续.

$$f_x(0,0)=\lim\limits_{x\to 0}\dfrac{f(x,0)-f(0,0)}{x}=\lim\limits_{x\to 0}\dfrac{x^3}{x|x|}=0$$

$$f_y(0,0)=\lim\limits_{y\to 0}\dfrac{f(0,y)-f(0,0)}{y}=\lim\limits_{y\to 0}\dfrac{y^2}{y|y|}，不存在$$

例 9.9 已知 $f(x,y)=e^{\frac{y}{\sin x}}\cdot\ln(x^3+xy^2)$，求 $f_x(1,0)$.

解 如果先求出偏导函数 $f_x(x,y)$，再将 $x=1,y=0$ 代入求 $f_x(1,0)$ 比较麻烦，但是

若先把函数中的 y 固定在 $y=0$，则有 $f(x,0)=3\ln x$. 于是 $f_x(x,0)=\dfrac{3}{x}$，$f_x(1,0)=3$.

例 9.10 求 $u=\left(\dfrac{x}{y}\right)^z$ 的偏导数.

解 $\dfrac{\partial u}{\partial x}=\dfrac{z}{y}\left(\dfrac{x}{y}\right)^{z-1}$，$\dfrac{\partial u}{\partial y}=z\left(\dfrac{x}{y}\right)^{z-1}\left(-\dfrac{x}{y^2}\right)=-\dfrac{z\cdot x^z}{y^{z+1}}$，$\dfrac{\partial u}{\partial z}=\left(\dfrac{x}{y}\right)^z\ln\dfrac{x}{y}$.

例 9.11 设 $z=x^2 f\left(\dfrac{y}{x},\sin\sqrt{xy}\right)$，求 $\dfrac{\partial z}{\partial x}$，$\dfrac{\partial z}{\partial y}$.

解 此题为复合函数，所以只能用多元函数求导法则.

令 $u=\dfrac{y}{x}$，$v=\sin\sqrt{xy}$，则 $z=x^2 f(u,v)$，于是

$$\frac{\partial z}{\partial x} = 2xf(u,v) + x^2 f_x(u,v) = 2xf(u,v) + x^2\left(\frac{\partial f}{\partial u} \cdot \frac{\partial u}{\partial x} + \frac{\partial f}{\partial v} \cdot \frac{\partial v}{\partial x}\right)$$

$$= 2xf(u,v) + x^2\left(\frac{\partial f}{\partial u} \cdot \left(-\frac{y}{x^2}\right) + \frac{\partial f}{\partial v} \cdot \cos\sqrt{xy} \cdot \frac{1}{2\sqrt{xy}} \cdot y\right)$$

$$= 2xf\left(\frac{y}{x}, \sin\sqrt{xy}\right) + x^2\left(-\frac{y}{x^2}\frac{\partial f}{\partial u} + \frac{1}{2}\sqrt{\frac{y}{x}}\cos\sqrt{xy}\frac{\partial f}{\partial v}\right)$$

$$\frac{\partial z}{\partial y} = x^2 f_y(u,v) = x^2\left(\frac{\partial f}{\partial u} \cdot \frac{\partial u}{\partial y} + \frac{\partial f}{\partial v} \cdot \frac{\partial v}{\partial y}\right) = x^2\left(\frac{\partial f}{\partial u} \cdot \frac{1}{x} + \frac{\partial f}{\partial v} \cdot \cos\sqrt{xy} \cdot \frac{x}{2\sqrt{xy}}\right)$$

$$= x^2\left(\frac{1}{x}\frac{\partial f}{\partial u} + \frac{1}{2}\sqrt{\frac{x}{y}}\cos\sqrt{xy}\frac{\partial f}{\partial v}\right)$$

例 9.12　设 $z = \frac{x^2}{y^2}\ln(2x-y)$，求 $\frac{\partial z}{\partial x}$、$\frac{\partial z}{\partial y}$.

解　方法 1　令 $u = \frac{x}{y}$，$v = 2x - y$，原式可写成 $z = u^2\ln v$，由复合函数求导法则，得 $\frac{\partial z}{\partial x} = \frac{\partial z}{\partial u} \cdot \frac{\partial u}{\partial x} + \frac{\partial z}{\partial v} \cdot \frac{\partial v}{\partial x}$，即

$$\frac{\partial z}{\partial x} = 2u\ln v \cdot \frac{1}{y} + \frac{u^2}{v} \cdot 2 = \frac{2x}{y^2}\ln(2x-y) + \frac{2x^2}{y^2(2x-y)}$$

$$\frac{\partial z}{\partial y} = \frac{\partial z}{\partial u} \cdot \frac{\partial u}{\partial y} + \frac{\partial z}{\partial v} \cdot \frac{\partial v}{\partial y} = 2u\ln v \cdot \left(-\frac{x}{y^2}\right) + \frac{u^2}{v} \cdot (-1)$$

$$= -\frac{2x^2}{y^3}\ln(2x-y) - \frac{x^2}{y^2(2x-y)}$$

方法 2　利用一元函数求导法则求偏导，可直接求出两个偏导数 $\frac{\partial z}{\partial x}$、$\frac{\partial z}{\partial y}$. 即

$$\frac{\partial z}{\partial x} = \frac{2x}{y^2}\ln(2x-y) + \frac{2x^2}{y^2(2x-y)}, \frac{\partial z}{\partial y} = -\frac{2x^2}{y^3}\ln(2x-y) - \frac{x^2}{y^2(2x-y)}$$

例 9.13　设 $e^{-xy} - 2z + e^{-z} = 0$，求 $\frac{\partial z}{\partial x}$、$\frac{\partial z}{\partial y}$.

解　方法 1（公式法）　设 $F(x,y,z) = e^{-xy} - 2z + e^{-z} = 0$，则 $F_x = -ye^{-xy}$，$F_y = -xe^{-xy}$，$F_z = -2 - e^{-z}$，因此

$$\frac{\partial z}{\partial x} = -\frac{F_x}{F_z} = -\frac{-ye^{-xy}}{-2-e^{-z}} = -\frac{ye^{-xy}}{2+e^{-z}}; \frac{\partial z}{\partial y} = -\frac{F_y}{F_z} = -\frac{-xe^{-xy}}{-2-e^{-z}} = -\frac{xe^{-xy}}{2+e^{-z}}$$

方法 2（方程两端求导）　由于方程有三个变量，故只有两个变量是独立的，所以求 $\frac{\partial z}{\partial x}$、$\frac{\partial z}{\partial y}$ 时，将 z 看作 x、y 的函数.

方程两端对 x 求偏导数，得

$$e^{-xy}(-y) - 2\frac{\partial z}{\partial x} - e^{-z} \cdot \frac{\partial z}{\partial x} = 0 \quad 即 \quad \frac{\partial z}{\partial x} = -\frac{ye^{-xy}}{2+e^{-z}}$$

方程两端对 y 求偏导数，得

$$e^{-xy}(-x) - 2\frac{\partial z}{\partial y} - e^{-z} \cdot \frac{\partial z}{\partial y} = 0 \quad 即 \quad \frac{\partial z}{\partial y} = -\frac{xe^{-xy}}{2+e^{-z}}$$

方法 $3\left(\text{利用全微分求}\dfrac{\partial z}{\partial x},\dfrac{\partial z}{\partial y}\right)$ 方程两边求全微分,利用微分形式不变性,则

$$d(e^{-xy}) - 2dz + de^{-z} = 0$$

$$- e^{-xy}d(xy) - 2dz - e^{-z}dz = 0$$

$$- e^{-xy}(ydx + xdy) - (2 + e^{-z})dz = 0$$

$$dz = -\frac{ye^{-xy}}{2 + e^{-z}}dx - \frac{xe^{-xy}}{2 + e^{-z}}dy$$

因此

$$\frac{\partial z}{\partial x} = -\frac{ye^{-xy}}{2 + e^{-z}}, \frac{\partial z}{\partial y} = -\frac{xe^{-xy}}{2 + e^{-z}}$$

例 9.14   设 $u = f(x,y,z)$ 有连续的一阶偏导数,又函数 $y = y(x)$ 及 $z = z(x)$ 分别由下列两式确定: $e^{xy} - xy = 2$ 和 $e^x = \displaystyle\int_0^{x-z} \frac{\sin t}{t}dt$,求 $\dfrac{du}{dx}$.

解
$$\frac{du}{dx} = f_x + f_y \frac{dy}{dx} + f_z \frac{dz}{dx}$$

由 $e^{xy} - xy = 2$ 两边对 x 求导,得 $e^{xy}\left(y + x\dfrac{dy}{dx}\right) - \left(y + x\dfrac{dy}{dx}\right) = 0$,解出 $\dfrac{dy}{dx} = -\dfrac{y}{x}$;

由 $e^x = \displaystyle\int_0^{x-z} \frac{\sin t}{t}dt$ 两边对 x 求导,得 $e^x = \dfrac{\sin(x-z)}{x-z}\left(1 - \dfrac{dz}{dx}\right)$.

解出 $\dfrac{dz}{dx} = 1 - \dfrac{e^x(x-z)}{\sin(x-z)}$,所以 $\dfrac{du}{dx} = \dfrac{\partial f}{\partial x} - \dfrac{y}{x}\dfrac{\partial f}{\partial y} + \left[1 - \dfrac{e^x(x-z)}{\sin(x-z)}\right]\dfrac{\partial f}{\partial z}$.

例 9.15   设 $u = f(x,y,z)$ 有连续偏导数,$z = z(x,y)$ 由方程 $xe^x - ye^y = ze^z$ 所确定,求 du.

解   方法 1   令 $F(x,y,z) = xe^x - ye^y - ze^z$,得 $F_x = (x+1)e^x$,$F_y = -(y+1)e^y$,$F_z = -(z+1)e^z$,则用隐函数求导公式得

$$\frac{\partial z}{\partial x} = -\frac{F_x}{F_z} = \frac{x+1}{z+1}e^{x-z}, \qquad \frac{\partial z}{\partial y} = -\frac{y+1}{z+1}e^{y-z}$$

$$\frac{\partial u}{\partial x} = f_x + f_z \frac{\partial z}{\partial x} = f_x + f_z \cdot \frac{x+1}{z+1}e^{x-z}$$

$$\frac{\partial u}{\partial y} = f_y + f_z \frac{\partial z}{\partial y} = f_y - f_z \cdot \frac{y+1}{z+1}e^{y-z}$$

所以
$$du = \frac{\partial u}{\partial x}dx + \frac{\partial u}{\partial y}dy = \left(f_x + f_z \frac{x+1}{z+1}e^{x-z}\right)dx + \left(f_y - f_z \frac{y+1}{z+1}e^{y-z}\right)dy$$

方法 2   在 $xe^x - ye^y = ze^z$ 两边求微分,得 $(1+x)e^x dx - (1+y)e^y dy = (1+z)e^z dz$,解出 $dz = \dfrac{(1+x)e^x dx - (1+y)e^y dy}{(1+z)e^z}$,代入

$$du = f_x dx + f_y dy + f_z dz = f_x dx + f_y dy + f_z\left[\frac{(1+x)e^x dx - (1+y)e^y dy}{(1+z)e^z}\right]$$

合并化简得 $du = \left(f_x + f_z \dfrac{x+1}{z+1}e^{x-z}\right)dx + \left(f_y - f_z \dfrac{y+1}{z+1}e^{y-z}\right)dy$.

例 9.16　在曲线 $\begin{cases} x=-3t \\ y=\dfrac{1}{2}t^2 \\ z=t^3 \end{cases}$ 上求出一点,使在该点的切线平行于平面 $2x-3y+z=1$,

并求过该点的切线方程及法平面方程.

解　此题的关键是求出切点的坐标.因为 $x'(t)=-3,y'(t)=t,z'(t)=3t^2$,故知曲线上任一点的切线方向向量 $s=\{-3,t,3t^2\}$;又知平面 $2x-3y+z=1$ 的法向量 $n=\{2,-3,1\}$,所以必有 $s \perp n$,即 $s \cdot n=0$,故有 $-6-3t+3t^2=0,t^2-t-2=0$,解得 $t_1=-1,t_2=2$,将 t_1,t_2 代入曲线方程得到切点的坐标为 $\left(3,\dfrac{1}{2},-1\right),(-6,2,8)$.所以,

曲线在点 $\left(3,\dfrac{1}{2},-1\right)$ 处的切线方向向量 $s_1=\{-3,-1,3\}$,故

切线方程为 $\dfrac{x-3}{-3}=\dfrac{y-\dfrac{1}{2}}{-1}=\dfrac{z+1}{3}$;

法平面方程为 $-3(x-3)-\left(y-\dfrac{1}{2}\right)+3(z+1)=0$,即 $6x+2y-6z-25=0$.

曲线在点 $(-6,2,8)$ 处的切线方向向量 $s_2=\{-3,2,12\}$,故

切线方程为 $\dfrac{x+6}{-3}=\dfrac{y-2}{2}=\dfrac{z-8}{12}$;

法平面方程为 $-3(x+6)+2(y-2)+12(z-8)=0$,即 $3x-2y-12z+118=0$.

例 9.17　求曲面 $x^2+2y^2+3z^2=84$,平行于平面 $x+4y+6z=8$ 的切平面方程及过切点的法线方程.

解　此题的关键是求切点的坐标.设 $F(x,y,z)=x^2+2y^2+3z^2-84=0$ 的切点坐标为 $(x_0,y_0,z_0),F_x=2x,F_y=4y,F_z=6z$.所以,切平面的法向量为 $a=\{2x_0,4y_0,6z_0\}$.

因为切平面与已知平面 $x+4y+6z=8$ 平行,所以有

$$\frac{2x_0}{1}=\frac{4y_0}{4}=\frac{6z_0}{6} \tag{①}$$

又由于点 (x_0,y_0,z_0) 在曲面上,所以

$$x_0^2+2y_0^2+3z_0^2=84 \tag{②}$$

联立式①和式②,解之得 $x_0=\pm2,y_0=\pm4,z_0=\pm4$,从而得切点为 $(2,4,4)$ 及 $(-2,-4,-4)$.于是得过切点 $(2,4,4)$ 的切平面方程为 $(x-2)+4(y-4)+6(z-4)=0$,即 $x+4y+6z-42=0$,法线方程为 $\dfrac{x-2}{1}=\dfrac{y-4}{4}=\dfrac{z-4}{6}$.

过切点 $(-2,-4,-4)$ 的切平面方程为 $(x+2)+4(y+4)+6(z+4)=0$,即 $x+4y+6z+42=0$,法线方程为 $\dfrac{x+2}{1}=\dfrac{y+4}{4}=\dfrac{z+4}{6}$.

例 9.18　求函数 $f(x,y)=\mathrm{e}^{x-y}(x^2-2y^2)$ 的极值.

解　(1)求稳定点:由

$$\begin{cases} f_x(x,y) = e^{x-y}(x^2-2y^2)+2xe^{x-y} = 0 \\ f_y(x,y) = -e^{x-y}(x^2-2y^2)-4ye^{x-y} = 0 \end{cases}$$

得两个稳定点 $(0,0),(-4,-2)$.

（2）求 $f(x,y)$ 的二阶偏导数.

$$f_{xx}(x,y) = e^{x-y}(x^2-2y^2+4x+2)$$

$$f_{xy}(x,y) = e^{x-y}(2y^2-x^2-2x-4y)$$

$$f_{yy}(x,y) = e^{x-y}(x^2-2y^2+8y-4)$$

（3）讨论稳定点是否为极值点.

在 $(0,0)$ 处，有 $f_{xx}(0,0)=2, f_{xy}(0,0)=0, f_{yy}(0,0)=-4, (f_{xx}f_{yy}-f_{xy}^2)(0,0)=$ $-8<0$，由极值的充分条件知 $(0,0)$ 不是极值点，$f(0,0)=0$ 不是函数的极值.

在 $(-4,-2)$ 处，有 $f_{xx}(-4,-2)=-6e^{-2}, f_{xy}(-4,-2)=8e^{-2}, f_{yy}(-4,-2)=$ $-12e^{-2}, (f_{xx}f_{yy}-f_{xy}^2)(-4,-2)=8e^{-4}>0$，而 $f_{xx}(-4,-2)=-6e^{-2}<0$，由极值的充分条件知 $(-4,-2)$ 为极大值点，$f(-4,-2)=8e^{-2}$ 是函数的极大值.

例 9.19 某公司要用不锈钢板做成一个体积为 $8m^3$ 的有盖长方体水箱. 问水箱的长、宽、高如何设计，才能使用料最省？

解 方法 1（用条件极值求问题的解） 设长方体的长、宽、高分别为 x,y,z. 依题意，有

$$S = 2(xy+yz+zx), \quad xyz = 8$$

令 $f(x,y,z,\lambda)=2(xy+yz+zx)+\lambda(xyz-8)$，由

$$\begin{cases} f_x = 2(y+z)+\lambda yz = 0 \\ f_y = 2(x+z)+\lambda xz = 0 \\ f_z = 2(y+x)+\lambda xy = 0 \\ f_\lambda = xyz - 8 = 0 \end{cases}$$

解得稳定点 $(2,2,2)$. 根据实际问题，最小值一定存在，且稳定点唯一. 因此，当水箱的长、宽、高分别为 $2m$ 时，才能使用料最省.

方法 2（将条件极值转化为无条件极值） 设长方体的长、宽、高分别为 x,y,z. 依题意，有

$$S = 2(xy+yz+zx), \quad xyz = 8$$

消去 z，得面积函数 $S=2\left(xy+\dfrac{8}{x}+\dfrac{8}{y}\right), x>0, y>0, xy\leqslant 8$. 由

$$\begin{cases} S_x = 2\left(y-\dfrac{8}{x^2}\right) = 0 \\ S_y = 2\left(x-\dfrac{8}{y^2}\right) = 0 \end{cases}$$

解得稳定点 $(2,2)$. 根据实际问题，最小值一定存在，且稳定点唯一. 因此，$(2,2)$ 为 $S(x,y)$ 的最小值点，即当水箱的长、宽、高分别为 $2m$ 时，才能使用料最省.

例 9.20 求坐标原点到曲线 C：$\begin{cases} x^2+y^2-z^2=1 \\ 2x-y-z=1 \end{cases}$ 的最短距离.

解 设曲线 C 上点 (x,y,z) 到坐标原点的距离为 d，令 $W=d^2=x^2+y^2+z^2$，约束条件 $x^2+y^2-z^2-1=0,2x-y-z-1=0$.用拉格朗日乘数法，令

$$F=F(x,y,z,\lambda,\mu)=(x^2+y^2+z^2)+\lambda(x^2+y^2-z^2-1)+\mu(2x-y-z-1)$$

$$F_x=2x+2\lambda x+2\mu=0 \qquad\qquad ①$$

$$F_y=2y+2\lambda y-\mu=0 \qquad\qquad ②$$

$$F_z=2z-2\lambda z-\mu=0 \qquad\qquad ③$$

$$F_\lambda=x^2+y^2-z^2-1=0 \qquad\qquad ④$$

$$F_\mu=2x-y-z-1=0 \qquad\qquad ⑤$$

首先，由式①、式②可见，如果取 $\lambda=-1$，则 $\mu=0$，由式③可知 $z=0$，再由式④、式⑤得 $x^2+y^2-1=0,2x-y-1=0$.解得

$$\begin{cases} x=0 \\ y=-1 \end{cases} \qquad 和 \qquad \begin{cases} x=\dfrac{4}{5} \\ y=\dfrac{3}{5} \end{cases}$$

这样得到两个稳定点 $P_1(0,-1,0)$、$P_2\left(\dfrac{4}{5},\dfrac{3}{5},0\right)$.

其次，如果取 $\lambda=1$，由式③得 $\mu=0$，再由式①、式②得 $x=0,y=0$，这样式④成为 $-z^2=1$，是矛盾的，所以这种情形没有稳定点.

最后，讨论 $\lambda\neq1,\lambda\neq-1$ 情形，由式①～③可得

$$x=-\frac{\mu}{1+\lambda}, \quad y=\frac{\mu}{2(1+\lambda)}, \quad z=\frac{\mu}{2(1-\lambda)}$$

代入式④、⑤消去 μ，得 $3\lambda^2-9\lambda+8=0$，此方程无解，所以这种情形也没有稳定点.

综合上面讨论可知只有两个稳定点，它们到坐标原点的距离都是 1，由实际问题一定有最短距离，可知最短距离为 1.

注意：求条件极值时，可以转化为无条件极值去解决，或用拉格朗日乘数法.条件极值一般是解决某些最大值、最小值问题.在实际问题中，往往根据问题本身就可以判定最大（最小）值是否存在，并不需要比较复杂的条件（充分条件）去判断.

习　题　9

1. 已知 $f\left(x+y,\dfrac{y}{x}\right)=x^2-y^2$，则 $f(x,y)=$ _____.

2. $\lim\limits_{(x,y)\to(0,0)}\dfrac{\sqrt{xy+1}-1}{\sin(xy)}=$ _____.

3. 设 $z=\arctan\dfrac{x+y}{1-xy}$，则 $\dfrac{\partial^2 z}{\partial x \partial y}=$ _____.

4. 设函数 $z=\arctan\dfrac{y}{x}$，则 $\mathrm{d}z=$ _____.

5. 由方程 $xyz+\sqrt{x^2+y^2+z^2}=\sqrt{2}$ 确定的函数 $z=z(x,y)$ 在点 $(1,0,-1)$ 处的全微分 $\mathrm{d}z=$ _____.

6. $z=x\mathrm{e}^{2y}$ 在点 $M_1(1,0)$ 处沿从点 $M_1(1,0)$ 到点 $M_2(2,-1)$ 方向的方向导数为 _____.

7. 设 $z=f(x,y)$ 具有一阶连续偏导数，则梯度 $\mathrm{grad}f(x,y)=$ _____ ，$z=f(x,y)$ 沿梯度方向的方向导数为 _____.

8. 设函数 $z=z(x,y)$ 由函数 $\dfrac{x}{z}=\ln\dfrac{z}{y}$ 确定，则 $\dfrac{\partial z}{\partial x}=$ _____.

9. 求球面 $x^2+y^2+z^2=6$ 在点 $(1,2,1)$ 处的切平面方程 _____.

10. 函数 $f(x,y)=(6x-x^2)(4y-y^2)$ 的极值点有 _____.

11. 设 $u=\mathrm{e}^{-\frac{xz}{y^2}}$，则 $\dfrac{\partial u}{\partial z}=($).

    A. $-\mathrm{e}^{-\frac{xz}{y^2}}$ B. $-x\mathrm{e}^{-\frac{xz}{y^2}}$ C. $-\dfrac{x}{y^2}\mathrm{e}^{-\frac{xz}{y^2}}$ D. $\dfrac{x}{y^2}\mathrm{e}^{-\frac{xz}{y^2}}$

12. 二元函数 $z=f(x,y)$ 在点 (x_0,y_0) 偏导数存在与可微的关系是( ).

    A. 偏导数存在必可微   B. 偏导数存在一定不可微

    C. 可微不一定偏导数存在   D. 可微必偏导数存在

13. 函数 $f(x,y)=\begin{cases} \dfrac{xy}{x^2+y^2}, & (x,y)\neq(0,0) \\ 0, & (x,y)=(0,0) \end{cases}$ 在 $(0,0)$ 处( ).

    A. 连续，偏导数存在   B. 连续，偏导数不存在

    C. 不连续，偏导数存在   D. 不连续，偏导数不存在

14. 函数 $u=8x^2y^2-2y+4x+6z$ 在原点沿向量 $\boldsymbol{a}=\{2,3,1\}$ 方向的方向导数为( ).

    A. $-\dfrac{8}{\sqrt{14}}$ B. $\dfrac{8}{\sqrt{14}}$ C. $\dfrac{3}{\sqrt{14}}$ D. $-\dfrac{3}{\sqrt{14}}$

15. 函数 $z=xy$，原点 $(0,0)($).

    A. 不是稳定点   B. 是稳定点但非极值点

    C. 是稳定点且为极大值点   D. 是稳定点且为极小值点

16. 方程 $xy-z\ln y+\mathrm{e}^{xz}=1$，根据隐函数存在定理，存在点 $(0,1,1)$ 的一个邻域，在此邻域内该方程( ).

    A. 只能确定一个具有连续偏导数的隐函数 $z=z(x,y)$

    B. 可确定两个具有连续偏导数的隐函数 $y=y(x,z)$ 和 $z=z(x,y)$

    C. 可确定两个具有连续偏导数的隐函数 $x=x(y,z)$ 和 $z=z(x,y)$

    D. 可确定两个具有连续偏导数的隐函数 $x=x(y,z)$ 和 $y=y(x,z)$

17. 曲线 $\begin{cases} x^2+y^2+z^2=3 \\ x-y+z=1 \end{cases}$ 在点 $(1,1,1)$ 处的切向量 $\boldsymbol{T}=($).

A. $(1,1,1)$ B. $(1,0,-1)$ C. $(1,-1,1)$ D. $(1,1,-1)$

18. 设函数 $f(x,y)=\dfrac{2xy}{x^2+y^2}$，求 $f\left(1,\dfrac{y}{x}\right)$.

19. 求下列函数的定义域.

(1) $z=\ln(y^2-4x+8)$.

(2) $z=\dfrac{1}{\sqrt{x+y}}+\dfrac{1}{\sqrt{x-y}}$.

(3) $z=\arcsin\dfrac{y}{x}$.

20. 求下列极限.

(1) $\lim\limits_{(x,y)\to(0,0)}\dfrac{x^2+y^2}{\sqrt{x^2+y^2+1}-1}$.

(2) $\lim\limits_{(x,y)\to(0,0)}\dfrac{\sin(xy)}{x}$.

(3) $\lim\limits_{(x,y)\to(0,0)}(\sqrt[3]{x}+y)\sin\dfrac{1}{x}\cos\dfrac{1}{y}$.

21. 证明极限 $\lim\limits_{(x,y)\to(0,0)}\dfrac{x+y}{x-y}$ 不存在.

22. 函数 $z=\dfrac{1}{x-y}$ 在何处是间断的?

23. 讨论函数 $z=\begin{cases}\dfrac{xy}{x^2+y^2}, & x^2+y^2\neq0\\ 0, & x^2+y^2=0\end{cases}$ 的连续性.

24. 求下列函数的偏导数.

(1) $z=x+y-\sqrt{x^2+y^2}$.

(2) $z=\ln\tan\dfrac{x}{y}$.

(3) $z=\arctan\sqrt{x^y}$.

(4) $z=\sec(xy)$.

25. 设 $f(x,y)=\begin{cases}\dfrac{xy^2}{x^4+y^4}, & x^4+y^4\neq0\\ 0, & x^4+y^4=0\end{cases}$，证明函数 $f(x,y)$ 在 $(0,0)$ 处偏导数存在,但

不连续.

26. 求下列函数的二阶偏导数.

(1) $z=x^{2y}$，求 $\dfrac{\partial^2 z}{\partial x^2},\dfrac{\partial^2 z}{\partial x\partial y}$.

(2) $z=x^3\sin y+y^3\sin x$，求 $\dfrac{\partial^2 z}{\partial x\partial y}$.

(3) $z=x\ln(xy)$，求 $\dfrac{\partial^3 z}{\partial x^2\partial y}$.

27. 设 $r=\sqrt{x^2+y^2+z^2}$，证明 $\dfrac{\partial^2 r}{\partial x^2}+\dfrac{\partial^2 r}{\partial y^2}+\dfrac{\partial^2 r}{\partial z^2}=\dfrac{2}{r}$.

28. 求下列函数的全微分.

(1) $z=\arcsin\dfrac{x}{y}$.

(2) $z=\ln(x^2+y^2)$，求 $\mathrm{d}z\big|_{(1,1)}$.

(3) $u=x^{yz}$.

29. 求函数 $z=x^2y^3$ 当 $x=2,y=-1,\Delta x=0.02,\Delta y=-0.01$ 时的全增量及全微分.

30. 设 $z=u^2v-uv^2$，而 $u=x\cos y,v=x\sin y$，求 $\dfrac{\partial z}{\partial x}$、$\dfrac{\partial z}{\partial y}$.

31. 设 $z=\dfrac{y}{x}$，而 $x=e^t,y=1-e^{2t}$，求 $\dfrac{\mathrm{d}z}{\mathrm{d}t}$.

32. 设 $z=\arctan(xy)$，而 $y=e^x$，求 $\dfrac{\mathrm{d}z}{\mathrm{d}x}$.

33. 设 $u=\dfrac{e^{ax}(y-z)}{a^2+1}$，而 $y=a\sin x,z=\cos x$，求 $\dfrac{\mathrm{d}u}{\mathrm{d}x}$.

34. 设 $z=(2x+3y)^{(x+4y)}$，求 $\dfrac{\partial z}{\partial x}$、$\dfrac{\partial z}{\partial y}$.

35. 设 $z=xy+xF(u)$，而 $u=\dfrac{y}{x}$，$F(u)$ 为可导函数，求证 $x\dfrac{\partial z}{\partial x}+y\dfrac{\partial z}{\partial y}=z+xy$.

36. 求下列函数的一阶偏导数（其中 f 具有一阶偏导数）.

(1) $u=f(xy+yz+zx)$.　　　　(2) $u=f(x,xy,xyz)$.

37. 设 $z=\dfrac{y}{f(x^2-y^2)}$，其中 $f(u)$ 为可导函数，试求 $\dfrac{1}{x}\dfrac{\partial z}{\partial x}+\dfrac{1}{y}\dfrac{\partial z}{\partial y}$.

38. 求下列函数的二阶偏导数（其中 f 有二阶连续的偏导数）.

(1) $u=f(x^2+y^2+z^2)$，求 $\dfrac{\partial^2 u}{\partial x^2}$.

(2) $u=f\left(x,\dfrac{x}{y}\right)$，求 $\dfrac{\partial^2 u}{\partial y^2}$.

(3) $z=f(e^x\sin y,x^2+y^2)$，求 $\dfrac{\partial^2 z}{\partial x\partial y}$.

(4) $z=f(u,x,y),u=xe^y$，求 $\dfrac{\partial^2 z}{\partial x\partial y}$.

39. 设 $y=\varphi(x+\mu t)+\psi(x-\mu t)$，其中 φ、ψ 是任意的二次可导函数，求证：$\dfrac{\partial^2 y}{\partial t^2}=\mu^2\dfrac{\partial^2 y}{\partial x^2}$.

40. 设 $\ln\sqrt{x^2+y^2}=\arctan\dfrac{y}{x}$，求 $\dfrac{\mathrm{d}y}{\mathrm{d}x}$.

41. 设 $x^3+y^3+z^3-3axyz=0$，求 $\dfrac{\partial z}{\partial x}$、$\dfrac{\partial z}{\partial y}$.

42. 设 $e^z-xyz=0$，求 $\dfrac{\partial z}{\partial x}$、$\dfrac{\partial z}{\partial y}$.

43. 证明由方程 $\varphi(cx-az,cy-bz)=0$（$\varphi(u,v)$ 具有连续的偏导数，a、b、c 为常数）所确定的函数 $z=f(x,y)$ 满足关系式 $a\dfrac{\partial z}{\partial x}+b\dfrac{\partial z}{\partial y}=c$.

44. 设 $z^3-2xz+y=0$，求 $\dfrac{\partial^2 z}{\partial x^2},\dfrac{\partial^2 z}{\partial y^2}$.

45. 设 $u=f(x,y,z)=x^3y^2z^2$,其中 $z=z(x,y)$ 是由方程 $x^3+y^3+z^3-3xyz=0$ 所确定的函数,求 $\dfrac{\partial u}{\partial x}\Big|_{(-1,0,1)}$.

46. 求曲线 $x=y^2$,$z=x^3$ 在 $(1,1,1)$ 处的切线与法平面方程.

47. 求出曲线 $x=t,y=t^2,z=t^3$ 上的点,使在该点的切线平行于平面 $x+2y+z=4$.

48. 求曲线 $\begin{cases} x^2+y^2+z^2=6 \\ z=x^2+y^2 \end{cases}$ 在点 $(1,1,2)$ 处的切线方程.

49. 求曲面 $z=\arctan\dfrac{y}{x}$ 在点 $\left(1,1,\dfrac{\pi}{4}\right)$ 处的切平面和法线方程.

50. 求曲面 $3x^2+y^2-z^2=27$ 在点 $(3,1,1)$ 处的切平面与法线方程.

51. 在曲面 $z=x^2+2y^2$ 上求一点,使该点处的法线垂直于平面 $2x+4y+z+1=0$,并写出法线方程.

52. 求曲面 $x=\dfrac{y^2}{2}+2z^2$ 上平行于平面 $2x+2y-4z+1=0$ 的切平面方程.

53. 求下列函数在指定点处沿指定方向的方向导数.

(1) $z=e^x\sin y+e^y\cos y$,在点 $\left(0,\dfrac{\pi}{2}\right)$ 沿向量 $\{2,-1\}$.

(2) $u=xy+e^z$,在点 $(1,1,0)$ 处沿从点 $(4,2,-1)$ 到 $(5,1,0)$ 的方向.

54. 设从 x 轴正向到方向 l 的转角为 θ,求函数 $u=x^3-2xy+y^3$ 在点 $M(1,1)$ 处沿方向 l 的方向导数 $\dfrac{\partial u}{\partial l}$.问 θ 为何值时,方向导数 $\dfrac{\partial u}{\partial l}$:

(1) 具有最大值?

(2) 具有最小值?

(3) 等于零?

55. 问函数 $u=xy^2z$ 在点 $P(1,-1,2)$ 处沿什么方向的方向导数最大?并求方向导数的最大值.

56. 求下列函数的极值.

(1) $z=x^3-4x^2+2xy-y^2$.

(2) $z=(1+e^y)\cos x-ye^y$.

57. 求函数 $z=x^2+y^2$ 在条件 $\dfrac{x}{a}+\dfrac{y}{b}=1$ 下的极值.

58. 建造容积为一定的矩形水池.问怎样设计才能使建筑材料最省?

59. 在椭圆 $x^2+4y^2=4$ 上求一点,使其到直线 $2x+3y-6=0$ 的距离最短.

60. 设有一槽形容器,底是半圆柱形,其长为 H,截面是半径为 R 的半圆,横放在水平面上,其表面积为常数 S_0,试求 R 与 H 的值,使其容积最大.

61. 在平面 $3x-2z=0$ 上求一点,使得它到点 $A(1,1,1)$、$B(2,3,4)$ 的距离平方之和为最小.

62. 求下列函数的极值.

(1) $z=x^2-xy+y^2+9x-6y+20$;　(2) $z=x^3+y^3-3xy$.

63. 某厂家生产的一种产品同时在两个市场销售,售价分别为 P_1 和 P_2,销售量分别为 Q_1 和 Q_2,需求函数分别为 $Q_1=24-0.2P_1$,$Q_2=10-0.05P_2$,总成本函数为 $C=35-40(Q_1+Q_2)$,试问:厂家如何确定两个市场的产品售价,使其获得的总利润最大?最大总利润是多少?

64. 应用拉格朗日乘数法计算:

设生产某种产品的数量与所用两种原料 A、B 的数量 x、y 之间有关系式 $P(x,y)=0.005x^2y$,欲用 150 元购料,已知 A、B 原料的单价为 1 元、2 元,问购进两种原料各多少可使生产的产品数量最多?

答案

1. $\dfrac{x^2(1-y)}{1+y}$.　2. $\dfrac{1}{2}$.　3. 0.　4. $\dfrac{-y\mathrm{d}x+x\mathrm{d}y}{x^2+y^2}$.　5. $\mathrm{d}x-\sqrt{2}\mathrm{d}y$.　6. $-\dfrac{\sqrt{2}}{2}$.

7. $(f_x(x,y),f_y(x,y))$,$\sqrt{f_x^2(x,y)+f_y^2(x,y)}$.　8. $\dfrac{z}{x+z}$.

9. $x+2y+z-6=0$.　10. $(3,2)$.

11. C.　12. D.　13. C.　14. B.　15. B.　16. D.　17. B.

18. $\dfrac{2xy}{x^2+y^2}$.

19. (1) $\{(x,y)\mid y^2>4(x-2)\}$. (2) $\{(x,y)\mid |x|>|y|\}$. (3) $\{(x,y)\mid |y|\leqslant |x|$ 且 $x\neq0\}$.

20. (1) 提示:分母有理化,答案:2. (2) 0. (3) 提示:无穷小与有界函数之积仍是无穷小,答案:0.

21. 提示:令 (x,y) 沿不同的路径 $y=kx$ 趋向于原点,极限等于不同的值.

22. 在位于 xOy 平面的直线 $y=x$ 上.

23. 提示:选取直线 $y=kx$,则

$$\lim_{\substack{(x,y)\to(0,0)\\y=kx}}\frac{xy}{x^2+y^2}=\lim_{\substack{(x,y)\to(0,0)\\y=kx}}\frac{kx^2}{x^2+kx^2}=\frac{k}{1+k^2}$$

随着 k 的变化而变化,即 $\lim\limits_{(x,y)\to(0,0)}\dfrac{xy}{x^2+y^2}$ 不存在,函数在除 $(0,0)$ 外任一点都连续.

24. (1) $\dfrac{\partial z}{\partial x}=1-\dfrac{x}{\sqrt{x^2+y^2}}$,$\dfrac{\partial z}{\partial y}=1-\dfrac{y}{\sqrt{x^2+y^2}}$.

(2) $\dfrac{\partial z}{\partial x}=\dfrac{1}{y\sin\dfrac{x}{y}\cos\dfrac{x}{y}}$,$\dfrac{\partial z}{\partial y}=\dfrac{-x}{y^2\sin\dfrac{x}{y}\cos\dfrac{x}{y}}$.

(3) $\dfrac{\partial z}{\partial x}=\dfrac{yx^{\frac{y}{2}}}{2x(1+x^y)}$,$\dfrac{\partial z}{\partial y}=\dfrac{x^{\frac{y}{2}}\ln x}{2(1+x^y)}$.

(4) $\dfrac{\partial z}{\partial x}=y\tan(xy)\cdot\sec(xy)$,$\dfrac{\partial z}{\partial y}=x\tan(xy)\cdot\sec(xy)$.

25. 简解: $f_x(0,0)=\lim\limits_{x\to0}\dfrac{f(x,0)-f(0,0)}{x}=\lim\limits_{x\to0}\dfrac{0-0}{x}=0$,同理 $f_y(0,0)=0$;但 $k\neq0$ 时,

$$\lim_{\substack{(x,y)\to(0,0)\\y=kx}}\frac{xy^2}{x^4+y^4}=\lim_{\substack{(x,y)\to(0,0)\\y=kx}}\frac{kx^3}{x^4+kx^4}=\infty$$

所以函数在 $(0,0)$ 处不连续.

26. (1) $\dfrac{\partial^2 z}{\partial x^2} = 2y(2y-1)x^{2y-2}$, $\dfrac{\partial^2 z}{\partial x \partial y} = 2x^{2y-1}(1+2y\ln x)$.

(2) $3x^2\cos y + 3y^2\cos x$.

(3) 0.

27. 简解：$\dfrac{\partial r}{\partial x} = \dfrac{x}{\sqrt{x^2+y^2+z^2}} = \dfrac{x}{r}$, $\dfrac{\partial^2 r}{\partial x^2} = \dfrac{r - x \cdot \dfrac{\partial r}{\partial x}}{r^2} = \dfrac{y^2+z^2}{r^3}$, 同理可得

$$\dfrac{\partial^2 r}{\partial y^2} = \dfrac{x^2+z^2}{r^3}, \quad \dfrac{\partial^2 r}{\partial z^2} = \dfrac{x^2+y^2}{r^3}$$

因此
$$\dfrac{\partial^2 r}{\partial x^2} + \dfrac{\partial^2 r}{\partial y^2} + \dfrac{\partial^2 r}{\partial z^2} = \dfrac{2(x^2+y^2+z^2)}{r^3} = \dfrac{2}{r}$$

28. (1) $\dfrac{y\mathrm{d}x - x\mathrm{d}y}{|y|\sqrt{y^2-x^2}}$. (2) $\mathrm{d}x + \mathrm{d}y$. (3) $x^{yz}\left(\dfrac{yz}{x}\mathrm{d}x + z\ln x\mathrm{d}y + y\ln x\mathrm{d}z\right)$.

29. $\Delta z = -0.20404$, $\mathrm{d}z = -0.2$.

30. $\dfrac{\partial z}{\partial x} = \dfrac{3}{2}x^2\sin 2y(\cos y - \sin y)$, $\dfrac{\partial z}{\partial y} = -x^3\sin 2y(\cos y + \sin y) + x^3(\sin^3 x + \cos^3 y)$.

31. $-\mathrm{e}^{-t} - \mathrm{e}^t$.

32. $\dfrac{\mathrm{e}^x(1+x)}{1+x^2\mathrm{e}^{2x}}$.

33. $\mathrm{e}^{ax}\sin x$.

34. 两边取对数，得 $\dfrac{\partial z}{\partial x} = 2(x+4y)(2x+3y)^{x+4y-1} + (2x+3y)^{x+4y}\ln(2x+3y)$

$$\dfrac{\partial z}{\partial y} = 3(x+4y)(2x+3y)^{x+4y-1} + 4(2x+3y)^{x+4y}\ln(2x+3y).$$

35. 因为 $\dfrac{\partial u}{\partial x} = -\dfrac{y}{x^2}$, $\dfrac{\partial u}{\partial y} = \dfrac{1}{x}$, 故

$$\dfrac{\partial z}{\partial x} = y + F(u) + xF'(u)\dfrac{\partial u}{\partial x} = y + F(u) - \dfrac{y}{x}F'(u)$$

$$\dfrac{\partial z}{\partial y} = x + xF'(u)\dfrac{\partial u}{\partial y} = x + F'(u)$$

所以 $x\dfrac{\partial z}{\partial x} + y\dfrac{\partial z}{\partial y} = xy + xF(u) - yF'(u) + xy + yF'(u) = (xy + xF(u)) + xy = z + xy$.

36. (1) $\dfrac{\partial u}{\partial x} = (y+z)f'(xy+yz+xz)$, $\dfrac{\partial u}{\partial y} = (x+z)f'(xy+yz+xz)$, $\dfrac{\partial u}{\partial z} = (x+y)f'(xy+yz+xz)$.

(2) $\dfrac{\partial u}{\partial x} = f'_1 + yf'_2 + yzf'_3$, $\dfrac{\partial u}{\partial y} = xf'_2 + xzf'_3$, $\dfrac{\partial u}{\partial z} = xyf'_3$.

37. 简解：因为 $\dfrac{\partial z}{\partial x} = \dfrac{-y}{f^2(x^2-y^2)}f'(x^2-y^2) \cdot 2x = \dfrac{-2xyf'(x^2-y^2)}{f^2(x^2-y^2)}$

$$\dfrac{\partial z}{\partial y} = \dfrac{f(x^2-y^2) - yf'(x^2-y^2)\cdot(-2y)}{f^2(x^2-y^2)} = \dfrac{f(x^2-y^2) + 2y^2f'(x^2-y^2)}{f^2(x^2-y^2)}$$

所以 $\dfrac{1}{x}\dfrac{\partial z}{\partial x} + \dfrac{1}{y}\dfrac{\partial z}{\partial y} = \dfrac{-2yf'(x^2-y^2)}{f^2(x^2-y^2)} + \dfrac{f(x^2-y^2) + 2y^2f'(x^2-y^2)}{yf^2(x^2-y^2)} = \dfrac{1}{yf(x^2-y^2)}$.

38. (1) 令 $t = x^2+y^2+z^2$, 则 $u = f(x^2+y^2+z^2)$, 所以 $\dfrac{\partial u}{\partial x} = 2xf_t$, $\dfrac{\partial^2 u}{\partial x^2} = 2f_t + 4x^2f_{tt}$.

(2) 令 $t=\dfrac{x}{y}$，则 $u=f(x,t)$，$\dfrac{\partial^2 u}{\partial y^2}=\dfrac{2x}{y^3}f_t+\dfrac{x^2}{y^4}f_{tt}$.

(3) 简解：令 $u=\mathrm{e}^x\sin y$，$v=x^2+y^2$，因为 $\dfrac{\partial z}{\partial x}=\mathrm{e}^x\sin y f_u+2xf_v$，所以 $\dfrac{\partial^2 z}{\partial x\partial y}=f_{uu}\,\mathrm{e}^{2x}\sin y\cos y+$

$2\mathrm{e}^x(y\sin y+x\cos y)f_{uv}+4xyf_{vv}+f_u\mathrm{e}^x\cos y$.

(4) $x\mathrm{e}^{2y}f_{uu}+\mathrm{e}^y f_{uy}+x\mathrm{e}^y f_{xu}+f_{xy}+\mathrm{e}^y f_u$.

39. 简证：因为
$$\frac{\partial y}{\partial t}=\mu\varphi'(x+\mu t)-\mu\psi'(x-\mu t)$$
$$\frac{\partial^2 y}{\partial t^2}=\mu^2\varphi''(x+\mu t)+\mu^2\psi''(x-\mu t)$$
又
$$\frac{\partial y}{\partial x}=\varphi'(x+\mu t)+\psi'(x-\mu t)$$
$$\frac{\partial^2 y}{\partial x^2}=\varphi''(x+\mu t)+\psi''(x-\mu t)$$
所以
$$\frac{\partial^2 y}{\partial t^2}=\mu^2\frac{\partial^2 y}{\partial x^2}$$

40. 提示：原方程就是 $\dfrac{1}{2}\ln(x^2+y^2)=\arctan\dfrac{y}{x}$，对方程两边关于 x 求导；也可以用隐函数的求导

方法求解，令 $F(x,y,z)=\dfrac{1}{2}\ln(x^2+y^2)-\arctan\dfrac{y}{x}$，利用隐函数存在定理的求导公式来解. 答

案：$\dfrac{x+y}{x-y}$.

41. $\dfrac{\partial z}{\partial x}=\dfrac{ayz-x^2}{z^2-axy}$，$\dfrac{\partial z}{\partial y}=\dfrac{axz-y^2}{z^2-axy}$.

42. 简解：令 $F(x,y,z)=\mathrm{e}^z-xyz$，则 $F_x=-yz$，$F_y=-xz$，$F_z=\mathrm{e}^z-xy$，所以
$$\frac{\partial z}{\partial x}=-\frac{-yz}{\mathrm{e}^z-xy}=\frac{yz}{\mathrm{e}^z-xy},\qquad \frac{\partial z}{\partial y}=-\frac{-xz}{\mathrm{e}^z-xy}=\frac{xz}{\mathrm{e}^z-xy}$$
因此
$$\frac{\partial^2 z}{\partial x\partial y}=\frac{\left(z+y\dfrac{\partial z}{\partial y}\right)(\mathrm{e}^z-xy)-yz\left(\mathrm{e}^z\dfrac{\partial z}{\partial y}-x\right)}{(\mathrm{e}^z-xy)^2}=\frac{1}{(\mathrm{e}^z-xy)^3}(z\mathrm{e}^{2z}-xyz^2\mathrm{e}^z-x^2y^2z)$$

43. 简解：方法1　方程两边微分得
$$\varphi_1'\cdot(c\mathrm{d}x-a\mathrm{d}z)+\varphi_2'\cdot(c\mathrm{d}y-b\mathrm{d}z)=0\Rightarrow \mathrm{d}z=\frac{c\varphi_1'\mathrm{d}x+c\varphi_2'\mathrm{d}y}{a\varphi_1'+b\varphi_2'}$$
因此
$$\frac{\partial z}{\partial x}=\frac{c\varphi_1'}{a\varphi_1'+b\varphi_2'},\frac{\partial z}{\partial y}=\frac{c\varphi_2'}{a\varphi_1'+b\varphi_2'}，得\ a\frac{\partial z}{\partial x}+b\frac{\partial z}{\partial y}=c$$

方法2　记 $F=\varphi(cx-az,cy-bz)$，则
$$\frac{\partial z}{\partial y}=\frac{F_x}{F_z}=\frac{c\varphi_1'}{a\varphi_1'+b\varphi_2'},\qquad \frac{\partial z}{\partial x}=\frac{F_y}{F_z}=\frac{c\varphi_2'}{a\varphi_1'+b\varphi_2'}$$

44. $\dfrac{\partial^2 z}{\partial x^2}=\dfrac{-16xz}{(3z^2-2x)^3}$，$\dfrac{\partial^2 z}{\partial y^2}=\dfrac{-6z}{(3z^2-2x)^3}$.

45. 简解：令 $F(x,y,z)=x^3+y^3+z^3-3xyz$，则 $F_x=3x^2-3yz$，$F_z=3z^2-3xy$；
$$\frac{\partial z}{\partial x}=-\frac{3x^2-3yz}{3z^2-3xy}=\frac{yz-x^2}{z^2-xy}$$
所以
$$\frac{\partial u}{\partial x}=3x^2y^2z^2+2x^3y^2z\cdot\frac{\partial z}{\partial x}=3x^2y^2z^2+2x^3y^2z\cdot\frac{yz-x^2}{z^2-xy},\frac{\partial u}{\partial x}\bigg|_{(-1,0,1)}=0$$

46. 切线方程 $\dfrac{x-1}{2}=\dfrac{y-1}{1}=\dfrac{z-1}{6}$，法平面方程 $2x+y+6z=9$.

47. 简解：曲线上任一点处的切线的方向向量为 $s=(1,2t,3t^2)$，已知平面的法向量为 $n=(1,2,1)$. 由题意得 $s \cdot n=0$，即 $1+4t+3t^2=0$，解得 $t=-1$ 或 $t=-\dfrac{1}{3}$，故所求的点为 $(-1,1,-1)$，或 $\left(-\dfrac{1}{3},\dfrac{1}{9},-\dfrac{1}{27}\right)$.

48. 提示：曲线可以表示为 $\begin{cases} x=\sqrt{2}\cos t \\ y=\sqrt{2}\sin t \\ z=2 \end{cases}$，曲线上点 $(1,1,2)$ 处也就是 $t=\dfrac{\pi}{4}$ 时的切线的方向向量为 $s=(-1,1,0)$. 答案：切线方程 $\begin{cases} x+y+2z-6=0 \\ 2x+2y-z-2=0 \end{cases}$ 或 $\begin{cases} \dfrac{x-1}{-1}=\dfrac{y-1}{1} \\ z-2=0 \end{cases}$.

49. 切平面方程 $x-y+2z-\dfrac{\pi}{2}=0$，法线方程 $\dfrac{x-1}{1}=\dfrac{y-1}{-1}=\dfrac{z-\frac{\pi}{4}}{2}$.

50. 切平面方程 $9x+y-z-27=0$，法线方程 $\dfrac{x-3}{9}=\dfrac{y-1}{1}=\dfrac{z-1}{-1}$.

51. 所求点为 $(-1,-1,3)$，法线方程 $\dfrac{x+1}{2}=\dfrac{y+1}{4}=\dfrac{z-3}{1}$.

52. 切平面方程 $x+y-2z+1=0$.

53. (1) 提示：方向 l 的方向余弦为 $\cos\alpha=\dfrac{2}{\sqrt{5}}$，$\cos\beta=-\dfrac{1}{\sqrt{5}}$；$\dfrac{\partial z}{\partial x}=e^x\sin y$，

$$\dfrac{\partial z}{\partial y}=e^x\cos y+e^y\cos y-e^y\sin y$$

$$\dfrac{\partial z}{\partial l}\bigg|_{\left(0,\frac{\pi}{2}\right)}=\dfrac{\partial z}{\partial x}\bigg|_{\left(0,\frac{\pi}{2}\right)}\cos\alpha+\dfrac{\partial z}{\partial y}\bigg|_{\left(0,\frac{\pi}{2}\right)}\cos\beta=\dfrac{2+e^{\frac{\pi}{2}}}{\sqrt{5}}$$

(2) 提示：$\dfrac{\partial u}{\partial x}=y$，$\dfrac{\partial u}{\partial y}=x$，$\dfrac{\partial u}{\partial z}=e^z$，方向 l 的方向向量 $s=(1,-1,1)$；所以方向 l 的方向余弦为

$$\cos\alpha=\dfrac{1}{\sqrt{3}},\cos\beta=-\dfrac{1}{\sqrt{3}},\cos\gamma=\dfrac{1}{\sqrt{3}}$$

代入方向导数公式可得

$$\dfrac{\partial u}{\partial l}\bigg|_{(1,1,0)}=\dfrac{\partial u}{\partial x}\bigg|_{(1,1,0)}\cos\alpha+\dfrac{\partial u}{\partial y}\bigg|_{(1,1,0)}\cos\beta+\dfrac{\partial u}{\partial z}\bigg|_{(1,1,0)}\cos\gamma=\dfrac{1}{\sqrt{3}}$$

54. 提示：$\dfrac{\partial u}{\partial x}=3x^2-2x$，$\dfrac{\partial u}{\partial x}=-2y+3y^2$，$\dfrac{\partial u}{\partial x}\bigg|_{(1,1)}=\dfrac{\partial u}{\partial y}\bigg|_{(1,1)}=1$，

$$\dfrac{\partial u}{\partial l}\bigg|_{(1,1)}=\cos\theta+\sin\theta=\sqrt{2}\sin\left(\theta+\dfrac{\pi}{4}\right),$$

所以，当 $\theta=\dfrac{\pi}{4}$ 时，$\dfrac{\partial u}{\partial l}$ 最大；当 $\theta=\dfrac{5\pi}{4}$ 时，$\dfrac{\partial u}{\partial l}$ 最小；当 $\theta=\dfrac{3\pi}{4}$ 或 $\theta=\dfrac{7\pi}{4}$ 时，$\dfrac{\partial u}{\partial l}=0$.

55. 提示：$\dfrac{\partial u}{\partial x}=y^2z$，$\dfrac{\partial u}{\partial y}=2xyz$，$\dfrac{\partial u}{\partial z}=xy^2$，$\dfrac{\partial u}{\partial x}\bigg|_{(1,-1,2)}=2$，$\dfrac{\partial u}{\partial y}\bigg|_{(1,-1,2)}=-4$，$\dfrac{\partial u}{\partial z}\bigg|_{(1,-1,2)}=1$，所以 $\mathrm{grad}u=2i-4j+k$ 是方向导数取最大值的方向，此方向导数的最大值为 $|\mathrm{grad}u|=\sqrt{21}$.

56. (1) 极大值为 $f(0,0)=0$. (2) 极大值为 $f(2k\pi,0)=2,k=0,\pm1,\pm2,\cdots$.

57. 极小值为 $f\left(\dfrac{ab^2}{a^2+b^2},\dfrac{a^2b}{a^2+b^2}\right)=\dfrac{a^2b^2}{a^2+b^2}$.

58. 简解：设水池的长、宽、高分别为 x,y,z，令 $L(x,y,z,\lambda)=xy+2yz+2zx-\lambda(xyz-V)$，关于 x，y,z,λ 求偏导，求得稳定点为 $\left(\sqrt[3]{2V},\sqrt[3]{2V},\sqrt[3]{\dfrac{V}{4}}\right)$，这是唯一可能极值点，由问题的实际意义得，所用的建筑材料存在极小值，故长、宽、高分别为 $\sqrt[3]{2V},\sqrt[3]{2V},\sqrt[3]{\dfrac{V}{4}}$ 时，建筑材料最省.

59. 提示：目标函数为 $f(x,y)=\dfrac{|2x+3y-6|}{\sqrt{13}}$，条件函数为 $\varphi(x,y)=x^2+4y^2-4$. 为了求目标函数的最值，可设 $L(x,y,\lambda)=(2x+3y-6)^2+\lambda(x^2+4y^2-4)$，求得可能极值点为 $\left(\dfrac{8}{5},\dfrac{3}{5}\right)$，$\left(-\dfrac{8}{5},-\dfrac{3}{5}\right)$，代入，比较得所求点 $\left(\dfrac{8}{5},\dfrac{3}{5}\right)$.

60. 简解：令 $L(R,H,\lambda)=\dfrac{1}{2}\pi R^2 H-\lambda(\pi RH+\pi R^2-S_0)$，求得唯一可能极值点为：$(R,H)=$ $\left(\sqrt{\dfrac{S_0}{3\pi}},2\sqrt{\dfrac{S_0}{3\pi}}\right)$；因此，当 $R=\sqrt{\dfrac{S_0}{3\pi}}$，$H=2\sqrt{\dfrac{S_0}{3\pi}}$ 时，容积最大.

61. 提示：目标函数为
$$f(x,y,z)=(x-1)^2+(y-1)^2+(z-1)^2+(x-2)^2+(y-3)^2+(z-4)^2$$
$$=2(x^2+y^2+z^2-3x-4y-5z+16)$$
条件函数为 $\varphi(x,y)=3x-2z$. 答案：$\left(\dfrac{21}{13},2,\dfrac{63}{26}\right)$.

62. (1) 令 $\begin{cases}\dfrac{\partial z}{\partial x}=2x-y+9=0\\[2mm]\dfrac{\partial z}{\partial y}=2y-x-6=0\end{cases}$，解出稳定点为 $(-4,1)$，又
$$\dfrac{\partial^2 z}{\partial x^2}=2>0,\quad \dfrac{\partial^2 z}{\partial y^2}=2>0,\quad \dfrac{\partial^2 z}{\partial x\partial y}=-1<0$$
所以 $\dfrac{\partial^2 z}{\partial x^2}\cdot\dfrac{\partial^2 z}{\partial y^2}-\left(\dfrac{\partial^2 z}{\partial x\partial y}\right)^2=3>0$，因此函数在点 $(-4,1)$ 处取得极小值 $z\Big|_{\substack{x=-4\\y=1}}=-1$.

(2) 令 $\begin{cases}\dfrac{\partial z}{\partial x}=3x^2-3y=0\\[2mm]\dfrac{\partial z}{\partial y}=3y^2-3x=0\end{cases}$，解出稳定点为 $(0,0)$，$(1,1)$，又
$$\dfrac{\partial^2 z}{\partial x^2}=6x,\quad \dfrac{\partial^2 z}{\partial y^2}=6y,\quad \dfrac{\partial^2 z}{\partial x\partial y}=-3$$
所以 $\dfrac{\partial^2 z}{\partial x^2}\cdot\dfrac{\partial^2 z}{\partial y^2}-\left(\dfrac{\partial^2 z}{\partial x\partial y}\right)^2\Big|_{(0,0)}=-9<0$，因此函数在点 $(0,0)$ 处不是极值点；$\dfrac{\partial^2 z}{\partial x^2}\cdot\dfrac{\partial^2 z}{\partial y^2}-$ $\left(\dfrac{\partial^2 z}{\partial x\partial y}\right)^2\Big|_{(1,1)}=27>0$，且 $\dfrac{\partial^2 z}{\partial x^2}\Big|_{(1,1)}=6>0$，因此函数在点 $(1,1)$ 处取得极小值 $z\Big|_{\substack{x=1\\y=1}}=-1$.

63. 厂家总收益为
$$R=P_1Q_1+P_2Q_2=24P_1-0.2P_1^2+10P_2-0.05P_2^2$$
总利润函数为
$$L=R-C=16P_1-0.2P_1^2+12P_2-0.05P_2^2-1395$$

因此 $\dfrac{\partial L}{\partial P_1}=32-0.4P_1$, $\dfrac{\partial L}{\partial P_2}=12-0.1P_2$. 令 $\dfrac{\partial L}{\partial P_1}=0$, $\dfrac{\partial L}{\partial P_2}=0$, 得稳定点 $P_1=80$, $P_2=120$, 又因为

$$\dfrac{\partial^2 L}{\partial P_1^2}=-0.4<0, \qquad \dfrac{\partial^2 L}{\partial P_1 \partial P_2}=0, \qquad \dfrac{\partial^2 L}{\partial P_2^2}=-0.1$$

所以 $P(80,120)=B^2-AC=-0.04<0$. 因此, 在 $P_1=80$, $P_2=120$ 时, 可获得极大值, 也是最大值, 故最大利润为 $L\Big|_{\substack{P_1=80\\P_2=120}}=605$.

64. 依题意条件为 $x+2y=150$, 设 $F(x,y)=0.005x^2y+\lambda(x+2y-150)$, 由

$$\begin{cases} F'_x=0.01xy+\lambda=0 \\ F'_y=0.05xy+2\lambda=0 \end{cases}$$

及 $x+2y=150$, 解得 $\begin{cases} x=100 \\ y=25 \end{cases}$, 显然函数 $P(x,y)$ 有最大值, 所以购进原料 A、B 分别为 100、25 个单位时, 可使生产数量最多.

専题 **10**

反常积分与含参量积分[①]

一、主 要 考 点

在高等数学中,无穷积分称为广义积分.

反常积分包括无穷积分与瑕积分.

1. 无穷积分的概念

(1) $\displaystyle\int_a^{+\infty} f(x)\mathrm{d}x = \lim_{u\to+\infty}\int_a^u f(x)\mathrm{d}x \begin{cases} \text{极限存在,} & \text{则称} \displaystyle\int_a^{+\infty} f(x)\mathrm{d}x \text{ 收敛;} \\ \text{极限不存在,} & \text{则称} \displaystyle\int_a^{+\infty} f(x)\mathrm{d}x \text{ 发散.} \end{cases}$

(2) $\displaystyle\int_{-\infty}^a f(x)\mathrm{d}x = \lim_{u\to-\infty}\int_u^a f(x)\mathrm{d}x \begin{cases} \text{极限存在,} & \text{则称} \displaystyle\int_{-\infty}^a f(x)\mathrm{d}x \text{ 收敛;} \\ \text{极限不存在,} & \text{则称} \displaystyle\int_{-\infty}^a f(x)\mathrm{d}x \text{ 发散.} \end{cases}$

(3) $\displaystyle\int_{-\infty}^{+\infty}(x)\mathrm{d}x = \int_{-\infty}^a f(x)\mathrm{d}x + \int_a^{+\infty} f(x)\mathrm{d}x$,右端两积分均收敛,则称$\displaystyle\int_{-\infty}^{+\infty} f(x)\mathrm{d}x$ 收敛,否则发散(与 a 的选取无关).

2. 瑕积分的概念

(1) 若 $x=a$ 为瑕点,则

$\displaystyle\int_a^b f(x)\mathrm{d}x = \lim_{u\to a^+}\int_u^b f(x)\mathrm{d}x \begin{cases} \text{极限存在,} & \text{则称} \displaystyle\int_a^b f(x)\mathrm{d}x \text{ 收敛;} \\ \text{极限不存在,} & \text{则称} \displaystyle\int_a^b f(x)\mathrm{d}x \text{ 发散.} \end{cases}$

(2) 若 $x=b$ 为瑕点,则

$\displaystyle\int_a^b f(x)\mathrm{d}x = \lim_{u\to b^-}\int_a^u f(x)\mathrm{d}x \begin{cases} \text{极限存在,} & \text{则称} \displaystyle\int_a^b f(x)\mathrm{d}x \text{ 收敛;} \\ \text{极限不存在,} & \text{则称} \displaystyle\int_a^b f(x)\mathrm{d}x \text{ 发散.} \end{cases}$

---

① 对于非数学专业的学生,只需要学习"应用举例"中的例 10.1 即可.

(3) 若 $x=c$ 为瑕点,且 $c \in (a,b)$,则 $\int_a^b f(x)\mathrm{d}x = \int_a^c f(x)\mathrm{d}x + \int_c^b f(x)\mathrm{d}x$,右端两个瑕积分均收敛,$\int_a^b f(x)\mathrm{d}x$ 才收敛.

注意:①瑕积分容易与正常积分混淆;②计算瑕积分应先找出瑕点,再算出定积分,最后求出积分的极限.

3. 几个重要的反常积分

(1) 对于 $\int_0^a \dfrac{1}{x^p}\mathrm{d}x, a > 0, p < 1$ 时收敛,$p \geqslant 1$ 时发散.

对于 $\int_a^{+\infty} \dfrac{1}{x^p}\mathrm{d}x, a > 0, p > 1$ 时收敛,$p \leqslant 1$ 时发散.

(2) 若 $a > 1$,则 $\int_a^{+\infty} \dfrac{\mathrm{d}x}{x\ln^p x} = \begin{cases} \dfrac{\ln^{1-p}a}{p-1}, \text{收敛}, & p > 1 \\ \text{发散}, & p \leqslant 1 \end{cases}$.

(3) 若 $c \in [a,b]$,则 $\int_a^b \dfrac{1}{(x-c)^k}\mathrm{d}x$,当 $0 < k < 1$ 时,收敛;当 $k \geqslant 1$ 时,发散.

(4) $\int_{-\infty}^{+\infty} \mathrm{e}^{-x^2}\mathrm{d}x = \sqrt{\pi}$; $\int_0^{+\infty} \mathrm{e}^{-x^2}\mathrm{d}x = \dfrac{\sqrt{\pi}}{2}$.

4. 无穷积分敛散性的判别方法

方法 1 直接计算法,如 $\int_0^{+\infty} x\mathrm{e}^{-x^2}\mathrm{d}x = \dfrac{1}{2}$,所以 $\int_0^{+\infty} x\mathrm{e}^{-x^2}\mathrm{d}x$ 收敛;又如 $\int_2^{+\infty} \dfrac{1}{x}\mathrm{d}x = +\infty$,所以 $\int_2^{+\infty} \dfrac{1}{x}\mathrm{d}x$ 发散.

方法 2 比较原则(请重点记忆).

设在区间 $[a, +\infty]$ 上函数 $f(x)$ 和 $g(x)$ 非负且 $f(x) \leqslant g(x)$,则

若 $\int_a^{+\infty} g(x)\mathrm{d}x$ 收敛,则 $\int_a^{+\infty} f(x)\mathrm{d}x$ 也收敛(大的收敛,小的也收敛);

若 $\int_a^{+\infty} f(x)\mathrm{d}x$ 发散,则 $\int_a^{+\infty} g(x)\mathrm{d}x$ 也发散(小的发散,大的也发散).

方法 3 比较原则的极限形式:

若 $f(x) \geqslant 0, g(x) > 0$,且 $\lim\limits_{x \to +\infty} \dfrac{f(x)}{g(x)} = c$,则有

当 $0 < c < +\infty$ 时,$\int_a^{+\infty} f(x)\mathrm{d}x$ 与 $\int_a^{+\infty} g(x)\mathrm{d}x$ 同敛态;

当 $c = 0$ 时,若 $\int_a^{+\infty} g(x)\mathrm{d}x$ 收敛,则 $\int_a^{+\infty} f(x)\mathrm{d}x$ 也收敛;

当 $c = +\infty$ 时,若 $\int_a^{+\infty} g(x)\mathrm{d}x$ 发散,则 $\int_a^{+\infty} f(x)\mathrm{d}x$ 也发散.

方法 4 柯西判别法(请重点记忆).

设 $f(x)$ 是在任何有限区间 $[a, A]$ 可积的非负函数,且 $\lim\limits_{x \to +\infty} x^p f(x) = \lambda$,则

若 $p > 1, 0 \leqslant \lambda < +\infty$，则 $\int_a^{+\infty} f(x)\mathrm{d}x$ 收敛；

若 $p \leqslant 1, 0 < \lambda \leqslant +\infty$，则 $\int_a^{+\infty} f(x)\mathrm{d}x$ 发散.

方法 5 狄利克雷判别法和阿贝尔判别法(这两种方法用得较少).

狄利克雷判别法：设 $F(u) = \int_a^u f(x)\mathrm{d}x$ 在区间 $[a, +\infty]$ 上有界，$g(x)$ 在 $[a, +\infty)$ 上单调，且当 $x \to +\infty$ 时，$g(x) \to 0$，则 $\int_a^{+\infty} f(x)g(x)\mathrm{d}x$ 收敛.

阿贝尔判别法：若 $\int_a^{+\infty} f(x)\mathrm{d}x$ 收敛，$g(x)$ 在区间 $[a, +\infty)$ 单调有界，则 $\int_a^{+\infty} f(x)g(x)\mathrm{d}x$ 收敛.

5. 瑕积分敛散性的判别方法

方法 1 直接计算法，如 $\int_0^1 \frac{1}{\sqrt{1-x^2}}\mathrm{d}x = \frac{\pi}{2}$，所以 $\int_0^1 \frac{1}{\sqrt{1-x^2}}\mathrm{d}x$ 收敛；又如 $\int_0^2 \frac{1}{x}\mathrm{d}x = +\infty$，所以 $\int_0^2 \frac{1}{x}\mathrm{d}x$ 发散.

方法 2 比较原则(请重点记忆).

$x = a$ 同为瑕点，函数 $f(x)$ 和 $g(x)$ 非负且 $f(x) \leqslant g(x)$，则

若 $\int_a^b g(x)\mathrm{d}x$ 收敛，则 $\int_a^b f(x)\mathrm{d}x$ 也收敛(大的收敛，小的也收敛)；

若 $\int_a^b f(x)\mathrm{d}x$ 发散，则 $\int_a^b g(x)\mathrm{d}x$ 也发散(小的发散，大的也发散).

方法 3 比较原则的极限形式.

若 $f(x) \geqslant 0, g(x) > 0$，且 $\lim\limits_{x \to a^+} \dfrac{f(x)}{g(x)} = c$，$x = a$ 同为瑕点，则有

当 $0 < c < +\infty$ 时，$\int_a^b f(x)\mathrm{d}x$ 与 $\int_a^b g(x)\mathrm{d}x$ 同敛态；

当 $c = 0$ 时，若 $\int_a^b g(x)\mathrm{d}x$ 收敛，则 $\int_a^b f(x)\mathrm{d}x$ 也收敛；

当 $c = +\infty$ 时，若 $\int_a^b g(x)\mathrm{d}x$ 发散，则 $\int_a^b f(x)\mathrm{d}x$ 也发散.

方法 4 柯西判别法(请重点记忆).

设 $f(x)$ 是可积的非负函数，$x = a$ 为瑕点，且 $\lim\limits_{x \to a^+} (x-a)^p f(x) = \lambda$，则

若 $0 < p < 1, 0 \leqslant \lambda < +\infty$，则 $\int_a^b f(x)\mathrm{d}x$ 收敛；

若 $p \geqslant 1, 0 < \lambda \leqslant +\infty$，则 $\int_a^b f(x)\mathrm{d}x$ 发散.

方法 5 狄利克雷判别法和阿贝尔判别法(这两个方法用得较少).

狄利克雷判别法：设 $x = a$ 为瑕点，$F(u) = \int_u^b f(x)\mathrm{d}x$ 在 (a, b) 上有界，$g(x)$ 在 $(a, b]$

上单调,且当 $x \to a^+$ 时, $g(x) \to 0$,则瑕积分 $\int_a^b f(x)g(x)\mathrm{d}x$ 收敛.

阿贝尔判别法:设 $x = a$ 为瑕点,若 $\int_a^b f(x)\mathrm{d}x$ 收敛, $g(x)$ 在区间 $(a,b]$ 上单调有界,则 $\int_a^b f(x)g(x)\mathrm{d}x$ 收敛.

6. 反常积分的绝对收敛与条件收敛

若 $\int_a^{+\infty} |f(x)|\,\mathrm{d}x$ 收敛,则 $\int_a^{+\infty} f(x)\mathrm{d}x$ 为绝对收敛;

若 $\int_a^{+\infty} f(x)\mathrm{d}x$ 收敛,但 $\int_a^{+\infty} |f(x)|\,\mathrm{d}x$ 发散,则 $\int_a^{+\infty} f(x)\mathrm{d}x$ 为条件收敛.

7. 含参量正常积分

(1) 定义含参量积分: $I(x) = \int_c^d f(x,y)\mathrm{d}y$ 和 $G(x) = \int_{c(x)}^{d(x)} f(x,y)\mathrm{d}y$.

(2) 含参量积分的连续性.

若函数 $f(x,y)$ 在矩形域 $D = [a,b] \times [c,d]$ 上连续,则函数 $I(x) = \int_c^d f(x,y)\mathrm{d}y$ 在 $[a,b]$ 上连续.

若函数 $f(x,y)$ 在矩形域 $D = [a,b] \times [c,d]$ 上连续,且函数 $c(x)$ 和 $d(x)$ 在 $[a,b]$ 上连续,则函数 $G(x) = \int_{c(x)}^{d(x)} f(x,y)\mathrm{d}y$ 在 $[a,b]$ 上连续.

(3) 含参量积分的可微性.

若函数 $f(x,y)$ 及其偏导数 f_x 都在矩形域 $D = [a,b] \times [c,d]$ 上连续,则函数 $F(x) = \int_c^d f(x,y)\mathrm{d}y$ 在 $[a,b]$ 上可导,且

$$F'(x) = \frac{\mathrm{d}}{\mathrm{d}x}\int_c^d f(x,y)\mathrm{d}y = \int_c^d f_x(x,y)\mathrm{d}y$$

设函数 $f(x,y)$ 及其偏导数 f_x 都在矩形域 $D = [a,b] \times [c,d]$ 上连续,函数 $c(x)$ 和 $d(x)$ 定义在 $[a,b]$ 上,且可微,则含参量积分 $G(x) = \int_{c(x)}^{d(x)} f(x,y)\mathrm{d}y$ 在 $[a,b]$ 上可微,且

$$G'(x) = \int_{c(x)}^{d(x)} f_x(x,y)\mathrm{d}y + f(x,d(x))d'(x) - f(x,c(x))c'(x)$$

8. 含参量反常积分

判别含参量反常积分 $I(x) = \int_c^{+\infty} f(x,y)\mathrm{d}y$ 一致收敛性的方法有以下几种.

方法 1　魏尔斯特拉斯 M 判别法(这个方法用得最多).

设 $a \leqslant x \leqslant b, c \leqslant y < +\infty$,若有函数 $g(y)$,使得 $|f(x,y)| \leqslant g(y)$,且 $\int_c^{+\infty} g(y)\mathrm{d}y$ 收敛,则 $\int_c^{+\infty} f(x,y)\mathrm{d}y$ 在 $[a,b]$ 上一致收敛.

方法 2　利用一致收敛的定义. 设函数 $f(x,y)$ 定义在 $[a,b]\times[c,+\infty)$ 上,若对 $\forall\varepsilon>0,\exists M>c$,使 $\left|\int_M^{+\infty}f(x,y)\mathrm{d}y\right|<\varepsilon$ 对 $\forall x\in[a,b]$ 成立,则称含参量反常积分 $\int_c^{+\infty}f(x,y)\mathrm{d}y$ 在 $[a,b]$(关于 x)一致收敛.

方法 3　柯西收敛准则. 积分 $I(x)=\int_c^{+\infty}f(x,y)\mathrm{d}y$ 在 $[a,b]$ 上一致收敛 $\Leftrightarrow\forall\varepsilon>0$, $\exists M>0,\forall A_1,A_2>M\Rightarrow\left|\int_{A_1}^{A_2}f(x,y)\mathrm{d}y\right|<\varepsilon$ 对 $\forall x\in[a,b]$ 成立.

方法 4　利用含参量反常积分与函数项级数的关系(此方法几乎不用).

积分 $I(x)=\int_c^{+\infty}f(x,y)\mathrm{d}y$ 在 $[a,b]$ 上一致收敛 $\Leftrightarrow$ 对任一趋于 $+\infty$ 的递增数列 $(A_n)(A_1=c)$,函数项级数 $\sum_{n=1}^{\infty}\int_{A_n}^{A_{n+1}}f(x,y)\mathrm{d}y=\sum_{n=1}^{\infty}u_n(x)$ 在 $[a,b]$ 上一致收敛.

方法 5　狄利克雷判别法(此方法用得不多). 若

(1) 对一切实数 $N>c$,含参量正常积分 $\int_c^N f(x,y)\mathrm{d}y$ 对参量 x 在 $[a,b]$ 上一致有界,即存在正数 M,对一切 $N>c$ 及一切 $x\in[a,b]$,都有 $\left|\int_c^N f(x,y)\mathrm{d}y\right|\leqslant M$.

(2) 对每一个 $x\in[a,b]$,函数 $g(x,y)$ 关于 y 是单调递减且当 $y\to+\infty$ 时,对参量 x, $g(x,y)$ 一致地收敛于 0,则含参量反常积分 $\int_c^{+\infty}f(x,y)g(x,y)\mathrm{d}y$ 在 $[a,b]$ 上一致收敛.

方法 6　阿贝尔判别法(此方法用得不多). 若

(1) $\int_c^{+\infty}f(x,y)\mathrm{d}y$ 在 $[a,b]$ 上一致收敛.

(2) 对每一个 $x\in[a,b]$,函数 $g(x,y)$ 关于 y 是单调函数,对参量 $x,g(x,y)$ 在 $[a,b]$ 上一致有界.

则含参量反常积分 $\int_c^{+\infty}f(x,y)g(x,y)\mathrm{d}y$ 在 $[a,b]$ 上一致收敛.

二、应 用 举 例

例 10.1　计算下列积分.

(1) $\int_1^{+\infty}\dfrac{\mathrm{d}x}{\sqrt{x}}$.

(2) $\int_{-\infty}^{+\infty}\dfrac{1}{1+x^2}\mathrm{d}x$(其几何意义如图 10.1 所示).

(3) $\int_0^{+\infty}x\mathrm{e}^{-x^2}\mathrm{d}x$.

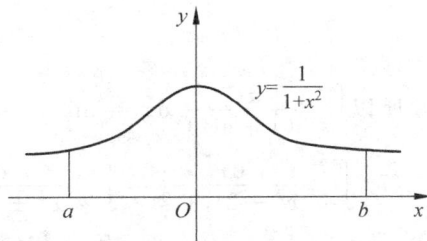

图　10.1

(4) $\displaystyle\int_1^{+\infty}\dfrac{\mathrm{d}x}{\mathrm{e}^x+\mathrm{e}^{2-x}}.$　　　　(5) $\displaystyle\int_0^{+\infty}\dfrac{\mathrm{d}x}{x^2+4x+8}.$

(6) $\displaystyle\int_0^{+\infty}\dfrac{x\mathrm{e}^{-x}}{(1+\mathrm{e}^{-x})^2}\mathrm{d}x.$　　　　(7) $\displaystyle\int_{-\infty}^{+\infty}\dfrac{\mathrm{d}x}{x^2+2x+2}.$

(8) $\displaystyle\int_e^{+\infty}\dfrac{\ln x}{x}\mathrm{d}x.$

解　(1) $\displaystyle\int_1^{+\infty}\dfrac{\mathrm{d}x}{\sqrt{x}}=\lim_{b\to+\infty}\int_1^b\dfrac{\mathrm{d}x}{\sqrt{x}}=\lim_{b\to+\infty}2\sqrt{x}\,\Big|_1^b=2(\sqrt{b}-1)=+\infty.$

(2) 原式 $=\displaystyle\int_{-\infty}^0\dfrac{1}{1+x^2}\mathrm{d}x+\int_0^{+\infty}\dfrac{1}{1+x^2}\mathrm{d}x=\lim_{a\to-\infty}\int_a^0\dfrac{1}{1+x^2}\mathrm{d}x+\lim_{b\to+\infty}\int_0^b\dfrac{1}{1+x^2}\mathrm{d}x$

$$=\lim_{a\to-\infty}(-\arctan a)+\lim_{b\to+\infty}\arctan b=-\left(-\dfrac{\pi}{2}\right)+\dfrac{\pi}{2}=\pi$$

可简写为 $\displaystyle\int_{-\infty}^{+\infty}\dfrac{1}{1+x^2}\mathrm{d}x=\arctan x\,\Big|_{-\infty}^{+\infty}=\dfrac{\pi}{2}-\left(-\dfrac{\pi}{2}\right)=\pi.$

(3) $\displaystyle\int_0^{+\infty}x\mathrm{e}^{-x^2}\mathrm{d}x=\lim_{b\to+\infty}\left[-\int_0^b\dfrac{1}{2}\mathrm{e}^{-x^2}\mathrm{d}(-x^2)\right]=-\dfrac{1}{2}\lim_{b\to+\infty}\left[(\mathrm{e}^{-x^2})\,\Big|_0^b\right]$

$$=-\dfrac{1}{2}\lim_{b\to+\infty}(\mathrm{e}^{-b^2}-1)=\dfrac{1}{2}.$$

(4) $\displaystyle\int_1^{+\infty}\dfrac{\mathrm{d}x}{\mathrm{e}^x+\mathrm{e}^{2-x}}=\lim_{b\to+\infty}\int_1^b\dfrac{\mathrm{d}x}{\mathrm{e}^x+\mathrm{e}^{2-x}}=\lim_{b\to+\infty}\int_1^b\dfrac{\mathrm{d}\mathrm{e}^x}{\mathrm{e}^{2x}+\mathrm{e}^2}=\lim_{b\to+\infty}\dfrac{1}{\mathrm{e}}\int_1^b\dfrac{\mathrm{d}\mathrm{e}^{x-1}}{(\mathrm{e}^{x-1})^2+1}$

$$=\lim_{b\to+\infty}\left(\dfrac{1}{\mathrm{e}}\arctan\dfrac{\mathrm{e}^x}{\mathrm{e}}\,\Big|_1^b\right)=\lim_{b\to+\infty}\left(\dfrac{1}{\mathrm{e}}\arctan\mathrm{e}^b-\dfrac{1}{\mathrm{e}}\arctan 1\right)=\dfrac{\pi}{4\mathrm{e}}.$$

(5) $\displaystyle\int_0^{+\infty}\dfrac{\mathrm{d}x}{x^2+4x+8}=\int_0^{+\infty}\dfrac{\mathrm{d}(x+2)}{(x+2)^2+2^2}=\dfrac{1}{2}\arctan\left(\dfrac{x+2}{2}\right)\Big|_0^{+\infty}=\dfrac{\pi}{8}.$

(6) $\displaystyle\int_0^{+\infty}\dfrac{x\mathrm{e}^{-x}}{(1+\mathrm{e}^{-x})^2}\mathrm{d}x=\int_0^{+\infty}\dfrac{-x\mathrm{d}\mathrm{e}^{-x}}{(1+\mathrm{e}^{-x})^2}=\int_0^{+\infty}x\mathrm{d}\dfrac{1}{1+\mathrm{e}^{-x}}$ （关键一步：凑微分）

$$=\dfrac{x}{1+\mathrm{e}^{-x}}\Big|_0^{+\infty}-\int_0^{+\infty}\dfrac{\mathrm{d}(1+\mathrm{e}^x)}{1+\mathrm{e}^x}=\left[\dfrac{x}{1+\mathrm{e}^{-x}}-\ln(1+\mathrm{e}^x)+C\right]_0^{+\infty}$$

故　　$\displaystyle\int_0^{+\infty}\dfrac{x\mathrm{e}^{-x}}{(1+\mathrm{e}^{-x})^2}\mathrm{d}x=\lim_{x\to+\infty}\left[\dfrac{x}{1+\mathrm{e}^{-x}}-\ln(1+\mathrm{e}^x)\right]+\ln 2$

又 $\displaystyle\lim_{x\to+\infty}\left[\dfrac{x}{1+\mathrm{e}^{-x}}-\ln(1+\mathrm{e}^x)\right]=\lim_{x\to+\infty}\left\{\dfrac{x}{1+\mathrm{e}^{-x}}-\ln[\mathrm{e}^x(1+\mathrm{e}^{-x})]\right\}$ （变形）

$$=\lim_{x\to+\infty}\left[\dfrac{x}{1+\mathrm{e}^{-x}}-x-\ln(1+\mathrm{e}^{-x})\right]$$

$$=\lim_{x\to+\infty}\dfrac{-x}{1+\mathrm{e}^x}-0=0$$

所以 $\displaystyle\int_0^{+\infty}\dfrac{x\mathrm{e}^{-x}}{(1+\mathrm{e}^{-x})^2}\mathrm{d}x=\ln 2.$

(7) $\displaystyle\int_{-\infty}^{+\infty}\dfrac{\mathrm{d}x}{x^2+2x+2}=\int_{-\infty}^0\dfrac{\mathrm{d}x}{x^2+2x+2}+\int_0^{+\infty}\dfrac{\mathrm{d}x}{x^2+2x+2}$

$$=\int_{-\infty}^0\dfrac{\mathrm{d}(x+1)}{(x+1)^2+1}+\int_0^{+\infty}\dfrac{\mathrm{d}(x+1)}{(x+1)^2+1}$$

$$= \arctan(x+1) \Big|_{-\infty}^{0} + \arctan(x+1) \Big|_{0}^{+\infty}$$

$$= -\left(-\frac{\pi}{2}\right) + \frac{\pi}{2} = \pi.$$

(8) $\int_{e}^{+\infty} \frac{\ln x}{x} \mathrm{d}x = \int_{e}^{+\infty} \ln x \mathrm{d}\ln x = \frac{1}{2} \ln^2 x \Big|_{e}^{+\infty} = \frac{1}{2}\left(\lim_{x\to+\infty} \ln^2 x - 1\right) = \infty$，可知，广义积

分 $\int_{e}^{+\infty} \frac{\ln x}{x} \mathrm{d}x$ 发散.

结论：无穷积分可以分两步进行：先求定积分，再求积分的极限.

例 10.2 下列无穷积分收敛的是(　　).

A. $\int_{e}^{+\infty} \frac{\ln x}{x} \mathrm{d}x\left(\frac{1}{2}\ln^2 x \text{ 为原函数}\right)$

B. $\int_{e}^{+\infty} \frac{1}{x\ln x} \mathrm{d}x(\ln|\ln x| \text{ 为原函数})$

C. $\int_{e}^{+\infty} \frac{1}{x(\ln x)^2} \mathrm{d}x\left(-\frac{1}{\ln x} \text{ 为原函数}\right)$

D. $\int_{e}^{+\infty} \frac{1}{x\sqrt{\ln x}} \mathrm{d}x(2\sqrt{\ln x} \text{ 为原函数})$

答：C. 因为 $\int_{e}^{+\infty} \frac{1}{x(\ln x)^2} \mathrm{d}x = \int_{e}^{+\infty} \frac{1}{(\ln x)^2} \mathrm{d}(\ln x) = \lim_{b\to+\infty}\left(-\frac{1}{\ln b} + \frac{1}{\ln e}\right) = 1.$

例 10.3 下列反常积分中发散的是(　　).

A. $\int_{-1}^{1} \frac{\mathrm{d}x}{\sin x}$

B. $\int_{-1}^{1} \frac{\mathrm{d}x}{\sqrt{1-x^2}}\left(= \arcsin x \Big|_{-1}^{1} = \pi\right)$

C. $\int_{0}^{+\infty} e^{-x^2} \mathrm{d}x$

D. $\int_{2}^{+\infty} \frac{\mathrm{d}x}{x\ln^2 x} = -\frac{1}{\ln x}\Big|_{2}^{+\infty} = \ln 2$

答：A. 因为 $\int_{-1}^{1} \frac{\mathrm{d}x}{\sin x} = \int_{-1}^{0} \frac{\mathrm{d}x}{\sin x} + \int_{0}^{1} \frac{\mathrm{d}x}{\sin x}$，且 $\int_{0}^{1} \frac{\mathrm{d}x}{\sin x} = \lim_{x\to 0^+}\ln\left(\tan\frac{x}{2}\right)\Big|_{x}^{1} = +\infty.$

另解：$\int_{0}^{1} \frac{\mathrm{d}x}{\sin x} = \frac{1}{2}\int_{0}^{1} \frac{\mathrm{d}x}{\sin\frac{x}{2}\cdot\cos\frac{x}{2}} = \int_{0}^{1} \frac{\sec\frac{x}{2}\mathrm{d}\frac{x}{2}}{\sin\frac{x}{2}} = \int_{0}^{1} \frac{\sec^2\frac{x}{2}\mathrm{d}\frac{x}{2}}{\tan\frac{x}{2}}$

$$= \ln\left(\tan\frac{x}{2}\right)\Big|_{0}^{1} = +\infty$$

故 $\int_{-1}^{1} \frac{\mathrm{d}x}{\sin x}$ 发散.

另外，在选项 C 中，$\int_{0}^{+\infty} e^{-x^2} \mathrm{d}x = \frac{\sqrt{\pi}}{2}.$

例 10.4 下列(　　)不是反常积分.

A. $\int_{1}^{e} \frac{\mathrm{d}x}{x\ln x}$

B. $\int_{-1}^{1} (x-1)^3 \mathrm{d}x$

C. $\int_{-1}^{1} \frac{1}{\sqrt{x^3}} \mathrm{d}x$

D. $\int_{0}^{3} \frac{\mathrm{d}x}{(x^{\frac{3}{2}}-5)^2}$

答：B. 因为 A 中 $x=1$ 是瑕点，B 为正常积分，C 中 $x=0$ 是瑕点，D 中 $x=\sqrt[3]{25}$ 是瑕点. 若将积分上限改变后新积分为 $\int_0^1 \dfrac{\mathrm{d}x}{(x^{\frac{3}{2}}-5)^2}$，则此积分为正常积分，因为瑕点 $x=\sqrt[3]{25}$ 不在积分区间 $[0,1]$ 内.

例 10.5　下列反常积分中（　　）是收敛的.

A. $\int_{-\infty}^{+\infty} \sin x \mathrm{d}x$　　　　B. $\int_{-1}^1 \dfrac{1}{x}\mathrm{d}x$　　　　C. $\int_{-1}^0 \dfrac{\mathrm{d}x}{\sqrt{1-x^2}}$　　　　D. $\int_{-\infty}^0 \mathrm{e}^x \mathrm{d}x$

答：C、D. 因为 $\int_{-\infty}^{+\infty} \sin x \mathrm{d}x = \int_{-\infty}^0 \sin x \mathrm{d}x + \int_0^{+\infty} \sin x \mathrm{d}x = \lim\limits_{b\to+\infty}\left(-\cos x\big|_{-b}^0 - \cos x\big|_0^b\right)$，此极限不存在，故原积分发散；

$\int_{-1}^1 \dfrac{1}{x}\mathrm{d}x = \int_{-1}^0 \dfrac{1}{x}\mathrm{d}x + \int_0^1 \dfrac{1}{x}\mathrm{d}x = \lim\limits_{\varepsilon\to 0^+}(\ln|x|\big|_{-1}^{-\varepsilon} + \ln|x|\big|_\varepsilon^1)$，$\int_0^1 \dfrac{1}{x}\mathrm{d}x = \lim\limits_{\varepsilon\to 0^+}\ln|x|\big|_\varepsilon^1 = \infty$ 发散，故原积分发散；

$\int_{-1}^0 \dfrac{\mathrm{d}x}{\sqrt{1-x^2}} = \lim\limits_{\varepsilon\to 0^+}\arcsin x\Big|_{-1+\varepsilon}^0 = \dfrac{\pi}{2}$；

$\int_{-\infty}^0 \mathrm{e}^x \mathrm{d}x = \lim\limits_{a\to-\infty}\mathrm{e}^x\Big|_a^0 = 1$.

例 10.6　$\int_{-1}^1 \dfrac{1}{x^2}\mathrm{d}x = (\qquad)$.

A. -2　　　　　　B. 2　　　　　　C. 0　　　　　　D. 发散

答：D. 因为 $\int_{-1}^1 \dfrac{1}{x^2}\mathrm{d}x = \int_{-1}^0 \dfrac{1}{x^2}\mathrm{d}x + \int_0^1 \dfrac{1}{x^2}\mathrm{d}x = \lim\limits_{\varepsilon\to 0^+}\int_{-1}^{-\varepsilon} \dfrac{1}{x^2}\mathrm{d}x + \int_\varepsilon^1 \dfrac{1}{x^2}\mathrm{d}x$

$\int_0^1 \dfrac{\mathrm{d}x}{x^2} = \lim\limits_{\varepsilon\to 0^+}\int_\varepsilon^1 \dfrac{\mathrm{d}x}{x^2} = \lim\limits_{\varepsilon\to 0^+}\left(-\dfrac{1}{x}\right)\Big|_\varepsilon^1 = \lim\limits_{\varepsilon\to 0^+}\left(\dfrac{1}{\varepsilon}-1\right) = +\infty$

故 $\int_{-1}^1 \dfrac{\mathrm{d}x}{x^2}$ 发散.

错误解法：$\int_{-1}^1 \dfrac{\mathrm{d}x}{x^2} = \left(-\dfrac{1}{x}\right)\Big|_{-1}^1 = (-1)-(+1)=-2$.

例 10.7　计算下列反常积分.

(1) $\int_0^1 \dfrac{\mathrm{d}x}{\sqrt{1-x}} = \lim\limits_{\varepsilon\to 0^+}\int_0^{1-\varepsilon} \dfrac{\mathrm{d}x}{\sqrt{1-x}} = \lim\limits_{\varepsilon\to 0^+}(-2\sqrt{1-x})\Big|_0^{1-\varepsilon} = 2$

(2) $\int_{-1}^1 \dfrac{\mathrm{d}x}{\sqrt{1-x^2}} = \lim\limits_{\varepsilon\to 0^+}\int_0^{1-\varepsilon} \dfrac{\mathrm{d}x}{\sqrt{1-x^2}} + \lim\limits_{\varepsilon\to 0^+}\int_{-1+\varepsilon}^0 \dfrac{\mathrm{d}x}{\sqrt{1-x^2}}$

$= \lim\limits_{\varepsilon\to 0^+}\left(\arcsin x\Big|_0^{1-\varepsilon} + \arcsin x\Big|_{-1+\varepsilon}^0\right) = \pi$

另解：$\int_{-1}^1 \dfrac{\mathrm{d}x}{\sqrt{1-x^2}} \xlongequal{x=\sin t} \int_{-\frac{\pi}{2}}^{\frac{\pi}{2}} \dfrac{\cos t \mathrm{d}t}{\sqrt{1-(\sin t)^2}} = 2\int_0^{\frac{\pi}{2}} \mathrm{d}t = \pi$.

注意：反常积分有时经过适当的换元可转化为正常积分.

(3) $\int_1^2 \dfrac{x\mathrm{d}x}{\sqrt{x-1}} = \lim\limits_{\varepsilon\to 0^+}\int_{1+\varepsilon}^2 \dfrac{x-1+1}{\sqrt{x-1}}\mathrm{d}x = \lim\limits_{\varepsilon\to 0^+}\int_{1+\varepsilon}^2 \left(\sqrt{x-1}+\dfrac{1}{\sqrt{x-1}}\right)\mathrm{d}x = \dfrac{8}{3}$

另解：$\displaystyle\int_1^2\frac{x\mathrm{d}x}{\sqrt{x-1}}\xlongequal{t=\sqrt{x-1}}\int_0^1\frac{t^2+1}{t}\cdot 2t\mathrm{d}t=\frac{8}{3}$（换元后化为正常积分）.

(4) $\displaystyle\int_0^1\ln x\mathrm{d}x=\lim_{\varepsilon\to0^+}\int_\varepsilon^1\ln x\mathrm{d}x=\lim_{\varepsilon\to0^+}(x\ln x-x)\Big|_\varepsilon^1=-1-\lim_{\varepsilon\to0^+}\varepsilon\ln\varepsilon$.

又因为 $\displaystyle\lim_{\varepsilon\to0^+}\varepsilon\ln\varepsilon=\lim_{\varepsilon\to0^+}\frac{\ln\varepsilon}{\dfrac{1}{\varepsilon}}=\lim_{\varepsilon\to0^+}\frac{\dfrac{1}{\varepsilon}}{-\dfrac{1}{\varepsilon^2}}=-\lim_{\varepsilon\to0^+}\varepsilon=0$，所以 $\displaystyle\int_0^1\ln x\mathrm{d}x=-1-\lim_{\varepsilon\to0^+}\varepsilon\ln\varepsilon=-1$.

例 10.8　计算反常积分 $\displaystyle\int_0^a\frac{\mathrm{d}x}{\sqrt{a^2-x^2}}$.

解　原式 $\displaystyle=\lim_{\varepsilon\to0^+}\int_0^{a-\varepsilon}\frac{\mathrm{d}x}{\sqrt{a^2-x^2}}$

$\displaystyle=\lim_{\varepsilon\to0^+}\arcsin\frac{x}{a}\Big|_0^{a-\varepsilon}=\lim_{\varepsilon\to0^+}\arcsin\frac{a-\varepsilon}{a}$

$\displaystyle=\arcsin 1=\frac{\pi}{2},\quad a>0$.

几何意义如图 10.2 所示.

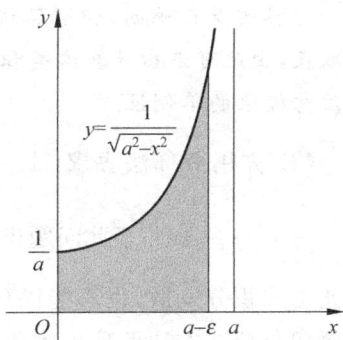

图　10.2

例 10.9　讨论 $\displaystyle\int_0^{+\infty}\Big[\ln\Big(1+\frac{1}{x}\Big)-\frac{1}{1+x}\Big]\mathrm{d}x$ 的敛散性.

解　$\displaystyle\int_0^{+\infty}\Big[\ln\Big(1+\frac{1}{x}\Big)-\frac{1}{1+x}\Big]\mathrm{d}x=\int_0^1\Big[\ln\Big(1+\frac{1}{x}\Big)-\frac{1}{1+x}\Big]\mathrm{d}x$

$\displaystyle+\int_1^{+\infty}\Big[\ln\Big(1+\frac{1}{x}\Big)-\frac{1}{1+x}\Big]\mathrm{d}x$

对于 $\displaystyle\int_0^1\Big[\ln\Big(1+\frac{1}{x}\Big)-\frac{1}{1+x}\Big]\mathrm{d}x$，由于 $\displaystyle\int_0^1\frac{1}{1+x}\mathrm{d}x$ 是正常积分，故只需讨论 $\displaystyle\int_0^1\ln\Big(1+\frac{1}{x}\Big)\mathrm{d}x$，作换元 $t=\dfrac{1}{x}$，则 $\displaystyle\int_0^1\ln\Big(1+\frac{1}{x}\Big)\mathrm{d}x=\int_1^{+\infty}\frac{\ln(1+t)}{t^2}\mathrm{d}t$ 收敛.

对于 $\displaystyle\int_1^{+\infty}\Big[\ln\Big(1+\frac{1}{x}\Big)-\frac{1}{1+x}\Big]\mathrm{d}x$，由于 $x\to+\infty$ 时，$\ln\Big(1+\dfrac{1}{x}\Big)=\dfrac{1}{x}-\dfrac{1}{2x^2}+o\Big(\dfrac{1}{x^2}\Big)$，

$\dfrac{1}{1+x}=\dfrac{1}{x}\dfrac{1}{1+\dfrac{1}{x}}=\dfrac{1}{x}\Big[1-\dfrac{1}{x}+o\Big(\dfrac{1}{x}\Big)\Big]$，所以 $\ln\Big(1+\dfrac{1}{x}\Big)-\dfrac{1}{1+x}=\dfrac{1}{2x^2}+o\Big(\dfrac{1}{x^2}\Big)$，故

$\displaystyle\int_1^{+\infty}\Big[\ln\Big(1+\frac{1}{x}\Big)-\frac{1}{1+x}\Big]\mathrm{d}x$ 收敛.

综上知原积分收敛.

例 10.10　计算反常积分.

(1) $\displaystyle\int_{-1}^3\frac{f'(x)}{1+f^2(x)}\mathrm{d}x$，其中 $f(x)=\dfrac{(x+1)^2(x-1)}{x^3(x-2)}$；　　　　(2) $\displaystyle\int_0^{+\infty}\frac{x\ln x}{(1+x^2)^2}\mathrm{d}x$.

解　(1) 注意这里有两个瑕点：0，2.

$$\int_{-1}^{3} \frac{f'(x)}{1+f^2(x)}dx = \int_{-1}^{0} \frac{f'(x)}{1+f^2(x)}dx + \int_{0}^{2} \frac{f'(x)}{1+f^2(x)}dx + \int_{2}^{3} \frac{f'(x)}{1+f^2(x)}dx$$

$$= \arctan f(x)\Big|_{-1}^{0} + \arctan f(x)\Big|_{0}^{2} + \arctan f(x)\Big|_{2}^{3}$$

$$= \left(-\frac{\pi}{2} - 0\right) + \left[\frac{\pi}{2} - \left(-\frac{\pi}{2}\right)\right] + \left(\arctan\frac{32}{27} - \frac{\pi}{2}\right)$$

$$= \arctan\frac{32}{27}$$

注意：本题的计算很容易出错. $\int_{-1}^{3} \frac{f'(x)}{1+f^2(x)}dx = \arctan f(x)\Big|_{-1}^{3} = \arctan\frac{32}{27}$，虽然最后的答案是正确的,但解答过程是错误的. 错误的根源在于没注意到积分区间内有两个瑕点,由此可看出计算这类积分时一定要把瑕点找出来,然后按本题的做法去处理,还要注意极限的单侧性.

(2) 先用分部法去求：$\int_{0}^{+\infty} \frac{x\ln x}{(1+x^2)^2}dx = \frac{-1}{2}\int_{0}^{+\infty} \ln x \, d\frac{1}{1+x^2} = -\frac{1}{2}\left[\frac{\ln x}{1+x^2}\Big|_{0}^{+\infty} - \int_{0}^{+\infty} \frac{1}{x(1+x^2)}dx\right]$，至此问题出来了,由于 $\lim\limits_{x\to 0_+} \frac{\ln x}{1+x^2} = -\infty$，这就没法做下去了,但不能由此说该积分发散,也不能说分部积分法不能用. 用分部积分法计算广义积分时要求分部积分公式右边两项均收敛(上述做法中右边两项均发散). 本题用分部积分法可以这样做：

$$\int_{0}^{+\infty} \frac{x\ln x}{(1+x^2)^2}dx = \int_{0}^{1} \frac{x\ln x}{(1+x^2)^2}dx + \int_{1}^{+\infty} \frac{x\ln x}{(1+x^2)^2}dx$$

$$= \frac{1}{2}\int_{0}^{1} \ln x \, d\left(1 - \frac{1}{1+x^2}\right) + \frac{1}{2}\int_{1}^{+\infty} \ln x \, d\frac{-1}{1+x^2}$$

下面有一种更简便方法(称为分段相消法).

$$\int_{0}^{+\infty} \frac{x\ln x}{(1+x^2)^2}dx = \int_{0}^{1} \frac{x\ln x}{(1+x^2)^2}dx + \int_{1}^{+\infty} \frac{x\ln x}{(1+x^2)^2}dx$$

对后一积分作换元：$x = \frac{1}{t}$，得 $\int_{1}^{+\infty} \frac{x\ln x}{(1+x^2)^2}dx = \int_{1}^{0} \frac{\frac{1}{t}\ln\frac{1}{t}}{\left(1+\frac{1}{t^2}\right)^2}\left(-\frac{1}{t^2}\right)dt = -\int_{0}^{1} \frac{t\ln t}{(1+t^2)^2}dt$，所以 $\int_{0}^{+\infty} \frac{x\ln x}{(1+x^2)^2}dx = 0$.

例 10.11 判别反常积分的敛散性.

(1) $\int_{1}^{+\infty} e^{-x^2}dx$；　　　　　　　　(2) $\int_{0}^{+\infty} \frac{dx}{1+x|\sin x|}$；

(3) $\int_{1}^{+\infty} \frac{dx}{x\sqrt{1+x^2}}$；　　　　　　(4) $\int_{1}^{+\infty} \frac{\sqrt{x}\arctan x}{\sqrt[3]{x^4+1}}dx$.

解　(1) 因为 $0 < e^{-x^2} < e^{-x}$，而 $\int_{1}^{+\infty} e^{-x}dx = -e^{-x}\Big|_{1}^{+\infty} = \frac{1}{e}$，所以 $\int_{1}^{+\infty} e^{-x}dx$ 收敛，故 $\int_{1}^{+\infty} e^{-x^2}dx$ 也收敛.

(2) 因为 $\dfrac{1}{1+x\mid \sin x\mid} \geqslant \dfrac{1}{1+x} > 0$，而 $\displaystyle\int_0^{+\infty}\dfrac{\mathrm{d}x}{1+x} = \ln(1+x)\Big|_0^{+\infty} = +\infty$，所以

$\displaystyle\int_0^{+\infty}\dfrac{\mathrm{d}x}{1+x}$ 发散，故 $\displaystyle\int_0^{+\infty}\dfrac{\mathrm{d}x}{1+x\mid \sin x\mid}$ 也发散.

(3) $f(x) = \dfrac{1}{x\sqrt{1+x^2}} > 0$，因为 $\displaystyle\lim_{x\to+\infty}x^2\cdot\dfrac{1}{x\sqrt{1+x^2}} = \lim_{x\to+\infty}\dfrac{1}{\sqrt{\dfrac{1}{x^2}+1}} = 1, p = 2,$

$\lambda = 1$，所以 $\displaystyle\int_1^{+\infty}\dfrac{\mathrm{d}x}{x\sqrt{1+x^2}}$ 收敛.

(4) 因为 $\displaystyle\lim_{x\to+\infty}x^{\frac{5}{6}}\cdot\dfrac{\sqrt{x}\arctan x}{\sqrt[3]{x^4+1}} = \lim_{x\to+\infty}\dfrac{\arctan x}{\sqrt[3]{1+\dfrac{1}{x^4}}} = \dfrac{\pi}{2}, p = \dfrac{5}{6} < 1, \lambda = \dfrac{\pi}{2}$，所以

$\displaystyle\int_1^{+\infty}\dfrac{\sqrt{x}\arctan x}{\sqrt[3]{x^4+1}}\mathrm{d}x$ 发散.

例 10.12 判别下列反常积分的敛散性.

(1) $\displaystyle\int_0^1\dfrac{\mathrm{d}x}{\sqrt{(1-x^2)(1-k^2x^2)}}, k^2 < 1$； (2) $\displaystyle\int_0^{\pi}\dfrac{1}{\sqrt{\sin x}}\mathrm{d}x$； (3) $\displaystyle\int_0^1\dfrac{\sin\dfrac{1}{x}}{\sqrt{x}}\mathrm{d}x$.

解 (1) $x = 1$ 是瑕点.

因为 $\displaystyle\lim_{x\to1^-}(1-x)^{\frac{1}{2}}\cdot\dfrac{1}{\sqrt{(1-x^2)(1-k^2x^2)}} = \lim_{x\to1^-}\dfrac{1}{\sqrt{(1+x)(1-k^2x^2)}} = $

$\dfrac{1}{\sqrt{2(1-k^2)}}, p = \dfrac{1}{2}, \lambda = \dfrac{1}{\sqrt{2(1-k^2)}}$，所以 $\displaystyle\int_0^1\dfrac{\mathrm{d}x}{\sqrt{(1-x^2)(1-k^2x^2)}}$ 收敛.

(2) $x = 0$ 和 $x = \pi$ 是瑕点，为此讨论下面两个反常积分 $I_1 = \displaystyle\int_0^{\frac{\pi}{2}}\dfrac{1}{\sqrt{\sin x}}\mathrm{d}x$ 和 $I_2 = $

$\displaystyle\int_{\frac{\pi}{2}}^{\pi}\dfrac{1}{\sqrt{\sin x}}\mathrm{d}x$ 的敛散性.

因为 $\displaystyle\lim_{x\to0^+}x^{\frac{1}{2}}\cdot\dfrac{1}{\sqrt{\sin x}} = \lim_{x\to0^+}\sqrt{\dfrac{x}{\sin x}} = 1, p = \dfrac{1}{2}, \lambda = 1$，所以 I_1 收敛.

又因为 $\displaystyle\lim_{x\to\pi^-}(\pi-x)^{\frac{1}{2}}\cdot\dfrac{1}{\sqrt{\sin x}} = \lim_{x\to\pi^-}\sqrt{\dfrac{\pi-x}{\sin(\pi-x)}} = 1, p = \dfrac{1}{2}, \lambda = 1$，所以 I_2 收敛.

故 $\displaystyle\int_0^{\pi}\dfrac{1}{\sqrt{\sin x}}\mathrm{d}x = I_1 + I_2 = \int_0^{\frac{\pi}{2}}\dfrac{1}{\sqrt{\sin x}}\mathrm{d}x + \int_{\frac{\pi}{2}}^{\pi}\dfrac{1}{\sqrt{\sin x}}\mathrm{d}x$ 收敛.

当反常积分的被积函数在所讨论的区间上可取正值也可取负值时，可引进绝对收敛的概念.

(3) 因为 $\left|\dfrac{\sin\dfrac{1}{x}}{\sqrt{x}}\right| \leqslant \dfrac{1}{\sqrt{x}}$，而 $\displaystyle\int_0^1\dfrac{1}{\sqrt{x}}\mathrm{d}x\left(p = \dfrac{1}{2} < 1, \lambda = 1\right)$ 收敛，又因为 $\displaystyle\int_0^1\left|\dfrac{\sin\dfrac{1}{x}}{\sqrt{x}}\right|\mathrm{d}x$，从

而 $\int_0^1 \dfrac{\sin\dfrac{1}{x}}{\sqrt{x}}\mathrm{d}x$ 收敛.

例 10.13 判别反常积分 $\int_0^{+\infty} \mathrm{e}^{-t}t^{x-1}\mathrm{d}t$ 的敛散性.

解 此积分的积分区间为无穷区间,又当 $x<1$ 时,$t=0$ 是被积函数的瑕点.

为此分别讨论下列两个积分:$I_1 = \int_0^1 \mathrm{e}^{-t}t^{x-1}\mathrm{d}t$,$I_2 = \int_1^{+\infty} \mathrm{e}^{-t}t^{x-1}\mathrm{d}t$.

先讨论 I_1 的敛散性.

(1) 当 $x \geqslant 1$ 时,I_1 是正常积分,故 I_1 是收敛的.

(2) 当 $0<x<1$ 时,因为 $\lim\limits_{t\to 0^+}(t-0)^{1-x}\mathrm{e}^{-t}t^{x-1} = \lim\limits_{t\to 0^+}\mathrm{e}^{-t} = 1, 0<p=1-x<1, \lambda = 1$,所以 $I_1 = \int_0^1 \mathrm{e}^{-t}t^{x-1}\mathrm{d}t$ 收敛.

(3) $x \leqslant 0$ 时,$p=1-x \geqslant 1, \lambda = 1$,所以 $I_1 = \int_0^1 \mathrm{e}^{-t}t^{x-1}\mathrm{d}t$ 发散.

再讨论 I_2 的敛散性.

因为 $\lim\limits_{t\to +\infty}t^2\mathrm{e}^{-t}t^{x-1} = \lim\limits_{t\to 0^+}\dfrac{t^{x+1}}{\mathrm{e}^t} = 0, p=2>1, \lambda = 0$,所以 $I_2 = \int_1^{+\infty}\mathrm{e}^{-t}t^{x-1}\mathrm{d}t$ 收敛.

综上可知,反常积分 $\int_0^{+\infty}\mathrm{e}^{-t}t^{x-1}\mathrm{d}t$,当 $x>0$ 时收敛,当 $x \leqslant 0$ 时发散.

例 10.14 讨论下列反常积分的敛散性.

(1) $\int_1^{+\infty} \dfrac{1}{\sqrt{x^3-\mathrm{e}^{-2x}+\ln x+1}}\mathrm{d}x$;   (2) $\int_1^{+\infty} \dfrac{\arctan x}{1+x^3}\mathrm{d}x$;

(3) $\int_1^{+\infty} \dfrac{x^q}{1+x^p}\mathrm{d}x, p,q \in \mathbf{R}^+$.

解 (1) 当 $x\to+\infty$ 时,$\dfrac{1}{\sqrt{x^3-\mathrm{e}^{-2x}+\ln x+1}} \sim \dfrac{1}{x^{\frac{3}{2}}}$,所以积分 $\int_1^{+\infty} \dfrac{1}{\sqrt{x^3-\mathrm{e}^{-2x}+\ln x+1}}\mathrm{d}x$ 收敛.

(2) 当 $x\to+\infty$ 时,$\dfrac{\arctan x}{1+x^3} \sim \dfrac{\pi}{2x^3}$,所以积分 $\int_1^{+\infty} \dfrac{\arctan x}{1+x^3}\mathrm{d}x$ 收敛.

(3) 当 $x\to+\infty$ 时,$\dfrac{x^q}{1+x^p} \sim \dfrac{1}{x^{p-q}}$,所以在 $p-q>1$ 时,积分 $\int_1^{+\infty} \dfrac{x^q}{1+x^p}\mathrm{d}x$ 收敛,在其余情况下积分 $\int_1^{+\infty} \dfrac{x^q}{1+x^p}\mathrm{d}x$ 发散.

例 10.15 求 $I = \int_0^1 \dfrac{x^b-x^a}{\ln x}\mathrm{d}x$.

解 因为 $\int_a^b x^y \mathrm{d}y = \dfrac{x^b-x^a}{\ln x}$,所以

$$I = \int_0^1 \dfrac{x^b-x^a}{\ln x}\mathrm{d}x = \int_0^1 \mathrm{d}x \int_a^b x^y \mathrm{d}y = \int_a^b \mathrm{d}y \int_0^1 x^y \mathrm{d}x = \int_a^b \dfrac{1}{1+y}\mathrm{d}y = \ln\dfrac{1+b}{1+a}$$

例 10.16 证明含参量反常积分 $\int_0^{+\infty} \dfrac{\sin xy}{y} \mathrm{d}y$ 在 $[\delta, +\infty)$ 上一致收敛(其中 $\delta > 0$),但在 $(0, +\infty)$ 内不一致收敛.

证 做变量代换 $u = xy$,得

$$\int_A^{+\infty} \frac{\sin xy}{y} \mathrm{d}y = \int_{Ax}^{+\infty} \frac{\sin u}{u} \mathrm{d}u$$

其中 $A > 0$,由于 $\int_0^{+\infty} \dfrac{\sin u}{u} \mathrm{d}u$ 收敛,故对任给正数 ε,总存在正数 M,使当 $A > M$ 时,就有

$$\left| \int_A^{+\infty} \frac{\sin u}{u} \mathrm{d}u \right| < \varepsilon, \text{取 } A\delta > M, \text{则当 } A > \frac{M}{\delta} \text{ 时,对一切 } x \geqslant \delta > 0, \text{有 } \left| \int_A^{+\infty} \frac{\sin xy}{y} \mathrm{d}y \right| < \varepsilon$$

所以在 $x \geqslant \delta > 0$ 上一致收敛.

现在证明此积分在 $(0, +\infty)$ 内不一致收敛.由一致收敛定义,只要证明存在某一正数 ε_0,使对任何实数 $M (> c)$,总相应地存在某个 $A > M$ 及某个 $x \in [a, b]$,使得

$$\left| \int_A^{+\infty} \frac{\sin xy}{y} \mathrm{d}y \right| \geqslant \varepsilon_0.$$

由于无穷积分 $\int_0^{+\infty} \dfrac{\sin u}{u} \mathrm{d}u$ 收敛,故对任何正数 ε_0 与 M,总存在某个 $x (> 0)$,使得

$$\left| \int_{Mx}^{+\infty} \frac{\sin u}{u} \mathrm{d}u - \int_0^{+\infty} \frac{\sin u}{u} \mathrm{d}u \right| < \varepsilon_0$$

即

$$\int_0^{+\infty} \frac{\sin u}{u} \mathrm{d}u - \varepsilon_0 < \int_{Mx}^{+\infty} \frac{\sin u}{u} \mathrm{d}u < \int_0^{+\infty} \frac{\sin u}{u} \mathrm{d}u + \varepsilon_0$$

现令 $\varepsilon_0 = \dfrac{1}{2} \int_0^{+\infty} \dfrac{\sin u}{u} \mathrm{d}u$,则有

$$\int_M^{+\infty} \frac{\sin xy}{y} \mathrm{d}y = \int_{Mx}^{+\infty} \frac{\sin u}{u} \mathrm{d}u > 2\varepsilon_0 - \varepsilon_0 = \varepsilon_0$$

所以此含参量反常积分在 $(0, +\infty)$ 内不一致收敛.

例 10.17 证明含参量反常积分 $\int_0^{+\infty} \dfrac{\cos xy}{1 + x^2} \mathrm{d}x$ 在 $(-\infty, +\infty)$ 上一致收敛.

证 由于对任何实数 y 都有 $\left| \dfrac{\cos xy}{1 + x^2} \right| \leqslant \dfrac{1}{1 + x^2}$ 及反常积分 $\int_0^{+\infty} \dfrac{1}{1 + x^2} \mathrm{d}x$ 收敛,故由魏尔斯特拉斯 M 判别法知,此含参量反常积分在 $(-\infty, +\infty)$ 上一致收敛.

例 10.18 证明含参量反常积分 $\int_0^{+\infty} \mathrm{e}^{-xy} \dfrac{\sin x}{x} \mathrm{d}x$ 在 $[0, d]$ 上一致收敛.

证 由于反常积分 $\int_0^{+\infty} \mathrm{e}^{-xy} \dfrac{\sin x}{x} \mathrm{d}x$ 收敛(当然对于参量 y,它在 $[0, d]$ 上一致收敛),函数 $g(x, y) = \mathrm{e}^{-xy}$ 对每一个 $y \in [0, d]$ 关于 x 单调,且对任何 $0 \leqslant y \leqslant d, x \geqslant 0$,都有 $|g(x, y)| = |\mathrm{e}^{-xy}| \leqslant 1$.故由阿贝尔判别法即得此含参量反常积分在 $[0, d]$ 上一致收敛.

例 10.19 证明 $\int_0^{+\infty} x\mathrm{e}^{-xy} \mathrm{d}y$ 在 $[a, b], a > 0$ 上一致收敛.

证 $\forall x \in [a, b], y \in [0 +\infty)$,有 $0 \leqslant x\mathrm{e}^{-xy} \leqslant b\mathrm{e}^{-ay}$,而 $\int_0^{+\infty} b\mathrm{e}^{-ay} \mathrm{d}y$ 收敛,$a > 0$.故

$\int_0^{+\infty} x e^{-xy} \mathrm{d}y$ 在 $[a,b],a>0$ 上一致收敛.

习 题 10

1. 下列广义积分收敛的是(   ).

A. $\int_0^{+\infty} e^x \mathrm{d}x$ B. $\int_1^{+\infty} \dfrac{1}{x} \mathrm{d}x$ C. $\int_0^{+\infty} \cos x \mathrm{d}x$ D. $\int_1^{+\infty} \dfrac{1}{x^2} \mathrm{d}x$

2. 广义积分 $\int_0^{+\infty} \dfrac{\ln(1+x)}{x^\beta} \mathrm{d}x$ 收敛的充要条件是 β 满足_____.

3. 当 p _____时,无穷积分 $\int_a^{+\infty} \dfrac{1}{x^p} \mathrm{d}x$ 发散,$a>0$.

4. 求下列反常积分.

(1) $\int_0^{+\infty} \dfrac{1}{1+x^2} \mathrm{d}x$.   (2) $\int_2^{+\infty} \dfrac{1}{4+x^2} \mathrm{d}x$.   (3) $\int_{-1}^1 \dfrac{\mathrm{d}}{\mathrm{d}x} \left(\dfrac{1}{1+e^{\frac{1}{x}}} \right) \mathrm{d}x$.

5. 讨论 $\int_0^2 \dfrac{\ln x}{\sqrt{x}(1-x)^2} \mathrm{d}x$ 的收敛性.

6. 求 $f(x) = \int_0^1 |\ln|x-t|| \, \mathrm{d}t$ 在 $[0,1]$ 上的最大值.

7. 判别下列反常积分的敛散性.

(1) $\int_1^{+\infty} \dfrac{\ln x}{x^p} \mathrm{d}x, p>0$.   (2) $\int_0^{+\infty} \dfrac{\ln x}{x^p} \mathrm{d}x, p>0$.

(3) $\int_0^{+\infty} \dfrac{\ln(1+x)}{x^p} \mathrm{d}x, p>0$.   (4) $\int_1^{+\infty} \ln\left(\dfrac{1-x}{1+x} \right) \mathrm{d}x$.

(5) $\int_0^{\frac{\pi}{2}} \left(\ln\sin x + \dfrac{1}{\ln\sin x} \right) \mathrm{d}x$.   (6) $\int_0^{+\infty} \dfrac{1}{\sqrt[3]{x(x-2)^2(x-4)}} \mathrm{d}x$.

8. 求证 $\int_1^{+\infty} \dfrac{\sin x}{x} \mathrm{d}x$ 收敛,但是 $\int_1^{+\infty} \dfrac{\sin^2 x}{x} \mathrm{d}x$ 发散.

9. 判别下列瑕积分的敛散性.

(1) $\int_0^1 \dfrac{x \mathrm{d}x}{\sqrt{1-x^2}}$.   (2) $\int_0^2 \dfrac{\mathrm{d}x}{(1-x)^2}$.   (3) $\int_1^2 \dfrac{x \mathrm{d}x}{\sqrt{x-1}}$.

10. 求 $F'(x)$.

(1) $F(x) = \int_1^2 \dfrac{\mathrm{d}y}{(1+x\sin y)^2}$.   (2) $F(x) = \int_{a+x}^{b+x} \dfrac{\sin xy}{y} \mathrm{d}y$.

11. 讨论含参量反常积分 $\int_0^{+\infty} x e^{-x^2} \sin xy \, \mathrm{d}x$ 在 $(-\infty,+\infty)$ 上的一致收敛性.

12. 已知 $\int_0^{+\infty} e^{-x^2} \mathrm{d}x = \dfrac{\sqrt{\pi}}{2}$,从等式 $\int_1^2 2y e^{-x^2 y^2} \mathrm{d}y = \dfrac{e^{-x^2} - e^{-4x^2}}{x^2}$ 出发,计算 $I = \int_0^{+\infty} \dfrac{e^{-x^2} - e^{-4x^2}}{x^2} \mathrm{d}x$.

答案

1. D.　2. $1<\beta<2$.　3. $\leqslant 1$.　4. (1) $\dfrac{\pi}{2}$. (2) $\dfrac{\pi}{8}$. (3) $\dfrac{2}{1+\mathrm{e}}$.

5. 发散。提示：因有两个瑕点，故 $\displaystyle\int_0^2 \dfrac{\ln x}{\sqrt{x}(1-x)^2}\mathrm{d}x = \int_0^{\frac{1}{2}} \dfrac{\ln x}{\sqrt{x}(1-x)^2}\mathrm{d}x + \int_{\frac{1}{2}}^1 \dfrac{\ln x}{\sqrt{x}(1-x)^2}\mathrm{d}x +$

$\displaystyle\int_1^2 \dfrac{\ln x}{\sqrt{x}(1-x)^2}\mathrm{d}x$，在 $\displaystyle\int_0^{\frac{1}{2}} \dfrac{\ln x}{\sqrt{x}(1-x)^2}\mathrm{d}x$ 中，取 $p=\dfrac{3}{4}, \lambda=0$，故收敛；在 $\displaystyle\int_{\frac{1}{2}}^1 \dfrac{\ln x}{\sqrt{x}(1-x)^2}\mathrm{d}x$ 中，取 $p=1$，

$\lambda=1$，故发散.

6. $1+\ln 2$. 提示：先求出 $f(x)$ 的表达式 $f(x)=1-x\ln x-(1-x)\ln(1-x)$.

7. (1) $p>1$ 时收敛，$0<p\leqslant 1$ 时发散. (2) 发散. (3) $1<p<2$ 收敛.

(4) $\displaystyle\int_1^{+\infty} \ln\left(\dfrac{1-x}{1+x}\right)\mathrm{d}x = \int_1^{+\infty} \ln\left(1-\dfrac{2}{1+x}\right)\mathrm{d}x$，当 $x\to+\infty$，$\ln\left(1-\dfrac{2}{1+x}\right)\sim -\dfrac{2}{1+x}$，故

$\displaystyle\int_1^{+\infty} \ln\left(1-\dfrac{2}{1+x}\right)\mathrm{d}x$ 与 $\displaystyle\int_1^{+\infty}\dfrac{2}{1+x}\mathrm{d}x$ 有相同的敛散性，而 $\displaystyle\lim_{x\to\infty} x\cdot\dfrac{2}{1+x}=2, p=1, \lambda=2$，所以发散.

(5) $\displaystyle\int_0^{\frac{\pi}{2}} \ln\sin x\,\mathrm{d}x$. 瑕点 $x=0$. $\displaystyle\lim_{x\to 0^+} x^{\frac{1}{2}}\ln\sin x=0$ 收敛，$\displaystyle\int_0^{\frac{\pi}{2}}\dfrac{1}{\ln\sin x}\mathrm{d}x$，瑕点 $x=\dfrac{\pi}{2}$. 因为 $\displaystyle\lim_{x\to\frac{\pi}{2}}\dfrac{\frac{\pi}{2}-x}{\ln\sin x}=$

$-\infty$，所以发散.

(6) 收敛. 提示：既是无穷积分，又是有三个瑕点的瑕积分，要分成若干个积分来计算.

8. 证明：$\displaystyle\int_1^A \dfrac{\sin x}{x}\mathrm{d}x = -\dfrac{\cos x}{x}\bigg|_1^A - \int_1^A \dfrac{\cos x}{x^2}\mathrm{d}x$. 由于 $\displaystyle\int_1^{+\infty}\dfrac{\cos x}{x^2}\mathrm{d}x$ 收敛，所以 $\displaystyle\lim_{A\to+\infty}\int_1^A \dfrac{\sin x}{x}\mathrm{d}x$ 存在，因此

$\displaystyle\int_1^{+\infty}\dfrac{\sin x}{x}\mathrm{d}x$ 收敛.

另一方面，$\displaystyle\int_1^{+\infty}\dfrac{\sin^2 x}{x}\mathrm{d}x = \int_1^{+\infty}\dfrac{1}{2x}\mathrm{d}x - \int_1^{+\infty}\dfrac{\cos 2x}{2x}\mathrm{d}x$. 其中前一个积分发散，后一个积分收敛，所以

$\displaystyle\int_1^{+\infty}\dfrac{\sin^2 x}{x}\mathrm{d}x$ 发散.

9. (1) 收敛. (2) 发散. (3) 收敛.

10. (1) $F'(x)=\displaystyle\int_1^2 \dfrac{-2\sin y}{(1+x\sin y)^3}\mathrm{d}y$.

(2) $F'(x)=\left(\dfrac{1}{x}+\dfrac{1}{b+x}\right)\sin[x(b+x)] - \left(\dfrac{1}{x}+\dfrac{1}{a+x}\right)\sin[x(a+x)]$.

11. 因 $|xe^{-x^2}\sin xy|\leqslant xe^{-x^2}, (x,y)\in[0,+\infty)\times(-\infty,+\infty)$，而 $\displaystyle\int_0^{+\infty} xe^{-x^2}\mathrm{d}x$ 收敛，故由 M 判别

法知，$\displaystyle\int_0^{+\infty} xe^{-x^2}\sin xy\,\mathrm{d}x$ 在 $(-\infty,+\infty)$ 上一致收敛.

12. 原式 $=\displaystyle\int_0^{+\infty}\left(\int_1^2 2ye^{-x^2y^2}\mathrm{d}y\right)\mathrm{d}x$，因对一切 $y\in[1,2]$ 有 $2ye^{-x^2y^2}\leqslant 4e^{-x^2}$，而 $\displaystyle\int_0^{+\infty} 4e^{-x^2}\mathrm{d}x$ 收敛，由 M 判

别法知 $\displaystyle\int_0^{+\infty} 2ye^{-x^2y^2}\mathrm{d}x$ 在 $[1,2]$ 上一致收敛，故原式 $=\displaystyle\int_0^{+\infty}\left(\int_1^2 2ye^{-x^2y^2}\mathrm{d}y\right)\mathrm{d}x = \int_1^2\left(2\int_0^{+\infty} e^{-(xy)^2}\mathrm{d}(xy)\right)\mathrm{d}y =$

$\displaystyle\int_1^2 \sqrt{\pi}\,\mathrm{d}y = \sqrt{\pi}$.

重 积 分

一、主 要 考 点

1. 二重积分的几何意义

(1) 当 $f(x,y) \geqslant 0, (x,y) \in D$ 时, 二重积分 $\iint\limits_{D} f(x,y) \mathrm{d}x \mathrm{d}y$ 表示为以 $z = f(x,y)$ 为曲顶, 以 D 为底, 母线平行 z 轴的曲顶柱体的体积, 如图 11.1 所示.

(2) 当 $f(x,y) < 0$ 时, $-\iint\limits_{D} f(x,y) \mathrm{d}x \mathrm{d}y$ 表示曲边柱体的体积, 柱体位于 xOy 面的下方.

(3) 当 $f(x,y)$ 在 D 的若干部分区域上是正的(我们将它记为正), 而在其他部分区域上是负的(我们将它记为负), 则 $\iint\limits_{D} f(x,y) \mathrm{d}x \mathrm{d}y$ 就表示 D 上所有正负曲顶柱体体积的代数和.

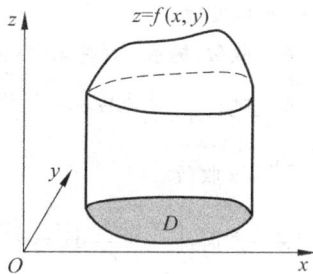

图　11.1

2. 二重积分的可积性

(1) 若函数 $f(x,y)$ 在有界闭区域 D 上连续, 则 $f(x,y)$ 在 D 上必可积.

(2) 若函数 $f(x,y)$ 在有界闭区域 D 上有界, 并 $f(x,y)$ 在 D 上的不连续点都落在有限条光滑曲线上, 则函数 $f(x,y)$ 在 D 上必可积.

(3) 改变被积函数 $f(x,y)$ 在有界闭区域 D 上有限个点处的函数值, 不改变二重积分的结果.

3. 基本性质

(1) 线性性质

$$\iint\limits_{D} kf(x,y)\mathrm{d}x\mathrm{d}y = k\iint\limits_{D} f(x,y)\mathrm{d}x\mathrm{d}y$$

$$\iint\limits_{D} [f(x,y) + g(x,y)]\mathrm{d}x\mathrm{d}y = \iint\limits_{D} f(x,y)\mathrm{d}x\mathrm{d}y + \iint\limits_{D} g(x,y)\mathrm{d}x\mathrm{d}y$$

(2) 区域的可加性

$$\iint\limits_{D} f(x,y)\mathrm{d}x\mathrm{d}y = \iint\limits_{D_1} f(x,y)\mathrm{d}x\mathrm{d}y + \iint\limits_{D_2} f(x,y)\mathrm{d}x\mathrm{d}y$$

$$(D_1 \text{ 与 } D_2 \text{ 无公共点且 } D_1 \bigcup D_2 = D)$$

(3) 比较定理

若 $f(x,y) \leqslant g(x,y)$，则

$$\iint\limits_{D} f(x,y)\mathrm{d}x\mathrm{d}y \leqslant \iint\limits_{D} g(x,y)\mathrm{d}x\mathrm{d}y$$

(4) 估值定理

设 M,m 分别是 $f(x,y)$ 在闭区域 D 取最大值和最小值. S_D 为 D 的面积,则

$$mS_D \leqslant \iint\limits_{D} f(x,y)\mathrm{d}x\mathrm{d}y \leqslant MS_D$$

(5) 积分中值定理

设函数 $f(x,y)$ 在闭区域 D 上连续,S_D 为 D 的面积,则在 D 上至少存在一点 (ξ,η),使

$$\iint\limits_{D} f(x,y)\mathrm{d}\sigma = f(\xi,\eta) \cdot S_D$$

4. 二重积分的计算方法

方法 1 X 型区域：左右由 $x=a$ 和 $x=b$ 界定,下上各由一条曲线 $y=\varphi_1(x)$ 和 $y=\varphi_2(x)$ 围成的区域（见图 11.2）,则

$$\iint\limits_{D} f(x,y)\mathrm{d}x\mathrm{d}y = \int_a^b \mathrm{d}x \int_{\varphi_1(x)}^{\varphi_2(x)} f(x,y)\mathrm{d}y$$

方法 2 Y 型区域：上下由 $y=c$ 和 $y=d$ 界定,左右各由一条曲线 $x=\psi_1(y)$ 和 $x=\psi_2(y)$ 围成的区域（见图 11.3）,则

$$\iint\limits_{D} f(x,y)\mathrm{d}x\mathrm{d}y = \int_c^d \mathrm{d}y \int_{\psi_1(y)}^{\psi_2(y)} f(x,y)\mathrm{d}x$$

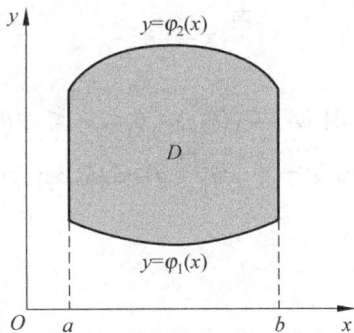

图 11.2

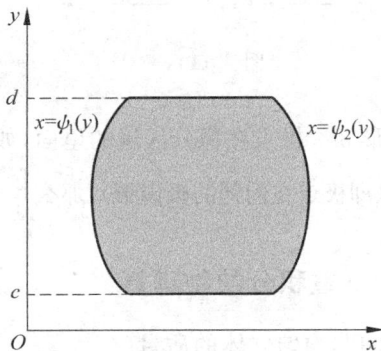

图 11.3

方法 3 一般的坐标变换：如果积分区域不是 X 型区域或 Y 型区域,或者分割成为

上述区域比较复杂时,常作坐标变换.

令 $x=x(u,v)$,$y=y(u,v)$或 $u=u(x,y)$,$v=v(x,y)$,则

$$\iint\limits_{D}f(x,y)\mathrm{d}x\mathrm{d}y = \iint\limits_{D'}f(x(u,v),y(u,v))\mid J(u,v)\mid\mathrm{d}u\mathrm{d}v$$

其中雅可比行列式 $J(u,v)=\dfrac{\partial(x,y)}{\partial(u,v)}=\begin{vmatrix}\dfrac{\partial x}{\partial u}&\dfrac{\partial x}{\partial v}\\[2mm]\dfrac{\partial y}{\partial u}&\dfrac{\partial y}{\partial v}\end{vmatrix}$.

方法 4　极坐标变换:如果积分区域是圆或圆的一部分(扇形、圆环、扇环),或被积函数含有 x^2+y^2,一般应用极坐标变换,令

$$x = r\cos\theta,\quad y = r\sin\theta$$

从而就得到在直角坐标系与极坐标系下二重积分转换公式:

$$\iint\limits_{D}f(x,y)\mathrm{d}x\mathrm{d}y = \iint\limits_{D'}f(r\cos\theta,r\sin\theta)r\mathrm{d}r\mathrm{d}\theta$$

针对方法 4,可以分三种情形来计算.

情形 1　极点在积分区域的外面,如图 11.4 所示,则 $D' = \{(\theta,r)\mid \varphi_1(\theta)\leqslant r\leqslant \varphi_2(\theta),\alpha\leqslant\theta\leqslant\beta\}$,且 $\iint\limits_{D'}f(r\cos\theta,r\sin\theta)r\mathrm{d}r\mathrm{d}\theta = \int_\alpha^\beta\mathrm{d}\theta\int_{\varphi_1(\theta)}^{\varphi_2(\theta)}f(r\cos\theta,r\sin\theta)r\mathrm{d}r.$

情形 2　极点在积分区域的边界上,如图 11.5 所示,则 $D' = \{(\theta,r)\mid 0\leqslant r\leqslant\varphi(\theta),\alpha\leqslant\theta\leqslant\beta\}$,且 $\iint\limits_{D'}f(r\cos\theta,r\sin\theta)r\mathrm{d}r\mathrm{d}\theta = \int_\alpha^\beta\mathrm{d}\theta\int_0^{\varphi(\theta)}f(r\cos\theta,r\sin\theta)r\mathrm{d}r.$

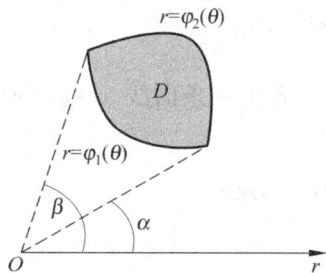

图　11.4

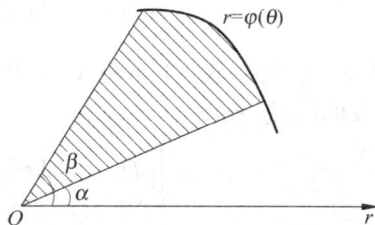

图　11.5

情形 3　极点在积分区域的里面,如图 11.6 所示,则 $D' = \{(\theta,r)\mid 0\leqslant r\leqslant\varphi(\theta),0\leqslant\theta\leqslant 2\pi\}$(即极点在内部的极扇形),那么 $\iint\limits_{D'}f(r\cos\theta,r\sin\theta)r\mathrm{d}r\mathrm{d}\theta = \int_0^{2\pi}\mathrm{d}\theta\int_0^{\varphi(\theta)}f(r\cos\theta,r\sin\theta)r\mathrm{d}r.$

5. 三重积分的物理意义

空间非均匀立体的质量.

6. 三重积分的计算方法

方法 1　利用直角坐标系计算三重积分.

情形 1　投影法(先一后二法).

积分区域 V 可表示为 $\{(x,y,z)\mid(x,y)\in D,z_1(x,y)\leqslant z\leqslant z_2(x,y)\}$,其中 D 是 V 在 xOy 面上的投影,如图 11.7 所示,则

$$\iiint\limits_{V}f(x,y,z)\mathrm{d}v=\iint\limits_{D}\mathrm{d}x\mathrm{d}y\int_{z_1(x,y)}^{z_2(x,y)}f(x,y,z)\mathrm{d}z$$

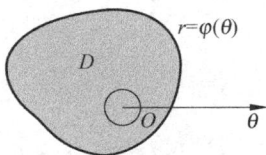

图　11.6

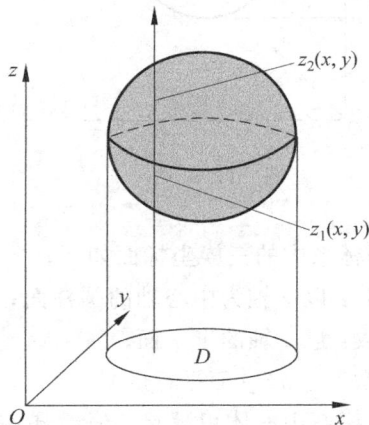

图　11.7

情形 2　截面法(先二后一法).

积分区域 V 可表示为 $\{(x,y,z)\mid a\leqslant z\leqslant b,(x,y)\in D_z\}$,其中 D_z 是截积分区域 V 所得的平面闭区域,如图 11.8 所示,则

$$\iiint\limits_{V}f(x,y,z)\mathrm{d}v=\int_{a}^{b}\mathrm{d}z\iint\limits_{D_z}f(x,y,z)\mathrm{d}x\mathrm{d}y$$

注意:当截面面积容易求时,可以用截面法.当被积函数 $f(x,y,z)$ 只含一个自变量时,也可以用截面法,如 $\iiint\limits_{V}(3+2z)\mathrm{d}x\mathrm{d}y\mathrm{d}z$,其中 V 由下半球面 $z=-\sqrt{1-x^2-y^2}$ 与 $z=0$ 所围,就可以用截面法.

情形 3　三次积分法.

将投影法中的二重积分化为二次积分即可,即积分区域 V 可表示为 $\{(x,y,z)\mid a\leqslant x\leqslant b,y_1(x)\leqslant y\leqslant y_2(x),z_1(x,y)\leqslant z\leqslant z_2(x,y)\}$,则

$$\iiint\limits_{V}f(x,y,z)\mathrm{d}v=\int_{a}^{b}\mathrm{d}x\int_{y_1(x)}^{y_2(x)}\mathrm{d}y\int_{z_1(x,y)}^{z_2(x,y)}f(x,y,z)\mathrm{d}z$$

方法 2　利用柱面坐标变换计算重积分.

如图 11.9 所示,设点 M 的直角坐标为 (x,y,z),柱面坐标为 (r,θ,z),则

$$\begin{cases} x=r\cos\theta & 0\leqslant r<+\infty \\ y=r\sin\theta\,, & 0\leqslant\theta\leqslant 2\pi \\ z=z & -\infty<z<+\infty \end{cases}$$

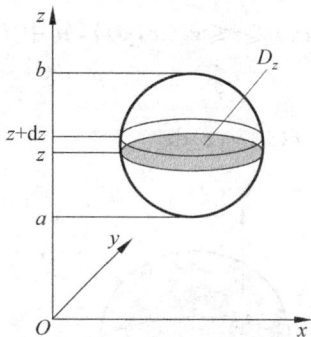

图　11.8

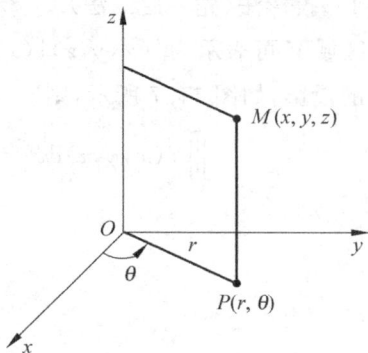

图　11.9

柱面坐标系中的三族坐标面如下。

$r=$ 常数：以 z 轴为中心轴的圆柱面；

$\theta=$ 常数：过 z 轴的半平面；

$z=$ 常数：与 xOy 面平行的平面.

柱面坐标系中的体积微元：$\mathrm{d}v=r\mathrm{d}r\mathrm{d}\theta\mathrm{d}z$，因此

$$\iiint_V f(x,y,z)\mathrm{d}x\mathrm{d}y\mathrm{d}z = \iint_D f(r\cos\theta,r\sin\theta,z)r\mathrm{d}r\mathrm{d}\theta\mathrm{d}z$$

注意：柱面坐标变换解三重积分适用的范围如下.

(1) 被积函数 $f(x,y,z)$ 含有 x^2+y^2 或 $x^2+y^2+z^2$ 或投影 D 有圆域时；

(2) 被积函数用柱面坐标表示时变量可以相互分离.

方法 3　利用球面坐标变换计算三重积分.

如图 11.10 所示，点 M 的直角坐标 (x,y,z) 与
球面坐标 (r,φ,θ) 之间的关系为

$$\begin{cases} x=OP\cos\theta = r\sin\varphi\cos\theta & 0\leqslant r<+\infty \\ y=OP\sin\theta = r\sin\varphi\sin\theta &, \quad 0\leqslant\theta\leqslant 2\pi \\ z=r\cos\varphi & 0\leqslant\varphi\leqslant\pi \end{cases}$$

球面坐标系中的三族坐标面如下。

$r=$ 常数：以原点为球心的球面；

$\varphi=$ 常数：以原点为顶点，z 轴为对称轴的圆

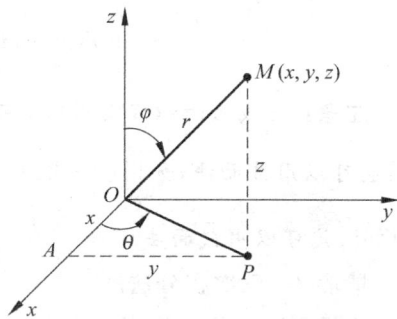

图　11.10

锥面；

$\theta=$ 常数：过 z 轴的半平面.

球面坐标系中的体积微元：$\mathrm{d}v=r^2\sin\varphi\mathrm{d}r\mathrm{d}\varphi\mathrm{d}\theta$，因此

$$\iiint_V f(x,y,z)\mathrm{d}x\mathrm{d}y\mathrm{d}z = \iiint_D f(r\sin\varphi\cos\theta,r\sin\varphi\sin\theta,r\cos\varphi)r^2\sin\varphi\mathrm{d}r\mathrm{d}\varphi\mathrm{d}\theta$$

注意：球面坐标变换解三重积分适用的范围是被积函数 $f(x,y,z)$ 含有 x^2+y^2 或
$x^2+y^2+z^2$，特别是积分区域是以原点为球心的球体时.

二、应用举例

1. 交换二重积分的积分顺序

例 11.1 交换累次积分的积分顺序.

(1) $\int_0^1 dy \int_y^{\sqrt{y}} f(x,y)dx$；　　　　　　(2) $\int_{-1}^1 dx \int_0^{\sqrt{1-x^2}} f(x,y)dy$；

(3) $\int_1^e dx \int_0^{\ln x} f(x,y)dy$；　　　　　　(4) $\int_0^{2a} dx \int_{\sqrt{2ax-x^2}}^{\sqrt{2ax}} f(x,y)dy$；

(5) $\int_0^1 dx \int_0^x f(x,y)dy + \int_1^2 dx \int_0^{2-x} f(x,y)dy$.

解　(1) $\int_0^1 dy \int_y^{\sqrt{y}} f(x,y)dx = \int_0^1 dx \int_{x^2}^x f(x,y)dy$；

(2) $\int_{-1}^1 dx \int_0^{\sqrt{1-x^2}} f(x,y)dy = \int_0^1 dy \int_{-\sqrt{1-y^2}}^{\sqrt{1-y^2}} f(x,y)dx$；

(3) $\int_1^e dx \int_0^{\ln x} f(x,y)dy = \int_0^1 dy \int_{e^y}^e f(x,y)dx$；

(4) $\int_0^a dy \left[\int_{\frac{y^2}{2a}}^{a-\sqrt{a^2-y^2}} f(x,y)dx + \int_{a+\sqrt{a^2-y^2}}^{2a} f(x,y)dx \right] + \int_a^{2a} dy \int_{\frac{y^2}{2a}}^{2a} f(x,y)dx$；

(5) $\int_0^1 dx \int_0^x f(x,y)dy + \int_1^2 dx \int_0^{2-x} f(x,y)dy = \int_0^1 dy \int_y^{2-y} f(x,y)dx$.

2. 两种二次积分转化

例 11.2 将下列直角坐标下的二次积分化为极坐标下的二次积分.

(1) $\int_0^1 dx \int_0^1 f(x,y)dy$；　　　　　　(2) $\int_0^2 dx \int_x^{\sqrt{3}x} f(\sqrt{x^2+y^2})dy$；

(3) $\int_0^1 dx \int_{1-x}^{\sqrt{1-x^2}} f(x,y)dy$；　　　　(4) $\int_0^1 dx \int_0^{x^2} f(x,y)dy$.

解　(1) $\int_0^1 dx \int_0^1 f(x,y)dy = \int_0^{\frac{\pi}{4}} d\theta \int_0^{\sec\theta} f(r\cos\theta, r\sin\theta)rdr + \int_{\frac{\pi}{4}}^{\frac{\pi}{2}} d\theta \int_0^{\csc\theta} f(r\cos\theta, r\sin\theta)rdr$.

(2) $\int_0^2 dx \int_x^{\sqrt{3}x} f(\sqrt{x^2+y^2})dy = \int_{\frac{\pi}{4}}^{\frac{\pi}{3}} d\theta \int_0^{2\sec\theta} f(r)rdr$.

(3) $\int_0^1 dx \int_{1-x}^{\sqrt{1-x^2}} f(x,y)dy = \int_0^{\frac{\pi}{2}} d\theta \int_{(\cos\theta+\sin\theta)^{-1}}^1 f(r\cos\theta, r\sin\theta)rdr$.

(4) $\int_0^1 dx \int_0^{x^2} f(x,y)dy = \int_0^{\frac{\pi}{4}} d\theta \int_{\sec\theta\tan\theta}^{\sec\theta} f(r\cos\theta, r\sin\theta)rdr$.

3. 对称区域上的二重积分

(1) 如果积分区域关于 x 轴对称,则二重积分

$$\iint\limits_{D} f(x,y)\mathrm{d}x\mathrm{d}y = \begin{cases} 0, & f(x,y) \text{ 关于 } y \text{ 奇函数} \\ 2\iint\limits_{D_1} f(x,y)\mathrm{d}x\mathrm{d}y, & f(x,y) \text{ 关于 } y \text{ 偶函数} \end{cases}$$

其中,D_1 是 D 在 x 轴的上(下)半部分.

(2) 如果积分区域关于 y 轴对称,则二重积分

$$\iint\limits_{D} f(x,y)\mathrm{d}x\mathrm{d}y = \begin{cases} 0, & f(x,y) \text{ 关于 } x \text{ 奇函数} \\ 2\iint\limits_{D_1} f(x,y)\mathrm{d}x\mathrm{d}y, & f(x,y) \text{ 关于 } x \text{ 偶函数} \end{cases}$$

其中,D_1 是 D 在 y 轴的右(左)半部分.

(3) 如果积分区域关于直线 $x=y$ 对称,则二重积分为

$$\iint\limits_{D} f(x,y)\mathrm{d}x\mathrm{d}y = \iint\limits_{D} f(y,x)\mathrm{d}x\mathrm{d}y$$

例 11.3　计算下列对称区域的积分.

(1) $\iint\limits_{D} (1+x+y)\mathrm{d}x\mathrm{d}y$,其中 D:$|x|+|y| \leqslant 1$;

(2) $\iint\limits_{D} (x^2 - 2\sin x + 3y + 2)\mathrm{d}x\mathrm{d}y$,其中 D:$x^2 + y^2 \leqslant 4$;

(3) $\iint\limits_{D} \mathrm{e}^{|x|+|y|}\mathrm{d}x\mathrm{d}y$,其中 D:$|x|+|y| \leqslant 1$.

解　(1) $\iint\limits_{D} (1+x+y)\mathrm{d}x\mathrm{d}y = \iint\limits_{D}\mathrm{d}x\mathrm{d}y + \iint\limits_{D} x\mathrm{d}x\mathrm{d}y + \iint\limits_{D} y\mathrm{d}x\mathrm{d}y = S_D = 2$

(2) $\iint\limits_{D} (x^2 - 2\sin x + 3y + 2)\mathrm{d}x\mathrm{d}y = \iint\limits_{D} x^2\mathrm{d}x\mathrm{d}y - 2\iint\limits_{D}\sin x\mathrm{d}x\mathrm{d}y + 3\iint\limits_{D} y\mathrm{d}x\mathrm{d}y + 2\iint\limits_{D}\mathrm{d}x\mathrm{d}y$

$$= \iint\limits_{D} x^2\mathrm{d}x\mathrm{d}y + 2S_D = \int_0^{2\pi}\mathrm{d}\theta\int_0^2 r^2\cos^2\theta \cdot r\mathrm{d}r + 2 \cdot 4\pi$$

$$= 4\pi + 8\pi = 12\pi$$

(3) $\iint\limits_{D} \mathrm{e}^{|x|+|y|}\mathrm{d}x\mathrm{d}y = 4\iint\limits_{D_1} \mathrm{e}^{|x|+|y|}\mathrm{d}x\mathrm{d}y = 4\iint\limits_{D_1} \mathrm{e}^{x+y}\mathrm{d}x\mathrm{d}y = 4\int_0^1\mathrm{d}x\int_0^{1-x}\mathrm{e}^{x+y}\mathrm{d}y$

$$= 4\int_0^1 \mathrm{e}^x(\mathrm{e}^{1-x} - 1)\mathrm{d}x = 4$$

4. 非初等函数的二重积分

常见的非初等函数有绝对值函数,最大、最小函数,分区域函数,取整函数.

基本方法:利用积分区域的可加性分割区域,有

$$\iint\limits_{D} f(x,y)\mathrm{d}x\mathrm{d}y = \iint\limits_{D_1} f(x,y)\mathrm{d}x\mathrm{d}y + \iint\limits_{D_2} f(x,y)\mathrm{d}x\mathrm{d}y$$

其中,被积函数 $f(x,y)$ 在区域 D_1 和 D_2 上都是初等函数.

例 11.4 计算下列非初等函数的积分.

(1) $\iint\limits_D |x-y^2| \, \mathrm{d}x\mathrm{d}y$,其中 $D:[0,1]\times[0,1]$;

(2) $\iint\limits_D \mathrm{e}^{\max\{x^2,y^2\}} \, \mathrm{d}x\mathrm{d}y$,其中 $D:[0,1]\times[0,1]$.

解 (1) $\iint\limits_D |x-y^2| \, \mathrm{d}x\mathrm{d}y = \iint\limits_{D_1} |x-y^2| \, \mathrm{d}x\mathrm{d}y + \iint\limits_{D_2} |x-y^2| \, \mathrm{d}x\mathrm{d}y$

$$= \int_0^1 \mathrm{d}y \int_0^{y^2} (y^2-x)\mathrm{d}x + \int_0^1 \mathrm{d}y \int_{y^2}^1 (x-y^2)\mathrm{d}x$$

$$= \frac{1}{2}\int_0^1 y^4 \mathrm{d}y + \int_0^1 \left(\frac{1}{2}y^4 - y^2 + \frac{1}{2}\right)\mathrm{d}y = \frac{11}{30}$$

(2) $\iint\limits_D \mathrm{e}^{\max\{x^2,y^2\}} \, \mathrm{d}x\mathrm{d}y = \iint\limits_{D_1} \mathrm{e}^{\max\{x^2,y^2\}} \, \mathrm{d}x\mathrm{d}y + \iint\limits_{D_2} \mathrm{e}^{\max\{x^2,y^2\}} \, \mathrm{d}x\mathrm{d}y = \iint\limits_{D_1} \mathrm{e}^{x^2} \, \mathrm{d}x\mathrm{d}y + \iint\limits_{D_2} \mathrm{e}^{y^2} \, \mathrm{d}x\mathrm{d}y$

$$= \int_0^1 \mathrm{d}y \int_0^y \mathrm{e}^{y^2} \mathrm{d}x + \int_0^1 \mathrm{d}x \int_0^x \mathrm{e}^{x^2} \mathrm{d}y = \int_0^1 y\mathrm{e}^{y^2} \mathrm{d}y + \int_0^1 x\mathrm{e}^{x^2} \mathrm{d}x = \mathrm{e}-1$$

5. 求二重积分

例 11.5 利用简单的坐标变换,计算下列二重积分.

(1) $\iint\limits_D (x+y)\mathrm{d}x\mathrm{d}y$,其中 $D:x^2+y^2 \leqslant 1$;

(2) $\iint\limits_D x\mathrm{d}x\mathrm{d}y$,其中 $D:\dfrac{x^2}{a^2}+\dfrac{y^2}{b^2}=1$;

(3) $\iint\limits_D \mathrm{d}x\mathrm{d}y$,其中 $D:x^{\frac{2}{3}}+y^{\frac{2}{3}}=a^{\frac{2}{3}}$(相当于闭曲线围成区域的面积);

(4) $\iint\limits_D \mathrm{e}^{\frac{y}{x+y}} \mathrm{d}x\mathrm{d}y$,其中 $D:x+y=1,x=0,y=0$;

(5) $\iint\limits_D \sqrt{\dfrac{1-x^2-y^2}{1+x^2+y^2}}\mathrm{d}x\mathrm{d}y$,其中 $D:x^2+y^2=1,x\geqslant 0,y\geqslant 0$.

解 (1) 积分区域 $D: x^2+y^2 \leqslant 1$,令 $x=r\cos\theta,y=r\sin\theta$,有 $|J|=r$,于是

$$\iint\limits_D (x+y)\mathrm{d}x\mathrm{d}y = \int_0^{2\pi}\mathrm{d}\theta\int_0^1 (r\cos\theta+r\sin\theta)\cdot r\mathrm{d}r$$

$$= \int_0^{2\pi}\left[\frac{1}{3}(\cos\theta+\sin\theta)\right]\mathrm{d}\theta = 0$$

(2) 令 $x=ar\cos\theta,y=br\sin\theta$,则有 $|J|=abr$,于是

$$\iint\limits_D x\mathrm{d}x\mathrm{d}y = \int_0^{2\pi}\mathrm{d}\theta\int_0^1 ar\cos\theta\cdot abr\cdot\mathrm{d}r = 0$$

(3) 令 $x=a(r\cos\theta)^3,y=a(r\sin\theta)^3$,则 $|J|=9ar^5\cos^2\theta\sin^2\theta$,于是

$$\iint\limits_{D} \mathrm{d}x\mathrm{d}y = \int_{0}^{2\pi} \mathrm{d}\theta \int_{0}^{1} 9ar^{5}\cos^{2}\theta\sin^{2}\theta \mathrm{d}r$$

$$= \frac{3}{2}a \int_{0}^{2\pi} (\sin^{2}\theta - \sin^{4}\theta)\mathrm{d}\theta$$

$$= \frac{3}{2}a \times \left(\frac{1}{2} - \frac{3}{8}\right)\frac{\pi}{2} = \frac{3}{32}a\pi$$

（4）令 $u = x + y, v = y$，则 $|J| = 1, D_1 : u = 1, u = v, v = 0$，于是

$$\iint\limits_{D} \mathrm{e}^{\frac{y}{x+y}} \mathrm{d}x\mathrm{d}y = \int_{0}^{1} \mathrm{d}u \int_{0}^{u} \mathrm{e}^{\frac{v}{u}} \mathrm{d}v = \frac{1}{2}\mathrm{e}$$

（5）令 $x = r\cos\theta, y = r\sin\theta$，则有 $|J| = r$，于是

$$\iint\limits_{D} \sqrt{\frac{1 - x^{2} - y^{2}}{1 + x^{2} + y^{2}}} \mathrm{d}x\mathrm{d}y = \int_{0}^{\frac{\pi}{2}} \mathrm{d}\theta \int_{0}^{1} \sqrt{\frac{1 - r^{2}}{1 + r^{2}}} \cdot r\mathrm{d}r = \frac{\pi}{4} \int_{0}^{1} \sqrt{\frac{1 - r}{1 + r}} \mathrm{d}r$$

$$= \frac{\pi}{4} \int_{0}^{1} \frac{1 - r}{\sqrt{1 - r^{2}}} \mathrm{d}r = \frac{\pi}{4} \left(\int_{0}^{1} \frac{1}{\sqrt{1 - r^{2}}} \mathrm{d}r - \int_{0}^{1} \frac{r}{\sqrt{1 - r^{2}}} \mathrm{d}r \right)$$

$$= \frac{\pi}{4} \left(\frac{\pi}{2} - 1 \right)$$

例 11.6 计算 $I = \iint\limits_{D} \dfrac{x^{2}}{y^{2}} \mathrm{d}x\mathrm{d}y$，其中 D 是由双曲线 $xy = 2$，抛物线 $y = 1 + x^{2}$ 及直线 $x = 2$ 所围成的闭区域.

解 积分区域如图 11.11 所示，D 可以表示为 $\dfrac{2}{x} \leqslant y \leqslant 1 + x^{2}, 1 \leqslant x \leqslant 2$，则

$$I = \int_{1}^{2} \mathrm{d}x \int_{2/x}^{1+x^{2}} \frac{x^{2}}{y^{2}} \mathrm{d}y = \int_{1}^{2} \left(\frac{x^{3}}{2} - \frac{x^{2}}{1 + x^{2}} \right) \mathrm{d}x = \frac{7}{8} + \arctan 2 - \frac{\pi}{4}$$

若将 D 看成是 Y 型区域，则 $D = D_1 \bigcup D_2$，其中 $D_1 : \dfrac{2}{y} \leqslant x \leqslant 2, 1 \leqslant y \leqslant 2, D_2 : \sqrt{y-1} \leqslant x \leqslant 2, 2 \leqslant y \leqslant 5$. 则

$$I = \int_{1}^{2} \mathrm{d}y \int_{2/y}^{2} \frac{x^{2}}{y^{2}} \mathrm{d}x + \int_{2}^{5} \mathrm{d}y \int_{\sqrt{y-1}}^{2} \frac{x^{2}}{y^{2}} \mathrm{d}x$$

相对于前一种解法，可以看出第二种解法比较麻烦.

例 11.7 计算 $\iint\limits_{D} \mathrm{e}^{y^{2}} \mathrm{d}x\mathrm{d}y$，$D$ 是由 $y = x, y = 1, x = 0$ 所围成的闭区域.

提示：将二重积分化为二次积分时，如遇积分 $\int \dfrac{\sin x}{x} \mathrm{d}x$、$\int \sin x^{2} \mathrm{d}x$、$\int \cos x^{2} \mathrm{d}x$、$\int \mathrm{e}^{-x^{2}} \mathrm{d}x$、$\int \mathrm{e}^{\frac{y}{x}} \mathrm{d}x$、$\int \dfrac{1}{\ln x} \mathrm{d}x$，则一定要将其放在后面积分.

解 积分区域如图 11.12 所示，若将 D 看作 X 型区域（先 y 后 x 积分），会遇到积不出 $\int \mathrm{e}^{y^{2}} \mathrm{d}y$ 的情况，故考虑先对 x 后对 y 积分，将 D 表示为 $0 \leqslant x \leqslant y, 0 \leqslant y \leqslant 1$，于是

$$\iint\limits_{D} \mathrm{e}^{y^{2}} \mathrm{d}x\mathrm{d}y = \int_{0}^{1} \mathrm{d}y \int_{0}^{y} \mathrm{e}y^{2} \mathrm{d}x = \int_{0}^{1} y\mathrm{e}^{y^{2}} \mathrm{d}y = \frac{1}{2}(\mathrm{e} - 1)$$

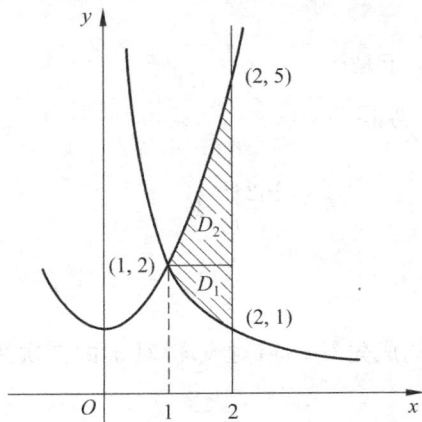

图 11.11

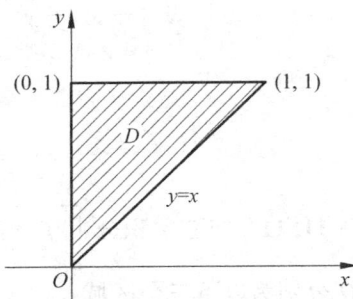

图 11.12

例 11.8 （极点在 D 的外面）如图 11.13 所示，$D: 1 \leqslant x^2 + y^2 \leqslant 4$ 且 $0 < y \leqslant x$，计算 $\iint\limits_D \arctan \dfrac{y}{x} \mathrm{d}x\mathrm{d}y$.

解 原式 $= \displaystyle\int_0^{\frac{\pi}{4}} \mathrm{d}\theta \int_1^2 \arctan\left(\frac{r\sin\theta}{r\cos\theta}\right) r \mathrm{d}r = \int_0^{\frac{\pi}{4}} \mathrm{d}\theta \int_1^2 \theta \cdot r \mathrm{d}r = \int_0^{\frac{\pi}{4}} \left(\frac{\theta \cdot r^2}{2}\right)\Big|_1^2 \mathrm{d}\theta$

$$= \frac{3}{2}\int_0^{\frac{\pi}{4}} \theta \mathrm{d}\theta = \frac{3}{4}\theta^2 \Big|_0^{\frac{\pi}{4}} = \frac{3}{64}\pi^2$$

例 11.9 （极点在 D 的边界上）如图 11.14 所示，D 为圆周 $x^2 + y^2 = 2ax$ 与 x 轴在第一象限所围部分，求 $\iint\limits_D xy\mathrm{d}x\mathrm{d}y$.

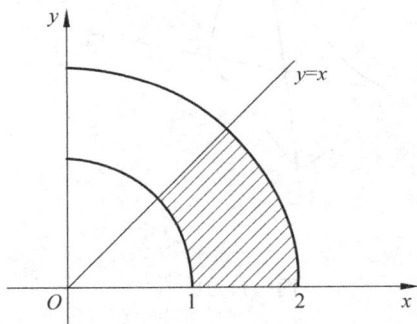

图 11.13

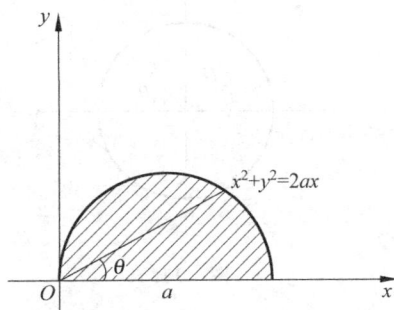

图 11.14

解 将圆周 $x^2 + y^2 = 2ax$ 化为极坐标方程 $r = 2a\cos\theta$，于是

原式 $= \displaystyle\int_0^{\frac{\pi}{2}} \mathrm{d}\theta \int_0^{2a\cos\theta} r\cos\theta \cdot r\sin\theta \cdot r \mathrm{d}r = \int_0^{\frac{\pi}{2}} \left(\frac{r^4}{4} - \cos\theta\sin\theta\right)\Big|_0^{2a\cos\theta} \mathrm{d}\theta$

$$= \frac{(2a)^4}{4}\int_0^{\frac{\pi}{2}} \cos^5\theta\sin\theta \mathrm{d}\theta = -4a^4 \cdot \frac{1}{6}\cos^6\theta \Big|_0^{\frac{\pi}{2}} = \frac{2a^4}{3}$$

例 11.10 （极点在 D 的里面）计算二重积分 $\iint\limits_D \dfrac{\mathrm{d}\sigma}{1 + x^2 + y^2}$，其中区域 D 是由 $x^2 +$

$y^2 \leqslant 1$ 所围成的圆域,如图 11.15 所示.

解 $D = \{(r,\theta) \mid 0 \leqslant \theta \leqslant 2\pi, 0 \leqslant r \leqslant 1\}$,于是

$$\iint\limits_{D} \frac{\mathrm{d}\sigma}{1+x^2+y^2} = \int_0^{2\pi} \mathrm{d}\theta \int_0^1 \frac{1}{1+r^2} r \mathrm{d}r$$

$$= \frac{1}{2} \int_0^{2\pi} \ln(1+r^2) \Big|_0^1 \mathrm{d}\theta = \frac{\ln 2}{2} \int_0^{2\pi} \mathrm{d}\theta$$

$$= \frac{\ln 2}{2} [\theta]_0^{2\pi} = \pi \ln 2$$

例 11.11 将三重积分 $\iiint\limits_{\Omega} f(x,y,z) \mathrm{d}x\mathrm{d}y\mathrm{d}z$ 化成先对 z,后对 y,再对 x 的三次积分,其中 Ω 分别为以下三个区域:

(1) 由双曲抛物面 $z = xy$ 及平面 $x+y-1=0, z=0$ 所围成的闭区域;

(2) 由曲面 $z = x^2+y^2, y = x^2$ 及平面 $y=1, z=0$ 所围成的闭区域;

(3) 由曲面 $z = x^2+2y^2$ 及 $z = 2-x^2$ 所围成的闭区域.

解 (1) 积分区域 Ω 如图 11.16 所示,可用不等式组 $0 \leqslant z \leqslant xy, 0 \leqslant y \leqslant 1-x, 0 \leqslant x \leqslant 1$,表示,所以

$$\iiint\limits_{\Omega} f(x,y,z) \mathrm{d}x\mathrm{d}y\mathrm{d}z = \int_0^1 \mathrm{d}x \int_0^{1-x} \mathrm{d}y \int_0^{xy} f(x,y,z) \mathrm{d}z$$

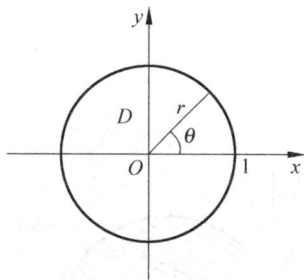

图 11.15

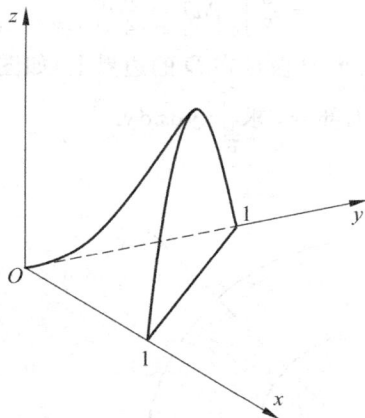

图 11.16

(2) 积分区域 Ω 如图 11.17 所示,可表示为 $0 \leqslant z \leqslant x^2+y^2, x^2 \leqslant y \leqslant 1, -1 \leqslant x \leqslant 1$,所以

$$\iiint\limits_{\Omega} f(x,y,z) \mathrm{d}x\mathrm{d}y\mathrm{d}z = \int_{-1}^1 \mathrm{d}x \int_{x^2}^1 \mathrm{d}y \int_0^{x^2+y^2} f(x,y,z) \mathrm{d}z$$

(3) 积分区域 Ω 如图 11.18 所示.先求两曲面的交线,由 $\begin{cases} z = x^2+2y^2 \\ z = 2-x^2 \end{cases}$ 消去 z,得 $x^2 + y^2 = 1$,所以 Ω 在 xOy 平面上的投影区域为 $x^2+y^2 \leqslant 1$,Ω 可表示为 $x^2+2y^2 \leqslant z \leqslant 2-x^2$,$-\sqrt{1-x^2} \leqslant y \leqslant \sqrt{1-x^2}, -1 \leqslant x \leqslant 1$,于是

$$\iiint\limits_{\Omega} f(x,y,z)\mathrm{d}x\mathrm{d}y\mathrm{d}z = \int_{-1}^{1}\mathrm{d}x\int_{-\sqrt{1-x^2}}^{\sqrt{1-x^2}}\mathrm{d}y\int_{x^2+2y^2}^{2-x^2}f(x,y,z)\mathrm{d}z$$

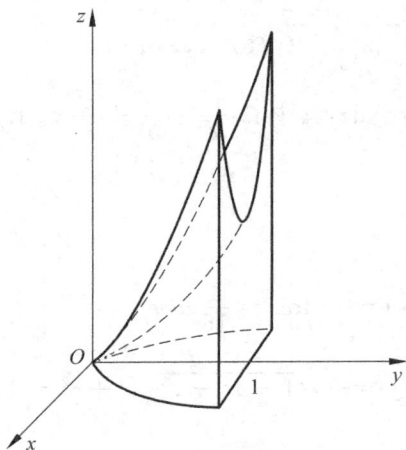 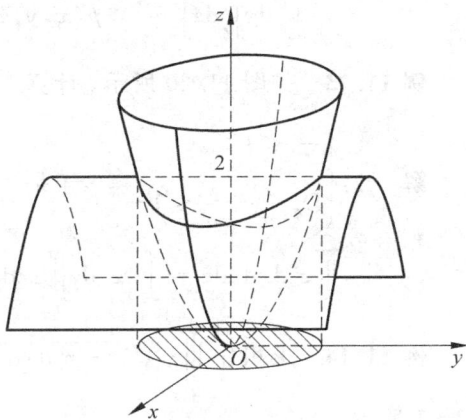

图 11.17   图 11.18

例 11.12 轮换 x、y、z 的积分顺序,将 $I = \iiint\limits_{\Omega} f(x,y,z)\mathrm{d}v$ 化成三次积分,其中 Ω 是由 $x=0$,$z=0$,$z=h(h>0)$,$x+2y=a$ 及 $x^2+y^2=a^2(a>0)$ 在第一卦限所围成的立体.

解 将 Ω 分别向 xOy、zOx、yOz 坐标面投影,如图 11.19 所示.

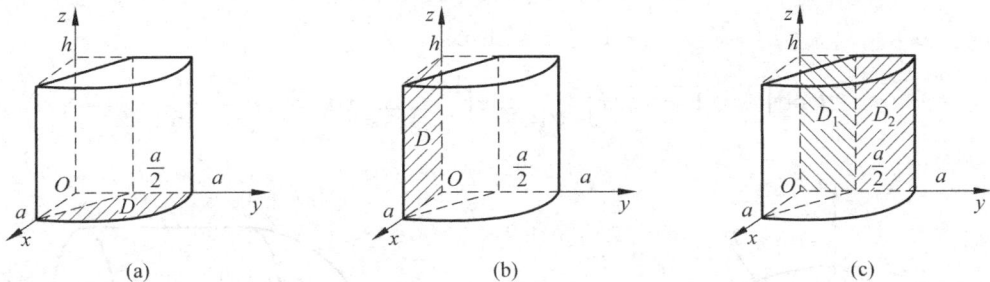

(a)   (b)   (c)

图 11.19

根据图 11.19(a),先对 z,后对 y,再对 x 的积分为

$$I = \iint\limits_{D}\mathrm{d}x\mathrm{d}y\int_{0}^{h}f(x,y,z)\mathrm{d}z = \int_{0}^{a}\mathrm{d}x\int_{(a-x)/2}^{\sqrt{a^2-x^2}}\mathrm{d}y\int_{0}^{h}f(x,y,z)\mathrm{d}z$$

根据图 11.19(b),按 y、x、z 顺序的积分为

$$I = \iint\limits_{D}\mathrm{d}z\mathrm{d}x\int_{(a-x)/2}^{\sqrt{a^2-x^2}}f(x,y,z)\mathrm{d}y = \int_{0}^{h}\mathrm{d}z\int_{0}^{a}\mathrm{d}x\int_{(a-x)/2}^{\sqrt{a^2-x^2}}f(x,y,z)\mathrm{d}y$$

根据图 11.19(c),按 x、z、y 顺序的积分为

$$I = \iint\limits_{D_1} \mathrm{d}y\mathrm{d}z \int_{a-2y}^{\sqrt{a^2-y^2}} f(x,y,z)\mathrm{d}x + \iint\limits_{D_2} \mathrm{d}y\mathrm{d}z \int_0^{\sqrt{a^2-y^2}} f(x,y,z)\mathrm{d}x$$

$$= \int_0^{\frac{a}{2}} \mathrm{d}y \int_0^h \mathrm{d}z \int_{a-2y}^{\sqrt{a^2-y^2}} f(x,y,z)\mathrm{d}x + \int_{a/2}^a \mathrm{d}y \int_0^h \mathrm{d}z \int_0^{\sqrt{a^2-y^2}} f(x,y,z)\mathrm{d}x$$

例 11.13 如图 11.20 所示, 计算三重积分 $\iiint\limits_{\Omega} z^2 \mathrm{d}x\mathrm{d}y\mathrm{d}z$, 其中 $\Omega: \dfrac{x^2}{a^2} + \dfrac{y^2}{b^2} + \dfrac{z^2}{c^2} \leqslant 1$.

解 $\Omega: \begin{cases} -c \leqslant z \leqslant c \\ D_z: \dfrac{x^2}{a^2} + \dfrac{y^2}{b^2} \leqslant 1 - \dfrac{z^2}{c^2} \end{cases}$, 于是

$$\iiint\limits_{\Omega} z^2 \mathrm{d}x\mathrm{d}y\mathrm{d}z = \int_{-c}^c z^2 \mathrm{d}z \iint\limits_{D_z} \mathrm{d}x\mathrm{d}y = \int_{-c}^c z^2 \pi ab \left(1 - \dfrac{z^2}{c^2}\right)\mathrm{d}z = \dfrac{4}{15}\pi abc^3$$

例 11.14 求积分 $\iiint\limits_{\Omega} y\sqrt{1-x^2}\,\mathrm{d}x\mathrm{d}y\mathrm{d}z$, 其中 Ω 由 $y = -\sqrt{1-x^2-z^2}$, $x^2+z^2=1$,
$y = 1$ 所围.

分析: 如图 11.21 所示, 若用"先二后一", 则有

$$I = \int_{-1}^0 y\mathrm{d}y \iint\limits_{D_y} \sqrt{1-x^2}\,\mathrm{d}x\mathrm{d}z + \int_0^1 y\mathrm{d}y \iint\limits_{D_y} \sqrt{1-x^2}\,\mathrm{d}x\mathrm{d}z$$

计算较烦琐, 采用"三次积分"较好.

解 Ω 由 $y = -\sqrt{1-x^2-z^2}$, $x^2+z^2=1$, $y=1$ 所围, 故可表示为

$$\Omega: \begin{cases} -\sqrt{1-x^2-z^2} \leqslant y \leqslant 1 \\ -\sqrt{1-x^2} \leqslant z \leqslant \sqrt{1-x^2} \\ -1 \leqslant x \leqslant 1 \end{cases}$$

故 $\qquad I = \int_{-1}^1 \sqrt{1-x^2}\,\mathrm{d}x \int_{-\sqrt{1-x^2}}^{\sqrt{1-x^2}} \mathrm{d}z \int_{-\sqrt{1-x^2-z^2}}^1 y\mathrm{d}y = \cdots = \dfrac{28}{45}$

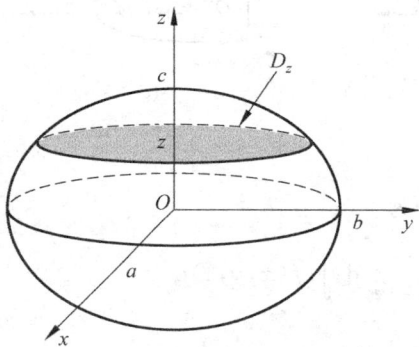

图 11.20

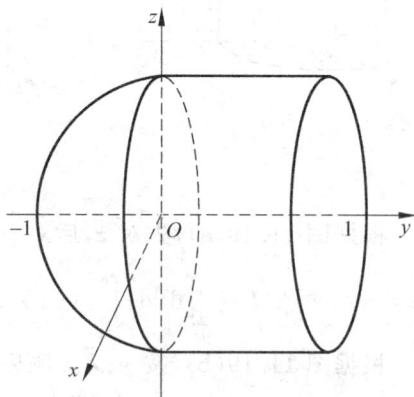

图 11.21

例 11.15 计算 $\iiint\limits_{\Omega} \dfrac{z\ln(x^2+y^2+z^2+1)}{x^2+y^2+z^2+1}\mathrm{d}x\mathrm{d}y\mathrm{d}z$, 其中 $\Omega = \{(x,y,z) \mid x^2+y^2+z^2 \leqslant 1\}$.

解　利用对称性,则

$$原式 = \iint\limits_{x^2+y^2\leqslant 1} \mathrm{d}x\mathrm{d}y \int_{-\sqrt{1-x^2-y^2}}^{\sqrt{1-x^2-y^2}} \frac{z\ln(x^2+y^2+z^2+1)}{x^2+y^2+z^2+1}\mathrm{d}z = 0$$

注意:被积函数关于 z 是奇函数.

例 11.16　计算三重积分 $\iiint\limits_{\Omega} z\sqrt{x^2+y^2}\mathrm{d}x\mathrm{d}y\mathrm{d}z$,其中 Ω 是由柱面 $x^2+y^2=2x$ 与平面 $z=0,z=a(a>0),y=0$ 所围成的半圆柱体.

解　在柱面坐标系下

$$\Omega 满足 \begin{cases} 0\leqslant\rho\leqslant 2\cos\theta \\ 0\leqslant\theta\leqslant\dfrac{\pi}{2} \\ 0\leqslant z\leqslant a \end{cases}$$

于是,原式 $= \iiint\limits_{\Omega} z\rho^2\mathrm{d}\rho\mathrm{d}\theta\mathrm{d}z = \int_0^a z\mathrm{d}z \int_0^{\frac{\pi}{2}}\mathrm{d}\theta \int_0^{2\cos\theta}\rho^2\mathrm{d}\rho = \dfrac{4a^2}{3}\int_0^{\frac{\pi}{2}}\cos^3\theta\mathrm{d}\theta = \dfrac{8}{9}a^3$

例 11.17　计算三重积分 $\iiint\limits_{\Omega} z\mathrm{d}x\mathrm{d}y\mathrm{d}z$,其中 Ω 是由 $z=\sqrt{R^2-x^2-y^2}$ 与 $z=0$ 所围成.

解　如图 11.22 所示,在球面坐标系下

$$\Omega 满足 \begin{cases} 0\leqslant r\leqslant R \\ 0\leqslant\varphi\leqslant\dfrac{\pi}{2} \\ 0\leqslant\theta\leqslant 2\pi \end{cases}$$

于是

$$I = \int_0^{2\pi}\mathrm{d}\theta \int_0^{\frac{\pi}{2}}\mathrm{d}\varphi \int_0^R r\cos\varphi \cdot r^2\sin\varphi\mathrm{d}r = \frac{1}{4}\pi R^4$$

例 11.18　计算 $\iiint\limits_{\Omega}(x^2+y^2+z^2)\mathrm{d}x\mathrm{d}y\mathrm{d}z$,其中 Ω 是由锥面 $x^2+y^2=z^2$ 与上半球面 $x^2+y^2+z^2=R^2(z\geqslant 0)$ 所围的立体.

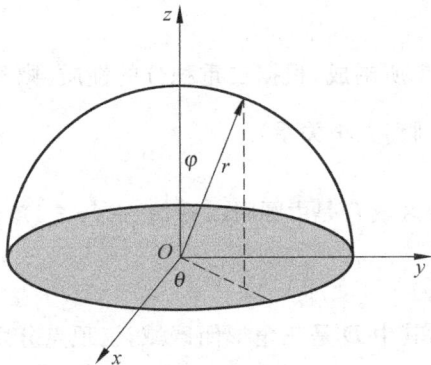

图　11.22

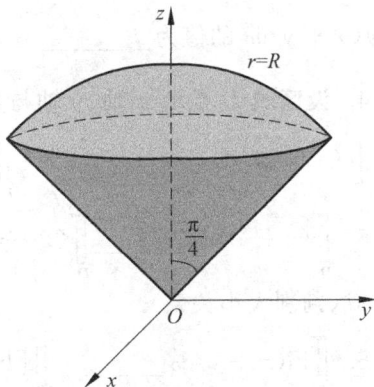

图　11.23

解　如图 11.23 所示,在球面坐标系下

$$\Omega \text{ 满足} \begin{cases} 0 \leqslant r \leqslant R \\ 0 \leqslant \varphi \leqslant \dfrac{\pi}{4} \\ 0 \leqslant \theta \leqslant 2\pi \end{cases}$$

于是　　　　$\displaystyle\iiint\limits_{\Omega} (x^2 + y^2 + z^2)\,\mathrm{d}x\mathrm{d}y\mathrm{d}z = \int_0^{2\pi} \mathrm{d}\theta \int_0^{\frac{\pi}{4}} \sin\varphi \mathrm{d}\varphi \int_0^R r^4 \,\mathrm{d}r = \dfrac{1}{5}\pi R^5 (2 - \sqrt{2})$

习　题　11

一、二重积分

1. 交换下列二次积分的积分顺序.

(1) $\displaystyle\int_0^1 \mathrm{d}y \int_{\sqrt{y}}^{\sqrt{2-y}} f(x,y)\,\mathrm{d}x = $ _____ .

(2) $\displaystyle\int_0^2 \mathrm{d}y \int_{y^2}^{2y} f(x,y)\,\mathrm{d}x = $ _____ .

(3) $\displaystyle\int_0^1 \mathrm{d}y \int_0^y f(x,y)\,\mathrm{d}x = $ _____ .

(4) $\displaystyle\int_0^1 \mathrm{d}y \int_{-\sqrt{1-y^2}}^{\sqrt{1-y^2}} f(x,y)\,\mathrm{d}x = $ _____ .

(5) $\displaystyle\int_1^e \mathrm{d}x \int_0^{\ln x} f(x,y)\,\mathrm{d}y = $ _____ .

(6) $\displaystyle\int_0^4 \mathrm{d}y \int_{-\sqrt{4-y}}^{\frac{1}{2}(y-4)} f(x,y)\,\mathrm{d}x = $ _____ .

2. 积分 $\displaystyle\int_0^2 \mathrm{d}x \int_x^2 e^{-y^2}\,\mathrm{d}y$ 的值等于 _____ .

3. 设 $D = \{(x,y) \mid 0 \leqslant x \leqslant 1, 0 \leqslant y \leqslant 1\}$,试利用二重积分的性质估计 $I = \displaystyle\iint\limits_{D} xy(x+y)\,\mathrm{d}\sigma$ 的值为 _____ .

4. 设区域 D 是由 x 轴、y 轴与直线 $x + y = 1$ 所围成,根据二重积分的性质,则积分 $I_1 = \displaystyle\iint\limits_{D} (x+y)^2\,\mathrm{d}\sigma$ _____ , $I_2 = \displaystyle\iint\limits_{D} (x+y)^3\,\mathrm{d}\sigma$(判别大小关系).

5. $\displaystyle\iint\limits_{D} (x+y)^2\,\mathrm{d}\sigma$ _____ $\displaystyle\iint\limits_{D} (x+y)^3\,\mathrm{d}\sigma$,其中积分区域 D 是由圆周 $(x-2)^2 + (y-1)^2 = 2$ 所围成(判别大小关系).

6. $\displaystyle\iint\limits_{D} \ln(x+y)\,\mathrm{d}\sigma$ _____ $\displaystyle\iint\limits_{D} [\ln(x+y)]^2\,\mathrm{d}\sigma$,其中 D 是三角形闭区域,三顶点分别为 $(1,0), (1,1), (2,0)$(判别大小关系).

7. 设 $D = \left\{ (x,y) \middle| 0 \leqslant x \leqslant \frac{\pi}{2}, 0 \leqslant y \leqslant \frac{\pi}{2} \right\}$，则积分 $I = \iint\limits_{D} \sqrt{1 - \sin^2(x+y)} \, dxdy =$ _____.

8. 将二重积分 $I = \iint\limits_{D} f(x,y) d\sigma$ 化为二次积分（分别列出对两个变量先后顺序不同的两个二次积分），其中积分区域 D 如下.

(1) 由 x 轴及半圆周 $x^2 + y^2 = r^2 (y \geqslant 0)$ 所围成的闭区域.

(2) 区域 $\{(x,y) \mid y \leqslant x, y \geqslant 0, x^2 + y^2 \leqslant 1\}$.

9. 把下列积分化为极坐标形式，并计算积分值.

(1) $\int_0^{2a} dx \int_0^{\sqrt{2ax-x^2}} (x^2 + y^2) dy$.

(2) $\int_0^a dx \int_0^x \sqrt{x^2 + y^2} dy$.

10. 利用极坐标计算下列各题.

(1) $\iint\limits_{D} e^{x^2+y^2} d\sigma$，其中 D 是由圆周 $x^2 + y^2 = 1$ 及坐标轴所围成的在第一象限内的闭区域.

(2) $\iint\limits_{D} \ln(1 + x^2 + y^2) d\sigma$，其中 D 是由圆周 $x^2 + y^2 = 1$ 及坐标轴所围成的在第一象限的闭区域.

(3) $\iint\limits_{D} \arctan \frac{y}{x} d\sigma$，其中 D 是由圆周 $x^2 + y^2 = 4, x^2 + y^2 = 1$ 及直线 $y = 0, y = x$ 所围成的在第一象限的闭区域.

11. 计算二重积分 $\iint\limits_{D} y dxdy$，其中 D 是由直线 $x = -2, y = 0$ 以及曲线 $x = -\sqrt{2y - y^2}$ 所围成的平面区域.

12. 设 $f(x,y)$ 在积分域上连续，更换二次积分 $I = \int_0^1 dy \int_{1-\sqrt{1-y^2}}^{3-y} f(x,y) dx$ 的积分顺序.

13. 用二重积分计算立体 Ω 的体积 V，其中 Ω 由平面 $z = 0, y = x, y = x + a, y = 2a$ 和 $z = 3x + 2y$ 所围成 $(a > 0)$.

14. 计算二重积分 $I = \iint\limits_{D} \sqrt{|y - x^2|} dxdy$，其中积分区域 D 是由 $0 \leqslant y \leqslant 2$ 和 $|x| \leqslant 1$ 确定.

15. 求二重积分 $\iint\limits_{D} y[1 + xe^{\frac{1}{2}(x^2+y^2)}] dxdy$ 的值，其中 D 是由直线 $y = x, y = -1$ 及 $x = 1$ 围成的平面区域.

二、三重积分

1. 已知 Ω 是由 $x = 0, y = 0, z = 0, x + 2y + z = 1$ 所围，按先 z，后 y，再 x 的积分顺

序将 $I = \iiint\limits_{\Omega} x \mathrm{d}x\mathrm{d}y\mathrm{d}z$ 化为三次积分, 则 $I = $ _____.

2. 设 Ω 是由球面 $z = \sqrt{2 - x^2 - y^2}$ 与锥面 $z = \sqrt{x^2 + y^2}$ 的围面, 则三重积分 $I = \iiint\limits_{\Omega} f(x^2 + y^2 + z^2)\mathrm{d}x\mathrm{d}y\mathrm{d}z$ 在球面坐标变换下的三次积分表达式为 _____.

3. 设积分区域 Ω 为由双曲抛物面 $xy = z$ 及平面 $x + y - 1 = 0, z = 0$ 所围成的区域, 则 $\iiint\limits_{\Omega} f(x,y,z)\mathrm{d}v$ 化为三次积分为 _____.

4. 设积分区域 Ω 为由曲面 $z = x^2 + 2y^2, z = 2 - x^2$ 所围成的区域, 则 $\iiint\limits_{\Omega} f(x,y,z)\mathrm{d}v$ 化为三次积分为 _____.

5. 利用柱面坐标计算 $\iiint\limits_{\Omega} (x^2 + y^2)\mathrm{d}v$, 其中 Ω 是由曲面 $x^2 + y^2 = 2z$ 及平面 $z = 2$ 所围成的区域.

6. 利用球面坐标计算 $\iiint\limits_{\Omega} (x^2 + y^2 + z^2)\mathrm{d}v$, 其中 Ω 是由球面 $x^2 + y^2 + z^2 = 1$ 所围成的闭区域.

7. 计算下列三重积分.

(1) $\iiint\limits_{\Omega} xy^2z^3\mathrm{d}v$, 其中 Ω 是由曲面 $xy = z$ 与平面 $x = y, x = 1, z = 0$ 所围成的闭区域.

(2) $\iiint\limits_{\Omega} xz\mathrm{d}x\mathrm{d}y\mathrm{d}z$, 其中 Ω 是由平面 $z = y, y = 1, z = 0$ 及抛物柱面 $y = x^2$ 所围成的闭区域.

8. 选用适当坐标计算 $\iiint\limits_{\Omega} \sqrt{x^2 + y^2 + z^2}\mathrm{d}v$, 其中 Ω 是由球面 $x^2 + y^2 + z^2 = z$ 所围成区域.

9. 求由曲面 $z = x^2 + 2y^2$ 及 $z = 6 - 2x^2 - y^2$ 所围成的立体的体积.

10. 计算 $\iiint\limits_{\Omega} \dfrac{\mathrm{d}x\mathrm{d}y\mathrm{d}z}{(1 + x + y + z)^3}$, 其中 Ω 为由平面 $x = 0, y = 0, z = 0, x + y + z = 1$ 所围成的四面体.

11. 计算下列三重积分.

(1) $\iiint\limits_{\Omega} \dfrac{z\ln(x^2 + y^2 + z^2 + 1)}{x^2 + y^2 + z^2 + 1}\mathrm{d}v$, 其中 Ω 是由球面 $x^2 + y^2 + z^2 = 1$ 所围成的闭区域.

(2) $\iiint\limits_{\Omega} (y^2 + z^2)\mathrm{d}v$, 其中 Ω 是由 xOy 平面上曲线 $y^2 = 2x$ 绕 x 轴旋转而成的曲面与平面 $x = 5$ 所围成的闭区域.

12. 计算 $\iiint\limits_{\Omega} z^2\mathrm{d}v$, 其中 Ω 由曲面 $x^2 + y^2 + z^2 = R^2$ 及 $x^2 + y^2 + (z - R)^2 = R^2$ 围成.

13. 计算 $I = \iiint\limits_{\Omega} xy^2z^3\mathrm{d}x\mathrm{d}y\mathrm{d}z$, 其中 Ω 是由曲面 $z = xy$ 与平面 $y = 1$ 及 $z = 0$ 所围

成的闭区域.

答案

一、二重积分

1. (1) $\int_0^1 dx \int_0^{x^2} f(x,y) dy + \int_1^{\sqrt{2}} dx \int_0^{2-x^2} f(x,y) dy$.

(2) $\int_0^4 dx \int_{\frac{x}{2}}^{\sqrt{x}} f(x,y) dy$.　(3) $\int_0^1 dy \int_x^1 f(x,y) dy$.　(4) $\int_{-1}^1 dx \int_0^{\sqrt{1-x^2}} f(x,y) dy$.

(5) $\int_0^1 dy \int_{e^y}^e f(x,y) dx$.　(6) $\int_{-2}^0 dx \int_{2x+4}^{4-x^2} f(x,y) dy$.

2. $\dfrac{1}{2}(1-e^{-4})$.

3. $0 \leqslant I \leqslant 2$.　4. $\iint\limits_{D} (x+y)^2 d\sigma \geqslant \iint\limits_{D} (x+y)^3 d\sigma$.

5. $\iint\limits_{D} (x+y)^2 d\sigma \leqslant \iint\limits_{D} (x+y)^3 d\sigma$.　6. $\iint\limits_{D} \ln(x+y)^2 d\sigma \leqslant \iint\limits_{D} \ln(x+y) d\sigma$.

7. $\pi - 2$.

8. (1) $I = \int_{-r}^r dx \int_0^{\sqrt{r^2-x^2}} f(x,y) dy, I = \int_0^r dy \int_{-\sqrt{r^2-y^2}}^{\sqrt{r^2-y^2}} f(x,y) dx$.

(2) $I = \int_0^{\frac{\sqrt{2}}{2}} dy \int_y^{\sqrt{1-y^2}} f(x,y) dx, I = \int_0^{\frac{\sqrt{2}}{2}} dx \int_0^x f(x,y) dy + \int_{\frac{\sqrt{2}}{2}}^1 dx \int_0^{\sqrt{1-x^2}} f(x,y) dy$.

9. (1) $\int_0^{\frac{\pi}{2}} d\theta \int_0^{2a\cos\theta} r^3 dr = \dfrac{3}{4}\pi a^4$.　(2) $\int_0^{\frac{\pi}{4}} d\theta \int_0^{\frac{a}{\cos\theta}} r^2 dr = \dfrac{1}{6}a^3[\sqrt{2}+\ln(1+\sqrt{2})]$.

10. (1) $\dfrac{\pi}{4}(e-1)$.　(2) $\dfrac{\pi}{4}(2\ln2-1)$.　(3) $\dfrac{3}{64}\pi^2$.

11. 区域 D 和 D_1 如图 11.24 所示,有

$$\iint\limits_{D} y dx dy = \iint\limits_{D+D_1} y dx dy - \iint\limits_{D_1} y dx dy$$

$$\iint\limits_{D+D_1} y dx dy = \int_{-2}^0 dx \int_0^2 y dy = 4$$

在极坐标系下,有 $D_1 = \left\{ (r,\theta) \,\middle|\, 0 \leqslant r \leqslant 2\sin\theta, \dfrac{\pi}{2} \leqslant \theta \leqslant \pi \right\}$,因此

$$\iint\limits_{D_1} y dx dy = \int_{\frac{\pi}{2}}^\pi d\theta \int_0^{2\sin\theta} r\sin\theta r dr = \frac{8}{3}\int_{\frac{\pi}{2}}^\pi \sin^4\theta = \frac{8}{12}\int_{\frac{\pi}{2}}^\pi \left(1-2\cos2\theta+\frac{1+\cos4\theta}{2}\right)d\theta = \frac{\pi}{2}$$

于是 $\iint\limits_{D} y dx dy = 4 - \dfrac{\pi}{2}$

12. 由已知的积分上、下限,可知积分域的不等式组为

$$\begin{cases} 0 \leqslant y \leqslant 1 \\ 1-\sqrt{1-y^2} \leqslant x \leqslant 3-y \end{cases}$$

画出草图,如图 11.25 所示,则

$$I = \int_0^1 dx \int_0^{\sqrt{2x-x^2}} f(x,y) dy + \int_1^2 dx \int_0^1 f(x,y) dy + \int_2^3 dx \int_0^{3-x} f(x,y) dy$$

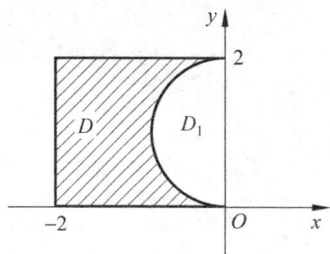

图 11.24

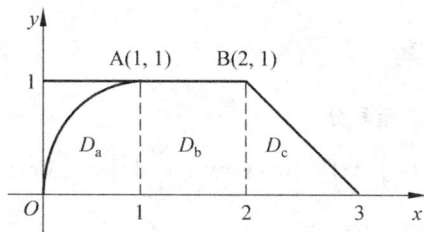

图 11.25

13. $V = \iint\limits_{\Omega}(3x+2y)\mathrm{d}\sigma = \int_a^{2a}\mathrm{d}y\int_{y-a}^y(3x+2y)\mathrm{d}x = \int_a^{2a}\left(5ay - \frac{3}{2}a^2\right)\mathrm{d}y = 6a^3.$

14. 由于绝对值符号内的函数在 D 内变号,即当 $y \geqslant x^2$ 时,$y-x^2 \geqslant 0$;$y < x^2$ 时,$y-x^2 < 0$,因此用曲线 $y = x^2$ 将 D 分为 D_1 和 D_2 两部分,如图 11.26 所示.

$$I = \iint\limits_{D_1}\sqrt{x^2-y}\mathrm{d}x\mathrm{d}y + \iint\limits_{D_2}\sqrt{y-x^2}\mathrm{d}x\mathrm{d}y$$

$$= \int_{-1}^1\mathrm{d}x\int_0^{x^2}\sqrt{x^2-y}\mathrm{d}y + \int_{-1}^1\mathrm{d}x\int_{x^2}^2\sqrt{y-x^2}\mathrm{d}y$$

$$= \int_{-1}^1\left[-\frac{2}{3}(x^2-y)^{\frac{3}{2}}\right]_0^{x^2}\mathrm{d}x + \int_{-1}^1\left[\frac{2}{3}(y-x^2)^{\frac{3}{2}}\right]_{x^2}^2\mathrm{d}x$$

$$= \frac{2}{3}\int_{-1}^1 x^3\mathrm{d}x + \frac{4}{3}\int_0^1(2-x^2)^{\frac{3}{2}}\mathrm{d}x$$

$$= \frac{\pi}{2} + \frac{4}{3}$$

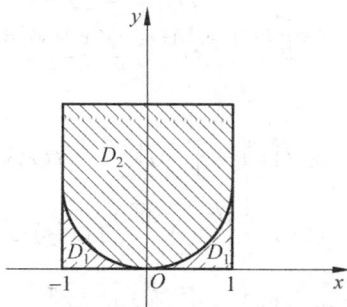

图 11.26

15. 平面区域 D 可表示为 $\begin{cases}-1 \leqslant y \leqslant 1 \\ y \leqslant x \leqslant 1\end{cases}$,则

$$I = \iint\limits_D y\left[1 + x\mathrm{e}^{\frac{1}{2}(x^2+y^2)}\right]\mathrm{d}x\mathrm{d}y = \iint\limits_D y\mathrm{d}x\mathrm{d}y + \iint\limits_D xy\mathrm{e}^{\frac{1}{2}(x^2+y^2)}\mathrm{d}x\mathrm{d}y$$

其中

$$\iint\limits_D y\mathrm{d}x\mathrm{d}y = \int_{-1}^1\mathrm{d}y\int_y^1\mathrm{d}x = \int_{-1}^1 y(1-y)\mathrm{d}y = -\frac{2}{3}$$

$$\iint\limits_D xy\mathrm{e}^{\frac{1}{2}(x^2+y^2)}\mathrm{d}x\mathrm{d}y = \int_{-1}^1 y\mathrm{d}y\int_y^1 x\mathrm{e}^{\frac{1}{2}(x^2+y^2)}\mathrm{d}x$$

$$= \int_{-1}^1 y\left(\mathrm{e}^{\frac{1}{2}(1+y^2)} - \mathrm{e}^{y^2}\right)\mathrm{d}y = 0(被积函数是 y 的奇函数).$$

所以 $I = -\dfrac{2}{3}$.

二、三重积分

1. $\int_0^1\mathrm{d}x\int_0^{\frac{1-x}{2}}\mathrm{d}y\int_0^{1-x-2y}x\mathrm{d}z.$

2. $\int_0^{2\pi}\mathrm{d}\theta\int_0^{\frac{\pi}{4}}\mathrm{d}\varphi\int_0^{\sqrt{2}}f(r^2)r^2\sin\varphi\mathrm{d}r.$

3. $\int_0^1\mathrm{d}x\int_0^{1-x}\mathrm{d}y\int_0^{xy}f(x,y,z)\mathrm{d}z.$

4. $\int_{-1}^1\mathrm{d}x\int_{-\sqrt{1-x^2}}^{\sqrt{1-x^2}}\mathrm{d}y\int_{x^2+2y^2}^{2-x^2}f(x,y,z)\mathrm{d}z.$

5. 原式 $= \int_0^{2\pi}\mathrm{d}\theta\int_0^2 r\mathrm{d}r\int_{\frac{r^2}{2}}^2 r^3\mathrm{d}z = 2\pi\int_0^2\left(2r^3 - \frac{r^5}{2}\right)\mathrm{d}r = \left(2\pi\frac{r^4}{2} - \frac{r^6}{12}\right)\Big|_0^2 = \frac{16}{3}\pi.$

6. 原式 $= \int_0^{2\pi}\mathrm{d}\theta\int_0^{\pi}\mathrm{d}\varphi\int_0^1\rho^4\sin\varphi\mathrm{d}\rho = \frac{2\pi}{5}\int_0^{\pi}\sin\varphi\mathrm{d}\varphi = \frac{4\pi}{5}.$

7. (1) 原式 $= \int_0^1 \mathrm{d}x \int_0^x \mathrm{d}y \int_0^{xy} xy^2z^3 \mathrm{d}z = \int_0^1 \mathrm{d}x \int_0^x \frac{1}{4}x^5y^6 \mathrm{d}y = \int_0^1 \frac{1}{28}x^{12} \mathrm{d}x = \frac{1}{364}$.

(2) 原式 $\int_{-1}^1 \mathrm{d}x \int_{x^2}^1 \mathrm{d}y \int_0^y xz \mathrm{d}z = \int_{-1}^1 \mathrm{d}x \int_{x^2}^1 \frac{1}{2}xy^2 \mathrm{d}y = \int_{-1}^1 \frac{1}{6}(x - x^7) \mathrm{d}x = 0$.

8. 原式 $= \int_0^{2\pi} \mathrm{d}\theta \int_0^{\frac{\pi}{2}} \mathrm{d}\varphi \int_0^{\cos\varphi} \rho^3 \sin\varphi \mathrm{d}\rho = 2\pi \int_0^{\frac{\pi}{2}} \frac{1}{4}\cos^4\varphi \sin\varphi \mathrm{d}\varphi = \frac{\pi}{2}\left(-\frac{\cos^5\varphi}{5}\right)\Big|_0^{\frac{\pi}{2}} = \frac{\pi}{10}$.

9. 6π.　10. $\frac{1}{2}\left(\ln 2 - \frac{5}{8}\right)$.

11. (1) 0.　　(2) $\frac{250}{3}\pi$.

12. 解法 1：利用柱面坐标系，把 Ω 的边界曲面化为 $z = \sqrt{R^2 - r^2}, z = R - \sqrt{R^2 - r^2}$，它们的交线在 xOy 平面上的投影方程为 $\begin{cases} r = \dfrac{\sqrt{3}}{2}R \\ z = 0 \end{cases}$，于是

$$I = \iiint_\Omega z^2 r \mathrm{d}z \mathrm{d}r \mathrm{d}\theta = \int_0^{2\pi} \mathrm{d}\theta \int_0^{\frac{\sqrt{3}}{2}R} r \mathrm{d}r \int_{R-\sqrt{R^2-r^2}}^{\sqrt{R^2-r^2}} z^2 \mathrm{d}z = \frac{2}{3}\pi \int_0^{\frac{\sqrt{3}}{2}R} r\left[(R^2-r^2)^{\frac{3}{2}} - (R - \sqrt{R^2-r^2})^3\right] \mathrm{d}r$$

$$= -\frac{2}{3}\pi\left[\frac{2}{5}(R^2-r^2)^{\frac{5}{2}} + 2R^3r^2 - \frac{3}{4}Rr^4 + R(R^2-r^2)^{\frac{3}{2}}\right]\Big|_0^{\frac{\sqrt{3}}{2}R} = \frac{59}{480}\pi R^5.$$

解法 2：利用球面坐标，把 Ω 的边界化为球面坐标，得 $r = R, r = 2R\cos\varphi$，它们的交线为圆 $\begin{cases} r = R \\ \varphi = \dfrac{\pi}{3} \end{cases}$，则

$$I = \iiint_\Omega r^2\cos^2\varphi \cdot r^2\sin\varphi \mathrm{d}r \mathrm{d}\varphi \mathrm{d}\theta = \int_0^{2\pi} \mathrm{d}\theta \int_0^{\frac{\pi}{3}} \cos^2\varphi \sin\varphi \mathrm{d}\varphi \int_0^R r^4 \mathrm{d}r + \int_0^{2\pi} \mathrm{d}\theta \int_{\frac{\pi}{3}}^{\frac{\pi}{2}} \cos^2\varphi \sin\varphi \mathrm{d}\varphi \int_0^{2R\cos\varphi} r^4 \mathrm{d}r$$

$$= \frac{2}{5}\pi R^5\left(-\frac{1}{3}\cos^3\varphi\right)\Big|_0^{\frac{\pi}{3}} + \frac{2\pi}{5}(2R)^5\left(-\frac{1}{8}\cos^3\varphi\right)\Big|_{\frac{\pi}{3}}^{\frac{\pi}{2}}$$

$$= \frac{59}{480}\pi R^5$$

解法 3："先二后一"的方法，用平行于 xOy 的平面横截区域 Ω，得

$$D_z = \begin{cases} \{(x, y) \mid x^2 + y^2 \leqslant R^2 - (z - R)^2\}, & 0 \leqslant z \leqslant \dfrac{R}{2} \\ \{(x, y) \mid x^2 + y^2 \leqslant R^2 - z^{20}\}, & \dfrac{R}{2} \leqslant z \leqslant R \end{cases}$$

故　$I = \int_0^{\frac{R}{2}} z^2 \mathrm{d}z \iint_{D_z} \mathrm{d}r + \int_{\frac{R}{2}}^R z^2 \mathrm{d}z \iint_{D_z} \mathrm{d}r = \int_0^{\frac{R}{2}} z^2 \pi[R^2 - (z-R)^2]\mathrm{d}z + \int_{\frac{R}{2}}^R z^2 \pi(R^2 - z^2)\mathrm{d}z$

$$= \pi\left[\left(\frac{2R}{4}z^4 - \frac{1}{5}z^5\right)\Big|_0^{\frac{R}{2}} + \left(\frac{R^2}{3}z^3 - \frac{1}{5}z^5\right)\Big|_{\frac{R}{2}}^R\right] = \frac{59}{480}\pi R^5$$

13. 积分区域用不等式组表示为 $\Omega\begin{cases} 0 \leqslant x \leqslant 1 \\ x \leqslant y \leqslant 1 \\ 0 \leqslant z \leqslant xy \end{cases}$，则

$$I = \int_0^1 \mathrm{d}x \int_x^1 \mathrm{d}y \int_0^{xy} xy^2z^3 \mathrm{d}z = \frac{1}{4}\int_0^1 x^5 \mathrm{d}x \int_x^1 y^6 \mathrm{d}y = \frac{1}{28}\int_0^1 (x^5 - x^{12})\mathrm{d}x = \frac{1}{312}$$

曲线积分与曲面积分

一、主 要 考 点

1. 第一型曲线积分

(1) 物理定义：设一物质曲线所占的位置在平面内的一段曲线弧 L 上，已知物质曲线 L 在点 (x,y) 处的线密度为 $\mu(x,y)$，则此曲线 L 的质量为 $\int_L \mu(x,y)\mathrm{d}s$，记为第一型曲线积分.

(2) 计算方法如下.

方法 1 若曲线 L 的参数方程为 $x=\varphi(t)$，$y=\psi(t)$，$(\alpha \leqslant t \leqslant \beta)$，则

$$\int_L f(x,y)\mathrm{d}s = \int_\alpha^\beta f[\varphi(t),\psi(t)] \sqrt{\varphi'^2(t)+\psi'^2(t)}\,\mathrm{d}t$$

方法 2 若曲线 L 的方程为 $y=\psi(x)$，$(a \leqslant x \leqslant b)$，则

$$\int_L f(x,y)\mathrm{d}s = \int_a^b f[x,\psi(x)] \sqrt{1+\psi'^2(x)}\,\mathrm{d}x$$

方法 3 若曲线 L 的方程为 $x=\varphi(y)$，$(c \leqslant y \leqslant d)$，则

$$\int_L f(x,y)\mathrm{d}s = \int_c^d f[\varphi(y),y] \sqrt{1+\varphi'^2(y)}\,\mathrm{d}y$$

方法 4 若 $f(x,y)$ 为常数 a，即线密度为恒定值 a，则 $\int_L f(x,y)\mathrm{d}s = a \times L$ 的长度.

2. 格林公式

设闭区域 D 由分段光滑的曲线 L 围成，函数 $P(x,y)$ 及 $Q(x,y)$ 在 D 上具有一阶连续偏导数，则有

$$\iint\limits_D \left(\frac{\partial Q}{\partial x}-\frac{\partial P}{\partial y}\right)\mathrm{d}x\mathrm{d}y = \oint_L P\,\mathrm{d}x + Q\,\mathrm{d}y$$

其中，L 是 D 取正向的边界曲线.

3. 平面上曲线积分与路径无关的条件

定理：设 $P(x,y)$，$Q(x,y)$ 在单连通区域 D 内有一阶连续偏导数，则下面几个条件彼此等价.

(1) 任意曲线 $L=AB$ 在 D 内 $\int_L P(x,y)\mathrm{d}x + Q(x,y)\mathrm{d}x$ 与路径无关，只与起点和终点有关；

(2) D 内任意逐段光滑闭曲线 C，都有 $\oint_C P(x,y)\mathrm{d}x + Q(x,y)\mathrm{d}y = 0$；

(3) $P(x,y)\mathrm{d}x + Q(x,y)\mathrm{d}y = \mathrm{d}u(x,y)$ 成立（即可表示为全微分）；

(4) D 内处处有 $\dfrac{\partial Q}{\partial x} = \dfrac{\partial P}{\partial y}$．

4. 第二型曲线积分

(1) 物理定义：设一个质点在 xOy 面内，在变力 $F(x,y) = P(x,y)\boldsymbol{i} + Q(x,y)\boldsymbol{j}$ 的作用下从点 A 沿光滑曲线 L 移动到点 B，则变力 $F(x,y)$ 所做的功为第二型曲线积分，记为

$\displaystyle\int_L P(x,y)\mathrm{d}x + \int_L Q(x,y)\mathrm{d}y$，或 $\displaystyle\int_L P(x,y)\mathrm{d}x + Q(x,y)\mathrm{d}y$，或 $\displaystyle\int_L P\mathrm{d}x + Q\mathrm{d}y$．

若 L 为封闭曲线，则记为 $\displaystyle\oint_L P(x,y)\mathrm{d}x + Q(x,y)\mathrm{d}y$．

若 L 为空间的有向曲线，则第二型曲线积分为 $\displaystyle\int_L P(x,y,z)\mathrm{d}x + Q(x,y,z)\mathrm{d}y + R(x,y,z)\mathrm{d}z$，简记为 $\displaystyle\int_L P\mathrm{d}x + Q\mathrm{d}y + R\mathrm{d}z$．

第二型曲线积分与方向有关，即 $\displaystyle\int_{AB} P\mathrm{d}x + Q\mathrm{d}y = -\int_{BA} P\mathrm{d}x + Q\mathrm{d}y$．

(2) 计算方法如下.

方法 1　若 L 的方程为一般方程，可直接代入计算．

例如，求 $\displaystyle\int_L xy\mathrm{d}x + (y-x)\mathrm{d}y$，其中 L 为抛物线 $y = x^2$ 上从点 $A(0,0)$ 到点 $B(1,1)$ 的一段弧. 则 $\displaystyle\int_L xy\mathrm{d}x + (y-x)\mathrm{d}y = \int_0^1 x^3\mathrm{d}x + \int_0^1 2x(x^2 - x)\mathrm{d}x = \frac{1}{12}$．

方法 2　若平面曲线 L 的方程为参数方程：$x = \varphi(t)$，$y = \psi(t)(\alpha \leqslant t \leqslant \beta)$，则 $\displaystyle\int_L P(x,y)\mathrm{d}x + Q(x,y)\mathrm{d}y = \int_\alpha^\beta [P(\varphi(t),\psi(t))\varphi'(t) + Q(\varphi(t),\psi(t))\psi'(t)]\mathrm{d}t$．（其实也是直接代入计算．）

方法 3　利用格林公式，转化为二重积分进行计算（L 为封闭曲线）．

方法 4　若 $\dfrac{\partial P}{\partial y} = \dfrac{\partial Q}{\partial x}$，则第二型曲线积分 $\displaystyle\int_L P\mathrm{d}x + Q\mathrm{d}y$ 与路径无关，此时可选用一条便于计算的路径．

5. 第一型曲面积分

(1) 物理定义：设空间曲面块 S，S 在点 (x,y,z) 处的线密度为 $f(x,y,z)$，则此曲面块 S 的质量为 $\displaystyle\iint_S f(x,y,z)\mathrm{d}S$，记为第一型曲面积分．

(2) 计算方法（化为二重积分进行计算）如下.

① 若曲面 S 的方程 $z = z(x,y)$，$(x,y) \in D$，即 S 在 xOy 面上的投影区域为 D_{xy}，$z(x,y)$ 在 D 上有连续偏导数，$f(x,y,z)$ 在 S 上连续，则

$$\iint\limits_{S} f(x,y,z)\mathrm{d}S = \iint\limits_{D_{xy}} f[x,y,z(x,y)]\sqrt{1+z_x^2(x,y)+z_y^2(x,y)}\,\mathrm{d}x\mathrm{d}y$$

② 若曲面 S 的方程为 $y=y(z,x)$，Dzx 为 S 在 zOx 面上的投影区域，则

$$\iint\limits_{S} f(x,y,z)\mathrm{d}S = \iint\limits_{D_{zx}} f[x,y(z,x),z]\sqrt{1+y_z^2(z,x)+y_x^2(z,x)}\,\mathrm{d}z\mathrm{d}x$$

③ 若曲面 S 的方程为 $x=x(y,z)$，D_{yz} 为 S 在 yOz 面上的投影区域，则

$$\iint\limits_{S} f(x,y,z)\mathrm{d}S = \iint\limits_{D_{yz}} f[x(y,z),y,z]\sqrt{1+x_y^2(y,z)+x_z^2(y,z)}\,\mathrm{d}y\mathrm{d}z$$

6. 规定曲面的正侧、负侧

(1) 曲面 S 的法线正方向与 z 轴正向成锐角的一侧为正侧，取正号，另一侧为负侧，取负号.

(2) 若曲面 S 为封闭曲面，则曲面的外侧为正侧，内侧为负侧.

7. 第二型曲面积分

(1) 物理定义：设某流体以一定的流速 $v=(P(x,y,z),Q(x,y,z),R(x,y,z))$，从曲面 S 的负侧流向正侧时，则单位时间内流经曲面 S 的总流量称为第二型曲面积分，记为

$$\iint\limits_{S} P(x,y,z)\mathrm{d}y\mathrm{d}z + Q(x,y,z)\mathrm{d}z\mathrm{d}x + R(x,y,z)\mathrm{d}x\mathrm{d}y.$$

(2) 计算方法（化为二重积分进行计算）.

方法 1　如果曲面 S 的方程 $z=z(x,y)$，$(x,y)\in D_{xy}$，取 S 的上侧为正侧，则

$$\iint\limits_{S} R(x,y,z)\mathrm{d}x\mathrm{d}y = \iint\limits_{D_{xy}} R[x,y,z(x,y)]\mathrm{d}x\mathrm{d}y$$

如果曲面 S 的方程 $x=x(y,z)$，$(y,z)\in D_{yz}$，以 S 的法线方向与 x 轴正向成锐角的那一侧为正侧，则

$$\iint\limits_{S} P(x,y,z)\mathrm{d}y\mathrm{d}z = \iint\limits_{D_{yz}} P[x(y,z),y,z]\mathrm{d}y\mathrm{d}z$$

如果曲面 S 的方程 $y=y(z,x)$，$(z,x)\in D_{zx}$，以 S 的法线方向与 y 轴正向成锐角的那一侧为正侧，则

$$\iint\limits_{S} Q(x,y,z)\mathrm{d}z\mathrm{d}x = \iint\limits_{D_{zx}} Q[x,y(z,x),z]\mathrm{d}z\mathrm{d}x$$

方法 2　（此方法很少用）如果曲面 S 的方程 $z=z(x,y)$，$(x,y)\in D_{xy}$，取 S 的上侧为正侧，则

$$\iint\limits_{S} P(x,y,z)\mathrm{d}y\mathrm{d}z + Q(x,y,z)\mathrm{d}z\mathrm{d}x + R(x,y,z)\mathrm{d}x\mathrm{d}y$$

$$= \iint\limits_{D_{xy}} (P(x,y,z(x,y))(-z_x) + Q(x,y,z(x,y))(-z_y) + R(x,y,z(x,y)))\mathrm{d}x\mathrm{d}y$$

方法 3　利用高斯公式：设空间闭区域 V 是由分片光滑的封闭曲面 S 所围成，若函

数 $P(x,y,z),Q(x,y,z),R(x,y,z)$ 在 V 上具有一阶连续偏导数,则有

$$\oiint\limits_{S} P\mathrm{d}y\mathrm{d}z + Q\mathrm{d}z\mathrm{d}x + R\mathrm{d}x\mathrm{d}y = \iiint\limits_{V} \left(\frac{\partial P}{\partial x} + \frac{\partial Q}{\partial y} + \frac{\partial R}{\partial z}\right)\mathrm{d}x\mathrm{d}y\mathrm{d}z$$

其中,S 取外侧.

8. 求二元函数的原函数

(1) 设函数 $P(x,y),Q(x,y)$ 在单连通域 G 内有连续的一阶偏导数,且 $\dfrac{\partial P}{\partial y} = \dfrac{\partial Q}{\partial x}$,则 $P\mathrm{d}x + Q\mathrm{d}y$ 在 G 内为某一函数 $u(x,y)$ 的全微分.

(2) 求原函数的公式:

$$u(x,y) = \int_{(x_0,y_0)}^{(x,y)} P(x,y)\mathrm{d}x + Q(x,y)\mathrm{d}y$$

$$u(x,y) = \int_{x_0}^{x} P(x,y_0)\mathrm{d}x + \int_{y_0}^{y} Q(x,y)\mathrm{d}y \text{(图 12.1)}$$

$$u(x,y) = \int_{y_0}^{y} Q(x_0,y)\mathrm{d}y + \int_{x_0}^{x} P(x,y)\mathrm{d}x \text{(图 12.2)}$$

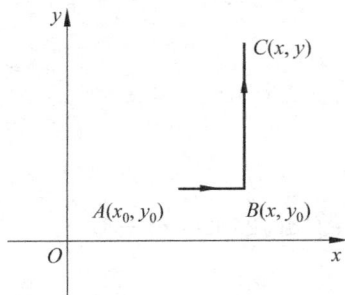

图　12.1

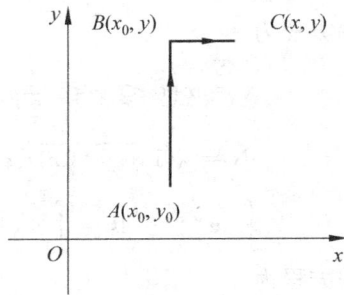

图　12.2

二、应用举例

例 12.1　计算 $\displaystyle\int_L \sqrt{y}\,\mathrm{d}s$,其中 L 是抛物线 $y = x^2$ 上点 $O(0,0)$ 与点 $B(1,1)$ 之间的一段弧.

解　曲线的方程为 $y = x^2 (0 \leqslant x \leqslant 1)$,因此

$$\int_L \sqrt{y}\,\mathrm{d}s = \int_0^1 \sqrt{x^2}\,\sqrt{1+(x^2)'^2}\,\mathrm{d}x = \int_0^1 x\sqrt{1+4x^2}\,\mathrm{d}x = \frac{1}{12}(5\sqrt{5}-1)$$

例 12.2　求 $\displaystyle\int_L y^2\,\mathrm{d}s$,其中曲线 L 的参数方程为 $x = R\cos\theta, y = R\sin\theta (-\alpha \leqslant \theta < \alpha)$.

解　
$$\int_L y^2\,\mathrm{d}s = \int_{-\alpha}^{\alpha} R^2\sin^2\theta\sqrt{(-R\sin\theta)^2+(R\cos\theta)^2}\,\mathrm{d}\theta$$

$$= R^3\int_{-\alpha}^{\alpha}\sin^2\theta\,\mathrm{d}\theta = R^3(\alpha - \sin\alpha\cos\alpha)$$

例 12.3 求 $\oint_L (x^2+y^2)^n \mathrm{d}s$，其中 L 为圆周 $x=a\cos t$，$y=a\sin t (a>0,0\leqslant t\leqslant 2\pi)$.

解 方法 1　化为定积分

$$\mathrm{d}s = \sqrt{x'^2(t)+y'^2(t)}\,\mathrm{d}t = \sqrt{(-a\sin t)^2+(a\cos t)^2}\,\mathrm{d}t = a\,\mathrm{d}t$$

$$\oint_L (x^2+y^2)^n\mathrm{d}s = \int_0^{2\pi}\left[(a\cos t)^2+(a\sin t)^2\right]^n \cdot a\,\mathrm{d}t = \int_0^{2\pi}a^{2n+1}\mathrm{d}t = 2\pi a^{2n+1}$$

方法 2

$$\oint_L (x^2+y^2)^n\mathrm{d}s = \oint_L a^{2n}\mathrm{d}s = 2\pi a^{2n+1}$$

例 12.4 计算 $\oint_L e^{\sqrt{x^2+y^2}}\mathrm{d}s$，其中 L 为圆周 $x^2+y^2=a^2$，直线 $y=x$ 及 x 轴在第一象限内所围成的扇形的整个边界.

解 如图 12.3 所示，由于曲线 L 分段光滑，要利用可加性进行计算.

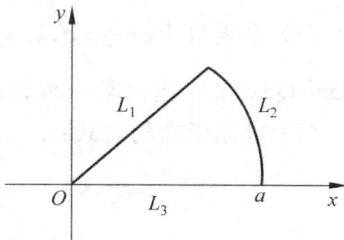

图　12.3

$$\oint_L e^{\sqrt{x^2+y^2}}\mathrm{d}s = \int_{L_1} e^{\sqrt{x^2+y^2}}\mathrm{d}s + \int_{L_2} e^{\sqrt{x^2+y^2}}\mathrm{d}s + \int_{L_3} e^{\sqrt{x^2+y^2}}\mathrm{d}s$$

L_1 的方程为

$$y=x\left(0\leqslant x\leqslant \frac{\sqrt{2}}{2}a\right)$$

$$\mathrm{d}s = \sqrt{1+y'^2(x)}\,\mathrm{d}x = \sqrt{2}\,\mathrm{d}x$$

$$\int_{L_1} e^{\sqrt{x^2+y^2}}\mathrm{d}s = \int_0^{\frac{\sqrt{2}}{2}a}\sqrt{2}e^{\sqrt{2}x}\mathrm{d}x = \int_0^{\frac{\sqrt{2}}{2}a}e^{\sqrt{2}x}\mathrm{d}(\sqrt{2}x) = e^a-1$$

L_2 的方程为

$$x=a\cos t, y=a\sin t\left(0\leqslant t\leqslant \frac{\pi}{4}\right)$$

$$\mathrm{d}s = \sqrt{x'^2(t)+y'^2(t)}\,\mathrm{d}t = \sqrt{(-a\sin t)^2+(a\cos t)^2}\,\mathrm{d}t = a\,\mathrm{d}t$$

$$\int_{L_2} e^{\sqrt{x^2+y^2}}\mathrm{d}s = \int_0^{\frac{\pi}{4}}ae^a\mathrm{d}t = \frac{\pi a}{4}e^a$$

L_3 的方程为

$$y=0(0\leqslant x\leqslant a)$$

$$\mathrm{d}s = \sqrt{1+y'^2(x)}\,\mathrm{d}x = \mathrm{d}x$$

$$\int_{L_3} e^{\sqrt{x^2+y^2}}\mathrm{d}s = \int_0^a e^x\mathrm{d}x = e^a-1$$

所以

$$\oint_L e^{\sqrt{x^2+y^2}}\mathrm{d}s = \int_{L_1} e^{\sqrt{x^2+y^2}}\mathrm{d}s + \int_{L_2} e^{\sqrt{x^2+y^2}}\mathrm{d}s + \int_{L_3} e^{\sqrt{x^2+y^2}}\mathrm{d}s$$

$$= e^a-1+\frac{\pi a}{4}e^a+e^a-1 = \left(\frac{\pi a}{4}+2\right)e^a-2$$

例 12.5 计算 $\oint_L \sqrt{x^2+y^2}\,\mathrm{d}s$，其中 L 为圆周 $x^2+y^2=ax(a>0)$.

解　如图 12.4 所示，L 的参数方程为

$$x = \frac{a}{2}(1 + \cos t), \quad y = \frac{a}{2}\sin t \quad (0 \leqslant t \leqslant 2\pi)$$

$$\mathrm{d}s = \sqrt{x'^2(t) + y'^2(t)}\,\mathrm{d}t = \frac{a}{2}\mathrm{d}t$$

$$\oint_L \sqrt{x^2 + y^2}\,\mathrm{d}s = \int_0^{2\pi} \frac{a^2}{2}\left|\cos\frac{t}{2}\right|\mathrm{d}t$$

$$= \frac{a^2}{2}\left(\int_0^\pi \cos\frac{t}{2}\mathrm{d}t - \int_\pi^{2\pi}\cos\frac{t}{2}\mathrm{d}t\right)$$

$$= 2a^2$$

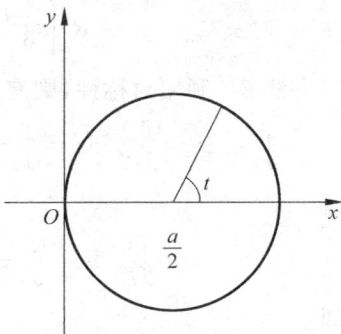

图　12.4

例 12.6　计算 $\oint_L (x^2 + y^2 + 2z)\mathrm{d}s$，其中 L 为 $\begin{cases} x^2 + y^2 + z^2 = R^2 \\ x + y + z = 0 \end{cases}$.

解　**方法 1**　由于 L 是平面 $x+y+z=0$ 上过球 $x^2+y^2+z^2=R^2$ 的中心的大圆. 两个曲面方程联立消去 z，得

$$x^2 + xy + y^2 = \frac{R^2}{2}, \quad \left(\frac{\sqrt{3}}{2}x\right)^2 + \left(\frac{x}{2}+y\right)^2 = \frac{R^2}{2} \qquad ①$$

在①式中，令

$$\frac{\sqrt{3}}{2}x = \frac{R}{\sqrt{2}}\cos t, \qquad x = \sqrt{\frac{2}{3}}R\cos t \qquad ②$$

$$\frac{x}{2} + y = \frac{R}{\sqrt{2}}\sin t, \quad y = \frac{R}{\sqrt{2}}\sin t - \frac{R}{\sqrt{6}}\cos t \qquad ③$$

将②、③式代入平面 $x+y+z=0$，得 $z = -\frac{R}{\sqrt{6}}\cos t - \frac{R}{\sqrt{2}}\sin t$，故 L 的参数方程为

$$x = \sqrt{\frac{2}{3}}R\cos t$$

$$y = \frac{R}{\sqrt{2}}\sin t - \frac{R}{\sqrt{6}}\cos t$$

$$z = -\frac{R}{\sqrt{6}}\cos t - \frac{R}{\sqrt{2}}\sin t \quad (0 \leqslant t \leqslant 2\pi)$$

$$\mathrm{d}s = \sqrt{x'^2(t) + y'^2(t) + z'^2(t)}\,\mathrm{d}t$$

$$= R\sqrt{\frac{2}{3}\sin^2 t + \left(\frac{\cos t}{\sqrt{2}} + \frac{\sin t}{\sqrt{6}}\right)^2 + \left(\frac{\sin t}{\sqrt{6}} - \frac{\cos t}{\sqrt{2}}\right)^2}\,\mathrm{d}t$$

$$= R\mathrm{d}t$$

所以

$$\oint_L (x^2 + y^2 + 2z)\mathrm{d}s = R\int_0^{2\pi}\left[\frac{2R^2}{3}\cos^2 t + R^2\left(\frac{\sin t}{\sqrt{2}} - \frac{\cos t}{\sqrt{6}}\right)^2 - 2R\left(\frac{\cos t}{\sqrt{6}} + \frac{\sin t}{\sqrt{2}}\right)\right]\mathrm{d}t$$

$$= R^3\int_0^{2\pi}\left(\frac{1}{3}\cos^2 t + \frac{1}{2} - \frac{\sin t\cos t}{\sqrt{3}}\right)\mathrm{d}t - 2R^2\left(\frac{\sin t}{\sqrt{6}} - \frac{\cos t}{\sqrt{2}}\right)\Big|_0^{2\pi}$$

$$= R^3\left[\frac{1}{6}\left(t+\frac{1}{2}\sin 2t\right)+\frac{t}{2}+\frac{\cos^2 t}{2\sqrt{3}}\right]_0^{2\pi}=\frac{4\pi}{3}R^3$$

方法 2 利用对称性,则有

$$\oint_L x^2\,\mathrm{d}s=\oint_L y^2\,\mathrm{d}s=\oint_L z^2\,\mathrm{d}s=\frac{1}{3}\oint_L(x^2+y^2+z^2)\,\mathrm{d}s=\frac{R^2}{3}\oint_L\mathrm{d}s=\frac{2\pi}{3}R^3$$

同理

$$\oint_L x\,\mathrm{d}s=\oint_L y\,\mathrm{d}s=\oint_L z\,\mathrm{d}s=\frac{1}{3}\oint_L(x+y+z)\,\mathrm{d}s=0$$

所以

$$\oint_L(x^2+y^2+2z)\,\mathrm{d}s=\frac{2}{3}\oint_L(x^2+y^2+z^2)\,\mathrm{d}s+\frac{2}{3}\oint_L(x+y+z)\,\mathrm{d}s=\frac{4}{3}\pi R^3$$

例 12.7 计算下列第二型曲线积分.

(1) $\int_L xy\,\mathrm{d}x$,其中 L 为抛物线 $y^2=x$ 上从点 $A(1,-1)$ 到点 $B(1,1)$ 的一段弧.

(2) $\int_L(x^2+y^2)\,\mathrm{d}x+(x^2-y^2)\,\mathrm{d}y$,其中 L 是曲线 $y=1-|1-x|$ 从对应于 $x=0$ 时的点到 $x=2$ 时的点的一段弧.

(3) $\int_L xy^2\,\mathrm{d}y-x^2y\,\mathrm{d}x$,其中 L 是沿右半圆 $x^2+y^2=a^2$ 以点 $A(0,a)$ 为起点,经过点 $C(a,0)$ 到终点 $B(0,-a)$ 的路径.

(4) $\oint_L(y-x)\,\mathrm{d}x+(3x+y)\,\mathrm{d}y$,其中 L 是圆 $(x-1)^2+(y-4)^2=9$,方向是逆时针方向.

(5) 计算 $\int_L(\mathrm{e}^x\sin y-my)\,\mathrm{d}x+(\mathrm{e}^x\cos y-m)\,\mathrm{d}y$,其中 L 为上半圆周 $(x-a)^2+y^2=a^2$,$y\geqslant 0$ 沿顺时针方向,如图 12.5 所示.

解 (1) 将曲线 L 的方程 $y^2=x$ 视为以 y 为参数的参数方程 $x=y^2$,其中参数 y 从 -1 变到 1. 故

$$\int_L xy\,\mathrm{d}x=\int_{-1}^1 y^2 y(y^2)'\,\mathrm{d}y=2\int_{-1}^1 y^4\,\mathrm{d}y=\frac{4}{5}$$

(2) 如图 12.6 所示,L_1 的方程为 $y=x(0\leqslant x\leqslant 1)$,则有

$$\int_{L_1}(x^2+y^2)\,\mathrm{d}x+(x^2-y^2)\,\mathrm{d}y=\int_0^1 2x^2\,\mathrm{d}x=\frac{2}{3}$$

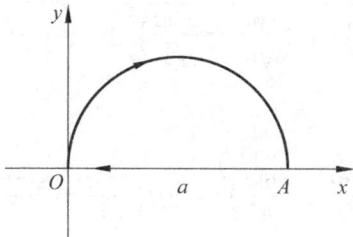

图 12.5

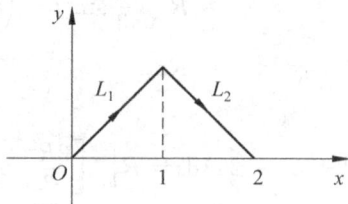

图 12.6

L_2 的方程为 $y=2-x(1\leqslant x\leqslant 2)$，则

$$\int_{L_2}(x^2+y^2)\mathrm{d}x+(x^2-y^2)\mathrm{d}y=\int_1^2[x^2+(2-x)^2]\mathrm{d}x+\int_1^2[x^2-(2-x)^2]\cdot(-1)\mathrm{d}x$$

$$=\int_1^2 2(2-x)^2\mathrm{d}x=\frac{2}{3}$$

所以

$$\int_L(x^2+y^2)\mathrm{d}x+(x^2-y^2)\mathrm{d}y=\frac{4}{3}$$

（3）利用曲线的参数方程计算. L 的参数方程为：$x=a\cos\theta,y=a\sin\theta$，在起点 $A(0,a)$ 处参数值取 $\frac{\pi}{2}$，在终点 $B(0,-a)$ 处参数值相应取 $-\frac{\pi}{2}$，则

$$\int_L xy^2\mathrm{d}y-x^2y\mathrm{d}x=\int_{\frac{\pi}{2}}^{-\frac{\pi}{2}}a\cos\theta\cdot(a\sin\theta)^2\mathrm{d}(a\sin\theta)-(a\cos\theta)^2 a\sin\theta\mathrm{d}(a\cos\theta)$$

$$=2a^4\int_{\frac{\pi}{2}}^{-\frac{\pi}{2}}\sin^2\theta\cos^2\theta\mathrm{d}\theta=-\frac{\pi}{4}a^4$$

（4）设闭曲线 L 所围成闭区域为 D，这里 $P=y-x,Q=3x+y,\frac{\partial Q}{\partial x}=3,\frac{\partial P}{\partial y}=1$，由格林公式，得

$$\oint_L(y-x)\mathrm{d}x+(3x+y)\mathrm{d}y=\iint_D(3-1)\mathrm{d}x\mathrm{d}y=2\iint_D\mathrm{d}x\mathrm{d}y=18\pi$$

（5）由格林公式

$$\oint_{L+\overline{AO}}(\mathrm{e}^x\sin y-my)\mathrm{d}x+(\mathrm{e}^x\cos y-m)\mathrm{d}y$$

$$=-\iint_D\left(\frac{\partial Q}{\partial x}-\frac{\partial P}{\partial y}\right)\mathrm{d}x\mathrm{d}y=-\iint_D m\mathrm{d}x\mathrm{d}y=-\frac{m}{2}\pi a^2$$

又

$$\int_{\overline{OA}}(\mathrm{e}^x\sin y-my)\mathrm{d}x+(\mathrm{e}^x\cos y-m)\mathrm{d}y=0$$

所以

$$\int_L(\mathrm{e}^x\sin y-my)\mathrm{d}x+(\mathrm{e}^x\cos y-m)\mathrm{d}y=-\frac{m}{2}\pi a^2$$

注意：

（1）利用格林公式计算沿非封闭曲线的积分时，常用坐标轴上或平行于坐标轴的直线段作为辅助线，构成闭曲线.

（2）辅助线方向的选取应满足它与原积分曲线组成的闭曲线的正向或负向一致.

例 12.8　计算 $\oint_L\frac{y\mathrm{d}x-x\mathrm{d}y}{2(x^2+y^2)}$，其中 $L:(x-1)^2+y^2=2$，沿逆时针方向.

解　如图 12.7 所示，适当选取 $r>0$，作圆周

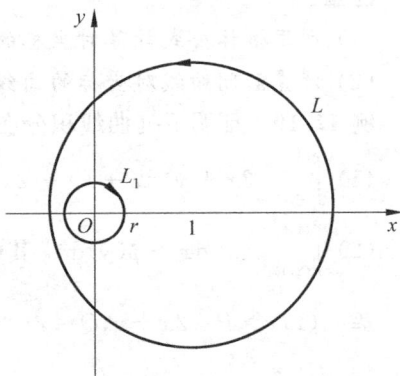

图 12.7

$L_1:x=r\cos t,y=r\sin t$,使 L_1 包含在 L 的内部,并取 L_1 的方向为顺时针. L、L_1 包围区域 D,由格林公式得

$$\oint_{L+L_1}\frac{y\mathrm{d}x-x\mathrm{d}y}{2(x^2+y^2)}=\iint_D\left(\frac{\partial Q}{\partial x}-\frac{\partial P}{\partial y}\right)\mathrm{d}x\mathrm{d}y=\iint_D\left[\frac{x^2-y^2}{2(x^2+y^2)^2}-\frac{x^2-y^2}{2(x^2+y^2)^2}\right]\mathrm{d}x\mathrm{d}y$$
$$=0$$

所以

$$\oint_L\frac{y\mathrm{d}x-x\mathrm{d}y}{2(x^2+y^2)}=\iint_D\left(\frac{\partial Q}{\partial x}-\frac{\partial P}{\partial y}\right)\mathrm{d}x\mathrm{d}y-\oint_{L_1}\frac{y\mathrm{d}x-x\mathrm{d}y}{2(x^2+y^2)}=-\frac{1}{2}\oint_{L_1}\frac{y\mathrm{d}x-x\mathrm{d}y}{(x^2+y^2)}$$
$$=-\frac{1}{2}\int_{2\pi}^0(-\sin^2 t-\cos^2 t)\mathrm{d}t=-\pi$$

常见错解　$\oint_L\dfrac{y\mathrm{d}x-x\mathrm{d}y}{2(x^2+y^2)}=\iint_D\left(\dfrac{\partial Q}{\partial x}-\dfrac{\partial P}{\partial y}\right)\mathrm{d}x\mathrm{d}y=0$

错误原因　P、Q 及一阶偏导数在 $(0,0)$ 点没有定义,故不能直接使用格林公式.

注意:在本例中,若把 L 换为任意分段光滑的闭曲线,应该分为原点在 L 所包围的区域内和原点不在这个区域内两种情况进行讨论.对前一种情况,曲线积分利用此例的方法就可以求出.

例 12.9　利用格林公式计算 $\oint_L xy^2\mathrm{d}y-x^2y\mathrm{d}x$,其中 L 为圆周 $x^2+y^2=a^2$,沿逆时针方向.

解　由格林公式

$$\oint_L xy^2\mathrm{d}y-x^2y\mathrm{d}x=\iint_D\left(\frac{\partial Q}{\partial x}-\frac{\partial P}{\partial y}\right)\mathrm{d}x\mathrm{d}y=\iint_D(x^2+y^2)\mathrm{d}x\mathrm{d}y$$
$$=\int_0^{2\pi}\mathrm{d}\theta\int_0^a r^2\cdot r\mathrm{d}r=\int_0^{2\pi}\mathrm{d}\theta\int_0^a r^3\mathrm{d}r=\frac{1}{2}\pi a^4$$

常见错解　$\oint_L xy^2\mathrm{d}y-x^2y\mathrm{d}x=\iint_D(x^2+y^2)\mathrm{d}x\mathrm{d}y=\iint_D a^2\mathrm{d}x\mathrm{d}y=\pi a^4$

错误原因　在曲线积分中 $(x,y)\in L$,L 的方程可以直接代入曲线积分中,但在二重积分中 $(x,y)\in D$,所以把 L 的方程代入二重积分的被积函数中是错误的.

注意:

(1)利用格林公式计算对坐标的曲线积分时,P、Q 不要颠倒.

(2)计算沿闭曲线对坐标的曲线积分时,常利用格林公式简化计算.

例 12.10　证明下列曲线积分在整个 xOy 面内与路径无关,并计算积分值.

(1) $\displaystyle\int_{(0,0)}^{(2,1)}(2x+y)\mathrm{d}x+(x-2y)\mathrm{d}y$.

(2) $\displaystyle\int_{(2,1)}^{(1,2)}\varphi(x)\mathrm{d}x+\psi(y)\mathrm{d}y$,其中 $\varphi(x)$ 和 $\psi(y)$ 为连续函数.

解　(1)令 $P=2x+y$,$Q=x-2y$,则 $\dfrac{\partial P}{\partial y}=1=\dfrac{\partial Q}{\partial x}$ 在整个 xOy 面内恒成立,因此,曲线积分 $\displaystyle\int_{(0,0)}^{(2,1)}(2x+y)\mathrm{d}x+(x-2y)\mathrm{d}y$ 在整个 xOy 面内与路径无关.为了计算该曲线积

分,取如图 12.8 所示的积分路径,则有

$$\int_{(0,0)}^{(2,1)}(2x+y)\mathrm{d}x+(x-2y)\mathrm{d}y$$

$$=\int_{OA}(2x+y)\mathrm{d}x+(x-2y)\mathrm{d}y+\int_{AB}(2x+y)\mathrm{d}x+(x-2y)\mathrm{d}y$$

$$=\int_0^2\big[(2x+0)+(x-2\cdot 0)\cdot 0\big]\mathrm{d}x+\int_0^1\big[(2\times 2+y)\cdot 0+(2-2y)\big]\mathrm{d}y$$

$$=4+1=5$$

(2) 令 $P=\varphi(x),Q=\psi(y)$,则 $\dfrac{\partial P}{\partial y}=0=\dfrac{\partial Q}{\partial x}$ 在整个 xOy 面内恒成立,因此,曲线积分 $\int_{(2,1)}^{(1,2)}\varphi(x)\mathrm{d}x+\psi(y)\mathrm{d}y$ 在整个 xOy 面内与路径无关. 为了计算该曲线积分,取如图 12.9 所示的积分路径,则有

$$\int_{(2,1)}^{(1,2)}\varphi(x)\mathrm{d}x+\psi(y)\mathrm{d}y=\int_{AB}\varphi(x)\mathrm{d}x+\psi(y)\mathrm{d}y+\int_{BC}\varphi(x)\mathrm{d}x+\psi(y)\mathrm{d}y$$

$$=\int_2^1\varphi(x)\mathrm{d}x+\int_1^2\psi(y)\mathrm{d}y$$

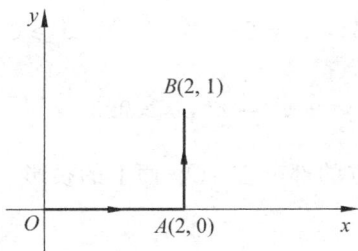

图　12.8

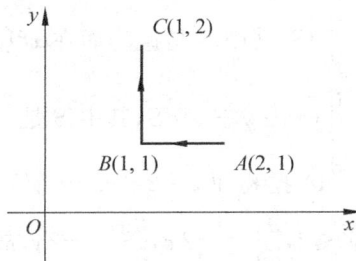

图　12.9

例 12.11　计算曲面积分 $\iint_S(x^2+y^2)\mathrm{d}S$,其中 S 是 yOz 面上的直线段 $\begin{cases}z=y\\x=0\end{cases}(0\leqslant z\leqslant 1)$ 绕 z 轴旋转一周所得到的旋转曲面.

解　旋转曲面为 $z=\sqrt{x^2+y^2}\,(0\leqslant z\leqslant 1)$,故

$$\mathrm{d}S=\sqrt{1+\left(\frac{\partial z}{\partial x}\right)^2+\left(\frac{\partial z}{\partial y}\right)^2}\,\mathrm{d}x\mathrm{d}y=\sqrt{1+\left(\frac{x}{\sqrt{x^2+y^2}}\right)^2+\left(\frac{y}{\sqrt{x^2+y^2}}\right)^2}\,\mathrm{d}x\mathrm{d}y$$

$$=\sqrt{2}\,\mathrm{d}x\mathrm{d}y$$

所以

$$\iint_S(x^2+y^2)\mathrm{d}S=\iint_{D_{xy}}\sqrt{2}(x^2+y^2)\mathrm{d}x\mathrm{d}y$$

其中,$D_{xy}=\{(x,y)\mid x^2+y^2\leqslant 1\}$ 是 S 在 xOy 坐标面上的投影区域,利用极坐标计算此二重积分,于是

$$\iint_S(x^2+y^2)\mathrm{d}S=\sqrt{2}\int_0^{2\pi}\mathrm{d}\theta\int_0^1 r^2\cdot r\mathrm{d}r=\frac{\sqrt{2}}{2}\pi$$

例 12.12　计算 $\oiint\limits_S xyz\,\mathrm{d}S$，其中 S 是由平面 $x=0,y=0,z=0$ 及 $x+y+z=1$ 所围成的四面体的整个边界曲面.

解　整个边界曲面 S 在平面 $x=0,y=0,z=0$ 及 $x+y+z=1$ 上的部分依次记为 S_1、S_2、S_3 及 S_4，于是

$$\oiint\limits_S xyz\,\mathrm{d}S = \iint\limits_{S_1} xyz\,\mathrm{d}S + \iint\limits_{S_2} xyz\,\mathrm{d}S + \iint\limits_{S_3} xyz\,\mathrm{d}S + \iint\limits_{S_4} xyz\,\mathrm{d}S$$

$$= 0+0+0+\iint\limits_{S_4} xyz\,\mathrm{d}S = \iint\limits_{D_{xy}} \sqrt{3}\,xy(1-x-y)\,\mathrm{d}x\mathrm{d}y$$

$$= \sqrt{3}\int_0^1 x\,\mathrm{d}x\int_0^{1-x} y(1-x-y)\,\mathrm{d}y = \sqrt{3}\int_0^1 x\cdot\frac{(1-x)^3}{6}\,\mathrm{d}x$$

$$= \frac{\sqrt{3}}{120}$$

提示：S_4：$z=1-x-y$，$\mathrm{d}S=\sqrt{1+z_x'^2+y_x'^2}\,\mathrm{d}x\mathrm{d}y=\sqrt{3}\,\mathrm{d}x\mathrm{d}y$.

例 12.13　计算下列第一型曲面积分.

(1) $\iint\limits_S \mathrm{d}S$，其中 S 是抛物面在 xOy 面上方的部分：$z=2-(x^2+y^2)$，$z\geqslant 0$.

(2) $\iint\limits_S (x+y+z)\,\mathrm{d}S$，其中 S 是上半球面 $x^2+y^2+z^2=a^2$，$z\geqslant 0$.

解　(1) 抛物面 $z=2-(x^2+y^2)$ 在 xOy 面上方的部分在 xOy 面上的投影 D_{xy} 为圆域 $x^2+y^2\leqslant 2$，$\dfrac{\partial z}{\partial x}=-2x$，$\dfrac{\partial z}{\partial y}=-2y$，故

$$\iint\limits_S \mathrm{d}S = \iint\limits_{D_{xy}} \sqrt{1+(-2x)^2+(-2y)^2}\,\mathrm{d}x\mathrm{d}y = \iint\limits_{D_{xy}} \sqrt{1+4(x^2+y^2)}\,\mathrm{d}x\mathrm{d}y$$

$$= \int_0^{2\pi}\mathrm{d}\theta\int_0^{\sqrt{2}} \sqrt{1+4r^2}\,r\,\mathrm{d}r = \frac{13\pi}{3}$$

(2) 上半球面 $z=\sqrt{a^2-x^2-y^2}$ 在 xOy 面上的投影 D_{xy} 为圆域 $x^2+y^2\leqslant a^2$，且

$$\frac{\partial z}{\partial x}=\frac{-x}{\sqrt{a^2-x^2-y^2}}, \qquad \frac{\partial z}{\partial y}=\frac{-y}{\sqrt{a^2-x^2-y^2}},$$

$$\mathrm{d}S = \sqrt{1+\left(\frac{\partial z}{\partial x}\right)^2+\left(\frac{\partial z}{\partial y}\right)^2}\,\mathrm{d}x\mathrm{d}y$$

$$= \sqrt{1+\left(\frac{-x}{\sqrt{a^2-x^2-y^2}}\right)^2+\left(\frac{-y}{\sqrt{a^2-x^2-y^2}}\right)^2}\,\mathrm{d}x\mathrm{d}y$$

$$= \frac{a}{\sqrt{a^2-x^2-y^2}}\,\mathrm{d}x\mathrm{d}y$$

故

$$\iint\limits_S (x+y+z)\,\mathrm{d}S = \iint\limits_{D_{xy}} (x+y+\sqrt{a^2-x^2-y^2})\,\frac{a}{\sqrt{a^2-x^2-y^2}}\,\mathrm{d}x\mathrm{d}y$$

$$= \int_0^{2\pi} d\theta \int_0^a (r\cos\theta + r\sin\theta + \sqrt{a^2-r^2}) \frac{a}{\sqrt{a^2-r^2}} r dr$$

$$= a \int_0^{2\pi} d\theta \int_0^a \left[\frac{r^2(\cos\theta + \sin\theta)}{\sqrt{a^2-r^2}} + r \right] dr$$

$$= a \int_0^{2\pi} (\cos\theta + \sin\theta) d\theta \int_0^a \frac{r^2}{\sqrt{a^2-r^2}} dr + a \int_0^{2\pi} d\theta \int_0^a r dr$$

$$= 0 + \pi a^3 = \pi a^3$$

例 12.14 计算 $\iint\limits_S \frac{1}{x^2+y^2+z^2} dS$，其中 S 是介于平面 $z=0$ 及 $z=H(H>0)$ 之间的圆柱面 $x^2+y^2=R^2$．

解 将 S 投影到坐标面 yOz 上，其投影区域为 $D_{yz}: -R \leqslant y \leqslant R, 0 \leqslant z \leqslant H$，$S$ 的方程为 $x = \pm\sqrt{R^2-y^2}(0 \leqslant z \leqslant H)$，而

$$\sqrt{1+x_y^2+x_z^2} = \frac{R}{\sqrt{R^2-y^2}}$$

记 $S_1: x=\sqrt{R^2-y^2}, S_2: x=-\sqrt{R^2-y^2}$，则

$$\iint\limits_S \frac{1}{x^2+y^2+z^2} dS = 2\iint\limits_{S_1} \frac{1}{R^2+z^2} dS = 2\iint\limits_{D_{yz}} \frac{1}{R^2+z^2} \cdot \frac{R}{\sqrt{R^2-y^2}} dydz$$

$$= 2\pi \arctan \frac{H}{R}$$

常见错解 因为 S 在坐标面 xOy 上的投影为圆周，其面积为 0，于是

$$\iint\limits_S \frac{1}{x^2+y^2+z^2} dS = 0$$

错误原因 在此例中，"圆柱面 $x^2+y^2=R^2$ 在坐标面 xOy 上的投影为圆周，其面积为 0"是正确的，但据此确定曲面积分为 0 是错误的．由于 S 的方程不能写成 $z=f(x,y)$ 的形式，所以应将曲面投影到其他两个坐标面上．

注意：计算第一型曲面积分时，把积分曲面投影到哪个坐标面上，要根据第一型曲面积分方程的表达式来确定．一般的，把 S 投影到坐标面 xOy 上，则 S 的方程应写为 $z=f(x,y)$ 的形式，把 S 投影到 yOz 或 zOx 坐标面上，S 的方程应写为 $x=g(y,z)$ 或 $y=h(x,z)$ 的形式．

例 12.15 计算第二型曲面积分 $\iint\limits_S x^2 dydz + y^2 dzdx + z^2 dxdy$，其中 S 是长方体 Ω 的整个表面的外侧，$\Omega = \{(x,y,z) \mid 0 \leqslant x \leqslant a, 0 \leqslant y \leqslant b, 0 \leqslant z \leqslant c\}$．

解 把 Ω 的上、下面分别记为 S_1 和 S_2，前、后面分别记为 S_3 和 S_4，左、右面分别记为 S_5 和 S_6．

$S_1: z=c(0 \leqslant x \leqslant a, 0 \leqslant y \leqslant b)$ 的上侧；

$S_2: z=0(0 \leqslant x \leqslant a, 0 \leqslant y \leqslant b)$ 的下侧；

$S_3: x=a(0 \leqslant y \leqslant b, 0 \leqslant z \leqslant c)$ 的前侧；

$S_4: x=0(0 \leqslant y \leqslant b, 0 \leqslant z \leqslant c)$ 的后侧；

$S_5: y=0(0 \leqslant x \leqslant a, 0 \leqslant z \leqslant c)$ 的左侧；

S_6：$y=b(0\leqslant x\leqslant a,0\leqslant z\leqslant c)$ 的右侧.

除 S_3、S_4 外，其余四片曲面在 yOz 面上的投影为零，因此

$$\iint\limits_S x^2\mathrm{d}y\mathrm{d}z=\iint\limits_{S_3}x^2\mathrm{d}y\mathrm{d}z+\iint\limits_{S_4}x^2\mathrm{d}y\mathrm{d}z=\iint\limits_{D_{yz}}a^2\mathrm{d}y\mathrm{d}z-\iint\limits_{D_{yz}}0\mathrm{d}y\mathrm{d}z=a^2bc$$

类似地可得

$$\iint\limits_S y^2\mathrm{d}z\mathrm{d}x=b^2ac,\qquad\iint\limits_S z^2\mathrm{d}x\mathrm{d}y=c^2ab$$

于是所求第二型曲面积分为 $(a+b+c)abc$.

例 12.16　$\displaystyle\iint\limits_S x\mathrm{d}y\mathrm{d}z+y\mathrm{d}z\mathrm{d}x+z\mathrm{d}x\mathrm{d}y$，其中 S 为 $x^2+y^2+z^2=a^2,z\geqslant0$ 的上侧.

解　S 在 yOz 面上的投影为半圆域 $y^2+z^2\leqslant a^2,z\geqslant0,x=\pm\sqrt{a^2-y^2-z^2}$，因此

$$\iint\limits_S x\mathrm{d}y\mathrm{d}z=\iint\limits_{D_{yz}}\sqrt{a^2-y^2-z^2}\mathrm{d}y\mathrm{d}z+\left(-\iint\limits_{D_{yz}}-\sqrt{a^2-y^2-z^2}\mathrm{d}y\mathrm{d}z\right)$$

$$=2\iint\limits_{D_{yz}}\sqrt{a^2-y^2-z^2}\mathrm{d}y\mathrm{d}z=2\int_0^\pi\mathrm{d}\theta\int_0^a\sqrt{a^2-r^2}r\mathrm{d}r=\frac{2}{3}\pi a^3$$

由对称性可得

$$\iint\limits_S y\mathrm{d}x\mathrm{d}z=\frac{2}{3}\pi a^3,\qquad\iint\limits_S z\mathrm{d}x\mathrm{d}y=\frac{2}{3}\pi a^3$$

于是原式 $=\dfrac{2}{3}\pi a^3\times3=2\pi a^3$.

例 12.17　计算积分 $\displaystyle\iint\limits_S(x+z)\mathrm{d}x\mathrm{d}y$，其中 S 为平面 $x+z=a$ 含在柱面 $x^2+y^2=a^2$ 内部分的上侧.

解　如图 12.10 所示，S 在坐标面 xOy 上的投影区域为 $D_{xy}:x^2+y^2\leqslant a^2$，因此

$$\iint\limits_S(x+z)\mathrm{d}x\mathrm{d}y=\iint\limits_S a\mathrm{d}x\mathrm{d}y=a\iint\limits_{D_{xy}}\mathrm{d}x\mathrm{d}y$$

$$=\pi a^3$$

常见错解　$\displaystyle\iint\limits_S(x+z)\mathrm{d}x\mathrm{d}y=a\iint\limits_S\mathrm{d}x\mathrm{d}y=$

$a\cdot A=\sqrt{2}\pi a^3$，其中 A 为 S 的面积.

错误原因　这里把第二型曲面积分与第

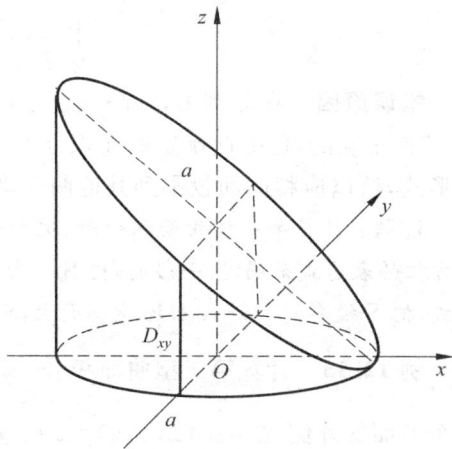
图 12.10

一型曲面积分混淆了，$\displaystyle\iint\limits_S(x+z)\mathrm{d}S=a\iint\limits_S\mathrm{d}S=a\cdot A=\sqrt{2}\pi a^3$ 是正确的，而在对坐标的曲面积分中，微元 $\mathrm{d}x\mathrm{d}y$ 是 $\mathrm{d}S$ 在坐标面 xOy 上的投影，与 $\mathrm{d}S$ 不同，其正负由 S 的侧来确定.

例 12.18　利用高斯公式计算曲面积分 $\displaystyle\oiint\limits_S(x-y)\mathrm{d}x\mathrm{d}y+(y-z)x\mathrm{d}y\mathrm{d}z$，其中 S 为

柱面 $x^2+y^2=1$ 及平面 $z=0,z=3$ 所围成的空间闭区域 V 的整个边界曲面的外侧.

解 这里 $P=(y-z)x,Q=0,R=x-y,\dfrac{\partial P}{\partial x}=y-z,\dfrac{\partial Q}{\partial y}=0,\dfrac{\partial R}{\partial z}=0$,由高斯公式,有

$$\oiint\limits_{S}(x-y)\mathrm{d}x\mathrm{d}y+(y-z)\mathrm{d}y\mathrm{d}z=\iiint\limits_{V}(y-z)\mathrm{d}x\mathrm{d}y\mathrm{d}z$$

$$=\iiint\limits_{V}(\rho\sin\theta-z)\rho\mathrm{d}\rho\mathrm{d}\theta\mathrm{d}z$$

$$=\int_0^{2\pi}\mathrm{d}\theta\int_0^1\rho\mathrm{d}\rho\int_0^3(\rho\sin\theta-z)\mathrm{d}z=-\frac{9\pi}{2}$$

例 12.19 计算曲面积分 $I=\oiint\limits_{S}xz\mathrm{d}x\mathrm{d}y+xy\mathrm{d}y\mathrm{d}z+yz\mathrm{d}z\mathrm{d}x$,其中 S 是平面 $x=0$,$y=0,z=0,x+y+z=1$ 所围成的空间区域 V 的整个边界曲面的外侧.

解 如图 12.11 所示,利用高斯公式,有

$$I=\iiint\limits_{V}(x+y+z)\mathrm{d}x\mathrm{d}y\mathrm{d}z=3\iiint\limits_{V}z\mathrm{d}x\mathrm{d}y\mathrm{d}z=\frac{1}{8}$$

常见错误 $\iiint\limits_{V}(x+y+z)\mathrm{d}x\mathrm{d}y\mathrm{d}z=\iiint\limits_{V}\mathrm{d}x\mathrm{d}y\mathrm{d}z$

例 12.20 计算曲面积分 $\iint\limits_{S}(2x+z)\mathrm{d}y\mathrm{d}z+z\mathrm{d}x\mathrm{d}y$,其中 S 为有向曲面 $z=x^2+y^2$ $(0\leqslant z\leqslant 1)$,其法向量与 z 轴正向的夹角为锐角.

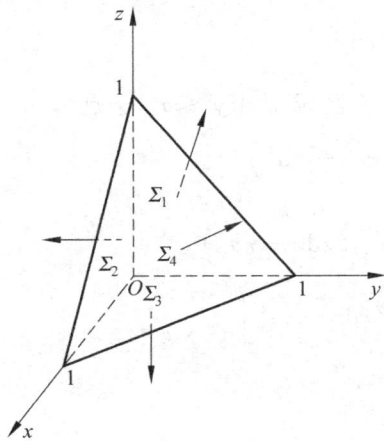

图 12.11

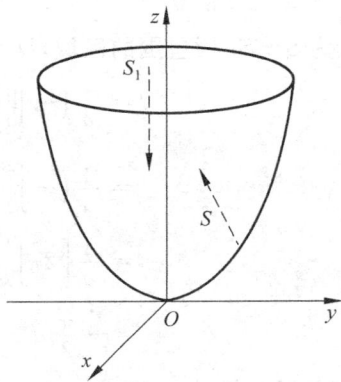

图 12.12

解 如图 12.12 所示,添加辅助面 $S_1:z=1(x^2+y^2\leqslant 1)$ 取下侧,S 与 S_1 所包围的空间区域 $V:x^2+y^2\leqslant z\leqslant 1$,$S_1$ 在 xOy 面上的投影为 $D_{xy}:x^2+y^2\leqslant 1$.

$$\oiint\limits_{S+S_1}(2x+z)\mathrm{d}y\mathrm{d}z+z\mathrm{d}x\mathrm{d}y=-\iiint\limits_{V}3\mathrm{d}V=-3\int_0^{2\pi}\mathrm{d}\theta\int_0^1r\mathrm{d}r\Big|_{r^2}^1\mathrm{d}z=-\frac{3}{2}\pi$$

$$\iint\limits_{S_1}(2x+z)\mathrm{d}y\mathrm{d}z+z\mathrm{d}x\mathrm{d}y=\iint\limits_{S_1}z\mathrm{d}x\mathrm{d}y=-\iint\limits_{D_{xy}}\mathrm{d}x\mathrm{d}y=-\pi$$

所以

$$\iint\limits_{S}(2x+z)\mathrm{d}y\mathrm{d}z+z\mathrm{d}x\mathrm{d}y=\oiint\limits_{S+S_1}(2x+z)\mathrm{d}y\mathrm{d}z+z\mathrm{d}x\mathrm{d}y$$

$$-\iint\limits_{S_1}(2x+z)\mathrm{d}y\mathrm{d}z+z\mathrm{d}x\mathrm{d}y$$

$$=-\frac{3}{2}\pi-(-\pi)=-\frac{\pi}{2}$$

例 12.21　计算 $\displaystyle\iint\limits_{S}\frac{ax\mathrm{d}y\mathrm{d}z+(z+a)^2\mathrm{d}x\mathrm{d}y}{\sqrt{x^2+y^2+z^2}}$，其中 S 为下半球面 $z=-\sqrt{a^2-x^2-y^2}$ 的上侧，a 为大于零的常数.

分析：本题可以根据公式分块计算，也可以添加辅助平面 $z=0$ 与 S 构成封闭曲面，然后利用高斯公式计算.但应注意，被积函数在$(0,0)$点没有定义，所以应先根据曲面积分的性质处理，再添加辅助平面 $z=0$.

解　将 $\sqrt{x^2+y^2+z^2}=a$ 代入被积函数

$$I=\iint\limits_{S}\frac{ax\mathrm{d}y\mathrm{d}z+(z+a)^2\mathrm{d}x\mathrm{d}y}{\sqrt{x^2+y^2+z^2}}=\frac{1}{a}\iint\limits_{S}ax\mathrm{d}y\mathrm{d}z+(z+a)^2\mathrm{d}x\mathrm{d}y$$

设 $S_1:z=0(x^2+y^2\leqslant a^2)$，取其上侧，由高斯公式，得

$$I=\frac{1}{a}\iint\limits_{S-S_1}ax\mathrm{d}y\mathrm{d}z+(z+a)^2\mathrm{d}x\mathrm{d}y-\frac{1}{a}\iint\limits_{-S_1}ax\mathrm{d}y\mathrm{d}z+(z+a)^2\mathrm{d}x\mathrm{d}y$$

$$=-\frac{1}{a}\iiint\limits_{V}(3a+2z)\mathrm{d}x\mathrm{d}y\mathrm{d}z+\frac{1}{a}\iint\limits_{D}a^2\mathrm{d}x\mathrm{d}y$$

其中，V 为 $S-S_1$ 所包围的区域，D 为 $z=0$ 上的平面区域 $x^2+y^2\leqslant a^2$，于是

$$I=\frac{1}{a}\left(-\iiint\limits_{V}2z\mathrm{d}x\mathrm{d}y\mathrm{d}z-2\pi a^4+\pi a^4\right)$$

$$=\frac{1}{a}\left(-\int_0^{2\pi}\mathrm{d}\theta\int_0^a r\mathrm{d}r\int_{-\sqrt{a^2-r^2}}^0 2z\mathrm{d}z-\pi a^4\right)$$

$$=\frac{1}{a}\left[2\pi\int_0^a(-\sqrt{a^2-r^2})^2 r\mathrm{d}r-\pi a^4\right]$$

$$=-\frac{\pi}{2}a^3$$

例 12.22　设 $\mathrm{d}u=(3x^2y+8xy^2)\mathrm{d}x+(x^3+8x^2y+12ye^y)\mathrm{d}y$，求 $u(x,y)$.

解　方法 1　设 $P=3x^2y+8xy^2$，$Q=x^3+8x^2y+12ye^y$，由 $\dfrac{\partial P}{\partial y}=3x^2+16xy=\dfrac{\partial Q}{\partial x}$，所以

$$u(x,y)=\int_{(0,0)}^{(x,y)}(3x^2y+8xy^2)\mathrm{d}x+(x^3+8x^2y+12ye^y)\mathrm{d}y+C_1$$

$$=\int_0^x 0\cdot\mathrm{d}x+\int_0^y(x^3+8x^2y+12ye^y)\mathrm{d}y+C_1$$

$$= x^3 y + 4x^2 y^2 + 12e^y(y-1) + C, \quad C = 12 + C_1$$

方法 2　由 $\dfrac{\partial u}{\partial x} = P = 3x^2 y + 8xy^2$，把 y 看作不变的，对 x 积分得

$$u(x,y) = x^3 y + 4x^2 y^2 + \varphi(y)$$

而

$$\frac{\partial u}{\partial y} = Q = x^3 + 8x^2 y + 12ye^y = x^3 + 8x^2 y + \varphi'(y)$$

故有

$$\varphi'(y) = 12ye^y, \varphi(y) = \int 12ye^y dy = 12e^y(y-1) + C$$

所以

$$u(x,y) = x^3 y + 4x^2 y^2 + 12e^y(y-1) + C$$

例 12.23　验证：$\dfrac{x\mathrm{d}y - y\mathrm{d}x}{x^2 + y^2}$ 在右半平面 $(x>0)$ 内是某个函数的全微分，并求出一个这样的函数.

解　这里 $P = \dfrac{-y}{x^2+y^2}, Q = \dfrac{x}{x^2+y^2}$. 因为 P、Q 在右半平面内具有一阶连续偏导数，且有 $\dfrac{\partial Q}{\partial x} = \dfrac{y^2-x^2}{(x^2+y^2)^2} = \dfrac{\partial P}{\partial y}$，所以在右半平面内，$\dfrac{x\mathrm{d}y - y\mathrm{d}x}{x^2+y^2}$ 是某个函数的全微分. 取积分路线为从 $A(1,0)$ 到 $B(x,0)$ 再到 $C(x,y)$ 的折线，则所求函数为

$$u(x,y) = \int_{(1,0)}^{(x,y)} \frac{x\mathrm{d}y - y\mathrm{d}x}{x^2+y^2} = 0 + \int_0^y \frac{x\mathrm{d}y}{x^2+y^2} = \arctan \frac{y}{x}$$

思考：为什么 (x_0, y_0) 不取 $(0,0)$？

例 12.24　验证：在整个 xOy 面内，$xy^2\mathrm{d}x + x^2 y\mathrm{d}y$ 是某个函数的全微分，并求出一个这样的函数.

解　这里 $P = xy^2, Q = x^2 y$，因为 P、Q 在整个 xOy 面内具有一阶连续偏导数，且有 $\dfrac{\partial Q}{\partial x} = 2xy = \dfrac{\partial P}{\partial y}$，所以在整个 xOy 面内，$xy^2\mathrm{d}x + x^2 y\mathrm{d}y$ 是某个函数的全微分. 取积分路线为从 $O(0,0)$ 到 $A(x,0)$ 再到 $B(x,y)$ 的折线，则所求函数为

$$u(x,y) = \int_{(0,0)}^{(x,y)} xy^2\mathrm{d}x + x^2 y\mathrm{d}y = 0 + \int_0^y x^2 y\mathrm{d}y = x^2 \int_0^y y\mathrm{d}y = \frac{x^2 y^2}{2}$$

习　题　12

一、填空题

1. 设 L 为取正向的圆周 $x^2 + y^2 = 9$，则曲线积分 $\oint_L x\mathrm{d}y - y\mathrm{d}x = $ _____.

2. 设 L 是抛物线 $y^2 = x$ 上从点 $(1,1)$ 到点 $(4,2)$ 的一段弧，则 $\displaystyle\int_L (y-x)\mathrm{d}y +$

$(x+y)\mathrm{d}x = $ _____.

3. Γ 为从 $A(3,2,1)$ 到 $B(0,0,0)$ 的直线段,则 $\int_{\Gamma} x\mathrm{d}x + 3y\mathrm{d}y - z\mathrm{d}z = $ _____.

4. 曲面积分 $\oiint_{\Sigma} x\mathrm{d}y\mathrm{d}z + y\mathrm{d}z\mathrm{d}x + z\mathrm{d}x\mathrm{d}y = $ _____,其中 Σ 为球面 $x^2+y^2+z^2=a^2$ 的外侧.

5. 设 L 为三顶点分别为 $(0,0),(3,0),(3,2)$ 的三角形的边界正方向,则曲线积分 $\oint_{L}(2x-y+4)\mathrm{d}x+(5y+3x-6)\mathrm{d}y = $ _____.

6. 设曲线 L 为圆周 $x=a\cos t, y=a\sin t(0\leqslant t\leqslant 2\pi)$,则 $\int_{L}(x^2+y^2)^{2009}\mathrm{d}s = $ _____.

7. 设 L 为任意一条分段光滑的闭曲线,则曲线积分 $\oint_{L}(2xy-2x)\mathrm{d}x+(x^2-4y)\mathrm{d}y = $ _____.

8. 设 S 是以原点为球心,R 为半径的球面,则 $\oiint_{S}\dfrac{1}{x^2+y^2+z^2}\mathrm{d}S = $ _____.

9. 设 Σ 为球面 $x^2+y^2+z^2=a^2$ 的下半部分的下侧,则曲面积分 $\iint_{S} z\mathrm{d}x\mathrm{d}y = $ _____.

10. 设 L 为 $x^2+y^2=1$ 上点 $(1,0)$ 到点 $(-1,0)$ 的上半弧段,则 $\int_{L} 2\mathrm{d}s = $ _____.

11. $\int_{c}\dfrac{z}{x^2+y^2}\mathrm{d}s = $ _____,其中 C 是曲线 $\begin{cases} x=2\cos t \\ y=2\sin t \\ z=t \end{cases}$ 介于 $t=0$ 到 $t=\pi$ 一段.

12. L 为逆时针方向的圆周:$(x-2)^2+(y+3)^2=4$,则 $\int_{L} y\mathrm{d}x - x\mathrm{d}y = $ _____.

13. 设 C 是由 x 轴、y 轴与直线 $x+y=1$ 围成的区域的正向边界,则 $\oint_{C} y\mathrm{d}x - x\mathrm{d}y = $ _____.

14. 第一类曲面积分 $\iint_{S}\mathrm{d}S = $ _____.

15. 设曲面 S 为 $x^2+y^2+z^2=a^2$,则 $\iint_{S}(x^2+y^2+z^2)\mathrm{d}S = $ _____.

16. 设曲面 S 为 $x^2+y^2+z^2=a^2$,则 $\oiint_{S} z^2\mathrm{d}S = $ _____.

二、单项选择题

1. 设曲线积分 $\int_{L}[f(x)-\mathrm{e}^x]\sin y\mathrm{d}x - f(x)\cos y\mathrm{d}y$ 与路径无关,其中 $f(x)$ 具有一阶连续偏导数,且 $f(0)=0$,则 $f(x) = $ _____.

A. $\dfrac{\mathrm{e}^{-x}-\mathrm{e}^x}{2}$ B. $\dfrac{\mathrm{e}^x-\mathrm{e}^{-x}}{2}$ C. $\dfrac{\mathrm{e}^{-x}+\mathrm{e}^x}{2}-1$ D. $1-\dfrac{\mathrm{e}^{-x}+\mathrm{e}^x}{2}$

2. 设 L 为 $x^2 + y^2 = 1$，则曲线积分 $\oint_L (x^2 + y^2)\mathrm{d}s = (\qquad)$.

A. 0　　　　　　B. π　　　　　　C. 3π　　　　　　D. 2π

3. 设 S 是平面 $x + y + z = 4$ 被圆柱面 $x^2 + y^2 = 1$ 截出的有限部分，则曲面积分

$\iint\limits_S y\mathrm{d}S = (\qquad)$.

A. 0　　　　　　B. $\dfrac{4}{3}\sqrt{3}$　　　　　　C. $4\sqrt{3}$　　　　　　D. π

4. 设 L 为从 $A(0,0)$ 到 $B(4,3)$ 的直线，则曲线积分 $\int_L (x - y)\mathrm{d}s = (\qquad)$.

A. $\int_0^4 \left(x - \dfrac{3}{4}x\right)\mathrm{d}x$　　　　　　B. $\int_0^4 \left(x - \dfrac{3}{4}x\right)\sqrt{1 + \dfrac{9}{16}}\mathrm{d}x$

C. $\int_0^4 \left(\dfrac{4}{3}y - y\right)\mathrm{d}y$　　　　　　D. $\int_0^4 \left(\dfrac{4}{3}y - y\right)\sqrt{1 + \dfrac{9}{16}}\mathrm{d}y$

5. 设 L 为取正向的圆周 $x^2 + y^2 = 9$，则 $\oint_L (2xy - 2y)\mathrm{d}x + (x^2 - 4x)\mathrm{d}y = (\qquad)$.

A. 0　　　　　　B. 18π　　　　　　C. -18π　　　　　　D. 以上答案都不对

6. 设 S 为 $z = 0(x^2 + y^2 \leqslant R^2)$ 的上侧，则 $\iint\limits_S (x^2 + y^2)\mathrm{d}x\mathrm{d}y = (\qquad)$.

A. $\iint\limits_{x^2 + y^2 \leqslant R^2} R^2 \mathrm{d}x\mathrm{d}y = \pi R^4$　　　　　　B. $-\iint\limits_{x^2 + y^2 \leqslant R^2} R^2 \mathrm{d}x\mathrm{d}y = -\pi R^4$

C. $\int_0^{2\pi}\mathrm{d}\theta\int_0^R r^3\mathrm{d}r = \dfrac{\pi R^4}{2}$　　　　　　D. 0

7. 设曲线 $L: y = x^2$，$|x| \leqslant 1$，则在 $\int_L f(x,y)\mathrm{d}s$ 中，被积函数 $f(x,y)$ 取 $(\qquad)$ 时，该积分可以理解成 L 的质量.

A. $x + y$　　　　B. $x + y + 2$　　　　C. $x + y - 2$　　　　D. $x - 3$

8. 已知有向光滑曲线 $L: x = \varphi(t)$，$y = \psi(t)(\alpha \leqslant t \leqslant \beta)$ 的始点 B 对应的参数值为 α，终点 A 对应的参数值为 β，则 $\int_L f(x,y)\mathrm{d}x = (\qquad)$.

A. $\int_\alpha^\beta f[\varphi(t), \psi(t)]\mathrm{d}t$　　　　　　B. $\int_\beta^\alpha f[\varphi(t), \psi(t)]\mathrm{d}t$

C. $\int_\beta^\alpha f[\varphi(t), \psi(t)]\varphi'(t)\mathrm{d}t$　　　　　　D. $\int_\alpha^\beta f[\varphi(t), \psi(t)]\varphi'(t)\mathrm{d}t$

9. 当表达式 $P\mathrm{d}x + Q\mathrm{d}y$ 中函数 P、Q 取 $(\qquad)$ 时，此式在其定义域内必为某一函数的全微分.

A. $P = \dfrac{-y}{x^2 + y^2}$，$Q = \dfrac{x}{x^2 + y^2}$　　　　　　B. $P = \dfrac{y}{x^2 + y^2}$，$Q = \dfrac{x}{x^2 + y^2}$

C. $P = \dfrac{x}{x^2 + y^2}$，$Q = \dfrac{-y}{x^2 + y^2}$　　　　　　D. $P = \dfrac{-x}{x^2 + y^2}$，$Q = \dfrac{y}{x^2 + y^2}$

10. 设 $S: x^2 + y^2 + z^2 = a^2 (z \geqslant 0)$，$S_1$ 为 S 在第一卦限的部分，则有(　　).

  A. $\iint\limits_{S} x \mathrm{d}S = 4 \iint\limits_{S_1} x \mathrm{d}S$ B. $\iint\limits_{S} y \mathrm{d}S = 4 \iint\limits_{S_1} x \mathrm{d}S$

  C. $\iint\limits_{S} z \mathrm{d}S = 4 \iint\limits_{S_1} x \mathrm{d}S$ D. $\iint\limits_{S} xyz \mathrm{d}S = 4 \iint\limits_{S_1} xyz \mathrm{d}S$

11. 设 L 是从原点 $O(0,0)$ 沿折线 $y = |x-1| - 1$ 至点 $A(2,0)$ 的折线段，则曲线积分 $\int_{L} -y \mathrm{d}x + x \mathrm{d}y$ 等于(　　).

  A. 0   B. -1 C. 2   D. -2

12. 若 $(2008x^{2008} + 4xy^3)\mathrm{d}x + (cx^2y^2 - 2009y^{2009})\mathrm{d}y$ 为全微分，则 c 等于(　　).

  A. 0   B. 6   C. -6 D. -2

13. 空间曲线 $L: x = \mathrm{e}^t \cos t, y = \mathrm{e}^t \sin t, z = \mathrm{e}^t (0 \leqslant t \leqslant 1)$ 的弧长等于(　　).

  A. 1   B. $\sqrt{2}$ C. $\sqrt{3}$ D. $\sqrt{3}(\mathrm{e}-1)$

14. 设 S 为球面 $x^2 + y^2 + z^2 = a^2$ 的外侧，则积分 $\iint\limits_{S} z \mathrm{d}x\mathrm{d}y$ 等于(　　).

  A. $2 \iint\limits_{x^2+y^2 \leqslant a^2} \sqrt{a^2 - x^2 - y^2} \mathrm{d}x\mathrm{d}y$ B. $-2 \iint\limits_{x^2+y^2 \leqslant a^2} \sqrt{a^2 - x^2 - y^2} \mathrm{d}x\mathrm{d}y$

  C. 1   D. 0

三、计算题

1. 计算 $\oint_{L} \mathrm{e}^{\sqrt{x^2+y^2}} \mathrm{d}s$，其中 L 为圆周 $x^2 + y^2 = a^2$，直线 $y = x$ 和 $y = 0$ 在第一象限内围成扇形的边界.

2. 计算 $I = \int_{L} (\mathrm{e}^x \sin y - my)\mathrm{d}x + (\mathrm{e}^x \cos y - m)\mathrm{d}y$，其中 L 为由点 $A(2a, 0)$ 到点 $O(0,0)$ 的上半圆周 $x^2 + y^2 = 2ax (a > 0)$.

3. 计算 $\oint_{L} \dfrac{x \mathrm{d}y - y \mathrm{d}x}{4x^2 + y^2}$，其中 L 为以点 $(1,0)$ 为中心，R 为半径的圆周 $(R > 1)$ 的逆时针方向.

4. 计算 $\int_{L} (1 + 2xy)\mathrm{d}x + x^2 \mathrm{d}y$，$L$ 为从点 $(1,0)$ 到点 $(-1,0)$ 的上半椭圆周 $x^2 + 2y^2 = 1(y \geqslant 0)$.

5. $\iint\limits_{S} \left(z + 2x + \dfrac{4}{3}y\right)\mathrm{d}S$，其中 S 为平面 $\dfrac{x}{2} + \dfrac{y}{3} + \dfrac{z}{4} = 1$ 在第一卦限的部分.

6. $\oiint\limits_{S} (x^2 + y^2)\mathrm{d}S$，$S$ 为锥面 $z = \sqrt{x^2 + y^2}$ 与平面 $z = 1$ 所围成的区域的边界曲面.
(注：此题的边界曲面 S 包括曲面的一部分和平面的一部分.)

7. 计算 $I = \iint\limits_{S} xz^2 \mathrm{d}y\mathrm{d}z + (x^2y - z^3)\mathrm{d}z\mathrm{d}x + (2xy + y^2z)\mathrm{d}x\mathrm{d}y$，其中 S 为上半球体 $x^2 + y^2 \leqslant R^2 (0 \leqslant z \leqslant \sqrt{R^2 - x^2 - y^2})$ 的外侧.

8. 计算 $I = \iint\limits_{S} x^3 \mathrm{d}y\mathrm{d}z + y^3 \mathrm{d}z\mathrm{d}x + z^3 \mathrm{d}x\mathrm{d}y$，其中 S 为半球面 $z = \sqrt{R^2 - x^2 - y^2}$ 的上侧.

9. 计算 $I = \oiint\limits_{S} (3x+1)\mathrm{d}y\mathrm{d}z + 2y\mathrm{d}z\mathrm{d}x + z\mathrm{d}x\mathrm{d}y$，其中 S 为三个坐标面与平面 $x + y + z = 1$ 所围成的四面体表面的外侧.

10. $\int_{L} y\mathrm{d}s$，其中 L 是抛物线 $y^2 = 2x$ 上从点 $O(0,0)$ 到点 $B(2,2)$ 的这段弧.

11. $\int_{L} \dfrac{\mathrm{d}s}{x^2 + y^2 + z^2}$，其中 $L : x = a\cos t, y = a\sin t, z = kt$ 上相应于 t 从 0 到 2π 的这段弧.

12. $\int_{L} (y + 2xy)\mathrm{d}x + (x^2 + 2x + 2y^2)\mathrm{d}y$，其中 L 是由点 $A(4,0)$ 到点 $O(0,0)$ 的上半圆周 $y = \sqrt{4x - x^2}$.

13. 验证 $(3x^2 + 2xy^3)\mathrm{d}x + (3x^2y^2 + 2y)\mathrm{d}y$ 在整个 xOy 面内是某一函数 $u(x,y)$ 的全微分，并求一个 $u(x,y)$.

14. $\iint\limits_{S} (xy + yz + xz)\mathrm{d}S$，其中 S 为锥面 $z = \sqrt{x^2 + y^2}$ 被柱面 $x^2 + y^2 = 2ax$ 所截得的有限部分.

15. $\iint\limits_{S} x^2 y^2 z\mathrm{d}x\mathrm{d}y$，其中 $\sum$ 是球面 $x^2 + y^2 + z^2 = R^2$ 的下半部分的下侧.

16. $\oiint\limits_{S} xz\mathrm{d}x\mathrm{d}y + xy\mathrm{d}y\mathrm{d}z + yz\mathrm{d}z\mathrm{d}x$，其中 S 是平面 $x = 0, y = 0, z = 0, x + y + z = 1$ 围成区域的整个边界曲面的外侧.

17. 利用高斯公式计算曲面积分.

(1) $\oiint\limits_{S} x^3 \mathrm{d}y\mathrm{d}z + y^3 \mathrm{d}z\mathrm{d}x + z^3 \mathrm{d}x\mathrm{d}y$，其中 S 为球面 $x^2 + y^2 + z^2 = a^2$ 的外侧.

(2) $\oiint\limits_{S} x\mathrm{d}y\mathrm{d}z + y\mathrm{d}z\mathrm{d}x + z\mathrm{d}x\mathrm{d}y$，其中 S 为介于 $z = 0, z = 3$ 之间的圆柱体 $x^2 + y^2 \leqslant 9$ 的整个表面的外侧.

18. 计算 $\oint_{L} y\mathrm{d}s$，其中 L 为抛物线 $y^2 = x$ 和直线 $x = 1$ 所围成的闭曲线.

19. 计算 $\int_{L} xy^2 \mathrm{d}y - x^2 y\mathrm{d}x$，其中 L 为右半圆 $x^2 + y^2 = a^2$ 以点 $(0, a)$ 为起点，点 $(0, -a)$ 为终点的一段有向弧.

20. 计算 $\iint\limits_{\sum} xyz\mathrm{d}S$，其中 $\sum$ 为平面 $x + y + z = 1$ 在第一象限中的部分.

21. 计算 $\iint\limits_{\sum} yz\mathrm{d}z\mathrm{d}x$，其中 $\sum$ 是球面 $x^2 + y^2 + z^2 = 1$ 的上半部分并取外侧.

22. 验证：在整个 xOy 面内，$(x^2 + 3y)\mathrm{d}x + (3x + y^2)\mathrm{d}y$ 是某一函数 $u(x,y)$ 的全微分，并求出一个这样的函数.

23. 计算第一型曲面积分 $\iint\limits_{\Sigma}(x^2+y^2)\mathrm{d}S$,其中 $\sum$ 是线段 $\begin{cases} z=x \\ y=0 \end{cases}(0\leqslant z\leqslant 2)$ 绕 z 轴旋转一周所得的旋转曲面.

24. 计算第二型曲面积分 $\iint\limits_{\Sigma}(z^2+x)\mathrm{d}y\mathrm{d}z-z\mathrm{d}x\mathrm{d}y$,其中 $\sum$ 为 xOz 面上的抛物线 $\begin{cases} z=\dfrac{1}{2}x^2 \\ y=0 \end{cases}$ 绕 z 轴旋转一周所得的旋转曲面介于 $z=0$ 和 $z=2$ 之间的部分的下侧.

25. 设一段锥面螺线 $x=\mathrm{e}^\theta\cos\theta,y=\mathrm{e}^\theta\sin\theta,z=\mathrm{e}^\theta(0\leqslant\theta\leqslant\pi)$ 上任一点 (x,y,z) 处的线密度函数为 $\rho(x,y,z)=\dfrac{1}{x^2+y^2+z^2}$,求它的质量.

26. 设 $f(x)$ 具有一阶连续导数,积分 $\displaystyle\int_L f(x)(y\mathrm{d}x+\mathrm{d}y)$ 在右半平面 $x>0$ 内与路径无关,试求满足条件 $f(0)=1$ 的函数 $f(x)$.

27. 设空间区闭域 Ω 由曲面 $z=a^2-x^2-y^2$ 与平面 $z=0$ 围成,其中 a 为正常数,记 Ω 表面的外侧为 $\sum$,Ω 的体积为 V,证明:

$$\oiint\limits_{\Sigma}x^2yz^2\mathrm{d}y\mathrm{d}z-xy^2z^2\mathrm{d}z\mathrm{d}x+(1+xyz)z\mathrm{d}x\mathrm{d}y=V$$

答案

一、填空题

1. 18π. 　2. $\dfrac{34}{3}$. 　3. -10. 　4. $4\pi a^3$. 　5. 12. 　6. $2\pi a^{4019}$. 　7. 0. 　8. 4π. 　9. $\dfrac{2}{3}\pi a^3$. 　10. 2π.

11. $\dfrac{\sqrt{5}}{8}\pi^2$. 　12. -8π. 　13. -1. 　14. S 的面积. 　15. $4\pi a^4$. 　16. $\dfrac{4}{3}\pi a^4$

二、单项选择题

1. B. 　2. D. 　3. A. 　4. B. 　5. C. 　6. C. 　7. B. 　8. D. 　9. A. 　10. C. 　11. C. 　12. B.

13. D. 　14. A.

三、计算题

1. $\mathrm{e}^a\left(2+\dfrac{\pi a}{4}\right)-2$. 　2. $\dfrac{m\pi}{2}a^2$. 　3. π. 　4. -2. 　5. $4\sqrt{61}$. 　6. $\dfrac{1+\sqrt{2}}{2}\pi$. 　7. $\dfrac{2\pi}{5}R^5$. 　8. $\dfrac{6\pi}{5}R^5$. 　9.

1. 　10. $\dfrac{1}{3}(5\sqrt{5}-1)$. 　11. $\dfrac{\sqrt{a^2+k^2}}{ak}\arctan\dfrac{2k\pi}{a}$. 　12. 2π. 　13. $u(x,y)=x^3+x^2y^3+y^2$.

14. $\dfrac{64}{15}\sqrt{2}a^4$. 　15. $\dfrac{2}{105}\pi R^7$. 　16. $\dfrac{1}{8}$. 　17. (1) $\dfrac{12}{5}\pi a^5$. (2) 81π.

18. 设 $L=L_1+L_2$,其中 $L_1:x=y^2(-1\leqslant y\leqslant 1),L_2:x=1(-1\leqslant y\leqslant 1)$,于是

$$\oint_L y\mathrm{d}s=\int_{L_1}y\mathrm{d}s+\int_{L_2}y\mathrm{d}s=\int_{-1}^1 y\sqrt{1+4y^2}\mathrm{d}y+\int_{-1}^1 y\mathrm{d}y=0$$

19. 解法 1　设曲线 L 的参数方程为 $x=a\cos t,y=a\sin t$,其中 t 从 $\dfrac{\pi}{2}$ 变到 $-\dfrac{\pi}{2}$,则

$$\int_L xy^2\mathrm{d}y-x^2y\mathrm{d}x=\int_{\frac{\pi}{2}}^{-\frac{\pi}{2}}\left[a\cos t\cdot a^2\sin^2 t\cdot a\cos t-a^2\cos^2 t\cdot a\sin t(-a\sin t)\right]\mathrm{d}t$$

$$= -2a^4 \int_{-\frac{\pi}{2}}^{\frac{\pi}{2}} \sin^2 t \cos^2 t dt = -\frac{1}{4}\pi a^4$$

解法 2 作有向线段 BA,其方程为 $BA: x=0$,其中 y 从 $-a$ 变到 a,则有向曲线 L 与有向线段 BA 构成一条分段光滑的有向闭曲线,设它所围成的闭区域为 D,由格林公式,有

$$\int_{L+BA} xy^2 \mathrm{d}y - x^2 y \mathrm{d}x = \iint\limits_D (x^2+y^2)\mathrm{d}x\mathrm{d}y = \int_{-\frac{\pi}{2}}^{\frac{\pi}{2}} \mathrm{d}\theta \int_0^a r^2 r \mathrm{d}r = \frac{1}{4}\pi a^4$$

即

$$\int_L xy^2 \mathrm{d}y - x^2 y \mathrm{d}x + \int_{BA} xy^2 \mathrm{d}y - x^2 y \mathrm{d}x = \frac{1}{4}\pi a^4$$

而

$$\int_{BA} xy^2 \mathrm{d}y - x^2 y \mathrm{d}x = \int_{-a}^a (0 \cdot y^2 - 0^2 \cdot y \cdot 0)\mathrm{d}y = 0$$

故

$$\int_L xy^2 \mathrm{d}y - x^2 y \mathrm{d}x = -\frac{1}{4}\pi a^4$$

20. 将曲面 Σ 投影到 xOy 面上,得投影区域为 $D_{xy} = \{(x,y)\,|\,x+y \leqslant 1, x \geqslant 0, y \geqslant 0\}$,此时曲面方程可表示为 $z=1-x-y$,于是 $\mathrm{d}S = \sqrt{1+(-1)^2+(-1)^2}\mathrm{d}x\mathrm{d}y = \sqrt{3}\mathrm{d}x\mathrm{d}y$,所以

$$\iint\limits_{\Sigma} xyz\mathrm{d}S = \iint\limits_{D_{xy}} xy(1-x-y)\sqrt{3}\mathrm{d}x\mathrm{d}y = \sqrt{3}\int_0^1 \mathrm{d}x \int_0^{1-x} xy(1-x-y)\mathrm{d}y$$

$$= \frac{\sqrt{3}}{120}$$

21. 作有向曲面 $\Sigma_1: z=0\,(x^2+y^2 \leqslant 1)$,并取下侧,设两曲面 Σ 和 Σ_1 所围成的闭区域为 Ω,由高斯公式,得原式 $=\dfrac{\pi}{4}$.

22. 因为 $P=x^2+3y, Q=3x+y^2$,所以 $\dfrac{\partial Q}{\partial x} = 3 = \dfrac{\partial P}{\partial y}$ 在整个 xOy 面内恒成立,因此,在整个 xOy 面内,$(x^2+3y)\mathrm{d}x + (3x+y^2)\mathrm{d}y$ 是某一函数 $u(x,y)$ 的全微分,即有 $(x^2+3y)\mathrm{d}x + (3x+y^2)\mathrm{d}y = \mathrm{d}u$. 于是有

$$\frac{\partial u}{\partial x} = x^2 + 3y \qquad\qquad ①$$

$$\frac{\partial u}{\partial y} = 3x + y^2 \qquad\qquad ②$$

由①式得

$$u(x,y) = \int (x^2+3y)\mathrm{d}x = \frac{1}{3}x^3 + 3xy + \varphi(y) \qquad\qquad ③$$

其中,$\varphi(y)$ 是以 y 为自变量的一元函数,将③式代入②式,得

$$3x + \varphi'(y) = 3x + y^2 \qquad\qquad ④$$

比较④式两边,得 $\varphi'(y) = y^2$. 所以 $\varphi(y) = \dfrac{1}{3}y^3 + C$(其中 C 是任意常数),代入③式便得所求的函数为

$$u(x,y) = \frac{1}{3}x^3 + 3xy + \frac{1}{3}y^3 + C$$

23. Σ 的方程为 $z = \sqrt{x^2+y^2}\,(0 \leqslant z \leqslant 2)$,$\Sigma$ 在 xOy 面上的投影区域为 $D_{xy} = \{(x,y)\,|\,x^2+y^2 \leqslant 4\}$,且

$$\mathrm{d}S = \sqrt{1 + \left(\frac{x}{\sqrt{x^2+y^2}}\right)^2 + \left(\frac{y}{\sqrt{x^2+y^2}}\right)^2}\,\mathrm{d}x\mathrm{d}y = \sqrt{2}\,\mathrm{d}x\mathrm{d}y$$

$$\iint\limits_{\Sigma}(x^2+y^2)\mathrm{d}S = \iint\limits_{D_{xy}}(x^2+y^2)\sqrt{2}\,\mathrm{d}x\mathrm{d}y = \sqrt{2}\int_0^{2\pi}\mathrm{d}\theta\int_0^2 r^2 r\mathrm{d}r = 8\sqrt{2}\pi$$

24. Σ 的方程为 $z=\frac{1}{2}(x^2+y^2)(0\leqslant z\leqslant 2)$，取下侧. 作有向曲面 $\Sigma_1:z=2(x^2+y^2\leqslant 4)$，并取上侧，设两曲面 Σ 和 Σ_1 所围成的闭区域为 Ω，由高斯公式，得

$$\iint\limits_{\Sigma}(z^2+x)\mathrm{d}y\mathrm{d}z - z\mathrm{d}x\mathrm{d}y = \oiint\limits_{\Sigma+\Sigma_1}(z^2+x)\mathrm{d}y\mathrm{d}z - z\mathrm{d}x\mathrm{d}y - \iint\limits_{\Sigma_1}(z^2+x)\mathrm{d}y\mathrm{d}z - z\mathrm{d}x\mathrm{d}y$$

$$= \iiint\limits_{\Omega}(1+0-1)\mathrm{d}x\mathrm{d}y\mathrm{d}z - \iint\limits_{\Sigma_1}(z^2+x)\mathrm{d}y\mathrm{d}z - z\mathrm{d}x\mathrm{d}y$$

$$= -\iint\limits_{\Sigma_1}(z^2+x)\mathrm{d}y\mathrm{d}z - z\mathrm{d}x\mathrm{d}y = -\iint\limits_{\Sigma_1}(z^2+x)\mathrm{d}y\mathrm{d}z + \iint\limits_{\Sigma_1}z\mathrm{d}x\mathrm{d}y$$

$$= 0 + \iint\limits_{D_{xy}}2\mathrm{d}x\mathrm{d}y = 8\pi$$

这里 $D_{xy}=\{(x,y)\,|\,x^2+y^2\leqslant 4\}$.

25. 依题意，锥面螺线在点 (x,y,z) 处的线密度函数为 $\rho(x,y,z)=\dfrac{1}{x^2+y^2+z^2}$，故锥面螺线的质量为

$$M = \int_L \rho(x,y,z)\mathrm{d}s = \int_L \frac{1}{x^2+y^2+z^2}\mathrm{d}s$$

$$= \int_0^{\pi}\frac{1}{(e^{\theta}\cos\theta)^2+(e^{\theta}\sin\theta)^2+(e^{\theta})^2}\sqrt{(e^{\theta}\cos\theta-e^{\theta}\sin\theta)^2+(e^{\theta}\cos\theta+e^{\theta}\sin\theta)^2+(e^{\theta})^2}\,\mathrm{d}\theta$$

$$= \int_0^{\pi}\frac{1}{2e^{2\theta}}\sqrt{3}e^{\theta}\mathrm{d}\theta = \frac{\sqrt{3}}{2}\int_0^{\pi}e^{-\theta}\mathrm{d}\theta = \frac{\sqrt{3}}{2}(1-e^{-\pi})$$

26. 令 $P(x,y)=yf(x)$，$Q(x,y)=f(x)$，依题意，有 $\dfrac{\partial Q}{\partial x}=\dfrac{\partial P}{\partial y}$，即 $\dfrac{\mathrm{d}f(x)}{\mathrm{d}x}=f(x)$，所以 $f(x)=ce^x$，其中 c 是任意常数. 再由条件 $f(0)=1$ 可得 $c=1$，故 $f(x)=e^x$ 为所求的函数.

27. 证明：这里 $P(x,y,z)=x^2yz^2$，$Q(x,y,z)=-xy^2z^2$，$R(x,y,z)=(1+xyz)z$，$\dfrac{\partial P}{\partial x}=2xyz^2$，$\dfrac{\partial Q}{\partial y}=-2xyz^2$，$\dfrac{\partial R}{\partial z}=1+2xyz$，由高斯公式得

$$\oiint\limits_{\Sigma}x^2yz^2\mathrm{d}y\mathrm{d}z - xy^2z^2\mathrm{d}z\mathrm{d}x + (1+xyz)z\mathrm{d}x\mathrm{d}y = \iiint\limits_{\Omega}(2xyz^2-2xyz^2+1+2xyz)\mathrm{d}x\mathrm{d}y\mathrm{d}z$$

$$= \iiint\limits_{\Omega}(1+2xyz)\mathrm{d}x\mathrm{d}y\mathrm{d}z$$

$$= \int_0^{2\pi}\mathrm{d}\theta\int_0^a r\mathrm{d}r\int_0^{a^2-r^2}(1+2zr^2\sin\theta\cos\theta)\mathrm{d}z$$

$$= \int_0^{2\pi}\mathrm{d}\theta\int_0^a r\mathrm{d}r\int_0^{a^2-r^2}\mathrm{d}z + \int_0^{2\pi}\mathrm{d}\theta\int_0^a r\mathrm{d}r\int_0^{a^2-r^2}2zr^2\sin\theta\cos\theta\mathrm{d}z$$

$$= \int_0^{2\pi}\mathrm{d}\theta\int_0^a r\mathrm{d}r\int_0^{a^2-r^2}\mathrm{d}z + \int_0^{2\pi}\sin2\theta\mathrm{d}\theta\int_0^a r^3\mathrm{d}r\int_0^{a^2-r^2}z\mathrm{d}z$$

$$= \int_0^{2\pi}\mathrm{d}\theta\int_0^a r\mathrm{d}r\int_0^{a^2-r^2}\mathrm{d}z + 0$$

$$= \int_0^{2\pi} d\theta \int_0^a r dr \int_0^{a^2-r^2} dz = \int_0^{2\pi} d\theta \int_0^a (a^2 - r^2) r dr$$

$\sum$（或 Ω）在 xOy 面上的投影区域为 $D = \{(x,y) \mid x^2 + y^2 \leqslant a^2\}$，故

$$V = \iiint\limits_\Omega dx dy dz = \iint\limits_D (a^2 - x^2 - y^2) dx dy = \int_0^{2\pi} d\theta \int_0^a (a^2 - r^2) r dr$$

所以

$$\oiint\limits_\Sigma x^2 y z^2 dy dz - xy^2 z^2 dz dx + (1 + xyz) z dx dy = V$$

微 分 方 程[①]

一、主 要 考 点

1. 微分方程的概念

微分方程指含有 y 的导数或微分的方程,求 y.（**说明**：很多同学看到题目不知这是微分方程。）

2. 求解微分方程的方法

前两种方法针对一阶方程,第三种方法针对二阶方程.

方法 1 可分离变量方程：$\dfrac{\mathrm{d}y}{\mathrm{d}x} = f(x)g(y)$.

第一步,变量分离得 $\dfrac{\mathrm{d}y}{g(y)} = f(x)\mathrm{d}x$.

第二步,两边积分得 $\displaystyle\int \dfrac{\mathrm{d}y}{g(y)} = \int f(x)\mathrm{d}x$,积分出来即可得通解.

方法 2 一阶线性微分方程：

$$\frac{\mathrm{d}y}{\mathrm{d}x} + P(x)y = Q(x) \qquad\qquad ①$$

常数变易法：

(1) 直接记公式. ①式的通解为 $y = \mathrm{e}^{-\int P(x)\mathrm{d}x}\left(\displaystyle\int Q(x)\mathrm{e}^{\int P(x)\mathrm{d}x}\,\mathrm{d}x + C\right)$.

(2) 若不想记公式,则可用下面的步骤来求解.

求一阶线性微分方程：

$$\frac{\mathrm{d}y}{\mathrm{d}x} = P(x)y + Q(x) \qquad\qquad ②$$

第一步,先求 $\dfrac{\mathrm{d}y}{\mathrm{d}x} = P(x)y$,易求得其通解为 $y = C\mathrm{e}^{\int P(x)\mathrm{d}x}$,这里 C 是任意常数.

第二步,令原微分方程②的通解为

$$y = C(x)\mathrm{e}^{\int P(x)\mathrm{d}x} \qquad\qquad ③$$

[①] 本专题仅为高等数学的考试内容.

微分之,得到

$$\frac{\mathrm{d}y}{\mathrm{d}x} = \frac{\mathrm{d}C(x)}{\mathrm{d}x}\mathrm{e}^{\int P(x)\mathrm{d}x} + C(x)P(x)\mathrm{e}^{\int P(x)\mathrm{d}x}$$

以上两式代入原微分方程②得到

$$\frac{\mathrm{d}C(x)}{\mathrm{d}x}\mathrm{e}^{\int P(x)\mathrm{d}x} + C(x)P(x)\mathrm{e}^{\int P(x)\mathrm{d}x} = P(x)C(x)\mathrm{e}^{\int P(x)\mathrm{d}x} + Q(x)$$

即

$$\frac{\mathrm{d}C(x)}{\mathrm{d}x} = Q(x)\mathrm{e}^{-\int P(x)\mathrm{d}x}$$

第三步,积分后得到 $C(x) = \int (Q)(x)\mathrm{e}^{-\int P(x)\mathrm{d}x}\mathrm{d}x + C_1$,这里 C_1 是任意常数,代入③式
得到原微分方程②的通解

$$y = \mathrm{e}^{\int P(x)\mathrm{d}x}\left(\int Q(x)\mathrm{e}^{-\int P(x)\mathrm{d}x}\mathrm{d}x + C_1\right)$$

方法3 二阶常系数微分方程:$y'' + py' + qy = 0$.

第一步,写出特征方程为 $\lambda^2 + p\lambda + q = 0$.

第二步,求出特征根为 λ_1、λ_2.

第三步,根据下面 λ_1、λ_2 的情形,可得通解:

(1) 若实根 λ_1、λ_2 互异,则通解为 $y = C_1\mathrm{e}^{\lambda_1 x} + C_2\mathrm{e}^{\lambda_2 x}$;

(2) 若实根 $\lambda_1 = \lambda_2$,则通解为 $y = C_1\mathrm{e}^{\lambda_1 x} + C_2 x\mathrm{e}^{\lambda_1 x}$;

(3) 若实根 λ_1、$\lambda_2 = \alpha \pm \mathrm{i}\beta$,则通解为 $y = C_1\mathrm{e}^{\alpha x}\cos\beta x + C_2\mathrm{e}^{\alpha x}\sin\beta x$.

3. 其他考点

(1) 求解可分离变量的微分方程、一阶线性微分方程的特解.

(2) 求解二阶常系数线性微分方程的特解.

二、应用举例

例 13.1 求 $\sqrt{1-x^2}(1+y)\mathrm{d}y = x(1+y^2)\mathrm{d}x$ 的通解.

解 $\frac{(1+y)\mathrm{d}y}{1+y^2} = \frac{x}{\sqrt{1-x^2}}\mathrm{d}x$,$\int \frac{(1+y)\mathrm{d}y}{1+y^2} = \int \frac{x}{\sqrt{1-x^2}}\mathrm{d}x$,得通解:

$$\arctan y + \frac{1}{2}\ln(1+y^2) = -\sqrt{1-x^2} + C$$

例 13.2 求微分方程 $xy' + y = \sin x$ 满足初始值 $y(\pi) = 1$ 的特解.

解 $y' + \frac{1}{x}y = \frac{\sin x}{x}$,$P = \frac{1}{x}$,$Q = \frac{\sin x}{x}$,$\int P(x)\mathrm{d}x = \ln x$,$\int Q(x)\mathrm{e}^{\int P(x)\mathrm{d}x} = \int \frac{\sin x}{x}x\mathrm{d}x =$

$-\cos x$,故 $y = (-\cos x + C)\mathrm{e}^{-\ln x} = \frac{C-\cos x}{x}$ 为通解.

将 $x = \pi$,$y = 1$ 代入得 $1 = \frac{C+1}{\pi}$,$C = \pi - 1$,所以 $y = \frac{\pi-1-\cos x}{x}$ 为所求的特解.

例 13.3 求微分方程 $\dfrac{\mathrm{d}y}{\mathrm{d}x}=\mathrm{e}^{x-y}$ 满足初始值 $y(0)=1$ 的特解.

解 $\mathrm{e}^y\mathrm{d}y=\mathrm{e}^x\mathrm{d}x,\displaystyle\int\mathrm{e}^y\mathrm{d}y=\int\mathrm{e}^x\mathrm{d}x$,通解为 $\mathrm{e}^y=\mathrm{e}^x+C$. 将 $x=0,y=1$ 代入得 $C=\mathrm{e}-1$,得 $\mathrm{e}^y=\mathrm{e}^x+\mathrm{e}-1$,即为特解.

例 13.4 求 $(1+y)\mathrm{d}y=y\ln x\mathrm{d}x$ 的通解.

解 $\dfrac{(1+y)\mathrm{d}y}{y}=\ln x\mathrm{d}x,\displaystyle\int\left(\dfrac{1}{y}+1\right)\mathrm{d}y=\int\ln x\mathrm{d}x$,因此方程的通解为 $\ln|y|+y=x\ln x-x+C$.

例 13.5 已知 $f(x)$ 满足 $\displaystyle\int_0^x f(t)\mathrm{d}t+(x-1)f(x)=1$,求 $f(x)$.

解 由 $\displaystyle\int_0^x f(t)\mathrm{d}t+(x-1)f(x)=1$ 知 $f(0)=-1$. 方程两边对 x 求导得 $f(x)+f(x)+(x-1)f'(x)=0$,即 $2y+(x-1)y'=0$,分离变量求得 $f(x)=\dfrac{C}{(x-1)^2}$,将 $f(0)=-1$ 代入得 $C=-1,f(x)=-\dfrac{1}{(x-1)^2}$.

例 13.6 求方程 $(x+1)\dfrac{\mathrm{d}y}{\mathrm{d}x}-ny=\mathrm{e}^x(x+1)^{n+1}$ 的通解,这里的 n 为常数.

解 将方程改写为

$$\frac{\mathrm{d}y}{\mathrm{d}x}-\frac{n}{x+1}y=\mathrm{e}^x(x+1)^n$$

先求对应的齐次方程 $\dfrac{\mathrm{d}y}{\mathrm{d}x}-\dfrac{n}{x+1}y=0$ 的通解,得 $y=c(x+1)^n$. 令原方程的通解为 $y=c(x)(x+1)^n$,微分之,得到

$$\frac{\mathrm{d}y}{\mathrm{d}x}=\frac{\mathrm{d}c(x)}{\mathrm{d}x}(x+1)^n+n(x+1)^{n-1}c(x)$$

代入原方程,再积分,得 $c(x)=\mathrm{e}^x+\widetilde{C}$,将其代入 $y=c(x)(x+1)^n$,即得原方程的通解

$$y=(x+1)^n(\mathrm{e}^x+\widetilde{C})$$

这里 $\widetilde{C}$ 是任意的常数.

例 13.7 求方程 $\dfrac{\mathrm{d}y}{\mathrm{d}x}=\dfrac{y}{2x-y^2}$ 的通解.

解 原方程改写为 $\dfrac{\mathrm{d}x}{\mathrm{d}y}=\dfrac{2}{y}x-y$,把 x 看作未知函数,y 看作自变量,先求方程 $\dfrac{\mathrm{d}x}{\mathrm{d}y}=\dfrac{2}{y}x$ 的通解为 $x=cy^2$,令原方程的通解为 $x=c(y)y^2$,于是

$$\frac{\mathrm{d}x}{\mathrm{d}y}=\frac{\mathrm{d}c(y)}{\mathrm{d}y}y^2+2c(y)y$$

代入原方程,求得 $c(y)=-\ln|y|+\widetilde{C}$,从而,原方程的通解为

$$x=y^2(\widetilde{C}-\ln|y|)$$

这里 $\widetilde{C}$ 是任意常数,另外 $y=0$ 也是方程的解.

例 13.8 求 $xy'-2y=x^3$ 的通解.

解 $y'-\dfrac{2}{x}y=x^2$,其中 $P(x)=-\dfrac{2}{x},Q(x)=x^2$.

$$\int P(x)\mathrm{d}x=\int\frac{-2}{x}\mathrm{d}x=-2\ln x$$

$$\mathrm{e}^{\int P(x)\mathrm{d}x}=\frac{1}{x^2}\quad \mathrm{e}^{-\int P(x)\mathrm{d}x}=x^2$$

$$\int Q(x)\,\mathrm{e}^{\int P(x)\mathrm{d}x}\,\mathrm{d}x=\int\frac{x^2}{x^2}\mathrm{d}x=x$$

由公式得通解为

$$y=\left(\int Q(x)\,\mathrm{e}^{\int P(x)\mathrm{d}x}+C\right)\mathrm{e}^{-\int P(x)\mathrm{d}x}=(x+C)x^2=x^3+Cx^2$$

例 13.9 求方程 $\dfrac{\mathrm{d}^4x}{\mathrm{d}t^4}-x=0$ 的通解.

解 特征方程 $\lambda^4-1=0$ 的根为 $\lambda_1=1,\lambda_2=-1,\lambda_3=\mathrm{i},\lambda_4=-\mathrm{i}$. 有两个实根和两个复根,均是单根,故方程的通解为

$$x=C_1\mathrm{e}^t+C_2\mathrm{e}^{-t}+C_3\cos t+C_4\sin t$$

这里 C_1、C_2、C_3、C_4 是任意常数.

例 13.10 求解方程 $\dfrac{\mathrm{d}^3x}{\mathrm{d}t^3}+x=0$.

解 特征方程 $\lambda^3+1=0$,有根 $\lambda_1=-1,\lambda_{2,3}=\dfrac{1}{2}\pm\mathrm{i}\dfrac{\sqrt{3}}{2}$,因此,通解为

$$x=C_1\mathrm{e}^{-t}+\mathrm{e}^{\frac{1}{2}t}\left(C_2\cos\frac{\sqrt{3}}{2}t+C_3\sin\frac{\sqrt{3}}{2}t\right)$$

其中,C_1、C_2、C_3 为任意常数.

例 13.11 求方程 $\dfrac{\mathrm{d}^3x}{\mathrm{d}t^3}-3\dfrac{\mathrm{d}^2x}{\mathrm{d}t^2}+3\dfrac{\mathrm{d}x}{\mathrm{d}t}-x=0$ 的通解.

解 特征方程 $\lambda^3-3\lambda^2+3\lambda-1=0$,或 $(\lambda-1)^3=0$,即 $\lambda=1$ 是三重根,因此方程的通解为

$$x=(C_1+C_2t+C_3t^2)\mathrm{e}^t$$

其中,C_1、C_2、C_3 为任意常数.

例 13.12 求 $y''-3y'-4y=0$ 的通解.

解 $\lambda^2-3\lambda-4=0$,得 $\lambda=4,-1$,因此方程的通解为

$$y=C_1\mathrm{e}^{4x}+C_2\mathrm{e}^{-x}$$

其中,C_1、C_2 为任意常数.

例 13.13 求 $y''-4y'+4y=0$ 的通解.

解 $\lambda^2-4\lambda+4=0,\lambda_1=\lambda_2=2$,因此方程的通解为

$$y=C_1\mathrm{e}^{2x}+C_2x\mathrm{e}^{2x}$$

例 13.14 求 $y''+4y=0$ 的通解.

解 $\lambda^2+4=0,\lambda=\pm2\mathrm{i}(\mathrm{i}=\sqrt{-1})$,因此方程的通解为

$$y = C_1 \cos 2x + C_2 \sin 2x$$

例 13.15 求 $y'' - y' + y = 0$ 的通解.

解 $\lambda^2 - \lambda + 1 = 0, \lambda = \dfrac{1 \pm \sqrt{3}\mathrm{i}}{2}$，因此方程的通解为

$$y = \mathrm{e}^{\frac{1}{2}x} \left(C_1 \cos \frac{\sqrt{3}}{2}x + C_2 \sin \frac{\sqrt{3}}{2}x \right)$$

例 13.16 求解方程 $\dfrac{\mathrm{d}^4 x}{\mathrm{d}t^4} + 2\dfrac{\mathrm{d}^2 x}{\mathrm{d}t^2} + x = 0$.

解 特征方程为 $\lambda^4 + 2\lambda^2 + 1 = 0$，或 $(\lambda^2 + 1)^2 = 0$，即特征根 $\lambda = \pm\mathrm{i}$ 是重根. 因此，方程有四个实值解 $\cos t$、$t\cos t$、$\sin t$、$t\sin t$，故通解为

$$x = (C_1 + C_2 t)\cos t + (C_3 + C_4 t)\sin t$$

其中，C_1、C_2、C_3、C_4 为任意常数.

习 题 13

1. 微分方程 $y'' + 2y' + y = 0$ 的通解是（　　）.
   A. $y = C_1 \cos x + C_2 \sin x$ 　　　　　　 B. $y = C_1 \mathrm{e}^x + C_2 \mathrm{e}^{2x}$
   C. $y = (C_1 + C_2 x)\mathrm{e}^{-x}$ 　　　　　　 D. $y = C_1 \mathrm{e}^x + C_2 \mathrm{e}^{-x}$

2. $y'' + y = 0$ 满足 $y|_{x=0} = 0, y'|_{x=0} = 1$ 的特解是（　　）.
   A. $y = C_1 \cos x + C_2 \sin x$ 　　　　　　 B. $y = \sin x$
   C. $y = \cos x$ 　　　　　　 D. $y = C\cos x$

3. 方程 $\dfrac{\mathrm{d}y}{\mathrm{d}x} + P(x)y + Q(x) = 0$ 的通解是_____.

4. 微分方程 $(xy')^3 + x^2 y^4 - y = 0$ 的阶数是_____.

5. $y'' - 3y' + 2y = 0$ 的通解是_____.

6. 微分方程 $y'' - 6y' + 13y = 0$ 的通解为_____.

7. 设函数 $f(x)$ 满足方程 $f'(x) = f(x) + 1$，且 $f(0) = 0$，则 $f(x) = $ _____.

8. 设函数 $f(x)$ 可导，且满足方程 $\displaystyle\int_0^x tf(t)\,\mathrm{d}t = x^2 + 1 + f(x)$，则 $f(x) = $ _____.

提示：以上两道题都要转化为微分方程，且都含初始条件，所以最后答案得到的都是特解.

9. 求解 $\dfrac{\mathrm{d}y}{\mathrm{d}x} = \dfrac{1 + y^2}{xy + x^3 y}$.

10. 求解下列常微分方程.
   (1) $xy\,\mathrm{d}x + (x+1)\,\mathrm{d}y = 0$. 　　　　　 (2) $x(1+y) + y'(y - xy) = 0$.
   (3) $y' + 2xy = x\mathrm{e}^{-x^2}$. 　　　　　 (4) $y' - 2y = \mathrm{e}^x - x, y(0) = \dfrac{5}{4}$.
   (5) $y'' + y = 0$. 　　　　　 (6) $y'' - 6y' + 9y = 0$.

11. 求一曲线方程,此曲线在任一点处的切线斜率等于 $2x+y$,并且曲线通过原点.

12. 设曲线上任一点 $M(x,y)$ 处切线与过原点的直线 OM 垂直,求这个曲线的方程.

13. 设 $f(x) = x + \int_0^x (x-t)f(t)\mathrm{d}t$,$f(x)$ 为连续函数. 求 $f(x)$.

14. 设 $f(x)$ 处处可导,且 $f'(0)=1$,并对任意实数 x 和 y 有 $f(x+y)=\mathrm{e}^x f(y) + \mathrm{e}^y f(x)$,求 $f(x)$.

答案

1. C.

2. B.

3. $y = \mathrm{e}^{\int -P(x)\mathrm{d}x}\left[\int -Q(x)\mathrm{e}^{\int P(x)\mathrm{d}x}\mathrm{d}x + C\right]$.

4. 一阶.

5. $y = C_1 \mathrm{e}^x + C_2 \mathrm{e}^{2x}$.

6. $y = \mathrm{e}^{3x}(C_1 \cos 2x + C_2 \sin 2x)$.

7. $f(x) = \mathrm{e}^x - 1$.

8. $f(x) = -3\mathrm{e}^{\frac{1}{2}x^2} + 2$.

9. $\dfrac{\mathrm{d}y}{\mathrm{d}x} = \dfrac{1+y^2}{xy+x^3 y} \Rightarrow \dfrac{y\mathrm{d}y}{1+y^2} = \dfrac{\mathrm{d}x}{x(1+x^2)} \Rightarrow \int \dfrac{\mathrm{d}(y^2)}{1+y^2} = \int \dfrac{\mathrm{d}(x^2)}{x^2(1+x^2)} \Rightarrow \log(1+y^2) = \log \dfrac{x^2}{1+x^2} +$

$C \Rightarrow 1+y^2 = C_1 \int \dfrac{x^2}{1+x^2} \Rightarrow$ 通解为 $(1+y^2)^2(1+x^2) = C_1 x^2$.

10. (1) $\dfrac{\mathrm{d}y}{y} = \dfrac{-x}{x+1}\mathrm{d}x, \int \dfrac{\mathrm{d}y}{y} = -\int \left(1 - \dfrac{1}{x+1}\right)\mathrm{d}x \Rightarrow \ln |y| = -x + \ln |x+1| + C$.

(2) $\dfrac{y\mathrm{d}y}{1+y} = \dfrac{x}{x-1}\mathrm{d}x \Rightarrow \int \dfrac{y}{1+y}\mathrm{d}y = \int \dfrac{x}{x-1}\mathrm{d}x \Rightarrow \int \left(1 - \dfrac{1}{1+y}\right)\mathrm{d}y$

$= \int \left(1 + \dfrac{1}{x-1}\right)\mathrm{d}x \Rightarrow y - \ln |1+y| = x + \ln |x-1| + C$.

(3) $P = 2x, Q = x\mathrm{e}^{-x^2}, \int P\mathrm{d}x = x^2, \int Q\mathrm{e}^{\int P(x)\mathrm{d}x}\mathrm{d}x = \int x\mathrm{e}^{-x^2}\mathrm{e}^{x^2}\mathrm{d}x = \dfrac{1}{2}x^2$,故 $y = \left(\dfrac{1}{2}x^2 + C\right)\mathrm{e}^{-x^2}$.

(4) $P = -2, Q = \mathrm{e}^x - x, \int P\mathrm{d}x = -2x, \int Q(x)\mathrm{e}^{\int P(x)\mathrm{d}x}\mathrm{d}x = \int (\mathrm{e}^x - x)\mathrm{e}^{-2x}\mathrm{d}x = -\mathrm{e}^{-x} + \dfrac{1}{2}\int x\mathrm{d}\mathrm{e}^{-2x}$

$= -\mathrm{e}^{-x} + \dfrac{1}{2}x\mathrm{e}^{-2x} - \dfrac{1}{2}\int \mathrm{e}^{-2x}\mathrm{d}x = -\mathrm{e}^{-x} + \dfrac{1}{2}x\mathrm{e}^{-2x} + \dfrac{1}{4}\mathrm{e}^{-2x}$

故 $y = \left(-\mathrm{e}^{-x} + \dfrac{1}{2}x\mathrm{e}^{-2x} + \dfrac{1}{4}\mathrm{e}^{-2x} + C\right)\mathrm{e}^{2x} = -\mathrm{e}^x + \dfrac{1}{2}x + \dfrac{1}{4} + C\mathrm{e}^{2x}$,将 $x=0, y=\dfrac{5}{4}$ 代入,

$-1 + \dfrac{1}{4} + C = \dfrac{5}{4} \Rightarrow C = 2$,所以 $y = -\mathrm{e}^x + \dfrac{1}{2}x + \dfrac{1}{4} + 2\mathrm{e}^{2x}$.

(5) $\lambda^2 + 1 = 0, \lambda = \pm \mathrm{i}$,通解为 $y = C_1 \cos x + C_2 \sin x$.

(6) $y'' - 6y' + 9y = 0, \lambda^2 - 6\lambda + 9 = 0, \lambda_1 = \lambda_2 = 3$,通解为 $y = C_1 \mathrm{e}^{3x} + C_2 x\mathrm{e}^{3x}$.

11. $y' = 2x + y$ 且 $y(0) = 0$,即 $y' - y = 2x, P = -1, Q = 2x, \int P\mathrm{d}x = -x, \int Q\mathrm{e}^{\int P\mathrm{d}x}\mathrm{d}x = \int 2x\mathrm{e}^{-x}\mathrm{d}x =$

$-2\int x\mathrm{d}\mathrm{e}^{-x} = -2x\mathrm{e}^{-x} - 2\mathrm{e}^{-x}, y = (-2x\mathrm{e}^{-x} - 2\mathrm{e}^{-x} + C) = -2x - 2 + C\mathrm{e}^x$,由 $y(0) = 0$ 得 $0 = -2 + C$,

$C = 2$,所以 $y = 2\mathrm{e}^x - 2x - 2$.

12. 设原曲线的方程为 $y = f(x), M = M(x,y)$,则 $\dfrac{\mathrm{d}y}{\mathrm{d}x} \cdot \dfrac{y}{x} = -1$ 即 $y\mathrm{d}y = -x\mathrm{d}x, \dfrac{1}{2}y^2 = -\dfrac{1}{2}x^2 + C$,

即 $x^2 + y^2 = C$.

13. $f(x) = \dfrac{1}{2}(e^x - e^{-x})$.

14. 令 $x = 0, y = 0$ 得 $f(0) = 0, f'(x) = \lim\limits_{\Delta x \to 0} \dfrac{e^x f(\Delta x) + e^{\Delta x} f(x) - f(x)}{\Delta x} = \lim\limits_{\Delta x \to 0} \dfrac{f(x)(e^{\Delta x} - 1) + e^x(f(\Delta x) - f(0))}{\Delta x} = f(x)(e^x)\mid_{x=0} + e^x f'(0) = f(x) + e^x$，即 $f'(x) - f(x) = e^x$，解得 $f(x) = xe^x$.

参考文献

[1] 华南师范大学数学系. 数学分析[M]. 4版. 北京：高等教育出版社,2010.

[2] 刘玉琏,傅沛仁,林玎,等. 数学分析讲义[M]. 5版. 北京：高等教育出版社,2008.

[3] 同济大学应用数学系. 高等数学(本科少学时类型)[M]. 3版. 北京：高等教育出版社,2006.

[4] 曹广福,叶瑞芬,赵红星. 高等数学[M]. 北京：高等教育出版社,2009.

[5] 魏俊杰,潘家齐,蒋达清. 常微分方程[M]. 北京：高等教育出版社,2002.

[6] 王高雄,周之铭,朱思铭,等. 常微分方程[M]. 3版. 北京：高等教育出版社,2006.

[7] 同济大学数学教研室. 高等数学(上、下册)[M]. 6版. 北京：高等教育出版社,2007.

[8] 苏志平,郭志梅. 高等数学(下册)同步辅导及习题全解[M]. 6版. 北京：中国水利水电出版社,2011.

[9] 同济大学应用数学系. 高等数学(本科少学时类型)(上、下册)[M]. 3版. 北京：高等教育出版社,2006.

[10] 同济大学应用数学系. 高等数学学习辅导习题选解[M]. 3版. 北京：高等教育出版社,2009.